ORGANIZAÇÃO, TRADUÇÃO E NOTAS: **Cristina Patriota de Moura**

W. E. B. DU BOIS

O NEGRO DA FILADÉLFIA

UM ESTUDO SOCIAL

autêntica

Copyright desta edição © 2023 Autêntica Editora

Título original: *The Philadelphia Negro*

Todos os direitos reservados pela Autêntica Editora Ltda. Nenhuma parte desta publicação poderá ser reproduzida, seja por meios mecânicos, eletrônicos, seja via cópia xerográfica, sem a autorização prévia da Editora.

CONSELHO EDITORIAL
Joaze Bernardino-Costa (UnB), *Valter R. Silvério* (UFSCar), *Nilma Lino Gomes* (UFMG), *Patricia Hill Collins* (University of Maryland), *Shirley Anne Tate* (University of Alberta), *Ramón Grosfoguel* (UC Berkeley)

EDITORAS RESPONSÁVEIS
Rejane Dias
Cecília Martins

REVISÃO
Bruni Emanuele Fernandes
Julia Sousa

CAPA
Diogo Droschi
(sobre imagem de W. E. B. Du Bois)

DIAGRAMAÇÃO
Guilherme Fagundes
Waldênia Alvarenga

Dados Internacionais de Catalogação na Publicação (CIP)
(Câmara Brasileira do Livro, SP, Brasil)

Bois, W. E. B. Du
  O negro da Filadélfia : um estudo social / W. E. B. Du Bois ; organização e tradução Cristina Patriota de Moura ; prefácio à versão brasileira Tianna Paschel ; apresentação à versão brasileira Cristina Patriota de Moura e Joaze Bernardino-Costa. -- 1. ed. -- Belo Horizonte : Autêntica, 2023.

  Título original: The Philadelphia Negro
  ISBN 978-65-5928-261-6

  1. Afro-americanos - Pensilvânia - Filadélfia - Condições sociais - Século XIX 2. Afro-americanos - Pensilvânia - Filadélfia - Vida social e costumes - Século XIX 3. Filadélfia - Relações raciais I. Bernardino-Costa, Joaze. II. Moura, Cristina Patriota de. III. Paschel, Tianna. IV. Título.

23-145401   CDD-305.89607

Índice para catálogo sistemático:
1. Afro-americanos : Estados Unidos : Sociologia : Ensaios 305.896073
Aline Graziele Benitez - Bibliotecária - CRB-1/3129

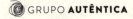

Belo Horizonte
Rua Carlos Turner, 420
Silveira . 31140-520
Belo Horizonte . MG
Tel.: (55 31) 3465 4500

São Paulo
Av. Paulista, 2.073 . Conjunto Nacional
Horsa I . Sala 509 . Bela Vista
01311-940 . São Paulo . SP
Tel.: (55 11) 3034 4468

www.grupoautentica.com.br
SAC: atendimentoleitor@grupoautentica.com.br

7 PREFÁCIO
   Tianna S. Paschel

   APRESENTAÇÃO
15 **W. E. B. Du Bois e o *Negro da Filadélfia***
   Cristina Patriota de Moura
   Joaze Bernardino-Costa

   CAPÍTULO I
35 **O escopo deste estudo**

   CAPÍTULO II
39 **O problema**

   CAPÍTULO III
44 **O Negro na Filadélfia (1638-1820)**

   CAPÍTULO IV
56 **O Negro na Filadélfia (1820-1896)**

   CAPÍTULO V
71 **Tamanho, idade e sexo da população Negra**

   CAPÍTULO VI
99 **Condição conjugal**

   CAPÍTULO VII
106 **Proveniência da população Negra**

   CAPÍTULO VIII
116 **Educação e analfabetismo**

CAPÍTULO IX
130 **As atividades dos Negros**

CAPÍTULO X
176 **A saúde dos Negros**

CAPÍTULO XI
193 **A família Negra**

CAPÍTULO XII
221 **A vida organizada dos Negros**

CAPÍTULO XIII
251 **O criminoso Negro**

CAPÍTULO XIV
285 **Pobreza e alcoolismo**

CAPÍTULO XV
302 **O ambiente do Negro**

CAPÍTULO XVI
335 **O contato das raças**

CAPÍTULO XVII
372 **Sufrágio Negro**

CAPÍTULO XVIII
388 **Uma palavra final**

401 NOTAS

Prefácio[*]

Tianna S. Paschel[**]

É com grande entusiasmo que escrevo este prefácio à primeira edição em português do importante e rigoroso livro de W. E. B. Du Bois, *O Negro da Filadélfia*. Em primeiro lugar, quero parabenizar a Cristina Patriota de Moura pelo trabalho bem executado. Esta tradução exigiu um entendimento profundo dos debates intelectuais nos quais Du Bois esteve envolvido, os contextos culturais, políticos e econômicos contidos no cerne do livro e obviamente um domínio da língua inglesa. É uma imensa empreitada tanto em virtude da importância do livro quanto de sua extensão.

Escrevo este prefácio na condição de mulher e intelectual negra estadunidense que realizou seus estudos no Departamento de Sociologia da Universidade da Califórnia, em Berkeley, durante a primeira década dos anos 2000, onde não havia sequer menção a Du Bois em qualquer uma de nossas disciplinas obrigatórias. Recordo-me de haver feito um apelo passional a meu professor de Teoria Social à época para que Du Bois fosse incluído no cânone de teoria sociológica após um semestre em que foram lidos exclusivamente autores europeus do sexo masculino, um dos quais (Weber) fora influenciado por Du Bois, mas sem menção às suas contribuições. Escrevo este prefácio quase vinte anos depois, quando as areias já se moveram consideravelmente e quando o trabalho de Du Bois,

---

[*] Tradução de Cristina Patriota de Moura.
[**] Universidade da Califórnia, Berkeley. Departamento de Estudos Afro-Americanos e Departamento de Sociologia.

e em particular *O Negro da Filadélfia*, vem recebendo renovada e, muitas vezes, nova atenção entre os cientistas sociais e sociólogos em particular. O que ofereço neste pequeno prefácio é minha própria perspectiva acerca dos motivos pelos quais esta obra é tão relevante e porque sua tradução para o português é não somente inédita, mas absolutamente necessária.

Em 1896, um Du Bois de 28 anos chegava à Universidade da Pensilvânia não como professor, ou mesmo palestrante, mas com a tarefa específica de conduzir um estudo da população negra do *Seventh Ward* (Sétima Região) da Filadélfia. Apesar de seu pedigree – estudara em Harvard e na Europa, proferira palestra como convidado na Alemanha –, ele não foi considerado para uma vaga de professor ou mesmo de instrutor. Ao invés disso, foi contratado como instrutor assistente com a ressalva de que não poderia lecionar para estudantes brancos, uma restrição que essencialmente o barraria da docência por completo.

Posteriormente, em um ensaio autobiográfico, Du Bois lembrava-se de que só conseguira lecionar uma vez, quando levou um grupo de estudantes da universidade para uma visita a uma área negra degradada, um *black slum*. Ele também disse, acerca de sua experiência na Universidade da Pensilvânia: "Me ofereceram um salário de $ 800 pelo período limitado de um ano. Não me deram uma posição acadêmica de fato, nem escritório na universidade ou reconhecimento oficial de qualquer tipo: meu nome foi até omitido do catálogo; não tinha contato com estudantes e muito pouco com membros do corpo docente, mesmo os do meu departamento. Com minha esposa, desde três meses me instalei em um cômodo acima de um refeitório administrado por um *College Settlement,* na pior parte da Sétima Região. Vivemos lá por um ano em meio a uma atmosfera de sujeira, beberagem, pobreza e crime. Assassinatos ocorriam à nossa porta, a polícia era o nosso governo e a filantropia aparecia com conselhos periódicos".*

Compreender o contexto no qual *O Negro da Filadélfia* foi escrito revela muito sobre os debates que estão no cerne da obra. Apesar de ter sido escrito sob os auspícios de uma universidade abastada do Norte dos Estados Unidos, poucos recursos foram disponibilizados a Du Bois. Mais

---

* DU BOIS, W. E. B. My Evolving Program for Negro Freedom. In: LOGAN, Rayfor (Ed.). *What the Negro Really Wants*. Chapel Hill: University of North Carolina Press, 1944.

que isso, Du Bois escrevia sobre os negros da Filadélfia em um momento de pânico moral em relação à crescente população negra não somente na Filadélfia, mas em todo o Norte dos Estados Unidos. De fato, nas décadas após a guerra civil, muitos dos anteriormente escravizados estavam se mudando para cidades do Norte como a Filadélfia em ritmo crescente, buscando melhores oportunidades, desejando paz e rezando para se livrar da explícita violência racializada. Em vez de serem acolhidos de braços abertos nessa cidade progressista, eles eram recebidos com o discurso de que sua presença estaria ocasionando decadência moral e arruinando a cidade. A ideia vigente era que essa população crescente iria de alguma forma contaminar a cidade, uma ideia baseada no racismo pseudocientífico que vinculava a negritude a hipersexualidade, estruturas familiares instáveis, alcoolismo e atraso moral de maneira mais geral. Talvez de maior importância fosse a grande preocupação com o que a sua presença significaria para a política da Filadélfia, dado o seu crescente poder de voto e a possível corrupção e compra de votos que acontecia na Sétima Região da Filadélfia, onde o estudo de Du Bois estaria ancorado.

Além desse pânico moral e da ansiedade política, havia o fato de que Du Bois escrevia contra diversas tendências poderosas do discurso público e da abundante literatura acadêmica acerca do assim chamado "problema Negro". Primeiro, havia a tendência de ver o problema Negro como inerente aos negros. O estudo encomendado havia sido formulado para sempre pensar acerca do problema negro como uma análise do que havia de errado com os Negros da Filadélfia por não estarem vivendo o mesmo tipo de ascensão social que outros grupos viviam na cidade. Essa premissa seria difícil de superar dado o escopo do projeto e o peso ideológico do racismo à época. Mais fundamentalmente, Du Bois estava escrevendo contra a tendência de ver pessoas negras como não inteiramente humanas, desprovidas da capacidade de se "desenvolverem". Em outro de seus livros canônicos, *Black Reconstruction in America 1860-1880*, Du Bois conclui o prefácio com a seguinte advertência: "Irei contar esta história como se Negros fossem seres humanos comuns, ciente de que essa atitude irá já de início limitar a minha audiência".* Imaginemos, então, o possível leitor vislumbrado por Du Bois ao escrever *O Negro da*

---

* DU BOIS, W. E. B. *Black Reconstruction*. Nova Iorque: Harcourt Brace, 1935.

Filadélfia quase quatro décadas antes. A humanidade das pessoas negras estava longe de ser presumida.

Desta maneira, a obra de Du Bois era profundamente pessoal. Em seu canônico artigo "The Race for Theory",* a feminista negra Barbara Christian afirmou notoriamente que "aquilo que escrevo e a maneira como escrevo é feito para salvar a minha própria vida". No caso de Du Bois, isso certamente deve ter sido verdade, especialmente quando ele embarcou no estudo. Ao argumentar de maneira rigorosa e poderosa que os Negros eram produto de sua história e condições estruturais e ideológicas, ele também se colocava como produto de suas próprias circunstâncias. Ele era formado e mais do que capacitado, mesmo que isso não fosse reconhecível por seus alegados pares na Universidade da Pensilvânia, ou de Chicago, ou alhures. Dessa forma, o projeto de Du Bois que culminou em *O Negro da Filadélfia* era um trabalho de grande urgência e importância. Para além de suas curiosidades acerca do mundo, Du Bois, como muitos intelectuais afro-americanos daquela época, inscrevia na existência a sua própria humanidade. Vemos isso nos trabalhos que o precederam, como o de Anna Julia Cooper e Ida B. Wells, bem como nos trabalhos que vieram depois.

Não é possível cobrir todas as inúmeras contribuições de *O Negro da Filadélfia*, e muitas delas são bem apontadas pela tradutora e pelo revisor técnico deste volume, que escrevem a apresentação. Não obstante, elencarei duas que considero especialmente importantes para pensarmos sobre a vida desta grande obra em português.

A primeira é a análise espacial e relacional de poder e desigualdade que o autor desenvolve neste trabalho. Um dos primeiros movimentos que Du Bois faz na obra é o de uma intervenção analítica e metodológica para pensar a Sétima Região da Filadélfia como uma cidade dentro da cidade. Ele foi incumbido da tarefa específica de estudar a Sétima Região da Filadélfia, mas não fez assim. Em vez disso, argumentou que seria impossível estudar um *slum* sem estudar sistematicamente outras partes da cidade. Como ele afirma sucintamente na página 40 que "um *slum* não é um simples fato, é um sintoma, e conhecer as causas removíveis

---

* CHRISTIAN, Barbara. The Race for Theory. *Feminist Studies*, v. 14, n. 1, p. 67-79, 1988.

dos *slums* Negros da Filadélfia requer um estudo que vá muito além dos distritos assim denominados". Assim, ele desenvolve uma análise relacional que nos chama a atenção tanto para os grupos sociais quanto para o ambiente construído, a história e a cultura de um lugar. Du Bois aplica essa abordagem perfeitamente no Capítulo II, no tópico inteligentemente intitulado "Os problemas Negros da Filadélfia":

> [...] o estudioso deve reconhecer claramente que um estudo completo não deve se limitar ao grupo, mas deve observar especialmente o ambiente; o ambiente físico da cidade, seções e casas – o ambiente social muito mais poderoso –, o mundo circundante de costume, desejo, capricho e pensamento que envolve esse grupo e influencia de maneira poderosa seu desenvolvimento social (neste volume, p. 39).

Em última instância, seus achados revelam que os negros não são excepcionais e que suas vidas refletem as maneiras como estão sujeitos a certas condições estruturais e ideológicas. Uma demonstração disso é a atenção dada por Du Bois à heterogeneidade da população negra da Filadélfia e suas histórias diversificadas de imigração. Entre outras coisas, essa manobra auxiliou na desnaturalização da relação entre negritude e pobreza, uma lição ainda relevante para nós atualmente. De fato, tanto dentro da academia quanto fora, há um frequente deslizamento entre raça e classe, ou mais especificamente entre negritude e pobreza, um reducionismo que é frequentemente reforçado pela falta de atenção ou reconhecimento a uma classe média negra.

A segunda contribuição que eu gostaria de destacar aqui tem a ver com a maneira de pensar sobre a desigualdade racial em um lugar que se imagina como estando fora dos legados mais explícitos do racismo e da escravidão. De fato, somente uma geração após a escravidão formal e da Guerra Civil, cidades do Norte como a Filadélfia – que lutou contra a confederação – se pensavam como mais evoluídas e civilizadas em relação a questões de raça. A escravidão não foi tão proeminente no estado da Pensilvânia (onde está a Filadélfia) quanto nos estados do Sul, e fora gradualmente abolida décadas antes de o ser nacionalmente. Du Bois tem consciência disso, e diz logo no início do livro que escrevia explicitamente contra uma tendência de pensar a vida no Norte seja como uma vida de liberdade verdadeira ou como mais opressiva do que no Sul. Em vez disso, ele propõe pensar a vida dos Negros na Filadélfia como uma questão empírica, "para extrair da massa complicada de fatos evidência tangível de uma atmosfera social que cerca os Negros". Ele obviamente se situa a meio caminho. O fato do estudo ser realizado em uma cidade do Norte é crucial porque seus achados revelam que, mesmo na ausência do racismo ostensivo e legalmente sancionado como o que existia no Sul dos Estados Unidos, o racismo ainda vigorava e a desigualdade racial ainda era reproduzida na Filadélfia de maneiras que produziam impactos devastadores sobre as vidas das pessoas. As implicações da obra são que leis universalistas cegas à cor podem estar muito longe de produzir, na prática, o universalismo sem referência a cor, uma vez que mecanismos ideológicos extralegais podem agir como poderosos motores para a perpetuação da desigualdade racial. Esta lição pode ser de especial interesse para quem estuda o Brasil.

O Negro da Filadélfia oferece ao mundo um modelo de como utilizar todos os recursos metodológicos disponíveis para realizar trabalhos acadêmicos de rigor empírico, audácia teórica e urgência política. A obra é um testemunho da humanidade e resiliência das pessoas negras, mesmo enquanto ainda lutamos para viver vidas com dignidade às margens da cidadania estadunidense. Porém, por mais admirável, pioneiro e intelectualmente profícuo que seja *O Negro na Filadélfia*, o livro não deixa de ser somente uma peça na composição da vasta obra e do legado intelectual de Du Bois. Há pouco mais de uma década, a Sociologia vem começando a reivindicar e revisitar Du Bois. Essa é uma guinada admirável e necessária na área. Mesmo assim, ao passo que reivindicamos Du Bois, devemos também nos lembrar da extensão e da genialidade do trabalho de sua vida inteira. O Du Bois de *O Negro da Filadélfia* era um jovem Du Bois, um verdadeiro empirista, um sociólogo, possivelmente o primeiro de sua categoria nos Estados Unidos. Porém, ao experienciar o mundo como intelectual e ativista, ele necessariamente se tornou interdisciplinar em seus métodos, continuando a analisar arquivos e a conduzir trabalhos etnográficos, ao mesmo tempo que incorporou outras maneiras de narrar histórias afeitas às Humanidades.

É preciso lembrar que Du Bois escreveu sobre o que Durkheim chamaria de "fatos sociais" de maneira obstinadamente apegada às evidências, mas também escreveu poesia ao longo de sua vida. Não podemos nos esquecer que Du Bois contou histórias multidimensionais sobre as vidas complexas de negros estadunidenses, e acerca das contradições da democracia estadunidense e do capitalismo por meio das narrativas empiricamente amarradas que vemos em *O Negro da Filadélfia*, mas também através da prosa lírica de *As Almas do Povo Negro*. Dessa forma, Du Bois plantou a semente para os *Black Studies* nos Estados Unidos e no mundo, um campo que seria assumidamente interdisciplinar e radicalmente comprometido em contar histórias humanizantes de vida e morte de negros. Esse talvez seja o motivo pelo qual não exista programa de *Black Studies* nos Estados Unidos onde Du Bois não tenha sido ensinado continuamente, há décadas.

Assim, ao retirarmos a poeira acumulada sobre o livro *O Negro da Filadélfia* e ao darmos a Du Bois, o cientista social, todos o reconhecimento que merece, lembremos também das múltiplas maneiras de contar histórias que ele escolheu ao longo de sua vida. Consideremos que, em última instância, Du Bois decidiu que o "problema Negro" era complexo e multifacetado, requerendo muitos métodos diferentes, muitas vozes diferentes.

APRESENTAÇÃO
W. E. B. Du Bois e o *Negro da Filadélfia*

Cristina Patriota de Moura
Joaze Bernardino-Costa

> *Finalmente, deixem-me acrescentar que tenho a confiança de que este estudo, com todos os seus erros e limitações, servirá ao menos para enfatizar o fato de que os problemas (dos) Negros são problemas de seres humanos (DU BOIS, 1899, p. iv).*

Mais de um século após sua primeira publicação, temos a honra de finalmente poder apresentar a primeira versão em língua portuguesa desta obra magistral, elaborada por um dos maiores intelectuais de todos os tempos. Trata-se de *O Negro da Filadélfia*, de William Edward Burghardt Du Bois. Publicado originalmente em 1899, o livro e seu autor são importantes marcos para o estabelecimento das Ciências Sociais, dos Estudos Urbanos, da discussão acerca das relações raciais nos Estados Unidos e no mundo, bem como para a elaboração e a promoção de uma agenda antirracista nos meios acadêmicos e sociais de uma forma geral.

Somente nos últimos anos começa a ser dado o crédito devido ao conjunto da obra de Du Bois e, principalmente, o reconhecimento de seu lugar como clássico e pioneiro das Ciências Sociais de forma geral, e da Sociologia e da Antropologia urbanas de forma mais específica. *O Negro da Filadélfia* chegou a ser praticamente esquecido após sua primeira publicação em 1899, para a qual o autor escrevera o prefácio de onde retiramos a citação na epígrafe desta introdução. O prefácio de três páginas não foi reproduzido nas edições subsequentes da obra em língua inglesa, das quais destacamos as de 1967, 1996 e 2007 por conterem introduções de diferentes autores.

A primeira edição em brochura (*paperback*), de 1967, com introdução de Digby Baltzell, então um eminente professor da Universidade da Pensilvânia, traz um lamentável testemunho acerca da desconsideração com a obra até então. Ali lemos que o livro estava fora de impressão havia mais de meio século, e que era praticamente impossível obtê-lo, havendo o autor da introdução procurado uma cópia por mais de vinte anos em sebos e bibliotecas, sem sucesso. Mesmo na biblioteca da universidade que sediara o estudo, havia apenas uma cópia preservada em microfilme. O exemplar que constava no catálogo da biblioteca desaparecera das estantes. Ao escrever a introdução, Baltzell dizia estar usando uma cópia que lhe fora cedida a título de empréstimo, na falta de outro exemplar disponível, por um antigo colega de Du Bois na Universidade de Atlanta.

Atualmente, no entanto, *O Negro da Filadélfia* consta cada vez mais nos programas de cursos acerca da história da Antropologia, Sociologia, Estudos Urbanos e outras disciplinas. É tema de livros, seminários, projetos de pesquisa e filme-documentário que se inspiram no trabalho pioneiro de Du Bois para refletir acerca de questões atuais que abrangem não somente a temática do Negro, mas questões humanas muito mais gerais, incluindo mercado de trabalho, segregação urbana, moradia, saúde, criminalidade, preconceitos de diversos tipos e a importância de políticas educacionais e organizações religiosas para o avanço da equidade social. A questão racial, para além da relevância em sua especificidade, é incontornável para compreender o desenvolvimento social em escala global, tendo em vista as maneiras como o capitalismo e o colonialismo estiveram imbricados desde o início.

Assim, se por um lado nos atrasamos em mais de um século em traduzir este livro clássico de Du Bois para o português, nos unimos aos esforços de uma grande rede que só recentemente vem reconhecendo a importância do livro e do autor para as ciências humanas e para o ambiente acadêmico internacional, de forma geral.

W. E. B. Du Bois (1868-1963) foi o primeiro negro a obter o título de doutor da Universidade de Harvard. Estudou na Universidade de Berlim e, segundo pesquisas recentes, teve uma importante influência sobre a teoria de estratificação social de Max Weber (Morris, 2015).

Seus estudos sociológicos acerca da população negra dos Estados Unidos uniram amplas pesquisas históricas, levantamentos estatísticos, entrevistas sistemáticas com milhares de pessoas em contextos rurais e urbanos e observações etnográficas detalhadas narradas em diálogo com dados quantitativos extensos e longitudinais. Ao trabalho relativamente solitário realizado na Filadélfia, se somaram depois diversas outras pesquisas com comunidades específicas, rurais e urbanas, de maior e menor escala, tendo Du Bois formado diversos pesquisadores e publicado amplamente a partir de sua posição na Universidade de Atlanta, durante a primeira década do século XX. Fatores sociológicos ligados à própria linha de cor que denunciava em seus estudos, no entanto, impediram que Du Bois conseguisse posições acadêmicas em universidades brancas, financiamentos para suas pesquisas e mesmo que lhe fosse dado o crédito devido pela qualidade empírica e teórica de seu trabalho científico.

A partir da segunda década do século XX, Du Bois deixou seu emprego acadêmico em Atlanta e passou a atuar mais com publicações literárias, jornalísticas e políticas. Foi um importante membro fundador da NAACP, a Associação Nacional para o Avanço das Pessoas de Cor, que teve papel fundamental na luta por direitos civis nos Estados Unidos. Foi também editor do importante periódico *The Crisis*, que atuou na denúncia das injustiças contra os negros nos Estados Unidos, principalmente divulgando a brutalidade dos linchamentos de negros por brancos. Seu livro mais lido, *The Souls of Black Folk*, de 1903, tem mais de uma tradução para a língua portuguesa, seja sob o título *As Almas da Gente Negra* (edição de 1999) ou *As Almas do Povo Negro* (edição de 2021). Além desse livro de ensaios e poemas, onde Du Bois delineia seus importantes conceitos de *dupla consciência* e do *véu*, há também alguns contos de Du Bois disponíveis em português e outros estão sendo traduzidos no momento. Esses textos são importantes obras daquele que foi também um dos maiores proponentes do pan-africanismo e que, na segunda metade de sua vida, desiludiu-se com o capitalismo ocidental e abraçou a causa do comunismo e do anticolonialismo, a ponto de abdicar de sua cidadania estadunidense.

O Negro da Filadélfia é anterior aos trabalhos mais abertamente políticos e dramaticamente militantes de Du Bois. As mais de quatrocentas páginas do texto original, recheadas de mapas e tabelas elaborados à mão pelo próprio autor e seguidas do relatório especial acerca do trabalho doméstico, de autoria de Isabel Eaton, pretenderam apresentar uma contundente objetividade científica por parte de um jovem pesquisador com as melhores credenciais acadêmicas existentes à época. Encomendada a partir de uma colaboração entre uma atuante e influente partícipe da College Settlement Association (CSA) e a Universidade da Pensilvânia, a tarefa colocada diante de Du Bois era realizar uma pesquisa no bairro com maior concentração de negros na Filadélfia, o *Seventh Ward* (Sétima Região), para chegar às causas e a uma possível solução para o que era percebido como o "problema Negro".

Em uma época na qual vigoravam o racismo pseudocientífico e o darwinismo social como paradigmas dominantes nas instituições de ensino e pesquisa, bem como na sociedade letrada (branca) em geral, a resposta de Du Bois, com todo o rigor metodológico disponível à época e uma exaustiva apresentação de dados históricos, estatísticos e etnográficos, desafiava as premissas daqueles que contrataram a pesquisa. Talvez essa relação complexa entre Du Bois e seus empregadores, bem como com o público letrado quase exclusivamente branco (mas não somente masculino) ao qual o livro se dirigia, expliquem o que pode parecer um acanhamento ou mesmo uma adesão do autor a alguns valores típicos de sua época, entre eles os da moralidade vitoriana e da escala evolutiva que postulava um percurso da selvageria à barbárie para culminar na presumida civilização pautada na ética democrática e na estabilidade da família nuclear burguesa como índice de "avanço" social.

Não obstante a utilização de rótulos como bárbaros e civilizados para designar grupos específicos, Du Bois argumenta, a partir de dados exaustivos, que o problema a ser sanado na Filadélfia e nas grandes cidades estadunidenses de forma geral não é o da existência de Negros, mas sim os problemas enfrentados por aqueles designados como Negros em uma sociedade irracionalmente preconceituosa, que limitava as oportunidades de avanço social a uma parcela assim denominada, cujos indivíduos eram múltiplos e heterogêneos, da mesma forma que imigrantes brancos de diversas procedências. Já em sua primeira nota, o autor avisa aos leitores que utilizará o termo "Negro" para se referir a todas as pessoas de ascendência negra, "apesar de tal nomeação ser até certo ponto ilógica". Dessa forma, desde o início Du Bois acena para a arbitrariedade da classificação racial, e trata a questão do Negro como questão sociológica em uma época na qual a biologização essencialista e racista era o que imperava no meio acadêmico. Na mesma nota, o autor afirma que utilizará, ao longo do livro, letra maiúscula na grafia da palavra Negro, "porque acredito que oito milhões de americanos merecem uma letra maiúscula". Assim, respeitando e reiterando o gesto político do autor, esta tradução manteve a letra maiúscula para a palavra Negro (e Negra), mesmo que isso desafie as atuais regras formais da língua portuguesa.

Esta edição em língua portuguesa surge, também, na esperança de que sua leitura possa ser adotada em cursos formativos da história das disciplinas, lado a lado de autores como Max Weber para a Sociologia, Franz Boas para a Antropologia e Robert Park para os Estudos Urbanos. Weber, Boas e Park foram, por sinal, contemporâneos de Du Bois que dialogaram com o intelectual pessoalmente e por correspondência, utilizaram seus escritos em cursos, mas pouco fizeram para inseri-lo nos circuitos acadêmicos de elite dos quais participavam (MORRIS, 2015).

William Edward Burghardt Du Bois nascera no estado de Massachusetts e fora educado em escolas ligadas a igrejas frequentadas por membros de uma classe média branca progressista que valorizava o mérito e apoiara a luta contra a barbárie da escravidão. Seu primeiro contato com a segregação racial e o contexto rural do Sul se dera quando ele foi estudar na Universidade Fisk, no Tennessee, destinada a estudantes negros. Obteve seu primeiro diploma de bacharel em 1888, em um curso de humanidades que incluía disciplinas de Direito, História e Filosofia. Em seguida, logrou ser admitido na Universidade de Harvard, em seu estado natal, onde obteve um segundo bacharelado em 1890 e seguiu para o PhD, que concluiu em 1895. Obteve, em 1892, bolsa de estudo para passar um ano vinculado à Friedrich-Wilhelms-Universität (atualmente Universidade Humboldt), em Berlim, o que proporcionou a ele contato com eminentes sociólogos alemães e a oportunidade de conhecer outros países europeus (DU BOIS, 1968).

Quando o jovem Du Bois concluiu sua formação acadêmica, contando com uma trajetória estudantil brilhante e um diploma de PhD da prestigiosa Universidade de Harvard, chegou a enviar seu currículo a diversos centros de ensino e pesquisa nos Estados Unidos. Conseguiu emprego em uma pequena faculdade religiosa para negros onde ensinaria grego e latim (Wilberforce). Em 1896, recebeu uma proposta para realizar um estudo sobre os negros na Filadélfia e, mesmo sem a oportunidade de ensinar na Universidade da Pensilvânia, viu a chance de desenvolver um trabalho na área para a qual fora formado. Em 1897, foi contratado pela Universidade de Atlanta, onde ficou até 1910 e realizou uma série de pesquisas empíricas, com os métodos que começara a desenvolver durante o estudo na Filadélfia. Há quem defenda, inclusive, que a Escola de Atlanta tenha sido a primeira escola de sociologia científica dos Estados Unidos, anterior à Escola de Chicago (Morris, 2015; Jerabek, 2016; Hunter, 2015).

Em sua autobiografia, escrita na última década de seu primeiro século de vida [sic.], Du Bois descreve sua abordagem ao estudo dos negros na cidade da Filadélfia:

> Eu considerei minha tarefa aqui simples e bem definida; me propus a descobrir o que estava havendo naquela área e por quê. Comecei sem "métodos de pesquisa" e pedi poucos conselhos em relação a procedimentos. O problema estava diante de mim. Estude-o. Eu o estudei pessoalmente e não por procuração. Não enviei agentes. Fui eu mesmo. Pessoalmente visitei e conversei com 5.000 pessoas. O que pude, registrei em sequência ordenada em tabelas que eu mesmo fiz e submeti à universidade para críticas. Outras informações eu armazenei em minha memória ou anotei como lembretes. Percorri as bibliotecas da Filadélfia por dados, em muitas ocasiões ganhei acesso a bibliotecas privadas de gente Negra e consegui informações individuais. Mapeei o distrito, classificando-o por condições; compilei dois séculos de história do Negro na Filadélfia e na Sétima Região (Du Bois, [1968] 2007, p. 197-198).

O estudo encomendado deveria responder à questão de como lidar com o "problema Negro" na cidade. À época, Filadélfia era uma cidade industrial que atraía um grande contingente de imigrantes de diversos grupos étnicos europeus, bem como negros provenientes de contextos rurais do Sul dos Estados Unidos. A área onde Du Bois realizou sua pesquisa era uma área densamente povoada e com altos índices de mortalidade, desemprego e criminalidade. Na Sétima Região, porém, havia também uma área de residências afluentes, onde vivia a elite branca que empregava negros e imigrantes como serviçais domésticos. Mesmo a área pobre e degradada do bairro, designada pelo termo *slum* no original, não abrigava uma população exclusivamente negra. Porém, ao passo que os imigrantes poloneses, alemães e russos tinham a área como habitat temporário em processos de ascensão social intergeracional, havia poucas oportunidades de saída para os negros em virtude das escassas oportunidades de emprego, educação e mesmo moradia em outros bairros da cidade.

Com forte formação teórica em filosofia e sociologia, Du Bois se preocupava com a excessiva teorização nas obras acadêmicas, descolada por vezes de uma abordagem científica dos problemas sociais. Uma abordagem científica, para Du Bois, deveria ter um forte lastro empírico, e daí sua aposta no desenvolvimento de metodologia de pesquisa que apurasse os fatos da vida social. No que tange ao "problema Negro", Du Bois faz questão de estudar tanto a população em questão quanto o ambiente social, e constrói uma extensa argumentação com exaustiva demonstração empírica de que o problema verificável não era "o negro", mas a "linha de cor", ou seja, os constrangimentos impingidos pelo "ambiente social" que, irracionalmente, limitavam as oportunidades de participação de um grande contingente da população que, dadas as devidas condições, poderia demonstrar sua capacidade e contribuir para a construção de uma sociedade urbana moderna e civilizada.

Para a execução de seu programa de pesquisa, Du Bois se inspirou em pesquisa realizada por Charles Booth em Londres, *Life and Labour of the People of London* (1889, 1891) bem como nos *Hull-House Maps and Papers*, organizados pela líder do College Settlement Association, Jane Addams (1895). Assim, fez questão de comparar os dados obtidos por meio de questionários preenchidos pessoalmente com visitas domiciliares durante o ano que viveu na Sétima Região, como dados de censo dos Estados Unidos e pesquisas realizadas em outras cidades. Os dados comparativos usados por Du Bois incluem também cidades inglesas e alemãs, para as quais havia dados disponíveis à época (Du Bois, 1899; Hunter, 2014a; 2014b; Katz; Sugrue, 1998; Lewis, 1993; Deegan, 2002).

Du Bois uniu aos dados estatísticos a minuciosa pesquisa histórica sobre o processo de povoamento da Filadélfia, incluindo pessoas, grupos e instituições que se destacaram na história da cidade e contribuíram para o desenvolvimento econômico e político, com especial foco nas relações de trabalho. Temas como religiosidade, habitação e relações de parentesco também foram objetos de atenção cuidadosa, e são tratados na volumosa publicação, que inclui alguns anexos,* inclusive sobre trabalho doméstico. Para a parte histórica do trabalho, apoiou-se em dados censitários, arquivos de igrejas e jornais e depoimentos colhidos em entrevistas realizadas pessoalmente.

A obra questiona a homogeneização da categoria racial, demonstrando a heterogeneidade sociocultural dos negros moradores da Sétima Região e da cidade da Filadélfia em geral, comparando-os com outros segmentos étnicos de migrantes rurais e destacando a importância das condições sociológicas para a configuração de problemas atribuídos à raça. Du Bois mapeia uma série de problemas "negros" na Filadélfia, que vão desde alta mortalidade por tuberculose até altas taxas de criminalidade, baixa escolaridade e desemprego. Seu "diagnóstico", no entanto, destoa dos determinismos biológicos vigentes ao final do século XIX ao apontar para o fato de que tais problemas entre os negros são consequências das condições históricas. Essas condições, de cunho econômico, político e cultural, não permitiram o avanço de um segmento encoberto pelo véu do preconceito e tolhido pela negação de oportunidades com base em premissas contrárias à lógica da civilização democrática e moralmente elevada que o mesmo ainda acreditava existir nos Estados Unidos da América.

> Não há dúvida de que na Filadélfia o centro e semente do problema Negro, no que tange às pessoas brancas, está nas estreitas oportunidades proporcionadas aos Negros para ganhar a vida de forma decente. Tal discriminação é moralmente errada, politicamente perigosa, industrialmente perdulária e socialmente tola (neste volume, p. 396).

Assim, Du Bois argumenta e comprova com uma profusão de dados empíricos quantitativos e etnográficos que o "problema Negro" é, em

---

* A publicação em língua inglesa inclui três apêndices e um relatório especial, cujos títulos traduzidos são:
"Apêndice A: Formulários usados na enquete de casa em casa";
"Apêndice B: Legislação etc., da Pensilvânia em relação ao Negro";
"Apêndice C: Bibliografia";
"Relatório especial sobre o serviço doméstico na Sétima Região".
Esta versão em língua portuguesa não inclui os apêndices e o relatório (de autoria de Isabel Eaton). Eles podem ser acessados em: https://bit.ly/3Nxxwwt.

última instância, um problema de todos, cuja solução estaria nas mãos dos brancos detentores das condições passíveis de abrir as portas da cidade do "amor fraterno" aos negros habilitados pela educação formal e por treinamento profissional. O termo em inglês "*Negro Problem*" era utilizado para se referir aos negros como um problema, mas Du Bois transforma o sentido da expressão ao longo do livro, utilizando-a para se referir a problemas enfrentados pelos negros, dos quais o principal é a atitude discriminatória por parte dos brancos. Assim, nesta versão em português, optamos por traduzir a expressão ora como "problema Negro", ora como "problema do Negro" ou "problema dos Negros", de acordo com o contexto.

Na década seguinte à publicação de *O Negro da Filadélfia*, Du Bois vai apostar na expansão de seu programa de pesquisa e na transposição da metodologia desenvolvida com aquele estudo para outros contextos urbanos e rurais nos Estados Unidos. Já na Universidade de Atlanta, o professor e pesquisador irá formar pesquisadores e apresentar suas pesquisas em congressos nacionais e internacionais. Tais pesquisas serão reconhecidas e citadas nos grandes centros europeus.

Os trabalhos realizados em Atlanta e publicados em forma de relatórios anuais serão os dados mais detalhados acerca de qualquer segmento populacional a serem sistematizados e publicados na primeira década do século XX. Daí autores como Morris afirmarem que Du Bois e seus colaboradores estabeleceram a "escola de Atlanta", e que esta seria a primeira escola de sociologia científica dos Estados Unidos, anterior mesmo à Escola de Chicago, que teve seu ápice com as pesquisas coordenadas por Robert Park na década seguinte. Mas, assim como os negros da Filadélfia, Du Bois encontrou barreiras institucionais que impediram o avanço de seu programa científico.

O ostracismo acadêmico de Du Bois no que tange ao contexto institucional hegemônico dirigido por intelectuais brancos contrasta com sua forte presença junto aos movimentos sociais afrodescendentes, em diferentes continentes, ao longo de sua longeva trajetória literária e política. Não obstante, seu reconhecimento póstumo por parte da comunidade acadêmica vem crescendo, como indica a existência da cátedra W. E. B. Du Bois na Universidade de Harvard e a outorga a ele do título póstumo de Professor Emérito da Universidade da Pensilvânia, em 2012.

Em relação à trajetória da obra que aqui apresentamos, é interessante vermos as introduções de diferentes edições publicadas ao longo do tempo. A introdução escrita por E. Digby Baltzell para a edição de 1967 (Schoken Books) enfatiza o valor da obra em termos empíricos, metodológicos e teóricos, na medida em que apresenta uma explicação ambiental baseada em relações sociais para o problema Negro, em contraposição ao racismo pseudocientífico conjugado ao darwinismo social vigente ao final do século XIX. A obra é apresentada como pioneira em termos de história e pesquisa sociológica urbana, tendo influenciado obras posteriores como as de Thomas e Znaniecki, Robert Park, e St. Clair Drake e R. Horace Cayton (*Black Metropolis*), além de teorias acerca da classe média negra como as de Franklin Frazier, que escreveu sobre uma burguesia negra nos Estados Unidos cinquenta anos depois. A questão da estratificação social também aparece como crucial, conforme evidenciado em trecho sobre *O Negro da Filadélfia* em *Black Metropolis*. Baltzell situa a obra na biografia de Du Bois, nos estudos sobre cidades nos Estados Unidos e sobre a população Negra. Também aponta o valor da obra como documento histórico sobre a cidade da Filadélfia, onde foi escrita a declaração da independência dos Estados Unidos e "fundada a nação" (BALTZELL, 1967, p. xxviii).

A introdução traz um interessante material acerca das transformações ocorridas na cidade após a pesquisa de Du Bois e até os anos 1960. Um dado importante apontado por Baltzell é que, ainda que a Sétima Região fosse majoritariamente negra e que Du Bois tenha identificado as dificuldades que os Negros enfrentavam para encontrar residências em bairros exclusivamente brancos, o processo de guetificação e maior segregação racial nas cidades dos Estados Unidos é um fenômeno que se cristaliza no século XX, posteriormente à pesquisa inicial de Du Bois. "Relações sociais entre brancos e Negros, portanto, eram marcadas por diferenciais claros de status e alta interação social, ao invés de pela segregação residencial e baixa interação que caracteriza as relações entre as raças atualmente" (BALTZELL, 1967, p. xxxii).

Se, por um lado, aumentara a segregação residencial, e as condições de moradia em bairros negros continuavam precárias e insalubres, o século XX proporcionava maiores oportunidades ao estrato social que Du Bois batizara de *talented tenth*, os 10% talentosos, a elite da população negra que, segundo ele, deveria elevar seu povo das condições de desvantagem em que se encontrava. Nas palavras de Du Bois,

> A raça Negra, como todas as raças, será salva por seus homens excepcionais. O problema da educação, portanto, entre Negros, deve antes de tudo lidar com os dez por cento talentosos; é o problema de desenvolver os melhores desta raça, que poderão guiar a massa para longe da contaminação e mortalidade dos piores, de sua própria raça e de outras (p. xli).*

Professor de Sociologia (branco) da Universidade da Pensilvânia, pesquisador de elites e o responsável por cunhar o termo WASP** para designar a elite branca, anglo-saxã e protestante estadunidense, E. Digby Baltzell conclui sua introdução dizendo que o próprio meio acadêmico se transformara dramaticamente, e que à sua época alguém com as credenciais de Du Bois não somente seria aceito no corpo docente da universidade como seria ativamente recrutado e provavelmente recusaria por haver obtido melhores ofertas de emprego.

A edição de 1996, publicada pela editora da Universidade da Pensilvânia, traz uma nova introdução, escrita por Elijah Anderson, negro, professor de Sociologia, Etnografia Urbana e Estudos Afro-Americanos da prestigiosa Universidade de Yale. Anderson salienta a relação entre raça e classe nos trabalhos de Du Bois e sua dívida aos estudos empíricos de Charles Booth nos bairros pobres de Londres e as pesquisas com mapas e tabelas das feministas ligadas a Jane Adams e ao movimento do College Settlement.

Anderson afirma que Du Bois é o pai fundador da Sociologia americana [sic.] e refere-se ao livro como uma obra-prima. Não obstante, lamenta-se do fato de ainda ser possível que um pós-graduando, nos anos 1990, conclua sua formação em Sociologia nos Estados Unidos sem jamais ter ouvido falar de W. E. B. Du Bois. A introdução traz reflexões acerca da biografia do autor, da questão racial e do estatuto das Ciências Sociais. Ao final, mais uma vez, temos informações sobre a cidade da Filadélfia nos anos 1990.

---

* DU BOIS, W. E. B. The Talented Tenth. In: DU BOIS, W. E. B. *The Negro Problem*.
** A palavra *wasp* significa vespa (o inseto) em língua inglesa. A sigla cunhada por Baltzell, no entanto, reúne as primeiras letras da designação *White Anglo-Saxon Protestant*.

A introdução da edição de 1996 salienta a ambiguidade de Du Bois ao lidar com a questão das relações raciais nos Estados Unidos. O jovem Du Bois ainda acreditava na possibilidade de reforma social e que o conhecimento objetivo, claramente apresentado, mudaria a perspectiva da elite branca em relação ao "problema Negro" que afligia a grande cidade. Por outro lado, o próprio autor ainda tinha dificuldade em se perceber como passível do mesmo preconceito dispensado aos negros da elite da Filadélfia, apesar de salientar a existência (irracional) da linha de cor. Tal perspectiva, nos diz Anderson, seria radicalmente transformada ao longo da trajetória de Du Bois.

> Du Bois nutria a esperança de que o capitalista americano, inerentemente nobre, ainda que oportunista, poderia algum dia ser persuadido a mudar suas práticas. Chegando ao final de sua vida, no entanto, Du Bois se tornou profundamente desiludido com a América. Renunciando a sua cidadania americana, abraçou o pan-africanismo e mudou-se para Gana, onde faleceu em 1963, bem na época em que uma geração mais militante de pretos estava marchando sobre Washington para exigir reparação pelas injustiças que ele foi o primeiro a narrar (ANDERSON, 1996, p. xxiv).

A publicação inglesa de 2007, que integra a coleção da editora da Universidade de Oxford com diversas obras de Du Bois, traz uma breve introdução escrita por Lawrence Bobo, então professor (negro) de Stanford. Autor de importante obra, que inclui livros acerca do racismo urbano nos Estados Unidos, Bobo é atualmente professor catedrático de Harvard, com o título de *W. E. B. Du Bois Professor of the Social Sciences* na mesma prestigiosa universidade onde Du Bois obteve seu doutorado em 1895.

Bobo destaca as principais questões levantadas neste livro: o método indutivo, a explicação sociológica (e não biológica ou psicológica) da situação da população negra da Filadélfia ao final do século XIX, a abordagem que destaca a heterogeneidade e a estratificação social entre os negros, e a detalhada descrição e problematização de condições de trabalho, educação, moradia, saúde, criminalidade e preconceito por parte dos brancos. Mais do que situar a importância da obra na história dos Estudos Urbanos, da Sociologia e dos Estudos Afro-Americanos, no entanto, Bobo identifica, já no século XXI, o que ele chama de "ressureição" de Du Bois por parte de intelectuais que, nas áreas de Sociologia, História, Ciência Política, Antropologia, Educação, Estudos Uurbanos e até Filosofia, finalmente estariam trazendo-o ao seu devido lugar de destaque. Diz Bobo (2007, p. xxvi): "É raro encontrar um estudo sociológico que tenha crescido marcadamente em influência um século depois de sua publicação inicial. Mas esse é precisamente o caso da pesquisa de comunidade magistral de W. E. B. Du Bois, *O Negro da Filadélfia*".

Posteriormente à publicação pela editora da Universidade de Oxford é que encontramos as primeiras traduções de *The Philadelphia Negro* para línguas românicas: uma tradução colombiana para o espanhol publicada pelos Archivos del Indice, de 2013, e a tradução para o francês publicada pela La Découverte mais recentemente, em 2019.

A breve introdução à versão colombiana, *El Negro de Filadelfia*, publicada em 2013, salienta a importância das mulheres na origem da pesquisa sociológica estadunidense apesar de, como é o caso da presente versão brasileira, não trazer o relatório especial de Isabel Eaton. Na versão em língua espanhola, optou-se por traduzir *Seventh Ward* como *Distrito Septimo*, que aqui traduzimos como Sétima Região, uma vez que Du Bois utiliza o termo distrito para se referir a áreas menores dentro mesmo do *Seventh Ward*, se referindo inclusive a algumas áreas de habitação precária dentro da região como *slum districts*, por exemplo.

A primeira versão em língua francesa, intitulada *Les Noirs de Philadelphie*, publicada em 2019, é apresentada na introdução por seu tradutor, o sociólogo Nicolas Martin-Breteau. Este se soma aos outros intelectuais que tiveram a honra, como temos agora, de apresentar esta grande obra a um novo público, ao apontar não somente a qualidade da pesquisa e de sua apresentação, mas a relevância das questões levantadas por Du Bois ao final do século XIX para lidar com temas que ainda pairam sobre nossas sociedades do século XXI.

Mais de um século depois, portanto, não somente a magistral obra de Du Bois ganha espaço por sua relevância histórica e sua relativa atualidade de perspectiva, mas o próprio meio acadêmico estadunidense se transforma a ponto de Aldon Morris, o presidente (negro) da American Sociological Association durante o ano de 2021, ter sido um pesquisador que escreveu, justamente, um importante livro que situa a obra sociológica de Du Bois como a primeira escola sociológica estadunidense, a partir do conjunto de estudos seus que se iniciam com *O Negro da Filadélfia* e continuam a partir da Universidade de Atlanta, onde Du Bois coordenou um importante programa de pesquisa entre 1899 e 1912.

Apesar de ter renunciado à cidadania estadunidense, Du Bois vem sendo repetidamente reconhecido e homenageado no meio acadêmico dos Estados Unidos e da universidade que o contratara apenas temporariamente como "assistente em Sociologia" durante o ano de 1897. Esse reconhecimento tardio é atestado, por exemplo, pelo seminário organizado por ocasião da outorga do título póstumo de Professor Emérito da Universidade da Pensilvânia, em 2012, com o título de *Honorary Emeritus Professorship of Sociology and Africana Studies* (Zuberi, 2012). Professores da mesma universidade também organizaram um importante livro comemorativo em 1998, intitulado *W. E. B. Du Bois, Race and the City: the Philadelphia Negro and its Legacy*. A figura de Du Bois estampa hoje um grande mural no bairro da Filadélfia onde a pesquisa foi realizada, cujo processo de confecção pode ser visto no interessante documentário dirigido pela professora do departamento de Design da Universidade da Pensilvânia, Amy Hiller (Hiller, 2011). Vemos também pesquisas atuais sendo realizadas com a participação de moradores e estudantes residentes na Filadélfia, utilizando os métodos desenvolvidos por Du Bois há mais de cem anos em conjunção com novas tecnologias e metodologias (Boddie; Hiller, 2022).

No caso brasileiro, a publicação de *O Negro da Filadélfia* é bem oportuna. Diferentemente do contexto estadunidense, em que se fala de uma ressureição de Du Bois, não podemos dizer o mesmo do caso brasileiro. A diferença reside no fato de que as universidades norte-americanas criaram ao longo do século XX diversos Centros de Estudos Afro-Americanos, em que não somente *O Negro da Filadélfia* tem sido estudado, mas a ampla e magistral obra de Du Bois, composta de 21 livros, 15 coletâneas de seus próprios ensaios e artigos e quase uma centena de artigos publicados em periódicos acadêmicos e jornais para o grande público. A novidade no contexto estadunidense – portanto, a ressureição – consiste em Du Bois começar a ser lido e integrar as disciplinas formativas dos cursos de Sociologia, Antropologia, Estudos Urbanos, Filosofia etc.

No caso brasileiro, não temos uma ressureição, mas uma descoberta de Du Bois nos anos recentes, uma vez que jamais tivemos uma proximidade em nossos cursos de formação acadêmica com a obra desse profícuo autor. No máximo, salvo raras exceções, apenas alguns pesquisadores e ativistas negros tinham tido contato com *The Souls of Black Folk*, traduzido com o título *As Almas da Gente Negra* ou *As Almas do Povo Negro*, a depender da edição. Essa descoberta de Du Bois – o que tem motivado outras editoras também a publicarem algumas de suas obras – é resultado direto das transformações pelas quais têm passado as universidades brasileiras nas últimas duas décadas, quando democratizamos o acesso à graduação a estudantes negros por meio das políticas de cotas. Alguns desses estudantes – beneficiários diretos ou indiretos das ações afirmativas – chegaram às pós-graduações, e alguns outros – bem aquém da necessidade histórica – estão se tornando docentes das universidades e centros de pesquisa do país. Este é um movimento que, como tem sido sinalizado pela literatura especializada, não se restringe à simples representação numérica de estudantes e pesquisadores negros nas graduações, pós-graduações e na docência, mas envolve também uma ampliação epistêmica no ensino e pesquisa que estão em desenvolvimento nas nossas universidades (BERNARDINO-COSTA; MALDONADO-TORRES; GROSFOGUEL, 2018).

Hoje, estudantes e pesquisadores negros não têm se contentado com o conhecimento parcial que tivemos ao longo do século XX, quando apenas parte da população brasileira sentia-se representada por um conhecimento que refletia as sensibilidades históricas e as experiências corpo-políticas da população brasileira de ascendência europeia. A entrada de estudantes, pesquisadores, docentes negros e indígenas nas universidades tem evidenciado a necessidade da ampliação do cânone acadêmico a fim de que intelectuais e pesquisadores não brancos sejam contemplados também. Da mesma forma que participamos da descoberta de diversos intelectuais negros brasileiros nos nossos cursos formativos, também participamos da descoberta de intelectuais do chamado Atlântico Negro, entre eles, o genial Du Bois.

Sem sombra de dúvida, a publicação de *O Negro da Filadélfia* é uma contribuição inestimável às Ciências Sociais, aos Estudos Urbanos e áreas afins que beneficiará a todos, não somente estudantes, pesquisadores e docentes negros, mas todos comprometidos com o antirracismo, com a diversidade epistêmica e com a compreensão real do mundo em que vivemos.

Este livro que o leitor e a leitora têm em suas mãos, além de seu valor histórico, oferece referências e possibilidades de abordagens e interpretações que certamente se provarão seminais para a pesquisa acadêmica comprometida com a agenda antirracista e com um conhecimento profundo e sofisticado da realidade social no Brasil e no mundo.

Boa leitura!

Referências

ARCHIVOS DEL INDICE. Introducción. In: DU BOIS, W. E. B. *El Negro de Filadélfia: un estudio social*. Traducción de Sally Mizrachi, Sonia Muñoz e Pedro Quintín. Cali: Archivos del Índice, 2013.

ANDERSON, Elijah. Introduction to the 1996 Edition of The Philadelphia Negro. In: DU BOIS, W. E. B. *The Philadelphia Negro: a Social Study*. Philadelphia: University of Pennsylvania Press, 1996.

BALTZELL, E. Digby. Introduction to the 1967 Edition. In: DU BOIS, W. E. B. *The Philadelphia Negro. a Social Study*. New York: Schocken Books, 1967.

BERNARDINO-COSTA, Joaze; MALDONADO-TORRES, Nelson; GROSFOGUEL, Ramón. *Decolonialidade e pensamento afrodiaspórico*. Belo Horizonte: Autêntica, 2018.

BOBO, Lawrence. Introduction. In: DU BOIS, W. E. B. *The Philadelphia Negro*. Edited by Henry Lewis, Jr. Gates, Oxford University Press, 2007. (The Oxford W. E. B. Du Bois.)

BODDLE, Stephanie; HILLER, Amy. The Making and Remaking of the Philadelphia Negro. *DHQ – Digital Humanities Quarterly*, v. 16, n. 2, 2022.

DEEGAN, Mary Jo. W. E. B. Du Bois and the Women of Hull-House. *The American Sociologist*, v. 19, n. 4, p. 301-311, Winter 1988.

DU BOIS, W. E. B. *The Philadelphia Negro: a Social Study*. Filadélfia: University of Pennsylvania Press, 1899. (Series in Political Economy and Public Law, n. 14.)

DU BOIS, W. E. B. *The Autobiography of W. E. B. Du Bois: a Soliloquy of Viewing my Life from the Last Decade of Its First Century*. Nova Iorque: Oxford University Press, [1968] 2007.

DU BOIS, W. E. B. *As Almas da Gente Negra*. Rio de Janeiro: Edições Lacerdas, [1903] 1999.

DU BOIS, W. E. B. *As Almas do Povo Negro*. São Paulo: Veneta, [1903] 2021.

LEGACY OF COURAGE: W. E. B. Du Bois and The Philadelphia Negro. Direção de Amy Hiller. 2011. Disponível em: https://vimeo.com/22239485. Acesso em: 21 nov. 2022.

HUNTER, Marcus Anthony. W. E. B. Du Bois and Black Heterogeneity: how *The Philadelphia Negro* Shaped American Sociology. *The American Sociologist*, v. 46, n. 2, p. 219-233, 1º jun. 2015.

JERABEK, Hynek. W. E. B. Du Bois on the History of Empirical Social Research. *Ethnic and Racial Studies*, v. 39, n. 8, p. 1391-1397, 20 jun. 2016.

KATZ, Michael; SUGRUE, Thomas. Introduction: the Context of *The Philadelphia Negro*. In: KATZ, Michael; SUGRUE, Thomas (Eds.). *W. E. B. Du Bois, Race and the City: the Philadelphia Negro and its Legacy*. Philadelphia: University of Pennsylvania Press, 1998.

LEWIS, David Levering. *W. E. B. Du Bois: Biography of a Race*. New York: Henry Holt, 1993.

LOUGHRAN, Kevin. *The Philadelphia Negro* and the Canon of Classical Urban Theory. *Du Bois Review*, v. 12, n. 2, p. 249-256, 2015.

MARTIN-BRETEAU, Nicolas. Introduction et appareil critique. In: DU BOIS, W. E. B. *Les Noirs de Philadelphie: Une Étude Sociale*. Paris: La Découverte, 2019.

MORRIS, A. D. *The Scholar Denied: W. E. B. Du Bois and the Birth of Modern Sociology*. Oakland: University of California Press, 2015.

ZUBERI, Tukufu. W. E. B. Du Bois' Sociology: *The Philadelphia Negro* and Social Science. In: AAPSS, 595, September 2004. *Annals*... 2004.

ZUBERI, Tukufu. Dr. William Edward Burkhardt Du Bois: Honorary Emeritus Professorship of Sociology and Africana Studies. *Almanac*, 7 February 2012. Disponível em: www.upenn.edu/almanac. Acesso em: 23 nov. 2022.

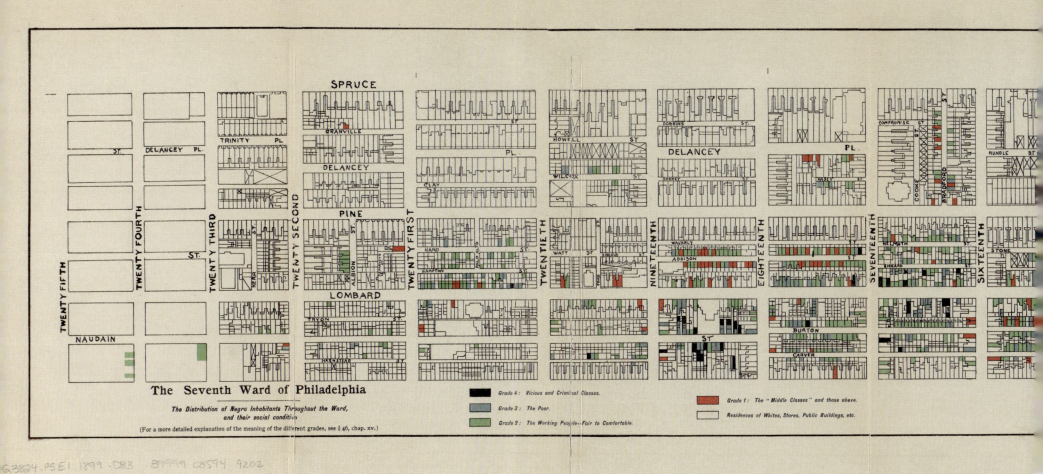

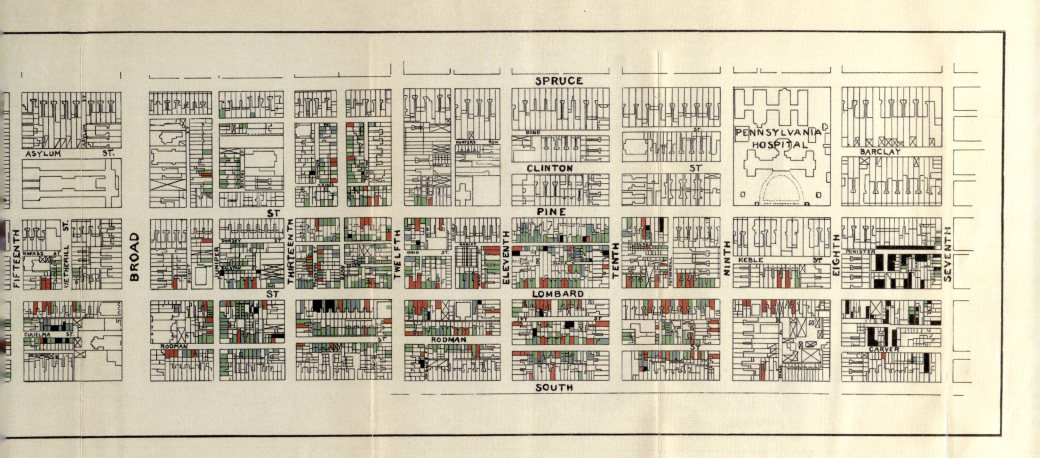

O NEGRO
DA FILADÉLFIA

CAPÍTULO I
O escopo deste estudo

1. Objetivo geral. Este estudo busca apresentar os resultados de um inquérito empreendido pela Universidade da Pensilvânia acerca da condição das quarenta mil ou mais pessoas de sangue Negro que atualmente vivem na cidade da Filadélfia. Essa investigação se estendeu por um período de quinze meses e procurou averiguar algo sobre a distribuição geográfica dessa raça, suas atividades econômicas e vida cotidiana, seus lares, suas organizações e, acima de tudo, a relação com seus milhões de concidadãos brancos. O desenho final do trabalho é apresentar ao público um conjunto de informações que possa ser um guia seguro para todos os esforços na direção de solucionar os muitos problemas Negros de uma grande cidade americana.

2. Os métodos de inquérito. A investigação começou em 1º de agosto de 1896 e, com exceção de dois meses, continuou até 31 de dezembro de 1897. O trabalho começou com uma pesquisa de casa em casa da Sétima Região.* Esta longa e estreita região, que se estende

---

* No original, trata-se do *Seventh Ward*. A palavra inglesa *ward* pode ser traduzida como "ala" ou "seção". A palavra "seção" (*section*), no entanto, é utilizada ao longo do livro para designar territórios ainda menores dentro da área estudada. Como se trata de uma divisão administrativa urbana, preferimos traduzir como "região", entendendo que se trata de uma região administrativa entre outras da cidade. O autor também utiliza o termo *district* para designar áreas que não coincidem com o *Ward*, por isso optamos por não traduzir *Ward* como "distrito", como acontece nas versões em língua espanhola e francesa. (N.T.)

da rua Sete* Sul até o rio Schuylkill, e da rua Spruce até a rua South,** é um centro histórico da população Negra e contém hoje um quinto de todos os Negros dessa cidade.[1]****

Considerou-se, portanto, melhor realizar um estudo intensivo das condições nesse distrito, e depois complementar e corrigir esta informação por observação geral e levantamento de dados em outras partes da cidade.

Seis formulários foram usados entre os nove mil Negros desta região: um formulário sobre família, com as perguntas usuais acerca do número de membros, suas idades e sexo, sua condição conjugal e local de nascimento, suas capacidades de ler e escrever, suas atividades e rendimentos etc.; um formulário individual com indagações semelhantes; um formulário domiciliar com perguntas quanto ao número de quartos, o aluguel, os inquilinos, as condições etc.; uma ficha de rua para coletar dados sobre as várias pequenas ruas e becos, e uma ficha de instituições para organizações e instituições; finalmente, uma ligeira variação da ficha individual foi usada para serviçais domésticos**** residentes em seus locais de trabalho.[2]

Este estudo do distrito central de assentamento Negro forneceu uma chave para a situação da cidade; nas outras regiões, portanto, um levantamento geral foi feito para registrar quaisquer diferenças marcantes de condição, para averiguar a distribuição geral dessas pessoas, e coletar informações e estatísticas sobre organizações, patrimônio, crime, pobreza, atividade política e questões semelhantes. Essa investigação geral, embora careça de métodos precisos de medição na maioria dos casos, serviu,

---

* Para as ruas cujos nomes são números, a tradução optou pela forma cardinal, ao invés da ordinal. Assim, Twenty Seventh Street foi traduzido como rua Vinte e Sete, por exemplo. (N.T.)

** Quando o ponto cardeal nomeia uma rua, manteve-se o original em inglês. Quando se trata de marcador de localização, traduzimos para o português. (N.T.)

*** Seguindo a justificativa do autor, expressa em sua primeira nota, a tradução manteve a palavra Negro sempre com letra maiúscula (N.T.)

**** No original, *house-servant*. O termo em inglês enfatiza o serviço e a posição subalterna, e por vezes o autor utiliza apenas o termo *servant*, daí a opção por traduzi-lo como "serviçal". Esse termo compreende atividades como as de cozinheira(o), camareira(o), mordomo, governanta, babá, faxineira(o). Ao longo do livro, o termo foi traduzido como "serviçal" e também como "empregados(as) domésticos(as)" ou "criados(as)". (N.T.)

não obstante, para corrigir os erros e ilustrar o significado do material estatístico obtido na enquete feita de casa em casa.

Ao longo de todo o estudo, foram usadas estatísticas oficiais e material histórico na medida em que pareceu confiável, e pessoas experientes, tanto brancas como de cor,[*] foram consultadas livremente.

3. A credibilidade dos resultados. Os melhores métodos disponíveis de pesquisa sociológica são atualmente tão suscetíveis a imprecisões que o pesquisador cuidadoso apresenta os resultados de sua pesquisa individual com retraimento. Ele sabe que eles estão suscetíveis a erro por causa de falhas aparentemente inextirpáveis do método estatístico, a erro ainda maior devido aos métodos de observação geral e, acima de tudo, deve sempre temer que algum preconceito pessoal, alguma convicção moral ou alguma tendência inconsciente de pensamento devido ao treinamento anterior tenham, até certo ponto, distorcido o panorama que vê diante de si. É inevitável que se tenha convicções, em maior ou menor grau, sobre todos os grandes assuntos de interesse humano, e elas entrarão em alguma medida nas pesquisas científicas feitas mais a sangue frio como fator perturbador.

No entanto, aqui estão, diante de nós, problemas sociais que exigem estudo cuidadoso, questões à espera de respostas satisfatórias. Devemos estudar, devemos investigar, devemos tentar resolver; e o máximo que o mundo pode exigir não é falta de interesse humano e convicção moral, mas sim a qualidade da justiça sentida no coração e um desejo sincero pela verdade, ainda que ela possa ser desagradável.

Em uma investigação de casa em casa existem, além da atitude do investigador, muitas fontes de erro: mal-entendidos, superficialidade e esquecimento, bem como falsidade deliberada por parte das pessoas entrevistadas viciam grandemente o valor das respostas. Por outro lado, conclusões formadas pelos mais bem treinados e mais zelosos estudiosos com base na observação geral e na investigação realmente não passam de induções provenientes de apenas alguns dos inúmeros fatos da vida social, e estes podem, com facilidade, não ser suficientemente essenciais ou típicos.

---

[*] *Colored* foi traduzido como "de cor". (N.T.)

O uso desses dois métodos que procurou-se fazer neste estudo pode, talvez, haver corrigido, até certo ponto, os erros de cada um deles. Novamente, qualquer equação pessoal que possa existir no estudo inteiro é de uma quantidade invariável, uma vez que o trabalho foi feito por um investigador, e os julgamentos variáveis de diversos agentes censitários foram, assim, evitados.[3]

Apesar de todos os inconvenientes e dificuldades, os principais resultados do inquérito parecem críveis. Estão de acordo, em larga medida, com a opinião pública geral, e, em outros aspectos, parecem logicamente explicáveis ou em acordo com precedentes históricos. São, portanto, apresentados ao público não como completos e sem erros, mas como possuindo, em geral, matéria suficientemente confiável para servir como base científica para estudos posteriores e para uma reforma prática.

CAPÍTULO II
O problema

4. Os problemas Negros da Filadélfia. Na Filadélfia, como alhures nos Estados Unidos, a existência de certos problemas sociais peculiares que afetam o povo Negro é claramente manifesta. Aqui está um grande grupo de pessoas – talvez 45 mil, uma cidade dentro de uma cidade – que não se integram completamente ao grupo social maior. Isto, em si, não é totalmente incomum; existem outros grupos não assimilados: judeus, italianos e até americanos. Porém, no caso dos Negros, a segregação é mais explícita, mais patente aos olhos e tão entrelaçada com uma longa evolução histórica, com problemas sociais peculiarmente prementes de pobreza, ignorância, criminalidade e trabalho, que o problema do Negro supera de longe, em interesse científico e em gravidade social, a maioria das outras questões de raça ou classe.

O estudioso dessas questões deve primeiro perguntar: qual é a real condição desse grupo de seres humanos? De quem é composto, que subgrupos e classes existem, quais tipos de indivíduos estão sendo considerados? Ademais, o estudioso deve reconhecer claramente que um estudo completo não deve se limitar ao grupo, mas deve observar especialmente o ambiente: o ambiente físico da cidade, seções e casas – o ambiente social muito mais poderoso –, o mundo circundante de costume, desejo, capricho e pensamento que envolve esse grupo e influencia poderosamente seu desenvolvimento social.

O claro reconhecimento do campo de investigação também não simplifica o trabalho de estudo real; ao contrário, aumenta-o, revelando linhas de investigação muito mais amplas em escopo do que o primeiro pensamento sugere. Para o filadelfiense, toda a questão Negra se reduz a um estudo de certos bairros degradados. Sua mente se volta para as ruas Sete e Lombard e para as ruas Doze e Kater de hoje, ou para a St. Mary's no passado. O trabalho de caridade continuado e amplamente conhecido nessas seções faz com que o problema da pobreza lhe seja familiar; o crime explícito e ousado, com excessiva frequência atribuído a esses centros, já chamou sua atenção para um problema de criminalidade, enquanto os bandos de vagabundos, ociosos e prostitutas que lotam as calçadas aqui dia e noite o lembram de um problema de trabalho.

Tudo isso é verdade – todos esses problemas estão aí e são de complexidade ameaçadora; infelizmente, porém, o interesse do homem de negócios comum tende a parar por aqui. A criminalidade, a pobreza e o ócio afetam desfavoravelmente seus interesses, e ele desejaria que cessassem; ele olha para esses *slums** e seus personagens como coisas desagradáveis que de alguma forma deveriam ser removidas para atender o melhor interesse de todos. O estudioso do social concorda com ele até este ponto, mas deve salientar que a remoção de características desagradáveis de nossa vida moderna complicada é uma operação delicada que requer conhecimento e habilidade; um *slum* não é um simples fato, é um sintoma, e conhecer as causas removíveis dos *slums* Negros da Filadélfia requer um estudo que vá muito além dos distritos assim denominados – *slum districts*. Pois poucos filadelfienses se dão conta de como a população Negra cresceu e se espalhou. Houve um tempo

---

* A palavra *slum* vem sendo traduzida em diversas obras como "favela". A própria palavra "favela", por conter conotações majoritariamente pejorativas, é muitas vezes substituída por "comunidade", o que não dá conta da precariedade das condições de materialidade urbana designada. É o caso, por exemplo, do livro *Slum Planet* de Mike Davis, que recebeu o título de *Planeta Favela* na versão brasileira. Outras traduções optam por uma tradução mais descritiva, como "área pobre e degradada", como no caso da tradução de *Street Corner Society*, de William Foote-Whyte. Os *slums* das cidades estadunidenses diferem das favelas brasileiras por se situarem em áreas urbanas centrais, com construções em tijolos e alvenaria, às vezes assemelhando mais a áreas de cortiços que existiam nas cidades brasileiras ao final do século XIX, quando foi escrito o livro de Du Bois. Na obra original em inglês, Du Bois utiliza o termo para se referir às áreas mais pobres da Sétima Região, mas também o emprega com um sentido moral. Assim, ao longo do livro, esta tradução optou por manter o termo original em inglês na maior parte das instâncias em que ele aparece, mas também utilizou as designações de "área degradada" ou "comunidade" quando estas não alteravam o sentido atribuído pelo autor. (N.T.)

na memória dos homens vivos em que um pequeno distrito próximo às ruas Seis e Lombard compreendia a grande massa da população Negra da cidade. Isso não é mais assim. Muito cedo o fluxo da população Negra começou em direção ao Norte, mas a crescente imigração estrangeira a partir de 1830 o fez retroceder. Começou rumo ao Sul também, mas foi desencorajado por casas pobres e pela pior proteção policial. Finalmente, ganhado o impulso, a emigração dos *slums* começou rumo ao Oeste, rolando adiante de forma lenta e certeira, tomando a rua Lombard como sua principal via de passagem, ancorando-se inicialmente em West Filadélfia e virando ao norte e ao sul no rio Schuylkill em direção às partes mais novas da cidade.

Assim, atualmente os Negros estão espalhados por todas as partes da cidade, e a grande massa deles vive longe do centro "de cor" de outrora. O que dizer, então, dessa grande massa da população? Evidentemente, eles formam uma classe com seus próprios problemas sociais – os problemas da Trigésima Região diferem dos problemas da Quinta, como os habitantes Negros diferem. Na antiga Região, temos representada a base dos trabalhadores Negros: trabalhadores braçais e serviçais, porteiros e garçons. Essa é atualmente a grande classe média de Negros que alimentam os *slums* por um lado, e a classe alta por outro. Aqui estão questões e condições sociais que devem receber a mais cuidadosa atenção e uma interpretação paciente.

Tampouco aqui, porém, pode o investigador social parar. Ele sabe que todo grupo tem sua classe superior; pode ser numericamente pequena e socialmente de pouco peso, mas seu estudo é necessário para a compreensão do todo – ela forma o ideal realizado do grupo, e como é verdade que uma nação deve, em certa medida, ser medida por suas áreas mais pobres, também é verdade que a mesma só pode ser compreendida e finalmente julgada por sua classe superior.

A melhor classe de Negros da Filadélfia, embora algumas vezes esquecida ou ignorada na discussão dos problemas dos Negros, é conhecida por muitos filadelfienses. Espalhada pelas melhores partes da Sétima Região, pelas ruas Doze, Dezessete e Dezenove, e aqui e ali nas alas residenciais das seções Norte, Sul e Oeste da cidade está uma classe de banqueteiros, escriturários, professores, profissionais, pequenos comerciantes etc. que constituem a aristocracia dos Negros. Muitos são bem de vida, alguns são abastados, todos são razoavelmente educados e alguns têm formação liberal. Aqui também estão problemas sociais – diferentes daqueles das outras classes, e que também diferem dos problemas dos brancos de nível correspondente por causa do ambiente social peculiar em que toda a raça se encontra, que toda a raça sente, mas que toca essa classe mais alta na maioria dos pontos e a afeta de maneira mais contundente. Muitos são os equívocos e as distorções quanto ao ambiente social dos Negros em uma grande cidade do Norte. Às vezes se diz que "aqui eles são livres"; que "eles têm a mesma chance que o irlandês, o italiano ou o sueco"; em outras ocasiões, se diz que o ambiente é tal que é realmente mais opressivo do que a situação nas cidades do Sul. O estudioso deve ignorar essas declarações extremas e procurar extrair de uma massa complicada de fatos a evidência tangível de uma atmosfera social em torno dos Negros que se diferencie daquela que cerca a maioria dos brancos; de uma atitude mental, um padrão moral e um julgamento econômico exibido em relação aos Negros que seja diferente daquele apresentado em relação à maioria das outras pessoas. Que tal diferença exista e possa de vez em quando ser claramente vista, poucos negam; mas sua extensão e seu tamanho como fatores que influem nos problemas dos Negros nada além de cuidadosos estudo e medição podem revelar.

Tais são, portanto, os fenômenos de condição social e de ambiente que este estudo se propõe a descrever, analisar e, na medida do possível, interpretar.

5. Plano de apresentação. O estudo aqui empreendido se divide, *grosso modo*, em quatro partes: a história do povo Negro na cidade, sua condição atual considerada com foco nos indivíduos, sua condição de grupo social organizado e seu ambiente físico e social. Nada mais que dois capítulos são dedicados à história do Negro – um breve esboço –, embora o assunto seja digno de estudo mais extenso do que o permitido pelo caráter deste ensaio.

Seis capítulos consideram a condição geral dos Negros; seus montantes, idade e sexo, situação conjugal e local de nascimento, que grau de educação eles obtiveram, e como eles ganham a vida. Todos esses assuntos são tratados para a Sétima Região de forma pormenorizada, depois de maneira mais geral para a cidade, e, finalmente, o material histórico é apresentado conforme disponível para comparação.

Três capítulos são dedicados à vida de grupo do Negro; isso inclui um estudo da família, do patrimônio e de organizações de todos os tipos. Também aborda fenômenos de desajuste social e depravação individual como o crime, a mendicância e o alcoolismo.

Um capítulo é dedicado à difícil questão do ambiente, tanto físico quanto social, um a certos resultados do contato das raças branca e preta,* um ao sufrágio Negro e uma palavra de conselho geral na linha da reforma social é acrescentada.

---

* No original, *white and black races*. O autor usa o termo Negro em inglês, sempre com letra maiúscula, ao longo do livro. Optamos por traduzir *black*, palavra usada em poucas ocasiões e com letra minúscula, como preto, para manter a distinção. (N.T.)

CAPÍTULO III
O Negro na Filadélfia (1638-1820)

6. Levantamento geral. Poucos Estados apresentam melhores oportunidades para o estudo contínuo de um grupo de Negros do que a Pensilvânia. Os Negros foram trazidos para cá cedo, foram mantidos como escravos junto com muitos servos brancos. Eles tornaram-se objeto de uma prolongada controvérsia abolicionista e foram finalmente emancipados por um processo gradual. Embora, em sua maioria, em estado inferiorizado e sem qualificação e largados aos seus próprios recursos para competir com trabalhadores brancos, eles foram, no entanto, tão inspirados por sua nova liberdade e guiados por líderes capazes que durante algo como quarenta anos fizeram progressos louváveis. Enquanto isso, no entanto, a imigração de trabalhadores estrangeiros começou, a nova era econômica da manufatura se manifestou na terra, e um movimento nacional para a abolição da escravatura teve o seu início. A falta de trabalhadores Negros qualificados para as fábricas, o fluxo contínuo de fugitivos do Sul e libertos rurais para a cidade, a intensa antipatia racial dos irlandeses e de outros, juntamente com o preconceito intensificado dos brancos que não aprovavam a agitação contra a escravidão – tudo isso serviu para frear o desenvolvimento do Negro, para aumentar a criminalidade e a mendicância, e em certo período resultou em levantes, violência e derramamento de sangue, o que expulsou muitos Negros da cidade.

O ajuste econômico e a aplicação da lei finalmente amenizaram essa agitação, e seguiu-se outro período de prosperidade material e avanço entre os Negros. Veio então o afluxo dos Negros recém-emancipados do Sul e a luta econômica dos artesãos para manter os salários, o que trouxe uma crise à cidade, evidenciada novamente pela ociosidade, a criminalidade e a pobreza.

Assim, vemos que duas vezes o Negro da Filadélfia iniciou, com uma boa dose de sucesso, um interessante desenvolvimento social, e duas vezes, por meio da migração de bárbaros,* uma idade das trevas se assentou sobre sua era de revitalização. Esses mesmos fenômenos teriam marcado o avanço de muitos outros elementos da nossa população se eles tivessem sido isolados de maneira tão definitiva em um único grupo indivisível. Nenhuma diferença em termos de condições sociais permitiu que qualquer Negro escapasse do grupo, embora tal fuga fosse continuamente a regra entre irlandeses, alemães e outros brancos.

7. O transplante do Negro (1638-1760).

Os holandeses, e possivelmente os suecos, já haviam plantado a escravidão no Delaware quando Penn e os Quakers** chegaram em 1682.[1] Um dos primeiros atos de Penn foi tacitamente reconhecer a servidão dos Negros por uma disposição da Sociedade Livre de Comerciantes de que eles deveriam servir quatorze anos e em seguida se tornarem servos – uma provisão que ele mesmo e todos os outros logo violaram.[2]

Certos colonos alemães que vieram logo depois de Penn, e que podem ou não ter sido membros ativos da Sociedade dos Amigos, protestaram vigorosamente contra a escravidão em 1688, mas os Quakers acharam a matéria muito "pesada".[3] Cinco anos depois, os separatistas radicais sob Kieth fizeram da existência da escravidão parte de seu ataque à sociedade. No entanto, a instituição da escravidão na colônia continuou a crescer, e o número de Negros na Filadélfia aumentou tanto que já em 1693 encontramos uma ordem do Conselho contra os "ajuntamentos tumultuosos dos Negros da cidade de Filadélfia, nos primeiros dias da semana".[4]

---

* Du Bois usa os termos "bárbaros", "selvagens" e "civilizados", em algumas poucas ocasiões ao longo do livro, reproduzindo a classificação evolucionista do século XIX. (N.T.)

** Os Quakers também se autodenominam Sociedade dos Amigos, sendo um grupo cristão que se originou na Inglaterra no século XVII. A colônia da Pensilvânia, fundada em 1861, foi assim nomeada para homenagear família do líder Quaker William Penn. Após a independência (1776), a Pensilvânia passa a fazer parte dos Estados Unidos da América, a Filadélfia sendo a maior cidade daquele estado. (N.T.)

Em 1696, os Amigos iniciaram uma negociação cautelosa com o assunto, que ao longo de um século levou à abolição da escravatura. Esse crescimento do sentimento moral foi lento, mas inabalavelmente progressista e muito à frente do pensamento contemporâneo em terras civilizadas. No princípio, os Amigos procuraram apenas regulamentar a escravidão de maneira geral e impedir seu crescimento indevido. Eles sugeriram, portanto, na Reunião Anual de 1696 e por algum tempo depois, que desde que os comerciantes "se arrebanharam entre nós e... aumentaram e multiplicaram os Negros entre nós" os membros não deveriam encorajar a importação de escravos, pois já os havia em número suficiente para todos os propósitos. Em 1711, foi sugerido um desencorajamento mais ativo do tráfico de escravos, e em 1716 a Assembleia Anual insinuou que mesmo a compra de escravos importados poderia não ser a melhor política, embora a Assembleia tenha se apressado em chamar isso de "cautela, não censura".

Em 1719, a Assembleia estava certa de que seus membros não deveriam se envolver no tráfico de escravos, e em 1730 eles declararam que a compra de escravos importados por outros era "desagradável". Chegando a esse marco, eles se arrastaram por trinta anos para encontrar fôlego e coragem, já que a Assembleia havia evidentemente distanciado muitos de seus membros mais conservadores. Em 1743, a questão da importação de escravos ou compra de escravos importados tornou-se uma questão disciplinar, e em 1754, com o estímulo da cruzada de Say, Woolman e Benezet, membros infratores foram disciplinados. Na importante reunião de 1758, a mesma regra de ouro foi estabelecida como aquela com que os alemães, setenta anos antes, os haviam insultado, e a instituição da escravidão foi categoricamente condenada.[5] Aqui eles repousaram até 1775, quando, após uma luta de oitenta e sete anos, decretaram a exclusão dos senhores de escravos da participação na sociedade.

Enquanto a liberdade dos Negros evoluía assim nos Conselhos da Igreja Estadual, o status legal dos Negros da Pensilvânia era estabelecido. Quatro diretrizes foram apresentadas em 1700: uma que regulamentava os casamentos de escravos foi derrotada; as outras três foram aprovadas, mas a Lei para o Julgamento de Negros – uma medida dura estabelecendo pena de morte, castração e açoite por castigos e proibindo a reunião de mais de quatro Negros – foi posteriormente rejeitada pela rainha no

Conselho. Os projetos restantes tornaram-se leis e previam uma pequena taxa sobre a importação de escravos e a regulamentação do comércio de escravos e servos.[6]

Em 1706, outro ato para o julgamento de Negros foi aprovado e autorizado. Diferia, ainda que ligeiramente, do Ato de 1700; previa que os Negros fossem julgados por crimes por dois juízes de paz e um júri de seis homens de posses; assalto e estupro eram punidos com marca a ferro e exportação, homicídio com a morte, e furto, com açoites;[7] a reunião de Negros sem permissão ficava proibida. Entre essa época e 1760, estatutos foram aprovados regulamentando a venda de bebidas alcoólicas aos escravos, e o uso de armas de fogo pelos mesmos; e também o Ato Regulamentar Geral de 1726, "para o melhor Regulamento de Negros nesta Província". Este ato foi especialmente para a punição da criminalidade, a repressão à mendicância, a prevenção de casamentos mistos, e assim por diante – ou seja, para regular o status social e econômico de Negros, fossem eles livres ou escravizados.[8]

Enquanto isso, o número de Negros na colônia continuou a aumentar: em 1720, havia entre 2.500 e 5.000 Negros na Pensilvânia; essa população aumentou rapidamente até que houvesse um grande número, em 1750 – alguns dizem 11.000 ou mais –, quando passou a diminuir por causa de guerra ou venda, pois o censo de 1790 encontrou 10.274 no estado.[9]

Os impostos da escravidão perfazem um bom indicativo do aumento da população Negra.[10] O imposto em 1700 variava entre seis e vinte shillings. Este foi aumentado, e em 1712, por causa das grandes importações e das ações turbulentas dos Negros nos estados vizinhos, uma taxa proibitiva de vinte libras foi estipulada.[11] A Inglaterra, no entanto, que estava às vésperas de assinar o *Assiento** com a Espanha, logo desautorizou esse ato, e o imposto foi reduzido a cinco libras. O influxo de Negros após os ingleses assinarem o enorme contrato de escravos com a Espanha foi tão grande que a Lei de 1726 estabeleceu uma taxa restritiva de dez libras. Por razões não aparentes, mas possivelmente relacionadas com flutuações

---

* O termo aparece em língua espanhola no original. O autor se refere aqui ao tratado de Utrecht, assinado em 1713, pelo qual a Espanha assentia que a Grã-Bretanha comercializasse dentro de seu domínio, o que facilitou o tráfico de escravizados nas colônias britânicas. (N.T.)

no valor da moeda, esse imposto foi reduzido para duas libras em 1729, e parece ter permanecido nesse valor até 1761.

O imposto de dez libras foi restaurado em 1761, e provavelmente ajudou muito a impedir a importação, especialmente quando nos lembramos do trabalho dos quakers nesse período. Em 1773, um imposto proibitivo de vinte libras foi estabelecido, e a Lei de 1780 finalmente proibiu a importação. Depois de 1760, é provável que os esforços dos quakers para se livrar de seus escravos tenham tornado o comércio de exportação de escravos muito maior do que o de importação.

Muito cedo na história da colônia, a presença de escravos vitalícios perturbou grandemente a condição econômica dos trabalhadores livres. Enquanto a maioria dos trabalhadores brancos era de trabalhadores servis, a competição não era tão sentida; quando se tornaram trabalhadores livres, porém, e se juntaram a outros trabalhadores, logo se levantou o clamor contra a competição escrava. A queixa particular era acerca da venda do trabalho de mecânicos escravos por parte dos senhores; em 1708, os mecânicos brancos livres protestaram junto ao Legislativo contra este costume,[12] e essa foi, sem dúvida, uma das causas do Ato de 1722. Quando, em 1722, o número de escravos aumentou ainda mais, os brancos novamente protestaram contra o "emprego de pretos", aparentemente tanto livres quanto escravos. O Legislativo endossou este protesto e declarou que o costume de contratar serviços de trabalhadores e mecânicos Negros era "perigoso e prejudicial à República".[13] Consequentemente, a Lei de 1726 declarou ilegal o pagamento pelo tempo de trabalho de escravos Negros, e procurou restringir sua emancipação, alegando que "Negros livres são um povo ocioso e preguiçoso", e facilmente se tornam estorvos públicos.[14]

Quanto à condição dos próprios Negros, vislumbramos pouco aqui e ali. Considerando os tempos, o sistema de escravidão não era severo, e os escravos recebiam atenção justa. Parece, no entanto, ter havido muitos problemas com eles por causa de roubos, alguma embriaguez e desordem geral. O preâmbulo da Lei de 1726 declara que "muitas vezes acontece que os Negros cometem ofensas graves e outros crimes hediondos", e que muita miséria se origina da emancipação. Esse ato facilitou a punição de tais crimes ao fornecer indenização para um senhor caso seu escravo fosse submetido à pena capital. Eles foram declarados muitas vezes "tumultuosos" em 1693, sendo encontrados "amaldiçoando, jogando, xingando e cometendo muitos outros distúrbios" em 1732; em 1738 e 1741, eles também foram chamados de "desordeiros" nas ordenanças da cidade.[15]

Em geral, vemos entre os escravos dessa época a baixa condição moral que deveríamos esperar de um povo bárbaro forçado a trabalhar em uma terra estranha.

8. Emancipação (1760-1780). Os anos 1750-1760 marcam o auge do sistema escravagista na Pensilvânia e o início de seu declínio. A essa altura, os observadores mais perspicazes viram que a instituição era um fracasso econômico e, consequentemente, estavam mais dispostos do que antes a ouvir as fervorosas representações dos grandes agitadores antiescravagistas daquele período. Ainda havia, com certeza, fortes interesses velados a serem combatidos. Enquanto o ato de dez libras de 1761 estava pendente, os mercadores de escravos da cidade, incluindo muitos nomes respeitáveis, protestaram vigorosamente: "sempre desejosos de estender o comércio desta província", eles declararam ter "visto por algum tempo os muitos inconvenientes que os habitantes sofriam por falta de trabalhadores e artífices", e que "por algum tempo encorajamos a importação de Negros". O mínimo que fizeram foi orar para que fosse adiada a aprovação dessa medida restritiva. Após debate e desavença com o governador, a medida finalmente foi aprovada, indicando renovadas força e determinação por parte do partido abolicionista.[16]

Enquanto isso, a emancipação voluntária aumentou. Sandiford emancipou seus escravos em 1733, e em 1790 havia na Filadélfia cerca de mil Negros libertos. Uma escola para esses e outros foi fundada em 1770 por iniciativa de Benezet, e teve, a princípio, 22 crianças frequentando.[17] A guerra trouxe um sentimento mais amplo e gentil para com os Negros; antes de seu fim, os Quakers haviam ordenado a alforria,[18] e foram feitas diversas tentativas de proibir a escravidão por estatuto. Finalmente, em 1780, foi aprovado o Ato para Abolição Gradual da Escravidão.[19] Esse Ato, que começa com uma forte condenação da escravidão, previa que nenhuma criança nascida doravante na Pensilvânia deveria ser escrava. Os filhos de escravos nascidos após 1780 deveriam ser servos (*bond-servants*) até os 28 anos de idade – ou seja, a partir do ano de 1808 haveria uma série de emancipações. Paralelamente a esse crescimento do sentimento de emancipação, aumentou o costume de vender serviços de escravos e servos Negros, o que aumentou a antiga competição com os brancos. A posse de escravos se dava em pequenos lotes, especialmente na Filadélfia, de um ou dois para uma família, e eles eram usados como serviçais domésticos ou artesãos. Como resultado, eles foram encorajados a aprender ofícios e aparentemente detinham a maior parte dos ofícios comuns da cidade em suas mãos. Muitos dos escravos das famílias melhores tornaram-se personagens conhecidos como Alice, que durante quarenta anos cobrou os pedágios na balsa de Dunk; Virgil Warder, que pertenceu outrora a Thomas Penn; e Robert Venable, um homem de alguma inteligência.[20]

9. A ascensão do liberto (1780-1820). Um cuidadoso estudo do processo e dos efeitos da emancipação nos diferentes estados da União lançaria muita luz sobre nossa experiência nacional e os problemas daí decorrentes. Isso é especialmente verdadeiro acerca do experimento na Pensilvânia; com certeza, a emancipação aqui foi gradual, e o número de emancipados pequeno em comparação à população, mas os principais fatos são semelhantes: a libertação de escravos ignorantes e a outorga de uma chance, quase sem ajuda externa, para abrir caminho no mundo. O primeiro resultado foi a pobreza e a ociosidade generalizada. Isto foi seguido, à medida que o número de libertos aumentou, por uma corrida à cidade. Entre 1790 e 1800, a população Negra do condado da Filadélfia aumentou de 2.489 para 6.880, ou 176%, em contraposição a um aumento de 43% entre os brancos. O primeiro resultado desse contato com a vida da cidade foi estimular os libertos talentosos e com aspirações; e isso foi mais fácil porque o liberto tinha na Filadélfia, àquela época, uma base econômica segura: realizava todo tipo de serviço doméstico, todo trabalho comum e grande parte do trabalho especializado. O grupo estando, assim, seguro no seu pão de cada dia, precisava apenas de liderança para conseguir algum avanço na cultura geral e na eficácia social. Alguns casos esporádicos de talento ocorrem, como o de Derham, o médico Negro, que o Dr. Benjamin Rush, em 1788, achou "muito estudado".[21] Especialmente, no entanto, devem ser notados Richard Allen,[22] um ex-escravo da família Chew, e Absalom Jones,[23] um Negro de Delaware. Esses dois eram verdadeiros líderes e alcançaram de fato sucesso em um grau notável na organização dos libertos para ação coletiva. Ambos haviam comprado sua própria liberdade e a de suas famílias, sendo pagos por seu tempo – Allen era ferreiro de profissão, e Jones também possuía um ofício. Quando, em 1792, a terrível epidemia afastou os habitantes da Filadélfia tão rapidamente que muitos não tiveram tempo para enterrar os mortos,* Jones e Allen calmamente tomaram o trabalho em suas mãos, despendendo alguns de seus próprios fundos e o fazendo tão bem que foram elogiados publicamente pelo prefeito Clarkson em 1794.[24]

O grande trabalho desses homens, no entanto, estava entre os de sua própria raça e surgiu de dificuldades religiosas. Como em outras colônias, o processo pelo qual os escravos Negros aprenderam a língua inglesa e se converteram ao cristianismo não é claro. O assunto da instrução moral dos escravos desde cedo incomodara Penn, e ele instara os Amigos a providenciarem reuniões para eles.[25] Os Metodistas recém-organizados logo atraíram alguns dos mais inteligentes, embora pareça que as massas, ao final do século passado, não fossem frequentadoras de igrejas ou cristãs em extensão considerável. O pequeno número que ia à igreja costumava ir aos cultos na St. George, na Quatro com Vine; durante anos, tanto Negros livres quanto escravos adoravam aqui e eram bem-vindos. Logo, porém, a igreja começou a ficar alarmada com o aumento dos comungantes Negros que a imigração do campo estava trazendo, e tentou forçá-los a permanecer na galeria. A crise veio em um domingo de manhã, durante a oração, quando Jones e Allen, com um conjunto de seguidores, recusaram-se a adorar a não ser de seus lugares de costume, e finalmente deixaram a igreja em bloco.[26]

Essa banda imediatamente se reuniu, e em 12 de abril de 1787 formou uma curiosa espécie de irmandade ética e beneficente chamada a Sociedade Africana Livre. A magnitude desse passo nós, de hoje, mal percebemos; devemos nos lembrar que foi o primeiro passo hesitante de um povo em direção à vida social organizada. Essa sociedade era mais do que um mero clube: Jones e Allen eram seus líderes e dirigentes reconhecidos; uma certa disciplina paternal era exercida sobre seus membros, e proporcionava-se uma ajuda financeira mútua. O preâmbulo dos artigos de associação diz: "Onde, como, Absalom Jones e Richard

---

* O autor se refere à epidemia de febre amarela que assolou a cidade inicialmente em 1792 e teve seu ápice em 1793 quando, entre agosto e novembro, morreram mais de cinco mil pessoas devido à doença. (N.T.)

Allen, dois homens da Raça Africana, que por sua vida religiosa e conversação obtiveram boa fama entre os homens, essas pessoas por amor às pessoas de sua própria pele, que contemplavam com tristeza, por causa de seu estado irreligioso e incivilizado, muitas vezes comungavam juntos sobre esse assunto doloroso e importante para formar algum tipo de corpo religioso; mas havendo muito poucos a serem encontrados sob a mesma preocupação, e aqueles que eram diferiam em seus sentimentos religiosos; sob essas circunstâncias eles trabalharam por algum tempo, até que foi proposto, após uma séria comunicação de sentimentos, que uma sociedade deveria ser formada sem referência aos preceitos religiosos, desde que as pessoas vivessem 'uma vida ordeira e sóbria, com o objetivo de apoiar uns aos outros em momentos de doença e para o benefício de suas viúvas e crianças sem pai'".[27]

A sociedade se reunia primeiro em casas particulares, depois na escola para Negros dos Amigos. Por um tempo, eles se inclinaram para o quakerismo; a cada mês, três monitores eram indicados para supervisionar os membros; costumes de relacionamentos instáveis eram atacados, condenando-se a coabitação, expulsando-se os infratores e proporcionando uma cerimônia de casamento simples, como entre os Quakers. Uma pausa de quinze minutos para oração silenciosa abria as reuniões. Na condição de corpo representativo dos Negros livres da cidade, essa sociedade abriu comunicação com Negros livres em Boston, Newport e em outros lugares. A União Negra de Newport, R. I., propôs em 1788 um êxodo geral para a África, mas a Sociedade Africana Livre respondeu com sobriedade: "Em relação à mencionada emigração para a África, temos no momento pouco a comunicar acerca do assunto, apreendendo que todo homem pio é um bom cidadão do mundo inteiro". A sociedade cooperou com a Sociedade Abolicionista no estudo da condição dos Negros livres em 1790. Em todos os momentos, eles parecem ter cuidado bem de seus doentes e mortos e prestado assistência a viúvas e órfãos até certo ponto. Seus métodos de auxílio eram simples: eles concordavam "para o benefício um do outro em adiantar um xelim em moeda de prata da Pensilvânia por mês; e após a subscrição de um ano, a partir de então, entregar aos necessitados da Sociedade, se algum o exigir, a soma de três xelins e nove pence por semana do referido dinheiro; desde que a necessidade não lhes seja imposta por sua própria imprudência". Em

1790, a sociedade possuía 42 libras, 9 xelins depositados no Bank of North America, e solicitara que uma concessão do Campo de Potter lhes fosse reservada como local de enterro dos mortos, em uma petição assinada por Dr. Rush, Tench Coxe e outros.

No entanto, tornava-se cada vez mais evidente para os líderes que apenas um forte vínculo religioso poderia manter unido esse grupo de despreparados. Eles provavelmente teriam se tornado uma espécie de igreja institucional desde o início se a questão de denominação religiosa estivesse resolvida entre eles; mas não estava, e por cerca de seis anos a questão ainda permanecia pendente. A tentativa de experiência no quakerismo falhou, sendo inadequada para a baixa condição da base da sociedade. Tanto Jones quanto Allen acreditavam que o Metodismo era mais adequado às necessidades do Negro, mas a maioria da sociedade, ainda alimentando a memória de St. George's, inclinava-se para a Igreja Episcopal. Aqui veio a separação dos caminhos: Jones era um homem pausado e introspectivo, com sede de conhecimento, com grandes aspirações para seu povo; Allen era um líder perspicaz, rápido e popular, positivo e obstinado e, ainda assim, visionário em seu conhecimento da índole Negra. Jones, portanto, concordou com o julgamento da maioria, serviu e liderou-os com consciência e dignidade, e acabou se tornando o primeiro reitor Negro da Igreja Episcopal da América. Por volta de 1790, Allen e alguns seguidores se retiraram da Free African Society e formaram uma igreja metodista independente que primeiro realizava seus cultos em sua oficina de ferreiro na rua Seis perto da Lombard. Em tempo, esse líder tornou-se o fundador e primeiro bispo da Igreja Episcopal Metodista Africana da América, uma organização que agora tem 500.000 membros e é, de longe, o mais vasto e notável produto da civilização Negra americana.[28]

Jones e a Free African Society tomaram medidas imediatas para garantir uma igreja; um lote foi comprado na esquina das ruas Cinco e Adelphi em fevereiro de 1792, e, com esforço extenuante, uma igreja foi erguida e dedicada no dia 17 de julho de 1794. Esta foi a primeira igreja Negra da América[*] e conhecida como a Primeira Igreja Africana de St. Thomas; no vestíbulo da igreja estava escrito: "As pessoas que andavam nas trevas viram uma grande luz". A Igreja de Betel foi erguida por

---

[*] América, para o autor, refere-se aos Estados Unidos da América. (N.T.)

Allen e seus seguidores em 1796, mesmo ano em que um movimento semelhante em Nova Iorque estabeleceu a Igreja Metodista de Sião. Em 1794, também, os metodistas de St. George's, vendo com algum desgosto a retirada generalizada dos Negros de sua congregação, estabeleceram uma missão em Camperdown, na parte Nordeste da cidade, que acabou se tornando a atual Igreja Zoar.

A perspectiva geral para os Negros nesse período era animadora, apesar da baixa condição das massas da raça. Em 1788, a Pensilvânia acrescentou uma emenda à Lei de 1780, de modo a prevenir o tráfico interno e estrangeiro de escravos e corrigir sequestros e outros abusos que haviam surgido.[29] A convenção que adotou a Constituição de 1790 havia, a despeito da oposição na convenção, recusado-se a inserir a palavra "branco" nas qualificações para os eleitores, e assim deu o direito de sufrágio aos Negros livres detentores de propriedades; um direito que eles tiveram, e, na maioria dos condados do estado, exerceram, até 1837.[30] A conferência geral das Sociedades Abolicionistas, realizada na Filadélfia em 1794, deu início a uma agitação que, reforçada pela notícia da revolta haitiana, resultou no estatuto nacional de 1794, proibindo o comércio de exportação de escravos.[31] Em 1799 e 1800, Absalom Jones levou os Negros a dirigirem uma petição ao Legislativo, rezando pela abolição imediata da escravidão, e para Congresso contra a lei do escravo fugitivo e pedindo a possível emancipação de todos os Negros. Esta última petição foi apresentada pelo deputado Waln e criou um alvoroço na Câmara dos Deputados: alegou-se que a petição fora instigada pelos revolucionários haitianos, e os Negros findaram sendo censurados por certas partes da petição.[32]

A condição dos Negros da cidade durante a última década do século XVIII e as duas primeiras décadas do século XIX, embora, sem dúvida, ruim, foi melhorando lentamente: uma sociedade de seguros, em 1796, tomou as características beneficentes da antiga Sociedade Africana Livre. Alguns pequenos ensaios foram feitos em comércios, principalmente em pequenas bancas de rua, perto do cais; e muitos exerciam ofícios de todos os tipos. Entre 1800 e 1810, a população Negra da cidade continuou a aumentar, de modo que nessa última data havia 100.688 brancos e 10.522 pretos na cidade, os Negros formando, assim, a maior porcentagem da população já alcançada da cidade. O número de Negros livres também começou a aumentar por causa do efeito da Lei da Abolição. A escola fundada em 1770 continuou e foi agraciada com dotações de brancos e Negros. Tinha 414 alunos em 1813. Nesse mesmo ano, havia seis igrejas Negras e onze sociedades beneficentes. Quando a guerra estourou, muitos Negros da Filadélfia se engajaram em terra e mar. Entre eles estava James Forten – um personagem refinado, expressivo do melhor desenvolvimento Negro da época. Nascido em 1766 e educado por Benezet, ele "era um cavalheiro por natureza, de maneiras fáceis e hábil nas relações; popular como um homem de comércio ou cavalheiro da calçada, e bem recebido pela nobreza de tez mais clara".[33] Durante anos, ele dirigiu um comércio de confecção de velas, empregando brancos e Negros. Em 1814, ele, Jones, Allen e outros foram instados, em meio ao alarme sentido com a aproximação dos britânicos, a angariar tropas de cor. Uma reunião foi convocada, e 2.500 voluntários, garantidos, ou três quartos da população masculina adulta; eles marcharam para Gray's Ferry e ergueram fortificações. Um batalhão para serviço no campo foi formado, mas a guerra terminou antes que eles chegassem à frente de batalha.[34] Os Negros dessa época detinham cerca de 250.000 dólares em propriedades na cidade e, no geral, mostravam grande progresso desde 1780. Ao mesmo tempo, havia muitas evidências dos efeitos da escravidão. O primeiro conjunto de homens emancipados por lei foi liberto em 1808, e provavelmente muitos com direito à liberdade foram detidos por mais tempo do que a lei permitia ou vendidos para fora do estado. Mesmo em 1794, alguns quakers ainda mantinham escravos, e é comum que os jornais da época contenham anúncios tais quais: "Para ser vendido por falta de emprego, por um período de anos, um menino Negro ativo e inteligente, 15 anos de idade. Perguntar no estaleiro de Robert McGee, cais da rua Vine".[35]

CAPÍTULO IV
O Negro na Filadélfia (1820-1896)

10. Fugitivos e estrangeiros (1820-1840). Cinco processos sociais tornaram as décadas de 1820 a 1840 críticas para a nação e para os Negros na Filadélfia. Primeiro, o impulso da revolução industrial do século XIX; segundo, a reação e recuperação após a Guerra de 1812; terceiro, o rápido aumento da imigração estrangeira; quarto, o aumento de Negros livres e escravos fugitivos, especialmente na Filadélfia; quinto, o aumento dos abolicionistas e a controvérsia sobre a escravidão.

A Filadélfia era a porta de entrada natural entre o Norte e o Sul, e por muito tempo passou por ali uma corrente de Negros livres e escravos fugidos em direção ao Norte, e de Negros recapturados e pessoas de cor sequestradas em direção ao Sul. Por volta de 1820, o fluxo em direção ao Norte aumentou, ocasionando ressentimento por parte do Sul e levando à Lei do Escravo Fugitivo de 1820 e aos atos contrários da Pensilvânia em 1826 e 1827.[1] Durante esse tempo, novas parcelas de libertos da Pensilvânia e especialmente seus filhos começaram a afluir para a Filadélfia. Ao mesmo tempo, o fluxo de imigração estrangeira para este país começou a inchar, e em 1830 agregava meio milhão de almas anualmente. O resultado desses movimentos provou-se desastroso para o Negro na Filadélfia; suas melhores classes – os Jones, Allen e Forten – não podiam escapar inserindo-se na massa da população branca e deixando os novos Negros para lutar as batalhas com os estrangeiros. Nenhuma distinção foi traçada entre os Negros, menos ainda pelas novas famílias sulistas que agora faziam da Filadélfia seu lar e que foram, sem que isso deixasse de ser natural, incitadas a preconceitos irracionais pela agitação escravocrata.

A isso se somou uma disputa econômica feroz, uma renovação da luta do século XVIII contra os trabalhadores Negros. As novas indústrias atraíram os irlandeses, alemães e outros imigrantes; americanos também estavam se arrebanhando para a cidade, e logo às antipatias raciais naturais foi acrescentado um esforço determinado para desbancar o trabalho Negro, um esforço que trouxe à tona o preconceito de muitas das melhores classes, e a má qualidade dos novos imigrantes Negros forneceu ajuda e conforto. A tudo isso logo foi adicionado um problema de criminalidade e mendicância. Inúmeras queixas de pequenos furtos, arrombamento de casas e agressões a cidadãos pacíficos foram atribuídas a certas classes de Negros. A melhor classe, liderada por homens como Forten, em reuniões públicas protestou em condenação a tais crimes;[2] a maré havia se voltado fortemente contra o Negro, e todo o período de 1820 a 1840 tornou-se um tempo de retrocesso para a massa da raça, e de desaprovação e repressão por parte dos brancos.

Em 1830, a população Negra da cidade e dos distritos havia aumentado para 15.654, um aumento de 27% para a década entre 1820 e 1830, e de 48% em relação a 1810. Apesar disso, o crescimento da cidade superou em muito esse crescimento: em 1830, o município já tinha cerca de 175.000 brancos, entre os quais estava um contingente em rápido crescimento de 5.000 estrangeiros. Tão intensa foi a antipatia racial entre as classes mais baixas, e tanto apoio recebeu das classes média e alta, que começou, em 1829, uma série de tumultos[*] dirigidos principalmente contra os Negros, que se repetiram com frequência até cerca de 1840, e não cessaram totalmente até depois da guerra. Esses tumultos foram ocasionados por vários incidentes, mas a causa subjacente era a mesma: o influxo simultâneo de libertos, fugitivos e estrangeiros para uma cidade grande, e o preconceito, a ilegalidade, o crime e a pobreza dele resultantes. A agitação dos abolicionistas foi o fósforo que acendeu esse combustível. Em junho e julho

---

[*] No original, *riots*. Tratam-se de manifestações revoltosas com uso de violência. O termo é traduzido no livro por tumultuo ou levante. Também seria possível utilizar termos como quebra-quebra, revolta ou motim. Nos casos citados por Du Bois, trata-se de eventos iniciados e levados adiante por brancos contra os Negros. Ao longo do século XX, haveria também uma série de *riots* de Negros em protesto contra ações racistas como linchamentos e violência policial por parte dos brancos. (N.T.)

de 1829, a Sra. Fanny Wright Darusmont, uma escocesa, proferiu uma série de discursos na Filadélfia, nos quais ela corajosamente defendia a emancipação dos Negros e algo muito parecido com a igualdade social das raças. Isso criou uma grande agitação em toda a cidade, e no final do outono irrompeu o primeiro levante contra os Negros, ocasionado por alguma desavença pessoal.[3]

A Assembleia Legislativa propusera estancar o influxo adicional de Negros do Sul, fazendo com que Negros livres carregassem passes e excluindo todos os outros; a chegada de fugitivos do massacre de Southampton* foi a ocasião para essa tentativa, e foi com dificuldade que os amigos do Negro impediram a aprovação da proposta.[4] Os quakers apressaram-se em desaconselhar o envio de fugitivos ao Estado, "pois os efeitos de tal medida provavelmente seriam desastrosos para a paz e o conforto de toda a população de cor da Pensilvânia". Edward Bettle declarou em 1832: "A mente pública aqui está mais excitada mesmo entre pessoas respeitáveis do que já esteve em vários anos", e ele temia que as leis de 1826 e 1827 fossem revogadas, "deixando assim aos sequestradores ampla liberdade para seus labores nefastos".[5]

Em 1833, ocorreu uma manifestação contra os abolicionistas, e em 1834 ocorreram graves tumultos. Em uma noite de agosto, uma multidão de várias centenas de meninos e homens armados com bastões marchou, descendo a rua Sete na direção do Hospital Pensilvânia. Outros se juntaram a eles, e todos seguiram para alguns locais de diversão onde muitos Negros se agregavam, na rua South, perto da Oito. Aqui começou o tumulto, e quatrocentas ou quinhentas pessoas se engajaram em uma luta livre de rua. Prédios foram demolidos, e moradores agredidos nas ruas Bedford e St. Mary e becos vizinhos, até que finalmente os guardas e policiais conseguiram acalmar o tumulto. O sossego, no entanto, foi apenas temporário. Na noite seguinte, a turba reuniu-se novamente na rua Sete com Bainbridge; primeiro destruíram uma igreja Negra e uma casa vizinha, depois atacaram cerca de vinte habitações de Negros; "grandes excessos são representados como havendo sido cometidos pela turba,

---

* O chamado massacre de Southampton se refere à repressão da revolta de escravizados liderada por Nat Turner em agosto de 1831, no condado de Southampton, na Virgínia. Em torno de 60 brancos e mais de 200 Negros foram mortos na ocasião. (N.T.)

e diz-se haver ocorrido uma ou duas cenas do mais revoltante caráter". O fato de os ataques haverem ocorrido de forma premeditada evidenciou-se por meio dos sinais – luzes nas janelas – pelos quais as moradias dos brancos foram identificadas e as dos Negros atacadas, sendo seus ocupantes agredidos e espancados. Várias pessoas ficaram gravemente feridas na atividade dessa noite e um Negro foi morto, antes que prefeito e autoridades dispersassem os manifestantes.

Na noite seguinte, a turba novamente se reuniu em outra parte da cidade e derrubou outra igreja Negra. A essa altura, os Negros começaram a se reunir para autodefesa, e cerca de cem deles se barricaram em um edifício na rua Sete, abaixo da Lombard, onde uma multidão uivante de brancos logo se reuniu. O prefeito induziu os Negros a se retirarem, e o tumulto terminou. Nesse tumulto de três dias, trinta e uma casas e duas igrejas foram destruídas, e Stephen James, "um homem de cor honesto e trabalhador", foi morto.[6]

A assembleia municipal* de 15 de setembro condenou os levantes e votou para ressarcir os sofredores, mas também aproveitou para condenar o impedimento da justiça pelos Negros quando qualquer um dos seus era detido, e também o barulho produzido nas igrejas Negras. O fogo ficou dormente por cerca de um ano, mas explodiu novamente por ocasião do assassinato de seu senhor por um escravo cubano, Juan. As classes mais baixas foram despertadas, e uma multidão rapidamente se reuniu nas esquinas das ruas Seis e Sete com Lombard e começou a atividade de destruição e ataque, até que finalmente terminou por atear fogo a uma fileira de casas na rua Oito, lutando contra os bombeiros. Na noite seguinte, a multidão se aglutinou novamente e atacou uma casa na rua St. Mary, onde um grupo armado de Negros havia se entrincheirado. O prefeito e o registrador finalmente chegaram aqui, e após preferirem severos sermões aos Negros (!) os induziram a partir. Por toda a tarde daquele dia, mulheres e crianças Negras evadiram da cidade.[7]

Três anos, então, se passaram sem grandes perturbações, embora os elementos sem lei que haviam conquistado tal ponto de apoio ainda fossem problemáticos. Em 1838, dois assassinatos foram cometidos por Negros – um dos quais era conhecido por ser lunático. No enterro da

---

* No original, *Town meeting*. (N.T.)

vítima, tumultos começaram novamente, a multidão se reunindo na avenida Passyunk com a rua Cinco e marchando pela Cinco. As mesmas cenas foram reencenadas, mas finalmente a multidão foi dispersada.[8] Mais adiante, no mesmo ano, durante a inauguração do Pennsylvania Hall, que fora projetado para ser um centro de agitação antiescravagista, a multidão, encorajada pela recusa do prefeito em fornecer proteção policial adequada, queimou o salão até o chão e na noite seguinte queimou o Abrigo para Órfãos de Cor nas ruas Treze e Callowhill, e danificou a Igreja Betel, na rua Seis.[9]

O último tumulto da série ocorreu em 1842, quando uma multidão devastou o distrito entre as ruas Cinco e Oito, próximo à rua Lombard, agrediu e espancou Negros e saqueou suas casas, queimou um auditório Negro e uma igreja. No dia seguinte, a balbúrdia se estendeu à seção entre as ruas South e Fitzwater, e foi finalmente reprimida com a chamada da milícia com artilharia.[10]

Enquanto esses tumultos aconteciam, um esforço bem-sucedido foi empreendido para privar os Negros livres do direito ao sufrágio do qual gozavam há quase cinquenta anos. Em 1836, chegou ao tribunal o caso de um Negro a quem havia sido negado o direito ao voto. O tribunal decidiu, em uma deliberação peculiar, que Negros livres não eram "homens livres" na linguagem da Constituição, e que, portanto, os Negros não podiam votar.[11] A convenção de reforma resolveu a questão inserindo a palavra "branco" nos requisitos para eleitores na Constituição de 1837.[12] Os Negros protestaram veementemente com reuniões e recursos. "Recorremos aos senhores", disseram, "da decisão da 'Convenção de Reforma' que nos despiu de um direito pacificamente gozado durante quarenta e sete anos sob a Constituição desta comunidade. Honramos demasiadamente a Pensilvânia e suas nobres instituições para nos separarmos de um direito de nascença, como seus cidadãos livres, sem lutar. Para todos os seus cidadãos, o direito ao sufrágio é valioso na medida em que ela (a Pensilvânia) é livre; mas certamente não há ninguém que possa se dar ao luxo de abrir mão dele menos que nós". No entanto, o direito foi perdido, pois o recurso caiu em ouvidos surdos.[13]

Um comentário curioso sobre a natureza humana é essa mudança de opinião pública na Filadélfia entre 1790 e 1837. Nenhum fator isolado a explica – ela surgiu de uma combinação de circunstâncias. Se, como em

1790, aos novos libertos tivessem sido dados paz, tranquilidade e trabalho abundantes para desenvolver líderes sensatos e com aspirações, o fim teria sido diferente; mas uma massa de fugitivos ignorantes e miseráveis e de libertos mal treinados havia corrido para a cidade, infestando os *slums* abjetos que a cidade em rápido crescimento fornecia e encontrando, em competição social e econômica, estrangeiros igualmente ignorantes, porém mais vigorosos. Esses estrangeiros os superaram no trabalho, os espancaram nas ruas e foram autorizados a fazer isso pelo preconceito que a criminalidade Negra e o sentimento antiescravidão haviam despertado na cidade.

Apesar disso, a melhor classe de Negros nunca desistiu. Sua escola aumentou em frequência; suas igrejas e sociedades beneficentes cresceram; sediaram reuniões públicas de protesto e solidariedade. E duas vezes, em 1831 e 1833, reuniu-se na cidade um congresso geral dos Negros livres do país, representando cinco a oito estados que, entre outras coisas, buscavam despertar o interesse dos filantropos da cidade pelo estabelecimento de uma escola industrial Negra.[14] Quando a Assembleia Legislativa mostrou uma disposição, em 1832, para cercear as liberdades dos Negros, estes realizaram uma reunião em massa, homenagearam o corpo legislativo e se esforçaram para mostrar que os Negros não eram todos criminosos e indigentes; declararam que, ao passo que os Negros formavam 8% da população, representavam somente 4% dos pobres; que, com recibos de impostos que estavam prontos a apresentar, podiam demonstrar que os Negros possuíam pelo menos US $ 350.000 em patrimônio tributável na cidade. Além disso, eles disseram: "Apesar da dificuldade de conseguir lugares para nossos filhos aprenderem ofícios mecânicos, devido a preconceitos com os quais temos que lutar, há entre quatrocentas e quinhentas pessoas de cor que atuam em empregos mecânicos".[15] Em 1837, o censo da Sociedade Abolicionista contabilizou para os Negros 1.724 crianças na escola, US $ 309.626 de propriedade desimpedida, 16 igrejas e 100 sociedades beneficentes.

11. A guilda dos banqueteiros (1840-1870). A perspectiva para o Negro na Filadélfia por volta de 1840 não era animadora. O último da primeira série de tumultos ocorreu em 1843, como mencionado. As autoridades foram despertadas para o seu dever por este último surto de barbárie,* e por vários anos o espírito de anarquia, que agora se estendia para muito além da questão racial e ameaçava seriamente o bom nome da cidade, foi mantido sob controle. No entanto, em 1849, uma turba avançou sobre um mulato** que tinha uma esposa branca, na esquina da rua Seis com a St. Mary's, e seguiu-se uma batalha campal que durou uma noite e um dia: bombeiros lutavam com bombeiros; os pretos, instigados ao desespero, lutaram furiosamente; casas foram queimadas, e armas de fogo, usadas, com o resultado de que três homens brancos e um Negro foram mortos e vinte e cinco feridos levados ao hospital. A milícia foi chamada duas vezes até que o distúrbio fosse reprimido. Esses motins e a maré de preconceito e proscrição econômica expulsaram tantos Negros da cidade que a população preta realmente mostrou uma diminuição na década entre 1840-1850. Pior do que isso, o bom nome dos Negros da cidade havia se perdido com o aumento da criminalidade e a condição inegavelmente assustadora dos *slums* Negros. O elemento estrangeiro ganhou todos os novos empregos abertos pelas crescentes indústrias do estado e competiu pelos ofícios e vocações comuns. A perspectiva era certamente sombria.

Foi nessa época que alcançou proeminência e poder uma guilda comercial tão notável quanto qualquer uma que já fora dominante em alguma cidade medieval. Ela tomou a liderança completa do grupo desnorteado de Negros e os conduziu firmemente a um grau de riqueza, cultura e respeito como provavelmente nunca superado na história do Negro na América. Esta era a guilda dos banqueteiros, e seus mestres incluem nomes que são palavras corriqueiras na cidade há cinquenta anos: Bogle, Augustin, Prosser, Dorsey, Jones e Minton. Para nos darmos conta do caráter preciso desse novo desenvolvimento econômico, não devemos nos esquecer da história econômica dos escravos. No início, eles eram em sua totalidade serviçais domésticos ou braços no campo. À medida que a vida da cidade na colônia se tornou mais importante, alguns dos escravos adquiriram ofícios, e assim surgiu uma classe de artesãos Negros. Enquanto os interesses pecuniários de uma classe escravista

---

* Aqui, as ações que a autor designa como barbárie (*barbarism*) são perpetradas pelos brancos. (N.T.)

** No original, *mulatto*. (N.T.)

estiveram por trás desses artesãos, os protestos dos mecânicos brancos tiveram pouco efeito; de fato, é provável que entre 1790 e 1820 uma porção muito grande, e talvez a maioria dos artesãos da Filadélfia fosse de Negros. Posteriormente, no entanto, a forte competição dos estrangeiros e a demanda por novos tipos de trabalho especializado, que o Negro ignorava e não tinha permissão para aprender, empurraram os artesãos Negros cada vez mais contra a parede. Em 1837, apenas cerca de 350 homens de uma população da cidade de 10.500 Negros exerceram ofícios, ou cerca de um em cada vinte adultos.

A questão, portanto, de obter um meio de vida decente era premente para a melhor classe de Negros. As massas da raça continuaram a depender do serviço doméstico, do qual eles ainda tinham um monopólio prático, e do trabalho comum, no qual eles tinham alguma concorrência dos irlandeses. Para os Negros mais empolgados e enérgicos, apenas dois caminhos estavam abertos: entrar na vida comercial de alguma forma pequena, ou desenvolver certas linhas do serviço em domicílio de forma mais independente e lucrativa. Desta última forma, deu-se o avanço mais marcante: todo o negócio de provimento de refeições, decorrente de uma evolução astuta, persistente e dirigida com bom gosto, transformou o cozinheiro e o garçom Negros em banqueteiro e dono de restaurante público, e ergueu uma multidão de serviçais mal pagos que se tornou um conjunto de homens de negócios originais e autônomos, que acumularam fortunas para si mesmos e conquistaram respeito pelo seu povo.

O primeiro banqueteiro Negro proeminente foi Robert Bogle, que, no início do século, dirigia um estabelecimento na rua Oito, perto da Samson. Em sua época, foi um dos personagens mais conhecidos da Filadélfia, e praticamente criou o negócio de bufês na cidade.[16] Ao passo que o mordomo ou garçom particular de uma família organizava as refeições e atendia a ela em ocasiões corriqueiras, de outro modo o garçom público passou a atender diferentes famílias na mesma função, em ocasiões maiores e mais elaboradas: ele era o mordomo do grupo elegante, e seu gosto de mãos, olhos e paladar ditava a moda do dia. Esse funcionário ocupou um lugar único em uma época em que os círculos sociais eram muito exclusivos, e o milionário e o cozinheiro francês ainda não haviam chegado. Com o tempo, o lugar de Bogle foi ocupado por Peter Augustin, um imigrante das Índias Ocidentais, que iniciou um negócio em 1818 que ainda perdura. Foi o estabelecimento Augustin que tornou os serviços de banquetes da Filadélfia famosos em todo o país. As melhores famílias da cidade e os hóspedes estrangeiros mais ilustres eram servidos por esse banqueteiro. Outros Negros logo começaram a aglomerar no campo recém-aberto. Os Prosser, pai e filho, se destacaram entre estes, aperfeiçoando o fornecimento de restaurantes e fazendo muitos pratos famosos. Finalmente veio o triunvirato Jones, Dorsey e Minton, que dominou o mundo da moda entre 1845 e 1875. Destes, Dorsey era o personagem mais singular: com pouca instrução formal, mas grande refinamento de costumes, tornou-se um homem de real peso na comunidade, associado a muitos homens de destaque. "Ele tinha o caminhar de um ditador imperial. Quando um democrata requisitou seus serviços subalternos, ele recusou, pois 'não poderia servir um partido de pessoas que foram desleais ao governo' – apontando para a foto em sua sala de recepção – Lincoln era o governo."[17] Jones era nascido em Virgínia, e um homem de grande zelo e fidelidade. Ele serviu banquetes para famílias em Nova Jersey e Nova Iorque.[18] Minton, o mais novo dos três, por muito tempo teve um restaurante na rua Quatro com Chestnut, e se tornou, como os outros, moderadamente rico.[19]

Tais homens exerceram grande influência pessoal, ajudaram bastante a causa da Abolição e fizeram com que a Filadélfia fosse notada por seus cidadãos Negros cultos e abastados. Seu sucesso conspícuo abriu oportunidades para os Negros em outras áreas. Foi nessa época que Stephen Smith acumulou uma fortuna muito grande como comerciante de madeira, com a qual depois dotou generosamente uma casa para Negros idosos e enfermos. Whipper, Vidal e Purnell associaram-se a Smith em momentos diferentes. Still e Bowers foram comerciantes de carvão, e Adger estava no ramo de móveis. Havia também alguns artistas de habilidade: Bowser, que pintou um retrato de Lincoln, e Douglass e Burr; Johnson, um compositor e líder de uma famosa banda de cor.[20]

Durante esse tempo de esforço, avanço e assimilação, a população Negra aumentou, mas lentamente, pois a luta econômica era muito árdua para casamentos jovens e indiscriminados, e os imigrantes haviam sido espantados pelos tumultos. Em 1840, havia 19.833 Negros no município, e dez anos depois, como foi observado, eram apenas 19.761. Na década seguinte, houve um aumento moderado para 22.185, ao passo que a guerra trouxe uma ligeira diminuição, deixando a população Negra em 22.147 em 1870. Enquanto isso, a população branca aumentou a passos largos:

População do condado da Filadélfia (1840-1870)

Data	Brancos	Negros
1840	238.204	19.833
1850	389.001	19.761
1860	543.344	22.185
1870	651.854	22.147

Em 1810, os Negros formavam quase um décimo da população total da cidade, mas em 1870 eles formavam pouco mais de uma trigésima terceira parte, a proporção mais baixa já alcançada na história da Filadélfia.

A condição social geral mostrava alguns sinais de melhora a partir de 1840. Em 1847, havia 1.940 crianças Negras na escola; os Negros possuíam, dizia-se, acima de US $ 400.000 em imóveis e tinham 19 igrejas e 106 sociedades beneficentes. A massa da raça ainda era de serviçais domésticos – cerca de 4.000 dos 11.000 na cidade propriamente dita estando assim empregados, um número que provavelmente significava uma maioria considerável dos adultos. Os restantes eram empregados principalmente como trabalhadores braçais, artesãos, cocheiros, mensageiros e barbeiros.

O habitat da população Negra mudou um pouco durante esse período. Por volta de 1790, um quarto dos Negros vivia entre as ruas Vine e Market e a leste da Nove; metade, entre a rua do Mercado e a South, principalmente nas vielas delimitadas por Lombard, Cinco, Oito e South; um oitavo vivia abaixo da rua South, e um oitavo, em Northern Liberties. Muitos deles, é claro, viviam com famílias brancas. Em 1837, um quarto dos Negros encontrava-se em famílias brancas, pouco menos da metade estava dentro dos limites da cidade, com o centro na rua Seis com Lombard ou em seu entorno; um décimo vivia em Moyamensing, um vigésimo em Northern Liberties, e a parte restante, nos distritos de Kensington e Spring Garden. Os tumultos fizeram com que essa população de concentrasse de alguma forma e, em 1847, dos 20.000

Negros no condado, apenas 1.300 viviam ao norte da rua Vine e a leste da Seis. O resto estava na cidade propriamente dita, em Moyamensing e em Southwark. Moyamensing era o pior distrito *slum*: entre a South e Fitzwater e as ruas Cinco e Oito, havia 302 famílias aglomeradas em becos estreitos e imundos. Aqui se concentrava o pior tipo de depravação, pobreza, criminalidade e doença. Os *slums* atuais entre a Sete e Lombard são ruins e perigosos, mas são decentes em comparação com os de meio século atrás. Os Negros foram responsáveis por um terço de todos os crimes cometidos em 1837 e metade em 1847.

A partir de 1850, o aperfeiçoamento do Negro foi mais rápido. Estima-se que o valor do patrimônio em suas mãos tenha duplicado entre 1847 e 1856. A proporção de homens nos ofícios permaneceu estável; havia 2.321 crianças na escola. Próximo ao momento de eclosão da guerra, o sentimento em relação ao Negro em certas classes abrandou um pouco, e seus amigos leais conseguiram abrir muitas instituições beneficentes; de muitas formas se manifestou uma disposição para ajudá-los: os jornais os tratavam com mais respeito, e eles não estavam sujeitos com tanta frequência a insultos pessoais na rua.

Eles ainda eram mantidos fora dos bondes, apesar de protestos enérgicos. De fato, somente em 1867 foi aprovada uma lei proibindo essa discriminação. Decisões judiciais garantiram as ações das ferrovias por um longo tempo, e os jornais e a opinião pública os apoiavam. Quando, por decisão do juiz Allison, a atitude dos tribunais foi alterada e uma compensação de danos concedida a um Negro despejado, as companhias ferroviárias muitas vezes desviavam e abandonavam vagões nos quais passageiros de cor haviam entrado. Carros separados foram destinados a eles em algumas linhas, e em 1865 uma consulta pública sobre os vagões foi feita para decidir sobre a admissão de Negros. Naturalmente a resposta dos condutores foi em grande maioria contra qualquer mudança. Finalmente, depois de reuniões públicas, panfletos e agitação recorrente, a participação prospectiva dos libertos conquistou o que a decência e o bom senso haviam recusado por muito tempo.[21]

Passos para recrutar tropas Negras na cidade foram dados em 1863, assim que a eficiência do soldado Negro foi comprovada. Várias centenas de cidadãos proeminentes fizeram uma petição ao Secretário da Guerra e obtiveram permissão para angariar regimentos Negros. As tropas não receberiam prêmios, mas deveriam receber US $ 10 por mês e rações. Deveriam se reunir em Camp William Penn, Chelten Hills. Uma grande reunião foi logo realizada com a presença de proeminentes banqueteiros, professores e comerciantes, juntamente com cidadãos brancos, na qual Frederick Douglass, W. D. Kelley e Anna Dickinson falaram. Mais de US $ 30.000 foram arrecadados na cidade por meio de subscrições, e o primeiro esquadrão de soldados foi para o acampamento em 26 de junho de 1863. Em dezembro, três regimentos estavam completos, e em fevereiro seguinte, cinco. Os três primeiros regimentos, conhecidos como Terceiro, Sexto e Oitavo Regimentos de Tropas de Cor dos Estados Unidos, foram prontamente para o front, estando o terceiro diante de Fort Wagner quando este caiu. Os demais regimentos seguiram quando chamados, deixando ainda outros Negros ansiosos para se alistarem.[22]

Após a guerra e a emancipação, os Negros nutriram grandes esperanças de um rápido avanço, e em nenhum lugar estas pareciam mais bem fundadas do que na Filadélfia. A geração então em seu auge havia atravessado uma disputa racial das mais intensas e amargas e ganhara o respeito da melhor classe de brancos. Eles partiam com renovado afinco, portanto, para acelerar seu desenvolvimento social.

12. O influxo dos libertos (1870-1896). O período abriu de forma tempestuosa, por causa dos direitos políticos recém-conferidos aos eleitores Negros. A política municipal da Filadélfia sempre teve um lado escuso, mas quando parecia evidente que um partido político, com a ajuda dos votos dos Negros, logo desbancaria os antigos titulares, todos os elementos sem lei que o mau governo municipal nutrira durante meio século naturalmente lutaram pelo antigo regime. Eles acharam isso ainda mais fácil porque os valentões da cidade eram em grande parte irlandeses e inimigos hereditários dos Negros. Nas eleições da primavera de 1871, havia tanta desordem e uma proteção policial tão escassa que os fuzileiros navais dos Estados Unidos foram acionados para preservar a ordem.[23]

Nas eleições de outono, os distúrbios nas ruas resultaram no assassinato a sangue frio de diversos Negros, entre os quais estava um jovem professor, Octavius V. Catto. O assassinato de Catto veio em um momento crítico; para os Negros, parecia um ressurgimento das antigas revoltas da época da escravidão, no dia em que eles experimentavam a liberdade pela primeira vez; para as melhores classes da Filadélfia, revelou um grave estado de barbárie e desordem na segunda cidade do país; aos políticos, forneceu um texto e um exemplo que foi contundentemente eficaz e que eles não hesitaram em usar. O resultado de tudo isso foi uma explosão de indignação e tristeza que foi digna de nota e que mostrou uma determinação pela lei e pela ordem. A expressão externa disso foi uma grande reunião em massa, com a presença de alguns dos melhores cidadãos, e um funeral para Catto, que talvez tenha sido o mais imponente já realizado para um Negro americano.[24] Este incidente e a expressão geral das opiniões após a guerra mostraram um espírito liberal crescente em relação ao Negro na Filadélfia. Havia uma disposição para lhe oferecer, dentro de limites, uma chance de homem para abrir seu caminho no mundo, ele havia aparentemente conquistado este direito na guerra e demonstrado sua habilidade em tempo de paz. Lentamente, mas de forma certeira, portanto, a comunidade se dispôs a livrar-se das amarras, varrer os empecilhos mesquinhos e suavizar a aspereza do preconceito racial, ao menos o suficiente para proporcionar ao novo cidadão as salvaguardas legais de um cidadão e os privilégios pessoais de um homem. Paulatinamente, as restrições sobre a liberdade pessoal foram flexibilizadas, os bondes, que por muitos anos haviam buscado, por toda espécie de proscrição, se livrar de passageiros de cor ou carregá-los na plataforma, foram finalmente forçados por lei a cancelar tais regras; as estradas de ferro e os teatros seguiram um tanto tardiamente e, finalmente, até as escolas foram abertas a todos.[25] Um preconceito arraigado e determinado ainda restou, mas dava sinais de que cederia.

Não se pode negar que os principais resultados do desenvolvimento do Negro na Filadélfia desde a guerra têm, de maneira geral, decepcionado seus simpatizantes. Eles não negam que tenha havido um grande avanço em certas linhas, ou mesmo que em geral ele esteja melhor hoje do que anteriormente. Eles nem mesmo professam saber exatamente qual seja sua condição atual. Não obstante, há um sentimento generalizado de que, em termos de desenvolvimento social e moral, seria razoável ter maiores expectativas do que aparentemente se cumpriu. Eles não apenas sentem que há uma falta de resultados positivos, mas o avanço relativo em relação ao período imediatamente anterior à guerra é lento, se não um verdadeiro retrocesso; uma quantidade anormal e crescente de crimes e pobreza pode ser justamente imputada ao Negro; ele não é grande contribuinte de impostos, não ocupa lugar de destaque no mundo dos negócios ou no mundo das letras e, mesmo como trabalhador, parece estar perdendo terreno. Por essas razões, aqueles que, por um motivo ou outro, estão observando ansiosamente o desenvolvimento do Negro americano desejam saber primeiro até que ponto essas impressões gerais são verdadeiras, qual é a real condição do Negro e quais providências seria melhor tomar para melhorar a situação atual. E esse problema local é, afinal, apenas uma pequena manifestação dos problemas maiores e semelhantes dos Negros em todo o país.

Para tais fins, a investigação, cujos resultados são aqui apresentados, foi empreendida. Essa não é a primeira vez que se tenta fazer um estudo dessa natureza. Em 1837, 1847 e 1856, foram realizados estudos pela Sociedade Abolicionista e pelos Amigos, e muitos dados valiosos foram levantados.[26] Os censos dos Estados Unidos também se somaram ao nosso conhecimento geral, e os jornais se interessaram pelo assunto com frequência. Infelizmente, porém, as investigações dos Amigos não estão totalmente isentas de uma suspeita de parcialidade em favor do Negro, os relatórios do censo são muito gerais, e os artigos de jornal, necessariamente apressados e imprecisos. Este estudo busca selecionar criteriosamente de todas essas fontes e outras, e adicionar a elas dados especialmente coletados para os anos 1896 e 1897.

Antes, porém, de entrarmos na consideração desse assunto, devemos trazer à mente quatro características do período que estamos considerando: 1) o crescimento da Filadélfia; 2) o aumento da população estrangeira na cidade; 3) o desenvolvimento da grande indústria e o aumento da riqueza; e 4) a chegada de filhos e filhas dos libertos do Sul. Mesmo os habitantes da Filadélfia dificilmente percebem que a população de sua outrora pacata cidade quase dobrou desde a guerra e que ela, consequentemente, não é o mesmo lugar, não tem o mesmo espírito de antigamente. Novos homens, novas ideias, novas maneiras de pensar e agir ganharam alguma entrada; a vida é maior, a competição mais acirrada, e as condições de sobrevivência econômica e social, mais difíceis do que antes. Novamente, enquanto talvez houvesse 125.000 pessoas nascidas em terras estrangeiras na cidade em 1860, existem 260.000 agora, sem contar as crianças dessas últimas nascidas aqui. Esses estrangeiros entraram para dividir com os americanos natos* as oportunidades industriais da cidade e, portanto, vêm intensificando a concorrência. Em terceiro lugar, novos métodos de condução de negócios e indústria estão agora por toda parte: a lojinha, o pequeno comerciante, a indústria caseira cederam lugar à loja de departamentos, à empresa organizada e à fábrica. Manufaturas de todos os tipos aumentaram a passos largos na cidade, e hoje empregam três vezes mais homens que em 1860, pagando trezentos milhões anualmente em salários; transportadores e entregadores se transformaram em vastos negócios interurbanos: restaurantes tornaram-se hotéis majestosos – todo aspecto dos negócios está sendo gradualmente transformado. Finalmente, durante os últimos vinte anos, quinze mil imigrantes, principalmente de Maryland, Virgínia e Carolina, se lançaram sobre esse rápido desenvolvimento – matutos destreinados e mal educados, correndo das choupanas do campo ou das cabanas de cidades do interior, de repente na nova e estranha vida de uma grande cidade para se misturar com 25.000 de sua raça já lá. Qual foi o resultado?**

---

* No original, *native Americans*. O autor se refere a brancos nascidos nos Estados Unidos. Atualmente, o termo *native American* é utilizado para designar os povos originários do continente, aos quais Du Bois se refere neste livro como índios, reproduzindo as categorias censitárias da época. (N.T.)

** Houve um pequeno tumulto em 1843, à época do prefeito Swift. Em 1832, teve início uma série de sociedades literárias – como a Library Company, a Banneker Society etc., – que fizeram muito bem por muitos anos. O primeiro jornal Negro da cidade, o *Demosthenian Shield*, apareceu em 1840. Entre os homens ainda não mencionados nesse período, deve-se notar o reverendo C. W. Gardner, Dr. J. Bias, o dentista, James McCrummell e Sarah M. Douglass. Todos estes eram Negros proeminentes da época e tinham muita influência. O artista Robert Douglass é o pintor de um retrato de Fannie Kemble, cujo proprietário na Filadélfia prefere atribuir atualmente a Thomas Dudley. (N.T.)

CAPÍTULO V
Tamanho, idade e sexo da população Negra

13. A cidade por um século. A população do condado[1] da Filadélfia aumentou cerca de vinte vezes de 1790 a 1890. Começando com 50.000 brancos e 2.500 Negros no primeiro censo, tinha, na época do décimo primeiro censo, um milhão de brancos e 40.000 Negros. Comparando a taxa de crescimento desses dois elementos da população, temos:

Taxas de crescimento de Negros e brancos

Década de intervalo	Negros	Brancos	Década de intervalo	Negros	Brancos
1790-1800	176,42%	42,92%	1840-1850[#]	0,36%	63,30%
1800-1810	52,93	35,55	1850-1860	12,26	39,67
1810-1820	13,00	22,80	1860-1870[#]	0,17	19,96
1820-1830	31,39	39,94	1870-1880	43,13	25,08
1830-1840	27,07	37.54	1880-1890	24,20	23,42

[#] Decréscimo de Negros

As duas primeiras décadas foram anos de rápido crescimento para os Negros, cujo número subiu de 2.489 em 1790 para 10.552 em 1810. Isso se deveu à chegada de novos libertos e de servos com senhores, todos atraídos até certo ponto pelas oportunidades sociais e industriais da cidade. A população branca nesse período também teve um grande aumento, embora não tão rapidamente quanto a de Negros, subindo de 51.902 em 1870 para 100.688 em 1810. Durante a década seguinte, a guerra teve sua influência sobre ambas as raças, embora naturalmente tivesse seu maior efeito na parte inferior, que aumentou apenas 13% contra um aumento de 28,6% entre os Negros do país em geral. Isso trouxe a população Negra do município para 11.891, ao passo a população branca permaneceu em 123.746. Durante as duas décadas seguintes, de 1820 a 1840, a população Negra subiu para 19.833, por aumento natural e imigração, enquanto a população branca, sentindo os primeiros efeitos da imigração estrangeira, aumentou para 238.204. Nos trinta anos seguintes, as contínuas chegadas estrangeiras, somadas ao crescimento natural, fizeram com que a população branca praticamente triplicasse, enquanto a mesma causa, combinada com outras, permitiu um aumento de pouco mais de 2.000 pessoas entre os Negros, elevando a população Negra para 22.147. Nas últimas duas décadas, a corrida para as cidades por parte de brancos e pretos aumentou os primeiros para 1.006.590 almas e os últimos para 39.371. A tabela a seguir fornece os números exatos para cada década:

População da Filadélfia (1790-1890)

Data	Brancos Cidade	Brancos Condado	Negros Cidade	Negros Condado	Total Cidade	Total Condado
1790	..	51.902	..	2.489	28.552	54.391
1800	..	74.129	..	6.880	41.220	81.009
1810	..	100.688	..	10.552	53.722	111.240
1820	56.220	123.746	7.582	11.891	63.802	135.637
1830	..	173.173	..	15.624	80.462	188.797
1838	..	..	..	17.500	..	..
1840	83.158	238.204	10.507	19.833	93.665	258.037
1847	..	..	11.000?	20.240	..	..
1850	110.640	389.001	10.736	19.761	121.376	408.762
1856	..	..	..	..	..	..
1860	543.344		22.185		565.529	
1870	651.854		22.147		674.022[#]	
1880	815.362		31.699		847.170[#]	
1890	1.006.590		39.371		1.046.964[#]	

[#] Esses totais incluem chineses, índios etc.

Crescimento da população Negra da Filadélfia por século[#]

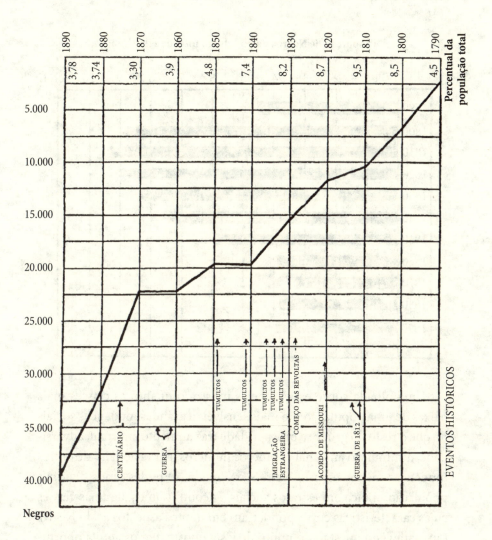

[#] Cada linha horizontal representa um incremento de 2.500 pessoas na população; as linhas verticais representam as décadas. A diagonal quebrada mostra o curso da população Negra, e as setas acima lembram eventos históricos anteriormente referidos como influenciando o aumento dos Negros. Na base das linhas verticais há um número que dá a porcentagem que a população Negra representou em relação à população total.

O Negro nunca formou uma porcentagem muito elevada da população da cidade, como mostra o diagrama:

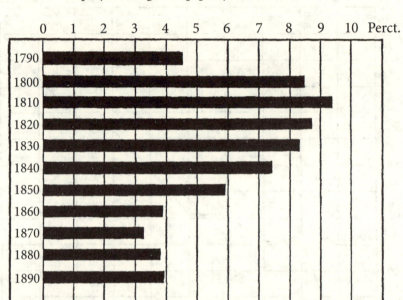

Uma olhada sobre essas tabelas mostra o quanto as classes mais baixas de uma população são mais sensíveis a grandes mudanças sociais do que o resto do grupo; a prosperidade traz aumento anormal, adversidade, diminuição anormal em meros números, para não falar de outras mudanças menos mensuráveis. Sem dúvida, se pudéssemos dividir a população branca em estratos sociais, encontraríamos algumas classes cujas características corresponderiam em muitos aspectos às do Negro. Ou, para ver a questão do ponto de vista oposto, temos aqui a oportunidade de traçar a história e a condição de uma classe social que, por circunstâncias particulares, foi mantida segregada e separada da massa.

Se olharmos além da Filadélfia e compararmos as condições de aumento da população Negra com a situação do país em geral, podemos fazer duas comparações interessantes: a taxa de aumento em uma grande cidade em comparação com a do país em geral e as mudanças na proporção dos habitantes Negros na cidade e nos Estados Unidos.

Aumento de Negros nos Estados Unidos e na cidade da Filadélfia comparados

Década	Aumento em Filadélfia %	Aumento em Estados Unidos %	Ano do censo	Percentagem de Negros no total da população em Filadélfia %	Percentagem de Negros no total da população em Estados Unidos %
1790-1800	176,42	32,33	1790	4,57	19,27
1800-1810	52,93	37,50	1800	8,49	18,88
1810-1820	13,00	28,59	1810	9,45	19,03
1820-1830	31,39	31,44	1820	8,76	18,39
1830-1840	27,07	23,40	1830	8,27	18,10
1840-1850	0,36#	26,63	1840	7,39	16,84
1850-1860	12,26	22,07	1850	4,83	15,69
1860-1870	0,17#	9,86	1860	3,92	14,13
1870-1880	43,13	34,85	1870	3,28	12,66
1880-1890	24,20	13,51	1880	3,74	13,12
..	..	..	1890	3,76	11,93

Diminuição.

Uma olhada para a proporção de Negros na Filadélfia e nos Estados Unidos mostra o quanto os problemas dos Negros ainda são problemas do país. (Ver diagrama da proporção de Negros na população total da Filadélfia e dos Estados Unidos na página a seguir.) Isso é ainda mais impressionante se lembrarmos que a Filadélfia ocupa alto posto no número absoluto e relativo de habitantes Negros. Para as dez maiores cidades dos Estados Unidos, temos:

Dez maiores cidades dos Estados Unidos dispostas segundo a população Negra

Cidades	População Negra	Cidades	Proporção da população Negra na população total %
1. Baltimore	67.104	1. Baltimore	15,49
2. Filadélfia	39.371	2. St. Louis	5,94
3. St. Louis	26.865	3. Filadélfia	3,76
4. Nova Iorque	23.601	4. Cincinnati	3,72
5. Chicago	14.271	5. Boston	1,76

CAPÍTULO V: TAMANHO, IDADE E SEXO DA POPULAÇÃO NEGRA

Cidades	População Negra	Cidades	Proporção da população Negra na população total %
6. Cincinnati	11.655	6. Nova Iorque	1,55
7. Brooklyn	10.287	7. Chicago	1,29
8. Boston	8.125	8. Brooklyn	1,27
9. Cleveland	2.989	9. Cleveland	1,14
10. San Francisco	1.847	10. San Francisco	61

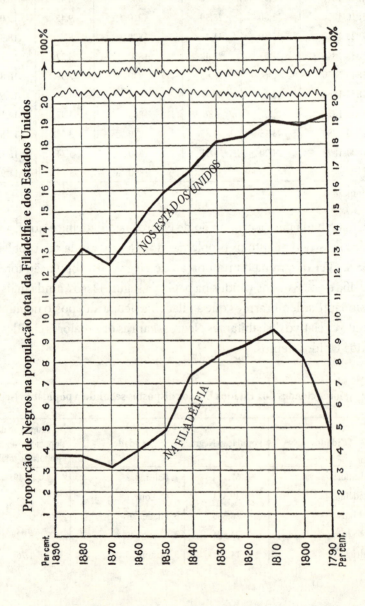

SEÇÃO: 13. A CIDADE POR UM SÉCULO

População total de *Boston*, 1820, **43,298.**	População total de *Norfolk, Virgínia*, 1890, **34,871.**
População total de *Nova Iorque*, 1790, **33,131.**	População total de *Harrisburg, Pensilvânia*, 1890, **39,385.**
População total da *Filadélfia*, 1800, **41,220.**	População total de *Chicago*, 1850, **29,963.**
Negros da *Filadélfia*, 1890, **39,371.**	População total de *Washington*, 1850, **40,001.**

77

CAPÍTULO V: TAMANHO, IDADE E SEXO DA POPULAÇÃO NEGRA

De todas as grandes cidades dos Estados Unidos, apenas três têm uma população Negra absoluta maior do que a Filadélfia: Washington, Nova Orleans e Baltimore. Raramente nos damos conta que nenhuma das grandes cidades do Sul, exceto as três mencionadas, tem uma população de cor que se aproxime da Filadélfia:

População de cor[#] das grandes cidades do Sul

Cidades	Habitantes de cor	Cidades	Habitantes de cor
Washington, D. C.	75.697	Nashville, Ten.	29.395
Nova Orleans, La.	64.663	Memphis, Ten.	28.729
Filadélfia, Pa.	40.374[#]	Louisville, Ky.	2.672
Richmond, Va.	32.354	Atlanta, Ga.	28.117
Charleston, S. C.	31.036	Savannah, Ga.	22.978

[#] Inclui chineses, japoneses e índios civilizados,[*] um número insignificante nesses casos.

Considerada isoladamente, a população Negra da Filadélfia não é um grupo insignificante de homens, como os diagramas anteriores revelam (ver página 77).

Em outras palavras, estamos estudando um grupo de pessoas do tamanho da capital da Pensilvânia[**] em 1890, e tão grande quanto a própria Filadélfia em 1800.

Perscrutando essa população com mais cuidado, a primeira coisa que chama a atenção é o inusitado excesso de mulheres. Esse fato, que é verdade para todas as populações urbanas Negras, muitas vezes não foi notado e não recebeu seu verdadeiro peso como fenômeno social.[2] Se tomarmos as cidades com as maiores populações Negras, temos esta tabela[3]:

---

[*] Aqui o autor se refere a indígenas vivendo nas cidades e afastados de seus contextos de origem. A perspectiva evolucionista do século XIX os classificava como civilizados, em oposição a selvagens ou bárbaros. (N.T.)

[**] A capital do estado da Pensilvânia é a cidade de Harrisburg. (N.T.)

População de cor[#] de dez cidades por sexo

Cidades	População masculina	População feminina
Washington	33.831	41.866
Nova Orleans	28.936	35.727
Baltimore	29.165	38.131
Filadélfia	18.960	21.414
Richmond, Va.	14.216	18.138
Nashville	13.334	16.061
Memphis	13.333	15.396
Charleston, S. C.	14.187	16.849
St. Louis	13.247	13.819
Louisville, Ky.	13.348	15.324
Total	192.557	232.725
Proporção	1.000	12.085

[#] Inclui chineses, japoneses e índios civilizados – um elemento que pode ser ignorado, sendo pequeno.

Esse é um excedente muito acentuado e que tem efeitos de longo alcance. Na Filadélfia, tal excedente pode ser identificado há alguns anos:

Negros da Filadélfia por sexo[4]

\multicolumn{4}{c}{Condado da Filadélfia}	\multicolumn{4}{c}{Cidade da Filadélfia}
Ano	Homens	Mulheres	Número de mulheres para 1000 homens	Ano	Homens	Mulheres	Número de mulheres para 1000 homens
1820	5.220	6.671	1.091	1820	3.156	4.426	1.383
1838	6.896	9.146	1.326	1838	3.772	5.304	1.395
1840	8.316	11.515	1.387	1840	3.986	6.521	1.630
1850	..	..	..	1850	8.435	11.326	1.348
1890	..	..	..	1890	18.960	21.414	1.127

A causa desse excedente é facilmente explicável. Desde o início, as oportunidades de trabalho para mulheres têm sido bem maiores do que para os homens, por meio de seu emprego em serviços domésticos. Ao mesmo tempo, a restrição de empregos disponíveis aos Negros, que quiçá tenha chegado ao clímax em 1830-1840 e que ainda atua de maneira importante, tem servido para limitar o número de homens. A proporção, portanto, de homens para mulheres é um índice aproximado das oportunidades industriais do Negro. Inicialmente, havia uma grande quantidade de trabalho para todos, e os trabalhadores, serviçais e artesãos Negros afluíam à cidade. Isso durou até cerca de 1820, e nessa época encontramos os números entre os sexos no município se aproximando da igualdade, embora naturalmente mais desigual na cidade propriamente dita. Nas duas décadas seguintes, as oportunidades de trabalho tiveram grandes restrições para os homens, enquanto ao mesmo tempo, com o crescimento da cidade, a demanda por serviçais do sexo feminino aumentava, de modo que em 1840 tínhamos cerca de sete mulheres para cada cinco homens no município, e dezesseis para cada cinco na cidade. Oportunidades industriais para os homens aumentaram, então, gradativamente, principalmente devido ao próprio crescimento da cidade, ao desenvolvimento de novas vocações para os Negros e ao aumento da demanda por serviçais do sexo masculino nos âmbitos público e privado. A desproporção, no entanto, ainda indica uma condição pouco saudável, e seus efeitos são vistos no grande percentual de nascimentos ilegítimos, e em um tom pouco saudável em grande parte do intercâmbio social dentro da classe média da população Negra.[5]

Olhando agora para a estrutura etária dos Negros, notamos o número desproporcional de jovens, ou seja, mulheres entre 18 e 30 anos e homens entre 20 e 35 anos. A população de cor da Filadélfia contém um número anormal de jovens não treinados na idade mais impressionável; na idade em que, como mostram as estatísticas do mundo, mais crimes são cometidos, quando o excesso sexual é mais frequente e quando o sentimento de responsabilidade e valor pessoal ainda não foi plenamente desenvolvido. Tal excesso é mais marcante nos últimos anos do que anteriormente, embora estatísticas completas não estejam disponíveis:

Proporção da população	1848	1880	1890#
Abaixo de 5 anos	14,7	9,8	7,8
Abaixo de 15 anos	33,6	..	22,5
Entre 15 e 50 anos	41,8	..	63,6+
Acima de 50 anos	9,9	..	6,1x

Incluindo chineses, japoneses e índios. (+) Entre 15 e 55 anos; (x) abaixo de 55.

Essa tabela é demasiadamente exígua para ser conclusiva, mas é provável que a estrutura etária da população Negra urbana em 1848 fosse relativamente normal e que tenha mudado muito nos últimos anos. Estatísticas detalhadas de 1890 mostram isso de maneira mais evidente:

Negros# da Filadélfia por sexo e idade (1890)

Idades	Homens	Percentual	Mulheres	Percentual	Total
Abaixo de 1	400	2,1	369	1,7	769
1 a 4	1.121	5,9	1.264	5,9	2.385
5 a 9	1.458	7,7	1.515	7,1	2.973
10 a 14	1.409	7,5	1.567	7,4	2.976
15 a 19	2.455	7,7	2.123	9,9	3.578
20 a 24	2.408	12,9	3.133	14,8	5.541
25 a 29	1.521	13,5	2.774	13,1	5.295
30 a 34	2.034	10,9	2.046	9,6	4.080
35 a 44	3.375	18,0	3.139	14,8	6.514
45 a 54	1.645	8,7	1.783	8,4	3.428
55 a 64	581	3,1	799	3,9	1.380
65 e acima	376	2,0	726	3,4	1.102
Desconhecida	177	..	176	..	353
Total	18.960	100,0	21.414	100,0	40.374

Inclui 1.003 chineses, japoneses e índios.

Ao compararmos isso com a estrutura de outros grupos, temos esta tabela[6]:

Idade	Negros na Filadélfia	Negros E.U.A.	Inglaterra	França	Alemanha	Estados Unidos
Abaixo de 10	15,31	28,22	23,9	17,5	24,2	24,29
10 a 20	16,37	25,19	21,3	17,4	20,7	21,70
20 a 30	27,08	17,40	17,02	16,3	16,2	18,24
30 e acima	41,24	29,19	37,6	48,8	38,9	35,77

A estrutura etária só se aproxima da condição anormal que apresentamos em poucas cidades grandes; a comparação mais óbvia seria com a estrutura etária dos brancos da Filadélfia, que pode ser assim apresentada:

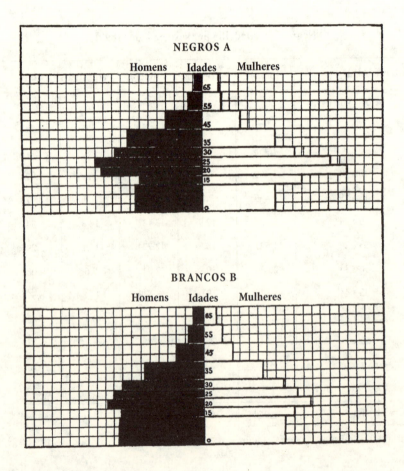

Encontramos, portanto, na Filadélfia uma população Negra em constante e, em anos recentes, acelerado crescimento, que é por si só tão grande quanto a de uma cidade de bom tamanho e caracterizada por um número excessivo de mulheres e jovens.

14. A Sétima Região (1896). Agora faremos um estudo mais intensivo da população Negra, nos atendo a uma Região típica para o ano de 1896. Entre os quase 40 mil Negros na Filadélfia em 1890, pouco menos de um quarto vivia na Sétima Região, e mais de metade quando juntamos esta e as contíguas Quarta, Quinta e Oitava Regiões.

Região	Negros	Brancos
Sétima	8.861	21.177
Oitava	3.011	13.940
Quarta	2.573	17.792
Quinta	2.335	14.619

A distribuição de Negros nas outras regiões pode ser vista pelo mapa de acompanhamento (ver página seguinte).

A Sétima Região começa no centro histórico de estabelecimento de Negros na cidade, na rua Sete Sul com a Lombard, e inclui uma longa e estreita faixa, começando na Sete Sul e se estendendo para Oeste, com as ruas South e Spruce como limites, até o rio Schuylkill. A população de cor desta Região era de 3.621 em 1860, 4.616 em 1870 e 8.861 em 1890. É um distrito densamente povoado de caráter variado; ao Norte, fica a seção residencial e comercial da cidade; ao Sul, uma seção de residências de classe média e trabalhadora; no extremo Leste, juntam-se os *slums* Negros, italianos e judeus; no extremo Oeste, os cais do rio e um setor industrial os separam dos terrenos da Universidade da Pensilvânia e da área residencial da Filadélfia Ocidental.

Começando na rua Sete e caminhando pela Lombard, vamos dar uma olhada no caráter geral da Região. Parando por um momento na esquina da Sete com a Lombard, podemos ver de relance os piores redutos (*slums*) Negros da cidade. As casas são, em sua maioria, feitas de tijolos, algumas, de madeira, não muito antigas e, em geral, mais mal cuidadas do que dilapidadas. Os quarteirões entre as ruas Oito, Pine, Seis e South são, há muitas décadas, o centro da população Negra.

Aqui aconteceram os tumultos dos anos 1830, e aqui já houve uma profundidade de pobreza e degradação quase inacreditável. Ainda hoje há muitas evidências de degradação, apesar de os sinais de ócio, estagnação, devassidão e crime serem mais notáveis do que a pobreza.

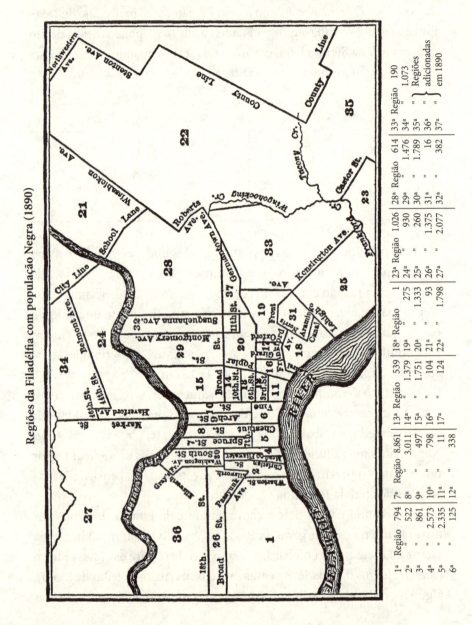

Os becos[7] próximos, como o da rua Ratcliffe, o Middle Alley, Brown's Court, rua Barclay etc., são antros de criminosos – homens e mulheres – notáveis, com jogadores e prostitutas, e ao mesmo tempo habitados por muitas pessoas empobrecidas, decentes, mas sem energia. Há uma abundância de clubes políticos, e quase todas as casas são praticamente pensões, com uma população variada e mutante. As esquinas, noite e dia, enchem-se de Negros desocupados, moços e moças em boas condições físicas, todos alegres, alguns com rostos francos e de boa índole, outros com traços de crime e excesso, alguns desgastados pela pobreza. São principalmente jogadores, ladrões e prostitutas, e poucos têm qualquer tipo de emprego fixo ou constante. Alguns são estivadores, carregadores, operários e lavadeiras. Na superfície, este *slum* é barulhento e dissipado, mas não brutal, embora às vezes roubos de estradas e latrocínios em outras partes da cidade sejam atribuídos a seus habitantes. Não obstante, o estranho pode andar por aqui dia e noite com pouco medo de ser incomodado se ele não for muito intrometido.[8]

Passando pela Lombard, além da Oito, a atmosfera muda de repente, porque os próximos dois quarteirões têm poucos becos, e as residências são de bom tamanho e agradáveis. Aqui vivem algumas das melhores famílias Negras da região. Alguns são modestamente abastados, quase todos são nascidos na Filadélfia e representam uma onda inicial de emigração da antiga área degradada.[9] Ao Sul, na rua Rodman, há famílias do mesmo caráter. Ao norte da rua Pine e abaixo da Onze, praticamente não há residências de Negros. Além da rua Dez e até a Broad, a população Negra é grande e de características variadas. Em ruas pequenas como Barclay e sua extensão abaixo da Dez, a Souder, na Ivy, Rodman, Salem, Heins, Iseminger, Ralston etc. há uma curiosa mistura de trabalhadores respeitáveis e alguns de uma classe melhor, com recentes imigrações da classe semicriminosa vinda dos *slums*. Nas ruas maiores, como Lombard e Juniper, vivem muitas famílias de cor respeitáveis, nativas da Filadélfia, da Virgínia e de outros estados do Sul, com uma franja de famílias mais questionáveis. Além da Broad, até a Dezesseis, mantém-se o bom caráter da população Negra, exceto em uma ou duas ruas de fundo.[10] Da Dezesseis à Dezoito, entremeada com algumas famílias estimáveis, está uma classe criminosa perigosa. Eles não são os abertamente ociosos e baixos da Sete com Lombard, mas sim os graduados dessa escola: políticos astutos e engomados, jogadores e golpistas, com uma classe de prostitutas bem vestidas e parcialmente indetectáveis. Essa classe não é facilmente diferenciada e localizada, mas parece centrar-se na Sete com Lombard. Várias grandes casas de jogo estão aqui perto, embora mais recentemente uma tenha se mudado para abaixo da Broad, indicando um deslocamento do centro da criminalidade. Toda a comunidade veio de uma imigração anterior da Sete com a Lombard. Ao norte da Lombard, acima da Sete, incluindo a própria rua Lombard, acima da Dezoito, está uma das melhores seções residenciais Negras da cidade, centralizada na rua Addison. Alguns elementos indesejáveis se infiltraram ali, especialmente desde que a Liga Cristã tentou limpar os *slums* da Quinta Região,[11] mas a área ainda é o centro de famílias pacatas e respeitáveis, proprietárias dos seus próprios lares e de boa vida. A população Negra praticamente termina na rua Vinte e Dois, apesar de alguns Negros viverem mais adiante.

Vemos, portanto, que a Sétima Região apresenta um epítome de quase todos os problemas Negros; que cada classe é representada, bem como uma variedade de condições de vida. No entanto, deve-se naturalmente ter cuidado para não extrair conclusões muito amplas a partir de uma única região em uma cidade. Não há prova alguma que a proporção entre o bem e o mal aqui seja normal, mesmo para a raça na Filadélfia. Que os problemas sociais que afetam os Negros nas grandes cidades do Norte se manifestem aqui na maioria de seus aspectos parece crível, mas que alguns desses aspectos possam estar distorcidos e exagerados por peculiaridades locais também não é de se duvidar.

No outono de 1896, foram feitas visitas de casa em casa a todas as famílias Negras desta região. O visitante foi pessoalmente a cada residência e chamou o chefe de família. A dona de casa geralmente respondia, o marido, de vez em quando, e, às vezes, uma filha mais velha ou outro membro da família. O fato de a Universidade estar realizando uma investigação desse caráter era conhecido e comentado na região, mas seu escopo e suas características exatas não eram conhecidos. O mero anúncio do propósito garantiu, em todos (menos cerca de doze casos),[12] admissão imediata. Sentado, então, na sala de visitas, na cozinha ou na sala de estar, o visitante iniciava as perguntas, usando sua discrição

SEÇÃO: 14. A SÉTIMA REGIÃO (1896)

A Sétima Região da Filadélfia

A distribuição de habitantes Negros pela Região
e sua condição social

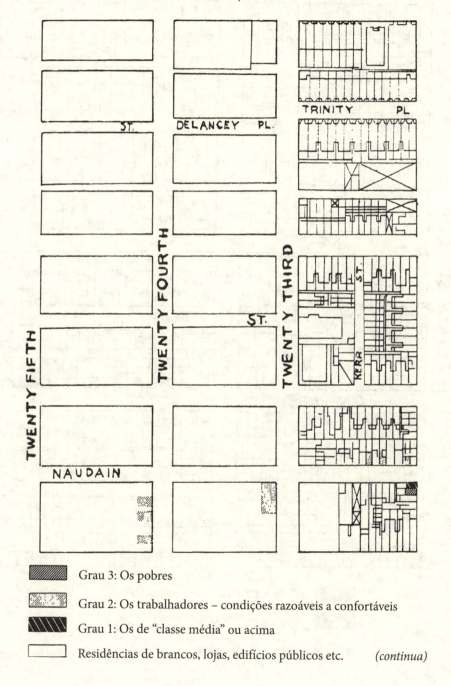

▨ Grau 3: Os pobres

▨ Grau 2: Os trabalhadores – condições razoáveis a confortáveis

▧ Grau 1: Os de "classe média" ou acima

☐ Residências de brancos, lojas, edifícios públicos etc.   *(continua)*

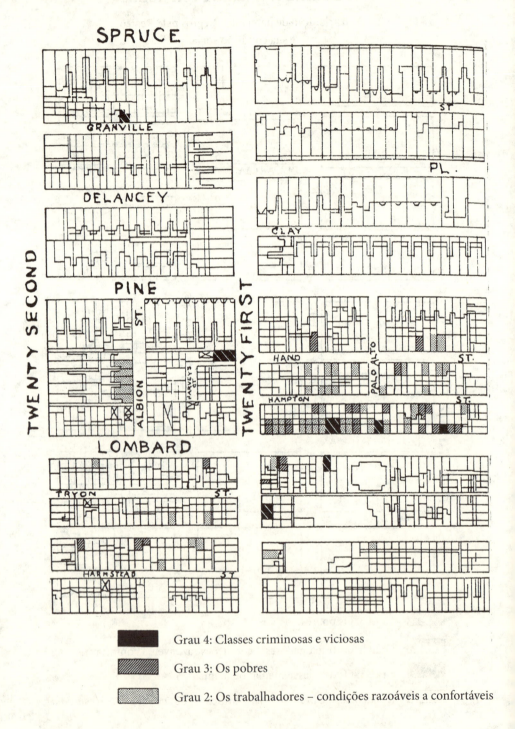

(Para uma explicação mais detalhada do significado dos diferentes graus, ver seção 46, capítulo XV.)

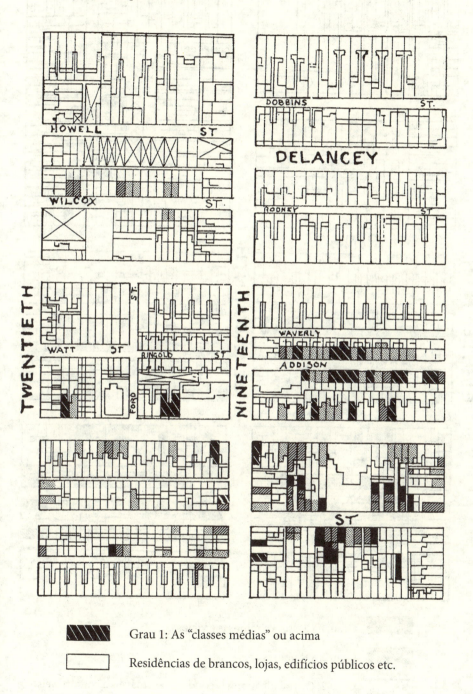

Grau 1: As "classes médias" ou acima

Residências de brancos, lojas, edifícios públicos etc.

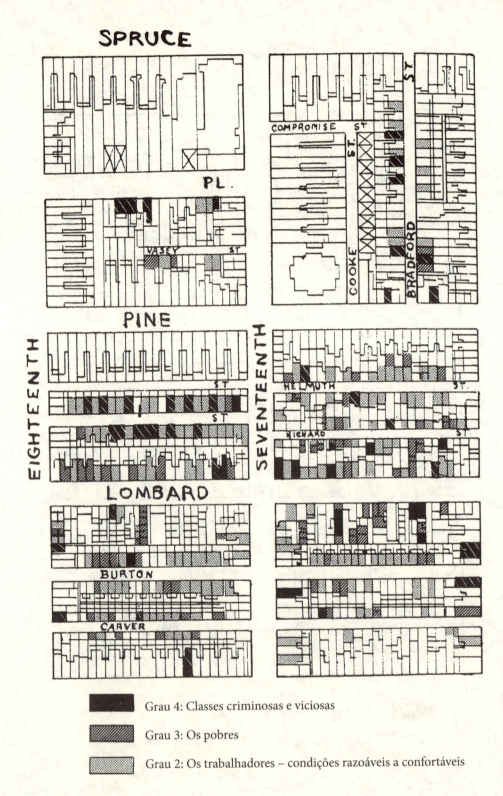

■ Grau 4: Classes criminosas e viciosas

▨ Grau 3: Os pobres

▦ Grau 2: Os trabalhadores – condições razoáveis a confortáveis

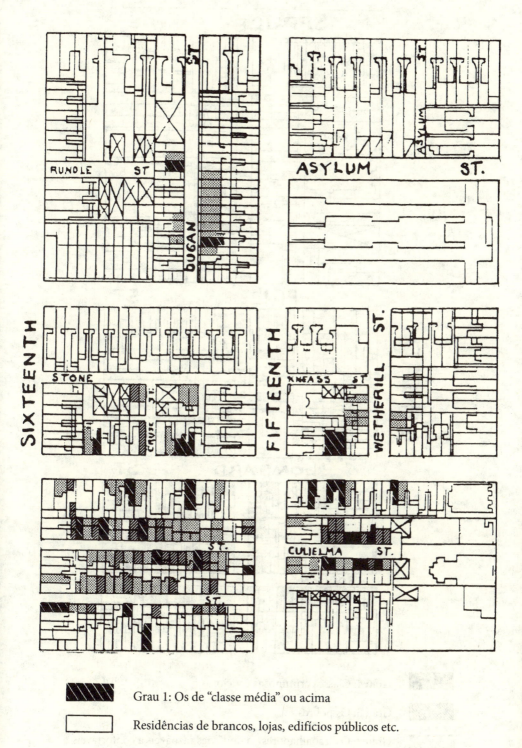

Grau 1: Os de "classe média" ou acima

Residências de brancos, lojas, edifícios públicos etc.

(continua)

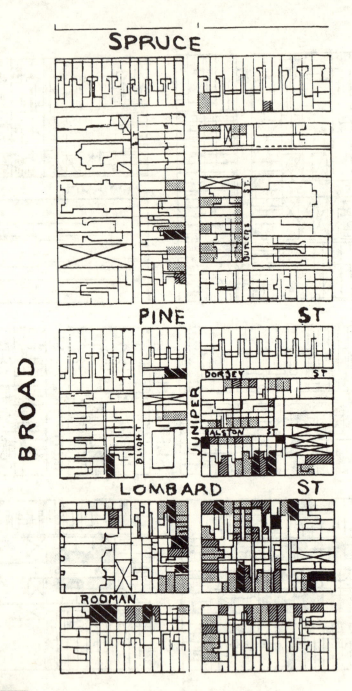

Grau 4: Classes criminosas e viciosas

Grau 3: Os pobres

Grau 2: Os trabalhadores – condições razoáveis a confortáveis

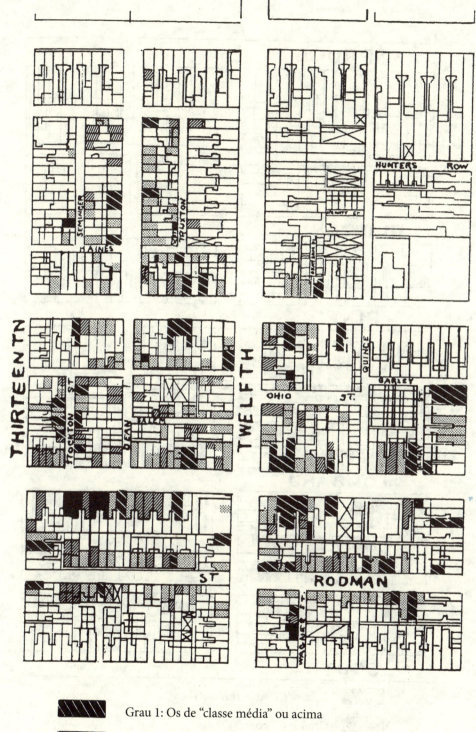

▧▧▧ Grau 1: Os de "classe média" ou acima

☐ Residências de brancos, lojas, edifícios públicos etc.

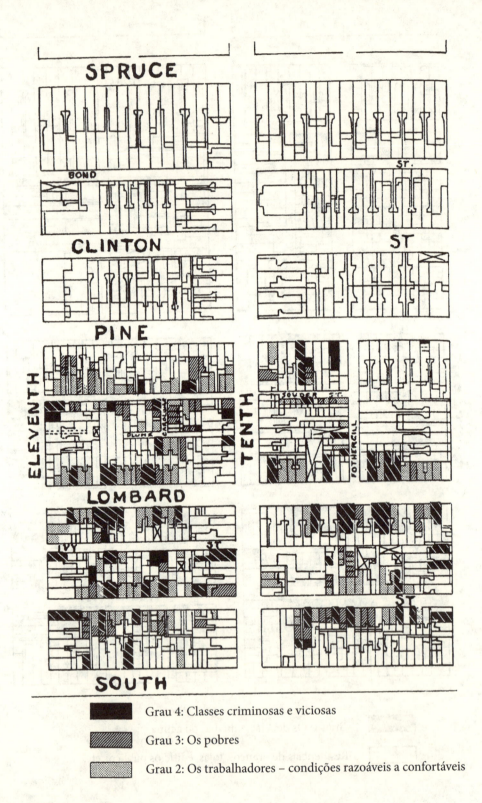

Grau 4: Classes criminosas e viciosas

Grau 3: Os pobres

Grau 2: Os trabalhadores – condições razoáveis a confortáveis

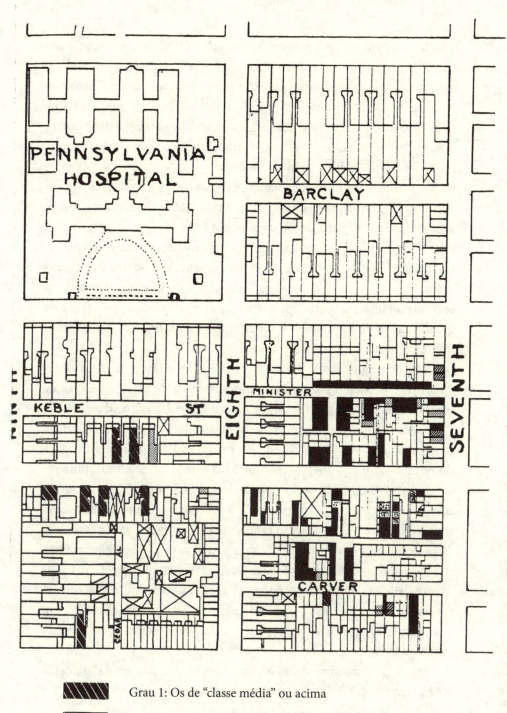

Grau 1: Os de "classe média" ou acima

Residências de brancos, lojas, edifícios públicos etc.

quanto à ordem em que eram colocadas e omitindo ou acrescentando questões conforme as circunstâncias sugerissem. De vez em quando, o objetivo de uma determinada questão era explicado, e, geralmente, o objetivo de toda a entrevista era indicado. Discussões genéricas – que eram instrutivas – muitas vezes surgiam acerca da condição dos Negros. Despendeu-se de dez minutos a uma hora em cada casa, sendo o tempo médio de quinze a vinte e cinco minutos.

Geralmente, as respostas eram imediatas e espontâneas, e não provocavam suspeita alguma de preparação prévia. Em alguns casos, houve uma evidente dissimulação ou evasão. Em tais casos, o visitante fez uso livre de seu melhor julgamento e não registou nenhuma resposta, ou inseriu uma que lhe parecesse aproximadamente verdadeira. Em alguns casos, as famílias visitadas não estavam em casa, sendo realizada uma segunda ou terceira visita. Em outros casos, e especialmente no caso da grande classe de inquilinos, o testemunho de proprietários e vizinhos muitas vezes teve que ser colhido.

Ninguém pode fazer uma investigação deste tipo sem estar dolorosamente consciente de uma grande margem de erro por causa de omissões, erros de julgamento e engodos deliberados. Este estudo tem, sem dúvida, sua dose plena de tais falhas. Apenas um fato foi particularmente favorável, e este é a proverbial boa índole e candura do Negro. Com um povo mais cauteloso e desconfiado, muito menos sucesso poderia ter sido obtido. Naturalmente, algumas perguntas foram respondidas melhor do que outras – a principal dificuldade sendo no tocante às questões de idade e renda. As idades dadas para pessoas de 40 anos ou mais têm uma grande margem de erro, devido à ignorância das verdadeiras datas de nascimento. A questão da renda era naturalmente delicada, e muitas vezes precisou ser obtida indiretamente. A renda anual, como uma soma redonda, raramente era solicitada; em vez disso, perguntou-se o pagamento diário ou semanal e o tempo empregado durante o ano.

Em 1º de dezembro de 1896, havia na Sétima Região da Filadélfia 9.675 Negros: 4.501 do sexo masculino e 5.174 do sexo feminino. Esse total inclui todas as pessoas de ascendência Negra e trinta e três casadas com brancas.[13] Não inclui residentes da região que à época estavam em prisões ou asilos.

População Negra da Sétima Região

Idade	Homens	Mulheres
Abaixo de 10	570	641
10 a 19	483	675
20 a 29	1.276	1.444
30 a 39	1.046	1.084
40 a 49	553	632
50 a 59	298	331
60 a 69	114	155
70 e acima	41	96
Idade desconhecida	120	116
Total	4.501	5.174
Total geral		9.675

Houve um número considerável de omissões entre os desocupados e criminosos sem residência, a classe dos inquilinos e os frequentadores dos clubes. Estes eram principalmente do sexo masculino, e sua inclusão afetaria um pouco a divisão por sexos, embora provavelmente não em grande medida.[14] O aumento da população Negra nesta região por seis anos e meio é de 814, ou à taxa de 14,13% por década. Isso talvez seja um pouco menor do que para a população da cidade em geral, pois a Sétima Região está lotada e transbordando para outras regiões. É possível que a atual população Negra da cidade esteja entre 43.000 e 45.000. De qualquer forma, é provável que a crista da maré da imigração tenha passado e que o aumento durante a década de 1890-1900 não seja tão grande quanto os 24% da década de 1880-1890.

A divisão por sexo indica um excedente ainda muito grande e aparentemente crescente de mulheres. Os dados mostram 1.150 mulheres para cada 1.000 homens. É possível que, pela omissão dos homens e pela inevitável duplicação de algumas serviçais hospedadas fora de seu local de serviço, a desproporção dos sexos esteja exagerada. De qualquer forma, é grande e, se estiver crescendo, pode ser uma indicação de maior restrição nos empregos abertos aos homens Negros desde 1880 ou mesmo desde 1890.

A estrutura etária também apresenta características anormais.[15] Comparando a estrutura etária com a das grandes cidades da Alemanha, temos:

Idade	Negros da Filadélfia	Grandes cidades da Alemanha
Abaixo de 20	25,1	39,3
20 a 40	51,3	37,2
Acima de 40	23,6	23,5

Comparando-a com os brancos e Negros na cidade em 1890, temos:

Idade	Negros da Filadélfia (1896), Sétima Região	Negros# da Filadélfia, (1890)	Brancos nativos da Filadélfia, (1890)
Abaixo de 10	12,8%	15,31%	24,6%
10 a 20	12,3	16,37	19,5
20 a 30	28,7	27,08	18,5
30 e acima	46,2	41,24	37,4

Inclui 1.003 chineses, japoneses e índios.

Como foi salientado para a cidade como um todo em 1890, portanto, há aqui evidência ainda mais marcante da preponderância de jovens em idade na qual a inserção súbita na vida da cidade é potencialmente perigosa, bem como um excedente anormal de mulheres.

CAPÍTULO VI
Condição conjugal

15. A Sétima Região. A condição conjugal dos Negros com idades acima de 15 anos vivendo na Sétima Região é a seguinte:[1]

Condição conjugal	Homens	Percentual	Mulheres	Percentual
Solteiros(as)	1.482	41,4	1.240	30,5
Casados(as)	1.876	52,5	1.918	47,1
Viúvos(as)	200	6,1	841	22,4
Permanentemente separados(as)	18		66	
Total	3.576	100,0	4.065	100,0
Desconhecido	125	..	179	..
Abaixo de 15	800	..	930	..
População total	4.501	..	5.174	..

Para um povo em posição comparativamente baixa na escala de civilização,* há uma grande proporção de homens solteiros – maior que na Grã Bretanha, França ou Alemanha. O número de mulheres casadas, também, é muito pequeno ao passo que o grande número de solteiras e viúvas indica que há uma generalizada e precoce ruptura da vida familiar.[2] O número de mulheres solteiras provavelmente diminui por causa de meninas sem sorte e aumenta em alguma medida por causa das esposas abandonadas que relatam serem solteiras. O número

---

* Mais uma evidência do evolucionismo social reproduzido pelo autor – ver discussão na Apresentação. (N.T.)

CAPÍTULO VI: CONDIÇÃO CONJUGAL

de mulheres abandonadas, no entanto, levando em consideração falsos relatos, é assustadoramente grande e evidencia muitos problemas complexos. Grande parte da caridade oferecida aos Negros é solicitada por este motivo. As causas de abandono são parcialmente a lassidão moral e parcialmente a dificuldade de sustentar uma família

Os hábitos instáveis do regime escravagista ainda transparecem no grande número de coabitação sem casamento. Nos distritos degradados (*slums*), há muitas famílias assim, que permanecem juntas por anos e são efetivamente casamentos costumeiros. Algumas dessas ligações são rompidas por capricho ou desejo, apesar de em muitos casos as uniões serem permanentes.

As dificuldades econômicas aparecem continuamente entre jovens garçons e moças no serviço doméstico: longe de casa e oprimidos pela solidão que é peculiar à grande cidade, eles formam elos de conveniência aqui e ali, casam-se de maneira impensada e logo descobrem que a renda do marido não é suficiente para sustentar uma família, aí vem uma luta que geralmente resulta na mulher se tornando lavadeira, mas com frequência resulta em abandono ou separação voluntária.

O grande número de viúvas é notável. As condições de vida para os homens são bem mais difíceis que para as mulheres, e eles têm consequentemente um índice de mortalidade muito maior. Abandonos e separações não declaradas também aumentam esse total. Ainda há o fato de que grande parte dessas viúvas são mães solteiras, o que representa a falta de castidade de um grande número de mulheres.[3]

O resultado desse grande número de lares sem maridos é o aumento do estorvo da caridade e beneficência e também, por causa da vida doméstica carente, o aumento da criminalidade. Eis aqui um amplo campo para a regeneração social.

Separando os sexos por faixas etárias de acordo com a condição conjugal, temos estas tabelas:

Homens

Condição conjugal	15-19	20-29	30-39	40-49	50-59	60-69	70 e acima	Idade desconhecida
Solteiro	250	783	298	90	23	6	2	20
Casado	2	474	681	396	212	79	17	15

Condição conjugal	15-19	20-29	30-39	40-49	50-59	60-69	70 e acima	Idade desconhecida
Viúvo	..	7	43	53	42	30	21	4
Separado	..	3	9	5	1	..	..	..

Mulheres

Condição conjugal	15-19	20-29	30-39	40-49	50-59	60-69	70 e acima	Idade desconhecida
Solteira	337	559	222	68	32	9	3	10
Casada	35	754	633	326	110	34	4	22
Viúva	..	47	192	217	179	111	88	9
Separada	..	23	22	12	5	1	1	2

Quando lembramos que, na época da escravidão, os escravos geralmente começavam a coabitar desde cedo, esses números indicam a aplicação repentina e um tanto desastrosa do controle preventivo à população pelo estresse econômico da vida nas grandes cidades. As meninas Negras não se casam mais na adolescência, como faziam suas mães e avós. Daquelas na faixa dos 20, mais de 40% ainda são solteiras, e daquelas na faixa dos 30, 21%. Uma mudança tão repentina nos costumes matrimoniais significa graves perigos, como mostra o fato de que quarenta e cinco dos casais com menos de 40 anos se separaram definitivamente, e 239 mulheres ficaram viúvas.

Se reduzirmos a condição conjugal geral a percentuais, temos esta tabela:

Homens

Condição conjugal	15-40	%	40-60	%	Acima de 60	%
Solteiro	1.333	52,2	113	13,7	8	5,1
Casado	1.157	45,3	608	73,9	96	62,0
Viúvo	50	} 2,5	95	} 12,4	51	32,9
Separado	12		6			
Total	2.552	100	822	100	155	100

Aqui está claro que, apesar de um percentual grande de homens se casar, há ainda uma quantidade que espera até se estabelecer na vida e ter competência. Com a massa de Negros, no entanto, a espera até após o quadragésimo ano significa simplesmente uma cautela aumentada em relação ao casamento. Consequentemente – enquanto, por exemplo, na Alemanha, 84,4% dos homens entre 40 e 60 anos são casados –, entre os Negros desta Região menos de 74% são casados. Ao mesmo tempo, há indicativos de um grande número de laços de casamento desfeitos. Entre os homens abaixo de 40, a maior parte se casa tarde, ou seja, na faixa dos 30:

Condição conjugal	20-29	30-39
Solteiro	61,8%	29%
Casado	37,4	66
Viúvo	} 0,8	5
Separado		
Total	100%	100%

Voltando-nos agora para as mulheres, temos a tabela em que o número que sobressai é a quantidade extraordinária de pessoas viúvas e separadas, indicando tensão econômica, uma alta taxa de mortalidade e relaxamento moral.

Condição conjugal	15-40 Número	15-40 Percentual	40-60 Número	40-60 Percentual	Acima de 60 Número	Acima de 60 Percentual
Solteira	1.118	39,6	100	10,5	12	4.9
Casada	1.422	50,3	436	46,0	38	15,0
Viúva	239	} 10,1	396	} 43,5	199	} 80,1
Separada	45		17		2	
Total	2.824	100	949	100	251	100

Tais são os resultados sociais de um grande excedente de mulheres jovens em uma cidade onde homens jovens não têm condições econômicas de se casar. Para as mulheres abaixo dos 40, temos a seguinte tabulação:

Condição conjugal	15-19	20-29	30-39
Solteira	90,6%	40,4%	20,8
Casada	9,4	54,5	59,2

Condição conjugal	15-19	20-29	30-39
Viúva	} 0	5,1	20,0
Separada			

O número comparativamente grande de separações é, aqui, de se notar, bem como o fato de mais de um quinto das mulheres entre 30 e 40 anos serem solteiras, e 40% sem maridos.

De todas essas estatísticas, levando em consideração o pequeno número de pessoas contadas e as condições peculiares da região, podemos concluir:

1. Que uma tendência ao casamento muito mais tardio do que sob o sistema escravocrata está revolucionando a família Negra, e incidentalmente levando a muita irregularidade.

2. No entanto, ainda existe a tentação para que os jovens homens e mulheres com menos de 40 anos contraiam matrimônio antes que sua condição econômica o recomende.

3. Entre as pessoas com mais de 40 anos, há uma tendência acentuada para a vida solteira.

4. O grande número de pessoas viúvas e separadas aponta para grave desordem física, econômica e moral.

16. A cidade. O censo de 1890 mostrou que a condição conjugal dos Negros na cidade era a seguinte:

Condição conjugal	Homens acima de 15		Mulheres acima de 15	
	Número	Percentual	Número	Percentual
Solteiro (a)	6.047	44,0	6.267	37,8
Casado (a)	7.042	51,3	7.154	42,5
Viúvo (a)	603	4,4	3.078	18,6
Divorciado (a)	15	0,3	35	1,1
Total	13.707	100	16.534	100

Estatísticas semelhantes para brancos nativos com pais nativos para a cidade são:

Condição conjugal	Homens acima de 15	Mulheres acima de 15
Solteiro	43,2%	38,0%
Casado	52,0	49,0
Viúvo	4,5	13,7
Divorciado	0,3	0,3
Total	100%	100%

Esses dados, apesar de anteriores em seis anos, em sua maioria confirmam as estatísticas da Sétima Região, exceto nas estatísticas de separações. Nesse aspecto, as respostas para a Sétima Região são provavelmente mais confiáveis, já que o censo só contou pessoas formalmente divorciadas. A maior discrepância está no percentual de mulheres solteiras; esse problema advém do fato de que fora da Sétima Região as moças empregadas domésticas formam grande parte da população Negra. No geral, é notável que a condição conjugal dos Negros se aproxime tanto daquela dos brancos quando a história econômica e social dos dois grupos é tão acentuadamente diferente.

Essas estatísticas são as melhores medidas disponíveis das condições e tendências do lar Negro, e apesar de serem cruas e em alguns casos difíceis de interpretar corretamente, elas, todavia, lançam grande luz sobre o problema. Em primeiro lugar, é preciso lembrar que o lar Negro e o estado matrimonial estável é, para a massa da população de cor do país e para um grande percentual daqueles da Filadélfia, uma instituição social nova. A vida doméstica selvagem estritamente vigiada da África, que apesar de todas as suas limitações protegeu a feminilidade, foi completamente quebrada pelo navio negreiro e pelo arrebanhamento promíscuo da plantação das Índias Ocidentais que foi colocado em seu lugar. A partir daí, se desenvolveu a plantação da Virgínia, onde a dupla fileira de pequenas cabanas de escravos era apenas parte de um paternalismo comunista centrado na casa-grande, que era o centro real da vida familiar. Mesmo na Pensilvânia, onde o sistema de plantação nunca se desenvolveu, a família escrava dependia do senhor tanto em termos de moral quanto de trabalho. Com a emancipação, a família Negra iniciou sua independência, e com a migração para as cidades vemos pela primeira vez a família Negra completamente independente. No geral, é uma instituição mais bem-sucedida do que teríamos o direito de esperar, mesmo que o Negro tenha tido um par de séculos de contato com algumas fases do ideal monogâmico.[4] A grande fraqueza da família Negra ainda é a falta de respeito pelo vínculo matrimonial, a entrada impensada no mesmo e as más economia doméstica e administração familiar. A permissividade sexual surge, então, como consequência secundária, trazendo adultério e prostituição em seu rastro. E esses resultados vêm em grande parte do adiamento do casamento entre os jovens. Tais são os frutos de uma súbita revolução social.[5]

CAPÍTULO VII
Proveniência da população Negra

17. A Sétima Região. Vimos que existe na Filadélfia uma grande população de Negros, principalmente de pessoas jovens solteiras, com um número desproporcional de mulheres. Surge, agora, a questão: de onde vieram essas pessoas? Até que ponto são nativos da Filadélfia, em qual medida são imigrantes e, neste caso, há quanto tempo estão aqui? Muito depende da resposta a essas perguntas. Nenhuma conclusão quanto aos efeitos das condições das cidades do Norte sobre os Negros, quanto aos efeitos de um contato longo e próximo com a cultura moderna, quanto à questão geral da sobrevivência social e econômica por parte dessa raça pode ser respondida de forma inteligente até que saibamos há quanto tempo essas pessoas estão sob a influência de determinadas condições e como foram formadas antes de chegarem.[1]

Muitas vezes se supõe tacitamente que os Negros da Filadélfia sejam uma massa homogênea, e que os *slums* da Quinta Região, por exemplo, sejam parte dos resultados do longo contato com a vida citadina da Filadélfia por parte dessa massa. Há suficientes verdade e falsidade em tal suposição para torná-la perigosamente enganosa. Os *slums* das ruas Sete e Lombard são, em grande parte, o resultado do contato do Negro com a vida da cidade, mas o Negro em questão é uma quantidade variável em mudança e sentiu as influências da cidade por períodos que variam, em pessoas diferentes, de um dia até setenta anos. Uma generalização, então, que inclua um menino da Carolina do Norte que migrou para a cidade a trabalho e está aqui há alguns meses na mesma classe que um descendente de várias gerações de Negros da Filadélfia é capaz de incorrer em graves equívocos. O primeiro rapaz pode merecer compaixão se cair na dispersão e no crime, o segundo talvez deva ser condenado severamente. Em outras palavras, nosso julgamento dos milhares de Negros desta cidade deve ser, em todos os casos, consideravelmente modificado por um conhecimento de sua história prévia e seus antecedentes.

Dos 9.675 Negros da Sétima Região, 9.138 deram declarações quanto ao seu local de nascimento. Destes, nasceram:

Na Filadélfia	2.939 ou 32,1%
Na Pensilvânia, fora da Filadélfia	526 ou 6,0%
Na Nova Inglaterra e estados do Centro	485 ou 5,3%
No Sul	4.980 ou 54,3%
No Oeste e em terras estrangeiras	208 ou 2,3%

Ou seja, menos de um terço dos Negros que vivem nesta região nasceram aqui, e mais da metade nasceu no Sul. Separando-os por sexo e dando mais detalhes sobre seus locais de nascimento, temos:

Local de nascimento dos Negros, Sétima Região

Nascidos em	Homens	Mulheres	Total
Filadélfia	1.307	1.632	2.939
Pensilvânia, fora da Filadélfia	231	295	526
Virgínia	939	1.012	1.951
Maryland	550	794	1.344
Delaware	168	296	464
Nova Jersey	141	190	331
Distrito de Columbia	146	165	311
Outras partes, e partes não nomeadas, do Sul	528	382	910
Outros estados da Nova Inglaterra	62	92	154
Estados do Centro e estados do Oeste	28	27	55
Países estrangeiros	110	43	153
Desconhecido	291	246	537
Total	4.501	5.174	9.675

Isso significa que seria apropriado iniciar um estudo do Negro na Filadélfia a partir de Virgínia ou Maryland e que somente uma parcela teve a oportunidade de ser criada em meio às vantagens de uma grande cidade. Para estudar isso ainda mais detalhadamente, façamos a divisão da população por faixas etárias:

Local de nascimento por faixas etárias

Local de nascimento	0-9	10-20	21-30	31-40	Acima de 40	Desconhecido	Total
Filadélfia	1.004	737	502	289	396	11	2.939
Pensilvânia	8	52	185	110	168	3	526
Virginia, Maryland, Nova Jersey, Delaware, Distrito de Columbia	137	432	1.564	1.150	1.090	28	4.401
Sul em geral	20	79	375	259	175	2	910
Norte	11	12	45	36	48	2	154
Oeste	10	9	12	18	6	0	55
Terras estrangeiras	2	2	63	43	42	1	153
Desconhecido	19	19	142	105	63	189	537
Total	1.211	1.342	2.888	2.010	1.988	236	9.675

Que a imigração para a cidade não seja um afluxo de famílias inteiras se evidencia pelo fato de que 83% das crianças abaixo de 10 anos tenham nascido na Filadélfia. Dos jovens entre 10 e 20, cerca de metade nasceu na cidade. O grande influxo vem na faixa entre 21 e 30 anos: destes, somente 17% nasceram na cidade; dos homens e mulheres nascidos entre 1856 e 1865, ou seja, durante a guerra, cerca de um sétimo nasceu na cidade; dos homens libertos, que são aqueles nascidos antes de 1856, uma proporção maior, um quinto nasceu na Filadélfia. A onda migratória pode então ser assim representada:

A onda de imigração negra

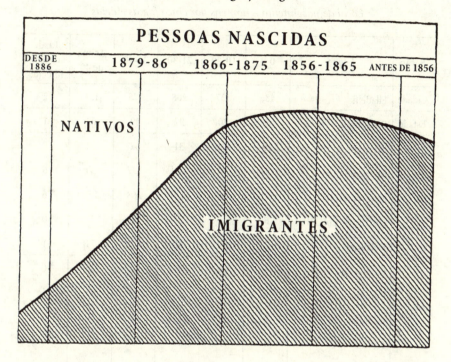

O quadro representa a população Negra da Sétima Região, dividida em segmentos de acordo com a idade pelas linhas verticais; as porções sombreadas mostram a proporção de imigrantes. Mais informações detalhadas sobre o local de nascimento são fornecidas na tabela a seguir (ver páginas 110 e 111).

Grande parte da imigração para a Filadélfia é indireta: os Negros vêm dos distritos rurais para as pequenas cidades, então vão para cidades maiores, e eventualmente derivam para Norfolk, Virgínia ou para Richmond. Em seguida, eles vêm para Washington e, finalmente, se estabelecem em Baltimore ou Filadélfia.[2] A formação que recebem em tais perambulações não é capaz de aperfeiçoar muito os jovens, e esse costume, sem dúvida, ajudou a aumentar o tamanho de uma grande classe criminosa migrante que muitas vezes é vista como produto de cidades específicas, quando, na verdade, são os despojos de distritos rurais, afiados e preparados para o crime pelos solos das muitas cidades por onde passaram.

Filadélfia – Negros da Sétima Região (1896)
Local de nascimento – homens por cinco faixas etárias

Seção	Lugar	0-9	10-20	21-30	31-40	Acima de 40	Idade desconhecida
Cidade	Filadélfia	486	337	208	123	151	2
Estado	Pensilvânia	5	20	92	49	64	1
Estado vizinho	Nova Jersey	10	14	31	42	44	0
	Maryland	20	48	164	137	176	5
	Virginia	19	48	420	268	178	6
	Distrito de Columbia	6	13	55	50	22	0
	Delaware	2	12	40	42	71	1
Sul	Carolina do Norte	5	21	97	63	35	0
	Carolina do Sul	0	5	22	16	11	1
	Geórgia	0	0	14	5	10	0
	Flórida	1	1	11	5	1	0
	Alabama	0	0	2	0	4	0
	Mississipi	0	0	0	2	0	0
	Louisiana	0	0	4	1	1	0
	Virgínia Ocidental	0	1	13	3	4	0
	Kentucky	0	1	2	4	3	0
	Tennessee	0	0	9	3	2	0
	Missouri	0	0	0	0	2	0
	Texas	0	0	1	2	0	0
	"Sul"	1	5	55	50	29	0
Nova Inglaterra e estados centrais	Massachusetts	1	2	7	1	4	0
	Connecticut	2	0	1	1	2	0
	Nova Iorque	1	4	8	5	15	0
	Rhode Island	0	2	1	3	0	0
	Maine	0	0	1	1	0	0

Seção	Lugar	0-9	10-20	21-30	31-40	Acima de 40	Idade desconhecida
Oeste	Minnesota	1	0	0	0	0	0
	Nebraska	0	1	0	0	0	0
	Ohio	0	4	4	5	3	0
	Michigan	0	1	0	0	0	0
	Illinois	0	0	2	2	0	0
	Califórnia	0	0	0	1	0	0
	Oeste	0	0	0	2	2	0
Países estrangeiros	Índias Ocidentais	0	0	37	30	24	0
	Canadá	2	0	1	1	3	0
	África	0	0	3	1	0	0
	Portugal	0	0	2	0	0	0
	México	0	0	1	0	0	0
	Índias Orientais	0	0	0	1	0	0
	Nova Escócia	0	0	0	1	0	0
	América do Sul	0	0	0	2	1	0
?	Desconhecido	8	7	87	56	25	108

Filadélfia – Negros da Sétima Região (1896)
Local de nascimento – mulheres por faixas etárias

Seção	Lugar	0-9	10-20	21-30	31-40	Acima de 40	Idade desconhecida
Cidade	Filadélfia	518	400	294	166	245	9
Estado	Pensilvânia	3	32	93	61	104	2
Estado vizinho	Nova Jersey	15	19	44	52	58	2
	Maryland	16	92	254	217	211	4
	Virgínia	35	129	431	242	169	6
	Distrito de Columbia	13	31	69	29	22	1
	Delaware	1	26	56	71	139	3

CAPÍTULO VII: PROVENIÊNCIA DA POPULAÇÃO NEGRA

Seção	Lugar	0-9	10-20	21-30	31-40	Acima de 40	Idade desconhecida
Sul	Carolina do Norte	8	31	66	32	32	0
	Carolina do Sul	1	4	8	12	11	0
	Geórgia	2	3	12	4	3	0
	Flórida	0	1	5	1	0	1
	Alabama	0	0	6	0	0	0
	Mississipi	0	3	1	3	1	0
	Louisiana	0	0	1	2	2	0
	Virginia Ocidental	0	1	7	9	1	0
	Kentucky	0	0	3	1	1	0
	Tennessee	0	0	1	2	4	0
	Missouri	0	0	1	2	2	0
	Texas	0	0	0	1	0	0
	Arkansas	0	0	1	0	0	0
	"Sul"	2	3	33	36	16	0
Nova Inglaterra e estados centrais	Massachusetts	2	0	5	4	3	0
	Connecticut	1	0	4	2	10	1
	Nova Iorque	4	4	17	15	9	1
	Rhode Island	0	0	1	4	2	0
	Maine	0	0	0	0	3	0
Oeste	Minnesota	2	0	0	0	0	0
	Ohio	0	1	6	7	1	0
	Michigan	3	0	0	1	0	0
	Delaware	4	1	0	0	0	0
	Kansas	0	1	0	0	0	0
Países estrangeiros	Índias Ocidentais	0	0	7	1	6	0
	Canadá	0	0	3	3	5	0
	América do Sul	0	0	1	0	0	0
	Cuba	0	0	1	0	0	0
	Europa#	0	2	7	3	3	1
?	Desconhecido	11	12	55	49	38	81

Casaram com brancos.

Além destes, há a grande e bem-intencionada classe que busca melhorar o seu quinhão e é atraída pela vida mais ampla da cidade. Muita luz, portanto, será lançada sobre a questão da migração se tomarmos os imigrantes Negros como uma classe e indagarmos há quanto tempo eles vivem na cidade. Podemos separar os imigrantes em quatro classes, correspondentes às ondas de imigração: a primeira, a dos imigrantes anteriores à guerra, residentes há 35 anos ou mais; a segunda, a dos refugiados do tempo de guerra e do período subsequente, residentes entre 21 a 34 anos; a terceira, a dos trabalhadores e turistas da época do Centenário, residentes entre 10 e 20 anos; a quarta, a da imigração recente, que pode ser dividida entre os que residem de 5 a 9 anos, de 1 a 4 anos, e os que estão na cidade há menos de 1 ano. De 5.337 imigrantes,[3] as seguintes classes podem ser formadas:

Chegou a partir de 1 de dezembro	Residente	Número	Percentual	Percentual		
1895	Abaixo de 1 ano	293	5,5	} 28,7		
1892	1 a 4	1.242	23,2			} 53,2
1887	5 a 9	1.308	24,5	} 45,9		
1875	10 a 20	1.143	21,4			} 46,8
1862	21 a 34	1.040	19,4	} 25,4		
Antes de 1860	35 ou mais	311	6,0			
Antes de 1896		5.337	100	100		100

Vemos, portanto, que a maioria dos imigrantes atuais chegou após 1887, e praticamente 30% após 1892. Aplicando a divisão por faixas etárias, temos:

Idade – Anos de residência	0-9	10-20	21-30	31-40	Acima de 40	Desconhecido
Abaixo de 1 ano	40	56	113	60	22	3
1 a 4 anos	77	181	648	239	94	3
5 a 9 anos	48	139	603	355	157	6
10 a 20 anos	0	103	343	449	238	10
21 a 34 anos	0	0	107	334	595	4
35 anos ou mais	0	0	0	17	294	0
Total	165	479	1.814	1.454	1.400	26

Esta tabela simplesmente confirma o testemunho das outras sobre a recente imigração de jovens. Sem dúvida, essas estatísticas de imigração subestimam consideravelmente a realidade: fortes considerações sociais levam muitos Negros a darem seu local de nascimento como Filadélfia, quando pode ter sido de fato em outro lugar. Podemos, então, concluir com segurança que menos de um terço dos Negros da cidade nasceu aqui, e que, dos outros, menos de um quarto reside há vinte anos ou mais. De modo que a metade da população Negra não pode em nenhum sentido ser considerada um produto da cidade, representando, outrossim, uma matéria-prima cuja transformação configura uma série premente de problemas sociais. É claro que nem todos os imigrantes são materiais indesejáveis, e nem todos os Negros nativos agregam valor à cidade;[4] pelo contrário, muitos dos melhores espécimes de Negros, tanto do passado quanto do presente, não nasceram na cidade, enquanto alguns dos problemas mais desconcertantes surgem em relação a jovens de famílias nativas. No entanto, como um todo, é verdade que a média de cultura, riqueza e eficiência social é muito menor entre os imigrantes do que entre os nativos, e isso dá origem aos mais graves problemas dos Negros.

18. A cidade. Os números disponíveis para o passado não são muitos e tampouco são completamente confiáveis, mas parece provável que a porcentagem atual de imigrantes seja tão grande quanto em qualquer outra época, e talvez maior. Em 1848, 57,3% dos 15.532 Negros eram nativos do estado, e os 42,7% restantes eram imigrantes. Em 1980, somente temos montantes para a totalidade do estado, que mostram que 45% dos Negros eram imigrantes majoritariamente de Virgínia, Maryland, Delaware, Nova Jersey, Carolina do Norte etc.[5] Para a Filadélfia, o percentual seria provavelmente maior.

Os novos imigrantes geralmente se instalam em localidades bem definidas dentro ou perto dos *slums*, e, assim, têm a pior introdução possível à vida da cidade. Em 1848, 5.000 dos 6.600 imigrantes viviam nos becos estreitos e imundos da cidade e em Moyamensing. Hoje, eles podem ser encontrados em parte nos *slums* e em parte nas pequenas ruas com casas antigas, onde há uma mistura perigosa de elementos bons e ruins fatal para crianças em fase de crescimento e imprópria para os adultos. Essas ruas podem ser encontradas na Sétima Região, entre as ruas Dez e Juniper, em partes da Terceira e da Quarta Região e na Décima Quarta e na Décima Quinta regiões. Essa mistura aumenta o tamanho aparente de muitos *slums* e, ao mesmo tempo, encobre os verdadeiros criminosos. Os investigadores são frequentemente surpreendidos nos piores distritos ao ver criminosos descarados e pessoas trabalhadoras, honestas e de bom coração vivendo lado a lado em aparente harmonia. Mesmo quando os novos imigrantes buscam bairros melhores, seu baixo padrão de vida e sua aparência descuidada os tornam indesejáveis para a melhor classe de Negros e para a grande massa de brancos. Assim, eles se encontram encurralados entre os *slums* e as seções decentes, e facilmente enveredam pela vida desregrada das classes inferiores e produzem jovens criminosos para as nossas cadeias. De maneira geral, portanto, o efeito sociológico da imigração dos Negros é o mesmo que aquele de estrangeiros analfabetos que chegam a este país, com a ressalva de que, neste caso, o fardo do analfabetismo, da indolência e da ineficiência foi colocado, em decorrência de condições sociológicas peculiares, sobre os ombros do grupo que entre todos é o menos preparado para suportá-lo.

CAPÍTULO VIII
Educação e analfabetismo

19. A história da educação negra. Anthony Benezet e os Amigos da Filadélfia têm a honra de haver sido os primeiros a reconhecerem o fato de que o bem-estar do estado exige a educação das crianças Negras. No dia 26 de janeiro de 1770, no Encontro Mensal dos Amigos,* discutiu-se a situação geral dos Negros, e especialmente a dos Negros livres. Por moção de um, provavelmente Benezet, foi decidido que deveria ser oferecida instrução para as crianças.[1] Um comitê foi nomeado, e em 30 de fevereiro esse comitê propôs "que uma comissão de sete Amigos seja nomeada pela Assembleia Mensal, que será autorizada a empregar uma instrutora escolar de conduta prudente e exemplar para ensinar não mais de trinta crianças por vez nos primeiros rudimentos da aprendizagem escolar, e em costura e tecelagem. Que a admissão de estudiosos na dita escola seja confiada ao referido comitê, dando aos filhos de Negros e mulatos livres a preferência e a oportunidade de serem ensinados sem que haja despesas para os pais". Uma subscrição de 100 libras (cerca de 266,67 dólares) foi recomendada para esse propósito. Esse relatório foi adotado, e a escola foi inaugurada em 28 de junho de 1770, com a presença de 22 crianças de cor. Em setembro, os alunos haviam aumentado para 36, e foi contratada uma professora de costura e tricô. Depois, os que pudessem eram instados a pagar uma quantia, variando de sete xelins a seis centavos de xelins por bimestre, para cobrir as despesas. No ano seguinte, foi construído um prédio escolar na rua Walnut, abaixo da Quatro – um edifício térreo de tijolos, medindo 32 por 18 pés.

---

* Amigos, aqui, são os membros da Sociedade Religiosa dos Amigos, ou Sociedade dos Amigos, também denominados Quakers. (N.T.)

De 1770 a 1775, 250 crianças e pessoas adultas foram instruídas. O interesse, no entanto, começou a diminuir, possivelmente sob a nuvem da guerra, e em 1775 apenas cinco crianças Negras estavam frequentando e algumas crianças brancas foram admitidas. Logo após, porém, os pais foram despertados, e encontramos quarenta Negros e seis brancos frequentando a escola.

Após a guerra, Benezet assumiu a direção da escola e sediou a em sua casa na rua Três com Chestnut. Ao morrer, em 1784, ele deixou uma parte de seu patrimônio para "contratar e empregar uma pessoa ou pessoas de mentalidade religiosa para ensinar uma quantidade de crianças Negras, mulatas ou índias a ler, escrever, aritmética, contabilidade simples, bordados etc.". Outras doações foram recebidas, inclusive uma de um Negro, Thomas Shirley, e a partir desse fundo as escolas, depois conhecidas como escolas da rua Raspberry, foram conduzidas por muitos anos, e uma pequena escola ainda é mantida. No início do século, de sessenta a oitenta estudantes frequentaram a escola, e uma escola noturna foi aberta. Em 1844, um terreno na rua Raspberry foi comprado, e uma escola foi erguida. Aqui, de 1844 a 1866, ao todo 8.000 alunos foram instruídos.

As escolas públicas para Negros não foram estabelecidas até por volta de 1822, quando a escola Bird, agora conhecida como a James Forten, foi inaugurada na rua Seis, acima da Lombard. Em 1830, uma escola não registrada foi iniciada no Oeste da Filadélfia, e, em 1833, foi estabelecida a escola da rua Coates, agora conhecida como escola Vaux, na rua Coates (agora chamada avenida Fairmount), nas proximidades da rua Cinco. Outras escolas foram abertas em Frankford em 1839, em Paschalville em 1841, na rua Corn em 1849 e na Holmesburg em 1854. Em 1838, as estatísticas das escolas Negras eram as seguintes:

Estatísticas de escolas Negras (1838)

Escolas	Alunos matriculados	Frequência média
9 escolas gratuitas	1.116	713
3 escolas parcialmente gratuitas	226	125
3 escolas pagas, professores(as) brancos(as)	102	89
10 escolas pagas, professores(as) de cor	288	260
25 escolas	1.732	1.187
Total de crianças em idade escolar	3.025	

Dez anos depois, instalações escolares haviam aumentado muito:

Estatísticas de escolas Negras (1847)

Escolas	Alunos matriculados
Escola Pública de Gramática, rua Lombard	463
Escola Infantil da Sociedade Abolicionista, rua Lombard	70
Escola Primária Pública, rua Gaskill	226
Escola da rua Raspberry	155
Escola Pública Primária, rua Brown	113
Escola Adelphi, rua Wager	166
Escola Infantil da Igreja Batista Shiloh, ruas Clifton e Cedar	207
Escola da rua Bedford	32
Escola de Reforma Moral	81
Escola Pública, rua Oak, Filadélfia Ocidental	12
Em escolas públicas não designadas	67
Em vinte escolas públicas	296
Total	1.888
Em empregos e como aprendizes	504
Em casa e sem informações	2.074
Total de crianças Negras	4.466

Isto pareceria indicar um percentual menor de crianças na escola em relação à década anterior – uma consequência natural da década de depressão pela qual os Negros haviam passado.

Em 1850, o censo dos Estados Unidos relatou 3.498 adultos, entre os Negros da Cidade, que não sabiam ler nem escrever. A população adulta àquela época deve ter sido em torno de 8.000 adultos. Havia 2.176 crianças na escola. Em 1856, temos um outro conjunto de estatísticas detalhadas:

Escolas	Total de matrículas	Frequência média
Escolas públicas	1.031	821
Escolas de Caridade	748	491

Escolas	Total de matrículas	Frequência média
Escolas beneficentes e reformatórios	211	..
Escolas privadas	331	..
Total	2.321	..
Crianças entre 8 e 18 fora da escola	1.620	

Nessa época, as escolas haviam aumentado em número. Havia as seguintes escolas públicas:

Escolas e situações	Número de professores(as)	Matrículas	Frequência média
Ruas Bird e Seis, acima da Lombard, Departamento de meninos, Escola de gramática*	4	228	208
Ruas Bird e Seis, acima da Lombard, Departamento de meninas, Escola de gramática	4	252	293
Ruas Bird e Seis, acima da Lombard, Departamento Primário	3	183	150
Robert Vaux, rua Coates, não classificada	2	136	93
Filadélfia Ocidental, rua Oak, não classificada	2	97	78
Rua Corn, não classificada	1	47	32
Frankford, não classificada	1	31	25
Holmesburg, não classificada	1	25	19
Banneker, Paschalville, não classificada	1	32	15
Total	19	1.031	913

As escolas públicas aparentemente contavam em larga medida com mão de obra de professores de cor, e por muito tempo foram menos eficientes que as escolas de caridade. Em determinado momento, por volta de 1844, quase se desistiu das escolas de gramática, mas elas foram salvas, e em 1856 estavam indo bem. As escolas de caridade eram, como se segue:

---

* As classificações das escolas não eram padronizadas nessa época. Assim, há sobreposição entre *elementary*, *primary* e *grammar school*, todas de nível fundamental. (N.T.)

Escolas	Professores(as)	Matrículas	Freq. Média
Instituto para Jovens de Cor, rua Lombard	2	31	26
Escola da rua Raspberry, Departamento de Meninos	2	90	64
Escola da rua Raspberry, Departamento de Meninas	2	79	53
Adelphi, rua Wagner, departamento de Meninas	2	70	42
Adelphi, rua Wagner, departamento Infantil	2	95	61
Sheppard, rua Randolph	2	60	40
Escola na Casa de Indústria	3	100	75
Escola para os Despossuídos, rua Lombard	1	73	45
Escola Infantil, ruas South e Clifton	3	150	85
Escola Casa do Refúgio	3	119	111
Escola do Abrigo para Órfãos, rua Treze	2	73	73
Lar para Crianças de Cor, avenida Girard	1	19	19
Total	25	959	694

Das escolas acima, a Casa de Refúgio, o Abrigo para Órfãos, a Casa da Indústria e o Lar para Crianças de Cor eram escolas ligadas a instituições beneficentes e instituições reformatórias. A Escola Raspberry foi fundada por Benezet. O Instituto para Jovens de Cor foi fundado por Richard Humphreys, um ex-proprietário de escravos das Índias Ocidentais que morou na Filadélfia. Após sua morte, em 1832, ele deixou a soma de 10.000 dólares aos Amigos para fundar uma instituição, "Tendo por objeto o desígnio beneficente de instruir os descendentes da raça africana na aprendizagem escolar, nos vários ramos das artes e ofícios mecânicos, e em agricultura, a fim de prepará-los, adequá-los e qualificá-los para atuarem como professores". O instituto foi, então, fundado em 1837, averbado em 1842 e, ao receber mais dotações, foi temporariamente localizado na rua Lombard. Em 1866, somas adicionais foram levantadas, e o instituto, localizado na rua Bainbridge, acima da Nove, de onde ainda é conduzido.

Havia, em 1856, as seguintes escolas particulares:

Grau	Escolas	Matrículas
Para nível secundário	1	30
Para nível fundamental	2	30
Para ramos comuns	10	271
Total	13	331

Também havia duas escolas noturnas, com frequência de 150 alunos ou mais.

O percentual de analfabetismo na cidade ainda era grande. O estudo de Bacon mostrou que de 9.021 adultos acima de 20 anos, 45,5% eram completamente analfabetos, 16,5% sabiam ler e escrever e 19 sabiam "ler, escrever e cifrar". Estatísticas detalhadas para cada região são fornecidas na próxima tabela.

Analfabetismo entre Negros na Filadélfia (1854-1856)

Região	Total de adultos acima de 20 anos	Desses, sabem ler, escrever e cifrar[*]	Ler e escrever	Ler	Totalmente analfabetos
1	223	25	23	47	128
2	349	36	54	76	183
3	275	60	48	68	99
4	1.427	262	199	273	693
5	1.818	350	285	310	873
6	151	21	25	34	71
7	1.867	431	337	311	788
8	969	204	192	199	374
9	76	20	16	19	21
10	208	40	39	42	87
11	37	2	11	5	19
12	234	53	35	42	104
13	69	15	12	15	27
14	233	34	46	66	87
15	157	20	26	29	82

[*] *Cipher,* traduzido por cifrar, é um termo antigo para noções básicas de aritmética. (N.T.)

Região	Total de adultos acima de 20 anos	Desses, sabem ler, escrever e cifrar'	Ler e escrever	Ler	Totalmente analfabetos
16	82	17	12	13	40
17	70	13	8	11	38
18	4	1	1	0	2
19	114	6	20	18	70
20	99	22	12	15	50
21	2	0	0	1	1
22	36	7	4	7	18
23	249	30	43	48	128
24	252	41	34	37	140
Total	9.001	1.710	1.482	1.686	4.123

Escolas separadas para pretos e brancos foram mantidas desde o início, exceto pela tênue mistura nas primeiras escolas Quaker. Não só as escolas comuns foram separadas, mas não havia escolas públicas secundárias para Negros, escolas profissionais foram fechadas para eles e, na memória dos homens vivos, a Universidade da Pensilvânia não apenas se recusava a admitir Negros como estudantes, mas até mesmo como ouvintes nos auditórios.[2] Somente em 1881, entrou em vigor uma lei que declarava ser "ilegal para qualquer diretor de escola, superintendente ou professor fazer qualquer distinção por causa de, ou em razão de, raça ou cor de qualquer aluno ou acadêmico que possa estar frequentando ou buscando admissão em qualquer escola pública ou comum mantida total ou parcialmente sob as leis escolares desta comunidade". Esta determinação foi, por algum tempo, contornada, e mesmo agora alguma discriminação é praticada na surdina em matéria de admissão e transferências. Há também escolas ainda frequentadas apenas por alunos Negros e com professores Negros ensinando, embora, é claro, as crianças tenham a liberdade de ir para outro lugar se quiserem. Essas instituições são mantidas em grande parte por um sentimento de lealdade aos professores Negros. Apesar do fato de que vários Negros se formaram com notas altas na Escola Normal, e em pelo menos um caso "passou com um dos melhores exames para o certificado de diretor supervisor jamais obtido na Filadélfia por qualquer professor",[3] ainda assim nenhum Negro foi nomeado para um cargo permanente fora das poucas escolas de cor.

20. A condição atual. Havia, em 1896, 5.930 crianças Negras nas escolas públicas da cidade, contrastando com 6.150 em 1895, e 6.262 em 1897. Limitando-nos simplesmente à Sétima Região, temos que a população total em idade escolar legal – de 6 a 13 anos na Pensilvânia – era de 862 em 1896, das quais foi relatado que 740, ou 85,8%, frequentaram a escola em algum momento do ano. Das pessoas entre 5 e 20 anos de idade, cerca de 48% estavam na escola. As estatísticas por idade e sexo estão na próxima tabela.[4]

Nota-se alguma diferença entre os sexos: das crianças entre 6 e 13 anos de idade, 85% dos meninos e quase 86% das meninas estão na escola; dos jovens entre 14 e 20 anos, 20% dos meninos e 21% das meninas estão na escola. Os meninos param de frequentar a escola bastante repentinamente aos 16 anos, as meninas, aos 17. Quase 11% das crianças matriculadas compareciam por menos do que o período letivo inteiro;[5] entre aquelas frequentando todo o período escolar, há muita irregularidade por faltas e atrasos. No conjunto, portanto, a frequência escolar efetiva é menor do que parece à primeira vista.

População e frequência escolar por idade (1896-1897)
Negros da Sétima Região

Idade		Homens População escolar	Homens Frequência escolar	Mulheres População escolar	Mulheres Frequência escolar
Idade de jardim de infância	4 anos	67	5	66	6
	5 anos	46	11	51	19
Total em idade de jardim de infância		113	16	117	25
Idade escolar legal da Pensilvânia	6 anos	50	28	56	35
	7 anos	48	40	59	45
	8 anos	53	48	67	59
	9 anos	54	50	51	50
	10 anos	49	44	57	52
	11 anos	39	38	58	55
	12 anos	45	39	62	56
	13 anos	53	46	61	55
Total em idade escolar legal		391	333	471	407

CAPÍTULO VIII: EDUCAÇÃO E ANALFABETISMO

		Homens		Mulheres	
Idade		População escolar	Frequência escolar	População escolar	Frequência escolar
Jovens acima de idade escolar legal e abaixo de idade eleitoral	14 anos	45	35	52	36
	15 anos	39	22	52	24
	16 anos	53	24	71	31
	17 anos	50	6	87	19
	18 anos	55	4	80	4
	19 anos	56	2	91	1
	20 anos	67	0	122	2
Total de jovens	14-20	365	93	555	117
Total de crianças (idade escolar comum)	5-20	802	437	1077	543

A questão do analfabetismo é uma questão de difícil resposta sem a realização de testes, especialmente quando as pessoas indagadas têm algum motivo para parecer menos ignorantes do que realmente são. Os números para a Sétima Região, portanto, sem dúvida subestimam, de alguma maneira, o analfabetismo. Não obstante, é provável que o erro não seja grande o suficiente para privar os dados de valor considerável, e, comparados às estatísticas tomadas de maneira semelhante, são provavelmente de confiabilidade razoável.[6] De 8.464 Negros na Sétima Região, as respostas mostram que 12,17% são totalmente analfabetos. Comparando isso com o ano anterior, temos:

```
                                    Percentual
1850 .......................................... 44%
1856 .......................................... 45,5%
1870 .......................................... 22%
1890 .......................................... 18%
1896 .............. (Sétima Região) 12,17%[7]
```

O grande número de pessoas jovens na Sétima Região provavelmente puxa a média de analfabetismo para abaixo do nível da cidade como um todo. O motivo para isso pode ser visto se tomarmos o analfabetismo das quatro classes etárias:

Idade	Escreve e lê	Escreve	Analfabeto
Jovens, entre 10 e 20 anos de idade	94%	2%	4%
Homens e mulheres, 21 a 30 anos de idade	90	6	4
Homens e mulheres, 31 a 40 anos de idade	77	6	17
Homens e mulheres, acima de 40 anos de idade	61	10	29

A mesma diferença é clara se tomarmos as respostas do censo de 1890 para a população de cor da cidade inteira:

Idade	Homens analfabetos	Mulheres analfabetas	Total de analfabetos
10 a 19	138	216	354
20 a 34	836	1.096	1.932
35 a 44	1.098	1.571	2.669
45 e acima	334	775	1.109
Total (incluindo os de idade desconhecida)	2.450	3.719	6.169
	Homens	Mulheres	Pessoas de cor
População acima de 10	15.981	18.266	34.247
Percentual total de analfabetismo	15%	21%	18%

Separando aqueles da Sétima Região por sexo temos esta tabela, que mostra um total de analfabetismo de 10% entre homens e de 17% entre mulheres.

Analfabetismo por sexo e por faixas etárias, Sétima Região

Sexo – idades	Masculino					Feminino				
	Total	Lê e escreve	Lê	Totalmente analfabeto	Sem informação	Total	Lê e escreve	Lê	Totalmente analfabeto	Sem informação
Jovens, 10 a 20 anos	550	514	10	13	13	792	730	16	38	8
Homens pós-guerra (nascidos depois de 1865), 21 a 30 anos	1.396	1.229	45	61	61	1.492	1.283	55	116	38

Sexo – idades	Masculino					Feminino				
	Total	Lê e escreve	Lê	Totalmente analfabeto	Sem informação	Total	Lê e escreve	Lê	Totalmente analfabeto	Sem informação
Homens da época da guerra (nascidos entre 1855 e 1866), 31 a 40 anos	978	784	40	111	43	1.032	697	84	211	40
Libertos (nascidos antes de 1856), mais de 40 anos	887	625	63	181	18	1.101	558	136	381	26
De idade desconhecida	120	12	1	3	104	116	24	2	4	86
Total	3.931	3.164	159	369	230	4.533	3.292	293	750	198

Admitindo-se que aqueles que se declaram capazes de ler devem ser incluídos, na maioria dos casos, entre os analfabetos, e que, portanto, a taxa de analfabetismo na Sétima Região é de cerca de 18%, e talvez de 20% para a cidade, não obstante a taxa é relativamente baixa e coloca os Negros da Filadélfia em uma posição não muito pior do que a da população total da Bélgica (15,9%) em termos de analfabetismo de fato.[8]

O grau de instrução dos que sabem ler e escrever só pode ser indicado em termos gerais. A maioria tem apenas uma educação escolar parcial comum das escolas rurais do Sul ou dos anos primários da cidade; um número considerável fez atividades de escola fundamental; muito poucos ingressaram nas escolas secundárias, e houve de cinquenta a cem graduados em faculdades e escolas profissionais desde a guerra. Números exatos sobre a proporção de estudantes que frequentam cursos superiores não são facilmente obtidos.

Na Catto School, entre 1867 e 1896, 11% dos que entraram no primário foram promovidos ao ginásio (*grammar school*); menos de 1% dos que ingressavam na série primária da Escola de Vaux foram promovidos ao colegial (*high school*). Dos que concluíram o curso do Instituto da Juventude de Cor, 8% fizeram um curso superior ou profissional.[9] Assim, parece que de 1.000 crianças Negras que ingressam na primeira série, 110 vão para o ginásio (*grammar school*), 10 para a escola secundária (*high school*) e 1 para a faculdade ou para uma escola profissional. A base da indução aqui é, no entanto, pequena demais para muitas conclusões.[10]

Atualmente, existem na Sétima Região 13 escolas para crianças de todas as raças e 64 professores, com imóveis escolares avaliados em 214.382 dólares. As escolas são: uma que combina escola de gramática e secundário; três secundárias; uma com secundário e primário combinados; quatro primárias; e quatro jardins de infância.

Na cidade, as escolas públicas frequentadas majoritariamente pelos Negros são as seguintes:

Rua Coulter, Seção vinte e dois	45 meninos	39 meninas	todos de cor
J. E. Hill, Germantown	84 "	89 "	"
Robert Vaux, rua Wood	67 "	74 "	"
O. V. Catto, rua Lombard	140 "	150 "	"
Wilmot, rua Meadow com Cherry	48 "	47 "	"
James Miller, rua 42 com Ludlow	24 "	13 "	"
J. S. Ramsey, rua Quince com Pine	243 "	253 "	quase todos de cor

Todos os professores são de cor, exceto por aqueles nas escolas Ramsey e Miller, que são todos brancos. Há um número menor de professoras de jardim de infância em diversas seções, e um número de crianças de cor que vão a escolas além daquelas que lhes são destinadas. Muitas das escolas de cor têm uma boa reputação por alta eficiência.[11] Teoricamente, não há discriminação em escolas noturnas; no entanto, a maioria dos Negros está nas seguintes escolas noturnas:

Escolas noturnas para alunos de cor (1895)

Nome da escola	N.º matrículas no início do ano letivo	N.º matrículas no fim do ano letivo	Percentual médio presente durante o ano/alunos abaixo de 15 anos	Percentual médio presente durante o ano	Alunos abaixo de 15 anos	Alunos 15-20 anos	Alunos 21-29 anos	Alunos 30-40 anos	Alunos 40-50 anos	Alunos acima de 50 anos	Média de idade
O. V. Catto	60	175	69	64	17	47	49	32	25	5	27
Vaux	18	71	25	59	1	12	23	16	9	0	28
Avenida Park	35	95	51	62	14	34	40	3	4	0	21

Nome da escola	N.º matrículas no início do ano letivo	N.º matrículas no fim do ano letivo	Percentual médio presente durante o ano/alunos abaixo de 15 anos	Percentual médio presente durante o ano	Alunos abaixo de 15 anos	Alunos 15-20 anos	Alunos 21-29 anos	Alunos 30-40 anos	Alunos 40-50 anos	Alunos acima de 50 anos	Média de idade
J. E. Hill	30	112	40	64	4	47	40	11	6	4	24
Filadélfia Ocidental	50	94	38	49	3	14	39	32	6	0	27
Rua Coulter	48	88	47	68	5	48	21	11	0	0	20
Total de escolas noturnas da cidade – brancas e de cor	8.957	2.208	8.352	67	6.172	11.963	2.844	625	183	44	18

O Instituto para a Juventude de Cor ainda é uma instituição útil e popular. Oferece aulas em nível primário e secundário. Em 1890, pelos esforços de amigos brancos de cor,[12] foi acrescentado um departamento industrial, com onze professores. Entre os treinados aqui estão: Octavius V. Catto e Jacob C. White Jr., que foi por 35 anos diretor da Escola Vaux; dois ex-ministros dos Estados Unidos para o Haiti; e o jovem médico de cor que recentemente quebrou o recorde de 25 anos com a excelência de seu exame perante o Conselho Estadual. Sob o Sr. White, mencionado acima, o Sr. Henry Tanner, o artista recentemente homenageado pelo governo francês, formou-se na Escola Vaux.

Considerando esse testemunho como um todo, parece certo que o problema dos Negros na Filadélfia não é mais, em geral, um problema de pura ignorância; com certeza, ainda há uma grande classe totalmente analfabeta de talvez 6.000 pessoas com mais de 10 anos de idade. Além disso, os outros 24.000, enquanto massa, não têm, em nenhum sentido da palavra, bom nível educacional; a maioria deles sabe ler e escrever razoavelmente bem, mas poucos têm treinamento além disso. As classes com liderança entre eles são principalmente compostas de graduados do ensino fundamental (*grammar school*), e uma pessoa educada na faculdade é excepcionalidade. Assim, o problema da educação é ainda grande e premente, e, mesmo considerando sua ignorância à luz da história e da experiência atual, deve-se reconhecer que existem outros problemas sociais conectados a esse povo que são mais prementes do que o da educação; que um grau razoável de persistência nos métodos atuais resolverá com o tempo a questão da ignorância, mas outras questões sociais não estão de modo algum tão próximas de uma solução.

As únicas dificuldades em matéria de educação são o descaso com a frequência escolar e a pobreza que afasta as crianças da escola. A primeira é uma questão para os próprios Negros resolverem, e é uma questão para a qual deve-se chamar sua atenção. Embora muito tenha sido feito, não se pode dizer que os Negros tenham compreendido plenamente as grandes vantagens de sua escolarização na cidade e da manutenção de seus filhos mais novos regularmente na escola, e por causa desse descuido já surgiram muitos prejuízos.

CAPÍTULO IX
As atividades* dos Negros

21. A questão de ganhar a vida. Para um grupo de libertos, a questão da sobrevivência econômica é a mais urgente de todas as questões. O problema de como, nas circunstâncias da vida moderna, qualquer grupo de pessoas pode ganhar a vida de forma decente, de modo a manter seu padrão de vida, nem sempre é fácil de responder. Mas quando a pergunta é complicada pelo fato de o grupo ter um baixo grau de eficiência devido à experiência pregressa; estar em competição com concorrentes bem treinados, ávidos e muitas vezes implacáveis; ser prejudicado em maior ou menor medida por uma discriminação um tanto indefinida, mas existente e de grande alcance; e, finalmente, estar buscando não apenas manter um padrão de vida, mas também elevar-se sistematicamente a um nível mais alto – tal situação apresenta problemas desconcertantes para o sociólogo e filantropo.

E, no entanto, é essa a situação do Negro na Filadélfia: ele está tentando melhorar sua condição, está procurando elevar-se. Para este fim, sua primeira necessidade é de um trabalho cujo caráter envolva seus melhores talentos, e cuja remuneração seja suficiente para sustentar um lar e educar bem seus filhos. A competição em uma grande cidade é feroz, e é difícil para qualquer povo pobre conseguir vencer. O Negro, no entanto, tem duas dificuldades especiais: seu treinamento como trabalhador escravo e liberto não foi o suficiente para fazer que a média da raça fosse composta de trabalhadores tão eficientes e confiáveis quanto

---

* *Occupations* no original. (N.T.)

o americano nato médio ou muitos imigrantes estrangeiros. O Negro é, como via de regra, disposto, honesto e de boa índole; mas ele também é, via de regra, descuidado, inconstante e instável. Isso é, sem dúvida, de se esperar de um povo que por gerações foi treinado a esquivar-se do trabalho; mas uma desculpa histórica conta pouco no redemoinho da batalha pelo ganha-pão. Existem, evidentemente, grandes exceções a esse padrão mediano; há muitos Negros que são tão brilhantes, talentosos e consistentes quanto qualquer classe de trabalhadores, e que em competição desimpedida logo subiriam alto na escala econômica e, portanto, pela lei da sobrevivência do mais apto, logo deveríamos ter deixado embaixo aqueles zangões ineficientes e preguiçosos que não mereciam um destino melhor. No entanto, no âmbito dos fenômenos sociais, a lei da sobrevivência é fortemente modificada por escolhas, desejos, caprichos e preconceitos humanos. E, consequentemente, nunca se sabe, quando se vê um pária social, até que ponto esse fracasso em sobreviver é devido às deficiências do indivíduo, e até onde aos acidentes ou injustiças de seu ambiente. Este é especialmente o caso do Negro. Todo mundo sabe que em uma cidade como a Filadélfia um Negro não tem a mesma chance que um homem branco tem de exercer sua habilidade ou garantir um trabalho de acordo com seus talentos. Até que ponto isso é assim, discutiremos mais adiante; agora, é suficiente dizer, de forma geral, que os tipos de trabalho abertos aos Negros não são apenas restringidos pela falta de treinamento dos mesmos, mas também pela discriminação contra eles por causa de sua raça; que sua ascensão econômica não é apenas prejudicada pela sua atual pobreza, mas também por uma tendência generalizada de se fechar contra eles muitas portas de progresso abertas aos talentosos e eficientes de outras raças.

Qual tem sido, até agora, o resultado desta complicada situação? O que a massa de Negros da cidade faz atualmente para viver, e quão bem-sucedidos eles são nesses meios? E, na medida em que eles são bem-sucedidos, o que eles já conseguiram e, quando eles são ineficientes em sua atual esfera de trabalho, qual é a causa e o remédio? Estas são as questões diante de nós, e procedemos para responder a primeira neste capítulo, tomando inicialmente as atividades econômicas dos Negros da Sétima Região, depois da cidade de maneira geral e finalmente dizendo algo sobre o passado.

22. Atividades na Sétima Região. Dos 257 garotos com idades entre 10 e 20 anos que estavam regularmente empregados em 1896, 39% eram porteiros e garotos de recado (*errand boys*); 25,5% eram serviçais; 16% eram trabalhadores comuns; e 19% exerciam trabalhos esporádicos. Detalhadas, as atividades eram as seguintes:[1]

População total de homens entre 10 e 20	651	
Envolvidos em atividades com renda	257	
Porteiros e "*errand boys*"	100	39,0%
Serviçais	66	25,0%
Operários comuns	40	16,0%
Cocheiros	7	
Aprendizes	6	
Engraxates	6	
Motoristas	5	
Jornaleiros	5	
Mascates	4	
Tipógrafos	3	
Atores	2	
Pedreiros	2	
Cavalariços	2	
Datilógrafos	2	
Barbeiro, barista, encadernador, operário fabril, borracheiro, marinheiro, sapateiro - um de cada	7	
	51	19,5%
	257	100%

Dos homens com 21 anos ou mais, havia, em atividades remuneradas, os seguintes:

Em profissões escolarizadas	61	2,0%
Conduzindo negócios por conta própria	207	6,5%
Em ofícios com habilidades específicas	236	7,0%
Atendentes etc.	159	5,0%

Trabalhadores, classe melhor	602	
Trabalhadores, classe comum	852	
	1.454	45,0%
Serviçais	1.079	34,0%
Em atividades aleatórias	11	0,5%
População masculina total com 21 anos ou mais	3.850²	

Isso mostra que três quartos dos homens Negros com 10 anos de idade ou mais em ocupações remuneradas são trabalhadores manuais e serviçais, enquanto os 25% restantes estão igualmente divididos em três partes: uma para os ofícios, uma para pequenos empreendimentos comerciais e uma para profissionais, atendentes e empregos aleatórios.

Voltando-nos agora para as mulheres com idades entre 10 e 20 anos, temos:

Donas de casa	38	4,5%
Em empregos	289	36,5%
Na escola	333	42,0%
Em casa, desocupadas etc.	133	17,0%
População feminina total entre 10 e 20	739	100%

Das 289 empregadas, havia:

Em serviço doméstico	211	73,0%
Trabalhando como diaristas	32	11,0%
Costureiras	16	5,5%
Serviçais em locais públicos	12	4,3%
Aprendizes	6	
Músicas	4	
Professoras	3	
Atendentes	2	
Atrizes	2	
Cabelereiras	1	
	18	6,2%
	289	100%

Tomando as atividades das mulheres com 21 anos ou mais, temos:

Empregadas domésticas	1.262	37%
Donas de casa e diaristas	937	27%
Donas de casa (Housewives)	568	17%
Diaristas, camareiras etc	297	9,0%
Em ofícios especializados	221	6,0%
Conduzindo negócios	63	2,0%
Atendentes etc.	40	1,0%
Profissões qualificadas	37	1,0%
	3.425	100%
População feminina com 21 anos ou mais	3.740[3]	

Deixando de fora as donas de casa que não trabalham fora e tabulando todas as mulheres acima de 21 que têm atividades de ganho, temos:

Profissões	37
Trabalhadoras autônomas	63
Em ofícios	221
Atendentes e agentes etc.	40
Diaristas, faxineiras, costureiras, cozinheiras etc.	1.234
Serventes	1.262
	2.857

As seguintes tabelas reúnem todas essas estatísticas e oferecem os dados completos com distinções de idade e sexo:

SEÇÃO: 22. ATIVIDADES NA SÉTIMA REGIÃO

Ocupações – Mulheres com dez anos ou mais. Sétima Região (1896)

Ocupações	10 anos	11 anos	12 anos	13 anos	14 anos	15 anos	16 anos	17 anos	18 anos	19 anos	20 anos	21-30 anos	31-40 anos	Mais de 40 anos	Idade desconhecida	10-20 anos	Mais de 21 anos e idade desconhecida
Na escola	52	55	56	55	36	24	31	19	4	1	2	5	1	0	1	335	7
Em casa	5	3	5	3	9	16	16	23	22	13	8	:	:	:	:	:	:
Donas de casa	0	0	0	0	0	0	1	3	4	11	19	246	128	187	7	38	568
Donas de casa e diaristas	0	0	0	0	0	1	0	1	1	4	5	255	329	344	9	12	937
Diaristas	0	0	1	0	0	0	1	3	6	5	4	54	24	46	4	20	128
Serviço doméstico	0	0	0	3	7	11	22	28	33	43	64	661	347	240	14	211	1262
Aprendizes de ofício	0	0	0	0	0	0	0	4	1	0	1	0	1	0	0	6	1
Zeladoras	0	0	0	0	0	0	0	0	0	1	0	7	7	8	0	1	22
Garçonetes públicas	0	0	0	0	0	0	0	1	1	2	1	12	1	0	1	5	14
Limpeza pública e de escritórios	0	0	0	0	0	0	0	0	1	0	1	3	5	4	0	2	12
Cozinheiras públicas	0	0	0	0	0	0	0	0	2	1	1	17	28	27	0	4	72
Musicistas	0	0	0	0	0	0	0	2	0	2	0	5	6	1	0	4	12
Cabelereiras	0	0	0	0	0	0	0	0	0	0	1	0	1	5	0	1	6
Costureiras (consertos)	0	0	0	0	0	0	0	0	0	1	5	23	12	13	0	6	48
Costureiras (vestidos)	0	0	0	0	0	0	0	0	4	3	3	78	68	57	1	10	204
Atriz	0	0	0	0	0	0	0	1	0	0	1	1	0	0	0	2	1
Professoras	0	0	0	0	0	0	0	0	0	1	2	12	6	4	0	3	22
Atendentes	0	0	0	0	0	0	0	0	0	1	1	6	4	0	0	2	10
Responsáveis por restaurantes	0	0	0	0	0	0	0	0	0	0	0	5	8	4	0	0	17
Chapeleiras	0	0	0	0	0	0	0	0	0	0	0	1	1	1	0	0	3

Ocupações	10 anos	11 anos	12 anos	13 anos	14 anos	15 anos	16 anos	17 anos	18 anos	19 anos	20 anos	21-30 anos	31-40 anos	Mais de 40 anos	Idade desconhecida	10-20 anos	Mais de 21 anos e idade desconhecida
Responsáveis por berçários	0	0	0	0	0	0	0	0	0	0	0	0	1	2	0	0	3
Enfermeiras treinadas	0	0	0	0	0	0	0	0	0	0	0	3	0	4	1	0	8
Agentes (sociedades beneficentes)	0	0	0	0	0	0	0	0	0	0	0	3	0	0	0	0	3
Banqueteiras	0	0	0	0	0	0	0	0	0	0	0	2	8	8	0	0	18
Maquiadoras de mortos	0	0	0	0	0	0	0	0	0	0	0	0	0	4	0	0	4
Estenógrafas	0	0	0	0	0	0	0	0	0	0	0	1	2	0	0	0	3
Empregadas de fábrica	0	0	0	0	0	0	0	0	0	0	0	1	0	0	0	0	1
Governanta (de lar)	0	0	0	0	0	0	0	0	0	0	0	0	1	1	0	0	2
Manicure	0	0	0	0	0	0	0	0	0	0	0	1	0	0	0	0	1
Comerciantes (lojas de charuto)	0	0	0	0	0	0	0	0	0	0	0	1	1	0	0	0	2
(mercearia)	0	0	0	0	0	0	0	0	0	0	0	0	2	2	0	0	4
(armarinho etc.)	0	0	0	0	0	0	0	0	0	0	0	0	3	4	0	0	7
(combustível)	0	0	0	0	0	0	0	0	0	0	0	0	1	2	0	0	3
(loja de ferragens)	0	0	0	0	0	0	0	0	0	0	0	0	0	1	0	0	1
Barbeiras	0	0	0	0	0	0	0	0	0	0	0	0	1	0	0	0	1
Agente funerária	0	0	0	0	0	0	0	0	0	0	0	0	1	2	0	0	3
Comissária	0	0	0	0	0	0	0	0	0	0	0	0	2	2	0	0	4
Missionárias	0	0	0	0	0	0	0	0	0	0	0	0	1	0	0	0	1
Prop. agência de empregos	0	0	0	0	0	0	0	0	0	0	0	0	3	2	0	0	5
Tipógrafas	0	0	0	0	0	0	0	0	0	0	0	0	1	0	1	0	2
Caseiras	0	0	0	0	0	0	0	0	0	0	0	0	2	1	0	0	3
Prostitutas	0	0	0	0	0	0	0	2	1	2	3	51	26	11	12	8	100

Ocupações – Homens, de dez a vinte e um anos de idade. Sétima Região (1896)

Ocupações	10 anos	11 anos	12 anos	13 anos	14 anos	15 anos	16 anos	17 anos	18 anos	19 anos	20 anos	Total
Total de rapazes de dada idade	49	39	45	53	45	39	53	50	55	56	67	463
Total na escola	44	38	39	46	35	22	24	6	4	2	0	178
Total em casa	5	1	1	2	5	4	11	3	0	2	0	28
Atores	0	0	0	0	0	0	0	0	1	0	1	2
Aprendizes de ofícios	0	0	0	0	0	0	0	1	3	1	1	6
Barbeiro	0	0	0	0	0	0	0	0	0	1	0	1
Barista	0	0	0	0	0	0	0	0	0	1	0	1
Encadernador	0	0	0	0	0	0	0	1	0	0	0	1
Engraxates	0	0	0	0	0	1	1	2	1	1	0	6
Pedreiro	0	0	0	0	0	0	0	0	0	2	0	2
Motorista para médicos	0	0	0	0	0	0	0	1	0	3	1	5
Garotos de recados	0	0	2	2	4	5	6	6	5	1	2	33
Operário fabril	0	0	0	0	0	0	0	0	0	1	0	1
Cavalariço	0	0	0	0	0	0	0	1	0	1	0	2
Serviços gerais	0	0	0	1	0	0	1	3	12	12	11	40
Jornaleiros	0	0	1	0	0	1	2	0	0	1	0	5
Mascates	0	0	0	0	0	0	1	0	1	1	1	4
Impressores	0	0	0	0	0	0	0	0	1	1	1	3
Porteiros	0	0	1	0	1	4	5	10	15	11	20	67
Borracheiro	0	0	0	0	0	0	0	0	0	1	0	1
Marinheiro	0	0	0	0	0	0	0	1	0	0	0	1
Serviço (doméstico)	0	0	1	2	0	0	1	11	7	7	18	47
Serviço (público)	0	0	0	0	0	1	1	1	3	5	8	19
Sapateiros	0	0	0	0	0	0	0	0	0	0	1	1
Carroceiros	0	0	0	0	0	1	0	2	2	0	2	7
Datilógrafos	0	0	0	0	0	0	0	1	0	1	0	2

CAPÍTULO IX: AS ATIVIDADES DOS NEGROS

Ocupações – Homens, de vinte e um anos ou mais. Sétima Região (1896)

Ocupações	21-30 anos	31-40 anos	41 ou anos	Idade desconhecida	Total
Atores	4	2	..	..	6
Agentes (sociedades de seguro e vendas)	6	3	6	..	15
Aprendizes de ofícios	1	..	..	..	1
Barbeiros	28	21	15	..	64
Baristas	2	3	..	..	5
Fabricante de sinos	32	10	1	..	43
Encadernadores	1	1	..	..	2
Engraxates	15	6	1	..	22
Pedreiros	..	7	4	..	11
Oleiros	2	..	1	..	3
Construtor e mestre de obras	1	..	..	..	1
Padeiros	..	1	3	..	4
Fabricantes de boilers	..	1	..	..	1
Ferreiro e fabricante de rodas	..	..	1	..	1
Quiropodistas	..	1	1	..	2
Ceramista	..	..	1	..	1
Alambiqueiro	..	1	..	..	
Tanoeiro	..	1	..	..	1
Carpinteiros (de navio)	..	1	..	..	1
Carpinteiros	1	2	2	..	5
Caixa	..	1	..	..	1
Marceneiro	1	..	..	..	1
Confeiteiro	1	1	..	..	2
Banqueteiros	11	18	36	..	65
Químico	1	..	..	..	1
Charuteiros	17	17	4	1	39
Atendentes	7	4	7	..	18
Atendentes (serviço público)	3	1	4	..	8
Atendentes (correios)	1	2	..	..	3
Condutor (estrada de ferro)[#]	..	1	..	..	1
Leiteiro	..	2	..	..	2
Professores de dança	1	2	..	..	3
Motoristas (para médico)	10	1	1	..	12
Tintureiro	..	..	1	..	1

138

SEÇÃO: 22. ATIVIDADES NA SÉTIMA REGIÃO

Ocupações	21-30 anos	31-40 anos	41 ou anos	Idade desconhecida	Total
Garotos de recado	2	..	..	..	2
Engenheiros (estacionários)	7	4	2	..	13
Ascensoristas	16	5	1	..	22
Editor	1	..	..	..	1
Florista	..	1	..	..	1
Moldureiros	2	..	1	..	3
Lustrador de móveis	1	..	..	..	1
Ourives	..	..	1	..	1
Jogadores	4	3	1	8	16
Vendedores ambulantes	12	15	10	..	37
Mascates	21	12	11	..	44
Serventes de pedreiro	27	23	29	..	79
Inspetor de móveis	..	1	..	..	1
Escultores de gelo	1	1	..	..	2
Zeladores	29	20	45	..	94
Caiador	..	..	1	..	1
Responsável por hospedaria	..	..	3	..	3
Senhorio	..	..	1	..	1
Chaveiro	..	1	..	..	1
Operários (ocasionais)	1	4	7	..	12
(fábrica de sabão)	2	..	..	..	2
(foguista)	2	..	..	..	2
(em edifícios)	3	4	..	..	7
(olaria)	19	7	7	..	32
(nas ruas)	33	10	4	..	37
(gerais)	149	120	120	21	410
(fazenda)	2	1	..	..	3
(serviços de água e gás etc.)	9	9	28	1	47
Trab. de lavanderia	0	1	1	..	2
Gerentes e capatazes	3	2	1	..	6
Mensageiros	9	10	12	2	33
Músicos	10	7	3	..	20
Fabricantes	..	..	1	..	1
Enfermeiros	1	1	..	..	2
Abridores de ostras	2	2	..	..	4
Empacotadores (cerâmica)	5	4	5	..	14

CAPÍTULO IX: AS ATIVIDADES DOS NEGROS

Ocupações	21-30 anos	31-40 anos	41 ou anos	Idade desconhecida	Total
Pintores	3	4	3	..	10
Papeleiros	3	..	..	..	3
Porteiros	135	77	60	2	274
Políticos	1	1	..	..	2
Fotógrafos	1	1	..	..	2
Gesseiros	..	3	..	..	3
Impressores	6	1	2	..	9
Proprietários – hotéis e restaurantes	6	6	10	..	22
Empresa de entregas	3	4	7	..	14
Oficina de impressão	3	1	..	..	4
Loja de charutos	1	6	..	..	7
Comércio de leite	1	..	..	..	1
Loja, armarinho e combustível	3	9	10	..	22
Mercearia	1	1	2	..	4
Agência de empregos	1	1	1	..	3
Barbearia	..	5	10	..	15
Jornal	..	1	..	..	1
Sala de bilhar	..	2	1	..	3
Profissões – professores	1	3	3	..	7
Advogados	2	2	1	..	5
Clérigos	4	8	10	..	22
Médicos	2	1	3	..	6
Dentistas	..	1	2	..	3
Policiais	..	5	..	..	5
Piloto	..	..	1	..	1
Lutador	..	1	..	..	1
Borracheiros	2	..	1	..	3
Telhador	1	..	..	..	1
Catadores de trapos	2	..	4	..	6
Agentes imobiliários	..	1	2	..	3
Raizeiros	1	..	1	..	2
Serviço – doméstico	288	161	123	10	582
Hotéis e restaurantes etc.	205	126	72	11	414
Garçons públicos (com banqueteiros)	9	15	13	1	38
Mordomos	8	14	9	..	31
Estudantes	13	4	..	..	17

SEÇÃO: 22. ATIVIDADES NA SÉTIMA REGIÃO

Ocupações	21-30 anos	31-40 anos	41 ou anos	Idade desconhecida	Total
Marinheiros	14	3	3	1	21
Sacristães	1	1	2	..	4
Sapateiros	4	1	13	..	18
Estivadores	64	60	40	..	164
Cortadores de pedra	1	1	1	..	3
Funileiro	..	1	..	..	1
Treinador (cavalos)	..	1	..	..	1
Alfaiates	1	3	..	..	4
Carroceiros	63	38	32	1	134
Estofadores	2	1	4	..	7
Agentes funerários	4	1	1	..	6
Vigias	1	4	9	..	14
Vimeiro	..	1	..	..	1

* Homem branco com casamento inter-racial.

Olhemos agora para a totalidade das atividades: de 9.675 Negros na Sétima Região, 1.212 são crianças com 9 anos de idade ou menos. Dos 8.463 restantes, há:

Empregados..6.610
Na escola..609
Donas de Casa...568
Criminosos conhecidos...116
Desocupados, em casa, deficientes, sem informação etc. 560
                                                                                                    ──────
                                                                                                    8.463

Os 6.610 empregados estão distribuídos da seguinte maneira:

Profissões..101
Trabalhando de forma autônoma...268
Em ofícios..492
Atendentes, semiprofissionais e em cargos de confiança................216
Trabalhadores (seletos)..778
Trabalhadores (comuns)..2.111
Serviçais..2.644
                                                                                                    ──────
                                                                                                    6.610

CAPÍTULO IX: AS ATIVIDADES DOS NEGROS

Somente podemos apreender o verdadeiro sentido desses números ao compararmos a distribuição de atividades remuneradas dos Negros com aquela da população total da cidade. Para este propósito, devemos redistribuir as atividades de acordo com as divisões mais simples e em muitos aspectos insatisfatórias do censo dos Estados Unidos. Temos, então:

População total da Filadélfia (1890) – Negros da Sétima Região (1896)

	População total da Filadélfia, 1890		Negros da Sétima Região, 1896	
	Número	Percentual	Número	Percentual
População total acima de 10	847.283	..	8.463	..
Número em atividades remuneradas	466.791	..	6.611	..
Percentual em atividades remuneradas	55,1	..	78	..
Empregados em agricultura	6.497	1,5	11	0,2
Empregados em serviços profissionais	19.438	4,2	130#	2,0
Empregados em serviços domésticos e pessoais	106.129	22,7	4.889	74,3
Empregados em comércio e transportes	115.462	24,7	1.006	15,3
Empregados em indústrias mecânicas e de manufatura	219.265	46,9	541	8,2

Omitindo 24 estudantes com 21 anos de idade ou mais.

Ilustrado graficamente, isto é:

142

SEÇÃO: 22. ATIVIDADES NA SÉTIMA REGIÃO

Ao compararmos a população total com os Negros da Sétima Região por sexo, temos:

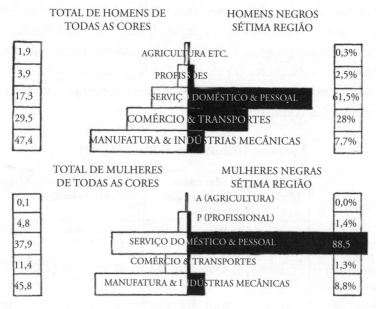

Nessas estatísticas e tabelas precisamos, em primeiro lugar, notar a grande proporção dessas pessoas que trabalham para viver; tomando a população de 10 anos de idade ou mais, temos 78% dos Negros da Sétima Região e 55,1% para a cidade inteira, entre brancos e pessoas de cor. Esse é um indicador da ausência de riqueza acumulada, proveniente da pobreza e de baixos salários. As causas gerais da pobreza são, geralmente, históricas e bem conhecidas; para apreciar a causa dos baixos salários, temos apenas que ver as poucas ocupações para as quais os Negros estão praticamente limitados, e imaginar a competição que deve resultar disso. Isso é verdade entre os homens, e especialmente entre as mulheres, para as quais a limitação é maior. Todas as forças que impelem as mulheres brancas a se tornarem provedoras são acentuadas no caso das mulheres Negras: suas chances de casamento são diminuídas pelos baixos salários dos homens e pelo grande excesso do seu próprio sexo nas grandes cidades; elas precisam trabalhar e, se houver poucas chances disponíveis, elas devem sofrer com a concorrência nos salários. Entre os homens, salários baixos significam celibato forçado ou vidas irregulares e muitas vezes dispersas, ou lares onde a esposa e a mãe também devem ser provedoras.

As estatísticas curiosamente ilustram isso: 16,3% das mulheres brancas nativas, de pais nativos de todas as idades, são provedoras;[4] suas ocupações são restritas, e há grande competição. Porém, entre mulheres Negras, onde a restrição em ocupação alcança seu maior limite, não obstante 43% são provedoras, e suas rendas estão no ponto mais baixo em todos os casos, exceto em algumas linhas de serviço doméstico nas quais o costume as segura em certos patamares; mesmo aqui, no entanto, a tendência é descendente.

A população trabalhadora da Filadélfia (1890)

Cor etc.	Números, de dez anos de idade ou mais, em atividades remuneradas			Percentual da população total em atividades remuneradas		
	Homens	Mulheres	Total	Homens	Mulheres	Total
Brancos. (Nativos, com pais nativos)	122.332	34.731	157.063	65	16	38
(Nativos, com pais estrangeiros)	91.280	39.618	130.898	58	24	40
De cor (Negros, chineses etc.)	13.650	9.258	22.908	72	43	57
População Total	344.143	122.648	466.791	..	..	..

As causas dessa restrição peculiar no emprego de Negros são duplas: primeiro, a falta de treinamento e experiência entre Negros; segundo, o preconceito dos brancos. A primeira é de se esperar em algum grau, embora, sem dúvida, o descuido e a ineficiência culposa tenham desempenhado seu papel. A segunda causa será discutida detalhadamente mais adiante. Um ponto, no entanto, precisa ser mencionado: a distribuição peculiar de empregos entre brancos e Negros faz com que a grande classe média de brancos raramente ou nunca tenha contato com Negros – isso não pode ser tanto causa como efeito do preconceito?

Outro fato notável é a ausência de trabalho infantil; isso não é voluntário por parte dos Negros, mas devido à restrição de oportunidades. Há realmente muito pouco que as crianças Negras possam fazer. Seu principal emprego, portanto, é ajudar em casa enquanto a mãe está no trabalho. Assim, as crianças assinaladas como em casa representam, em muitos casos, o trabalho infantil.

23. Atividades na cidade. Deixando de lado o estudo mais detalhado da Sétima Região, olhemos, de maneira geral, para as atividades dos Negros na amplitude da cidade.

As profissões. As profissões qualificadas são representadas entre os Negros por religiosos, professores, médicos, advogados e dentistas, na ordem enumerada. Praticamente todos os Negros vão para suas próprias igrejas, onde têm, salvo pouquíssimos casos, religiosos de sua própria raça. Não há menos de sessenta ministros Negros na cidade (possivelmente uma centena), a maioria deles metodistas e batistas, com três ou quatro presbiterianos e dois episcopais. Os pastores presbiterianos e episcopais são, em praticamente todos os casos, homens bem formados e educados.

Os ministros dos Metodistas Africanos variam; os responsáveis pelas igrejas maiores são todos homens de personalidade marcante, com gênio para liderança e organização em algumas linhas, e em alguns casos, embora não em todos, são homens bem educados. Praticamente nenhum deles é analfabeto. Os ministros batistas não são geralmente tão bem preparados quanto os metodistas, embora alguns sejam bem formados.

Em média, os ministros Negros da cidade são bons representantes das massas dos Negros. Eles são, em grande parte, escolhidos pelas massas, devem atender a seus gostos e devem, em todos os sentidos, ser homens de quem a base da raça goste e entenda. Às vezes uma forte personalidade, como o falecido Theodore Miller, tomará uma igreja e a erguerá a um nível elevado; geralmente, o ministro mais segue do que lidera, e reflete a opinião pública entre seu povo ao invés de formá-la. O ministro batista é uma autoridade eleita de uma democracia pura que, se consegue comandar um número grande o suficiente de seguidores, torna-se praticamente um ditador. Ele tem, portanto, a oportunidade de ser um líder sábio ou um demagogo, ou, como em muitos casos, um pouco de ambos. O ministro metodista é o capataz designado de uma grande corporação, da qual sua igreja particular é uma pequena parte. Seu sucesso depende da maneira como ele conduz essa igreja: seu sucesso financeiro, seus esforços para aumentar o número de membros da igreja e sua popularidade pessoal. O resultado é que o ministro metodista de cor geralmente é um homem de negócios bem lúcido, com algo de político em sua composição, que às vezes é um líder de homens inspirador e valioso; em outros casos, ele pode se tornar um falastrão sonoro, mas astuto, que induz a massa de Negros a colocar em belos edifícios da igreja dinheiro que deveria ir para alguma caridade ou atividade empresarial.

Os ministros recebem desde $ 250 por ano, em pequenas missões, até $ 1.500 em três ou quatro das maiores igrejas. A média seria entre $ 600 e $ 1.000.

Na sequência, após os religiosos, vêm os professores, dos quais há em torno de quarenta na cidade.

Escola	Diretores	Profs. assistentes	Profs. jardim de infância	Profs. industriais
Instituto para a Juventude de Cor	2	7	0	2
O. V. Catto	1	6	2	0
Vaux	1	3	0	0
J. E. Hill	1	3	1	0
Rua Coulter	1	1	0	0
Wilmot	1	1	0	0
Casa da Indústria	0	4	0	0
James Forten	0	0	2	0
Igreja Berean	0	0	1	0
Total	7	25	6	2

Esses professores são, em quase todos os casos, bem equipados e vêm tendo boas avaliações. Com exceção dos jardins de infância, ou em um ou mais casos temporários, ensinam exclusivamente crianças Negras. Os professores das escolas públicas recebem o mesmo salário que os professores brancos.[5]

O médico Negro está atualmente apenas começando a colher os frutos de uma longa série de tentativas e fracassos. À primeira vista, pareceria natural para os Negros patrocinar comerciantes Negros, advogados e médicos devido a um senso de orgulho e como protesto contra o sentimento racial entre os brancos. Quando, no entanto, chegamos a pensar mais além, enxergamos muitos obstáculos. Se uma criança está doente, o pai quer um bom médico; ele conhece muitos bons médicos brancos; ele não sabe nada da habilidade do médico Negro, pois o médico Negro não teve oportunidade de exercer sua habilidade.

Consequentemente, por muitos anos, o médico de cor precisou ficar sentado de braços cruzados vendo os 40.000 Negros sendo curados principalmente por praticantes brancos. Hoje isso mudou muito, e principalmente através dos esforços da classe mais jovem de médicos, que não poupou esforços para se formar nas melhores escolas do país. O resultado é que metade dos Negros emprega médicos Negros, e, em pequena medida, esses médicos praticam entre os brancos. Ainda existem muitos da antiga classe de raizeiros e evidentes charlatões da medicina com um comércio lucrativo entre os Negros.[6] De médicos Negros reputáveis, há em torno de quinze na cidade, formados da seguinte maneira:

Universidade da Pennsylvania	5
Hahnemann (Homeopática)	2
Medicina da mulher	2
Medico-cirúrgico	1
Harvard	1
Universidade de Michigan	1
Howard	2
	14

Sete deles têm atividade de bom tamanho, variando de US $ 1.500 por ano a US $ 3.000 ou mais. Cinco outros começaram a atender há pouco tempo e estão indo razoavelmente bem. Os outros dois têm trabalho externo e têm um atendimento limitado. Há muitos estudantes de medicina na cidade, e este campo é o mais atraente entre as profissões qualificadas abertas ao Negro.

Em contraste com o justo sucesso do Negro na medicina está seu fracasso parcial na lei. Existem atualmente cerca de dez advogados Negros atuantes na cidade, formados da seguinte maneira:

Howard	3
Universidade da Pensilvânia	4
Sem informações	3

Dois destes são praticantes bastante bem-sucedidos – bem versados em direito, com alguma experiência e uma atividade pequena, mas estável. Três outros estão com dificuldades para ganhar a vida na prática criminal em casos policiais; e o resto está tendo pouca ou nenhuma atividade. Este fracasso da maioria dos advogados Negros não é em todos os casos devido à falta de habilidade e disposição de sua parte. Sua causa principal é que os Negros fornecem poucos negócios jurídicos lucrativos, e um advogado Negro raramente será empregado por brancos. Além disso, enquanto o trabalho de um médico é em grande parte privado, dependendo da habilidade individual, um advogado precisa contar com a cooperação de colegas advogados além de respeito e influência no tribunal. Portanto, qualquer tipo de preconceito e discriminação é especialmente sentido nesta profissão. Por essas razões, advogados Negros estão em sua maior parte confinados a lidar com pequenos casos criminais, e raramente lhes é dada uma chance para demonstrarem sua habilidade.

Há três dentistas Negros, sendo dois formados em instituições de primeira classe e desfrutando de boas atividades.

De modo geral, a classe profissional dos Negros é digna de crédito. Os professores e médicos suportariam comparação com qualquer raça; as fileiras religiosas estão superlotadas e apresentam todos os graus, desde guias espirituais excelentes e bem treinados até flagrantes demagogos; os advogados têm pouca chance de se mostrar.

O empreendedor. O número de indivíduos com iniciativas empresariais entre os Negros é pequeno, mas crescente. Tomemos primeiro a Sétima Região sozinha e olhemos para o campo. Há nesta região vinte e três estabelecimentos para refeições e outros entretenimentos, variando de um pequeno restaurante de um cômodo até um hotel com vinte quartos; alguns deles, nas ruas Lombard e South, têm amplas salas de jantar com vinte ou mais mesas; alguns são pequenos lugares escuros com duas ou três bancadas de aparência duvidosa. O tempo de funcionamento varia: oito tinham em 1896 um ano ou menos em atividade; quatro, dois anos; dois, três anos; quatro, entre quatro e oito anos. Representam investimentos que variam de $ 40 a $ 1.500, e empregam, além dos proprietários, entre cinquenta e cem pessoas, a depender da estação.

Há na Sétima Região vinte e três barbearias que variam de dois meses a quarenta anos de funcionamento; oito têm de três a cinco anos, cinco, acima de dez anos. Elas empregam, além dos proprietários, de vinte a quarenta diaristas com mais ou menos regularidade. Uma loja representa um investimento que varia de $ 50 a $ 250 ou mais. O barbeiro Negro está perdendo terreno rapidamente na cidade. É difícil dizer por que isso ocorreu, mas há várias razões que contribuem: primeiro, a vocação foi por tanto tempo uma vocação quase exclusivamente Negra que chegou a receber um grau de desprezo e zombaria despejado sobre os Negros em geral. Portanto, tornou-se muito impopular entre os Negros, e os aprendizes tornaram-se muito escassos. Hoje, seria preciso procurar por muito tempo entre os Negros jovens e aspirantes até encontrar um que voluntariamente se tornaria um barbeiro – talvez beire um pouco demais ao serviço doméstico, e é algo a se recorrer, mas não a se aspirar. Em segundo lugar, o negócio tornou-se impopular entre os Negros porque os obriga a traçar uma linha de cor. Nenhum barbeiro Negro de primeira classe ousaria barbear seu próprio irmão em sua loja na Filadélfia por causa do preconceito de cor. Isso é peculiarmente humilhante e já levou a muitas críticas e impopularidade para certos barbeiros de renome entre seu próprio povo. Essas duas razões levaram a uma falta de interesse e iniciativa no negócio por muito tempo, e foi preciso apenas um movimento para acelerar o colapso – qual seja, a competição. A competição de barbeiros alemães e italianos forneceu a última e mais potente razão para a retirada do Negro: eles eram trabalhadores habilidosos, enquanto barbeiros Negros habilidosos estavam se tornando escassos; eles baixaram os preços habituais e alguns deles encontraram cooperação comercial e incentivo que os Negros não podiam esperar. Por estas razões, o negócio está se esvaindo das mãos do Negro. Isso é, sem dúvida, uma calamidade, e a menos que o Negro, apesar do sentimento, desperte a tempo, ele verá um emprego lucrativo desaparecer e não encontrará nada em seu lugar. Um movimento sindical branco já está começando a sufocar o Negro, reivindicando uma legislação que irá solapá-lo com mais força e de outras maneiras, trazendo esforço organizado para se sobrepor à apatia desorganizada.

A Sétima Região tem treze pequenas mercearias Negras. São, em sua maioria, iniciativas novas, oito com menos de um ano; quatro com de um a cinco anos; e uma com quinze anos. Duas são empresas cooperativas, mas não tiveram grande sucesso. Todas essas lojas, com duas ou três

CAPÍTULO IX: AS ATIVIDADES DOS NEGROS

exceções, são na realidade experimentos, e a maioria delas logo irá por terra e seus lugares serão ocupados por outras.

As seis lojas menores representam investimentos de US $ 25 a US $ 50; duas têm $ 50 e $ 100 investidos; três, entre $ 100 e $ 200; e uma, de $ 500 a $ 1.000. A ambição da classe média dos Negros está nessa direção, e seus esforços são louváveis. Em outra época de desenvolvimento industrial, eles já teriam se constituído em uma classe crescente de pequenos comerciantes; mas, hoje, as lojas de departamentos e empresas de ações tornam a competição muito grande para pessoas com tão pouco treinamento e instinto comercial. Não obstante, o número de mercearias de Negros sem dúvida crescerá consideravelmente na próxima década.

Em seguida, vêm quatorze lojas de charutos, representando um investimento total de $ 1.000 a $ 1.500, principalmente em quantias de $ 25, $ 50 e $ 100. Essas lojas foram estabelecidas da seguinte forma: de um ano ou menos, seis; de dois anos, quatro; de três a dezesseis anos, quatro. Vendem charutos e tabaco e jornais diários; algumas também alugam bicicletas ou têm uma bancada para engraxar botas ou uma sala de bilhar anexada. Um dos proprietários conduz, além de sua loja de charutos, três barbearias e um restaurante, e emprega vinte pessoas. Algumas dessas lojas são finamente equipadas. Esse negócio é novo para os Negros, e está crescendo; algumas mulheres se aventuraram nele e, portanto, em alguns casos ele fornece uma ocupação secundária para as esposas.

Existem quatro lojas de doces e artigos de armarinho estabelecidas respectivamente há cinco meses, seis meses, um ano e três anos, e cada uma representando um investimento de $ 10 a $ 100. Elas estão, na maioria dos casos, em mãos de mulheres e se constituem como um pequeno negócio. Existem também inúmeros locais de venda de combustíveis de todos os tipos, dos quais cerca de treze ascendem à dignidade de lojas. Representam pequenos investimentos.

Três lojas de bebidas de varejo e um estabelecimento de envasamento são conduzidos por pessoas de cor, representando consideráveis investimentos. Dois dos bares são antigos, bem conduzidos e financeiramente bem-sucedidos. O outro bar e o estabelecimento de envasamento não têm muito sucesso.

Quatro grandes agências de emprego e algumas menores estão situadas na região. Elas administram hospedarias e, em alguns casos, pensões em conexão. Uma tem dezesseis anos; todas contratam atendentes. Sua atividade consiste em atuarem como agentes de pessoas que desejam serviços e encaminharem pessoas desempregadas para vagas de emprego; para tal, elas cobram uma porcentagem ou quantia fixa dos salários. As agências também costumam servir como lares para serviçais desempregados, dando-lhes alimentação e alojamento, às vezes, a crédito. Seu trabalho é, portanto, útil e lucrativo quando bem conduzido, como em dois ou três estabelecimentos. Em um ou dois outros, no entanto, há alguma suspeita de negociação injusta: serviçais são atraídos do Sul por anúncios cativantes e cartas pessoais, apenas para acabarem se encontrando sem dinheiro e sem trabalho em uma grande cidade.[7] Contatos pessoais questionáveis também são estabelecidos nas agências às vezes, levando à ruína. Essas agências necessitam de regulamentação rigorosa.

Existem quatro estabelecimentos funerários, dois dos quais são conduzidos por mulheres. Representam investimentos de $ 1.000 a $ 10.000, e dois deles fazem um negócio que provavelmente agrega $ 8.000 ou mais anualmente em cada caso. São todos estabelecimentos antigos – com de seis a trinta e três anos –, e em nenhum ramo de negócios, exceto um, tem o Negro evidenciado tanto impulso, gosto e empreendimento. Dois dos estabelecimentos irão, em termos de equipamento, comparar-se favoravelmente com os negócios brancos da cidade; de fato, em concorrência leal, eles ganharam a grande massa de Negros e alguma clientela branca de concorrentes brancos.

Três padarias, estabelecidas há dois e três anos respectivamente, vêm tendo sucesso moderado.

Seis gráficas estabelecidas – uma, há seis meses; as outras, com de quatro a sete anos – fazem trabalhos de pequenas impressões; duas publicam jornais semanais. Essas lojas são bastante bem-sucedidas e recebem trabalho considerável das pessoas de cor. Uma costureira tem uma loja com $ 150 investidos; outra dirige uma escola de costura.

Quatro estofadores têm lojas, antigas e bem estabelecidas, e todas fazem um bom negócio; em dois casos, o negócio rende de $ 2.000 a $ 5.000 por ano. Uma vende móveis antigos também.

Há um grande número de banqueteiros na Região: oitenta e três[8] ao todo. A maioria destes, no entanto, tem pouca atividade, e em alguns casos tem outro trabalho por ao menos parte do ano. Dos principais banqueteiros, existem cerca de dez, dos quais o decano foi o falecido Andrew F. Stevens.[9] Esses dez banqueteiros fazem um grande negócio, chegando provavelmente ao montante, em alguns casos, de US $ 3.000 a US $ 5.000 por ano. Eles têm uma pequena loja cooperativa na rua Treze, com um considerável estoque de pratos e coisas como azeitonas, picles etc. Esta é conduzida por um gerente, e há cem ou mais membros. Há também uma associação de banqueteiros, que é realmente um sindicato. Sua sala de reuniões serve como uma câmara de compensação para negócios e emprego de garçons. Isso já dura dez anos. A atividade de banquetes apresenta muitas fases interessantes para o economista e sociólogo. Sem dúvida, a proeminência dos Negros neste negócio diminuiu desde que os Augustins, Jones e Dorsey se foram. Os banqueteiros Negros ainda são proeminentes, mas eles não dominam de forma alguma o campo como então. A principal razão para isso é a mudança que acometeu a alta sociedade americana nos últimos vinte e cinco anos, e a aplicação do grande capital ao ramo de bufês. A sociedade da Filadélfia não é mais um fenômeno local, pois recebe a deixa em relação à moda e à etiqueta de Nova Iorque, Londres e Paris. Consequentemente, os banqueteiros locais não podem mais ditar a moda para nenhuma única cidade americana; mais que isso, as demandas cresceram tanto com a riqueza crescente que estabelecimentos de festas como Delmonico's, que permaneceriam no estrato superior, representam um grande investimento de capital – investimentos muito além do poder dos banqueteiros Negros locais da Filadélfia. Assim, encontramos um grande negócio construído com talento e tato, deparando-se com mudanças nas condições sociais; o negócio deve, portanto, mudar também. É o antigo desenvolvimento da pequena à grande indústria, da indústria doméstica à indústria concentrada, do salão de jantar privado ao hotel suntuoso. Se os fornecedores Negros da Filadélfia fossem brancos, alguns deles teriam sido colocados como encarregados de um grande hotel, ou teriam se tornado sócios em algum grande negócio de restaurantes, para os quais os capitalistas forneceriam fundos. Para tal cooperação comercial, no entanto, o momento não estava maduro, e talvez apenas alguns dos melhores fornecedores Negros fossem capazes de entrar nele com sucesso. Como aconteceu, a mudança na moda e no modo de negócios alterou os métodos dos banqueteiros Negros e sua clientela. Eles começaram a servir a classe média em vez dos ricos e exclusivos, seus preços tiveram que se tornar mais razoáveis e seus esforços para se destacar tiveram, consequentemente, menos incentivos. Além disso, eles agora entravam em forte competição com uma classe de pequenos fornecedores de bufê brancos que, mesmo sendo piores cozinheiros, eram mais bem treinados nos truques do ofício. Então, também, com essa nova e grande clientela, essa relação pessoal entre o fornecedor e os clientes se desfez, e criou-se um lugar maior para o preconceito de cor.

É, portanto, patente que uma curiosa revolução econômica em uma indústria vem acontecendo há vinte e nove anos, não desacompanhada de graves problemas sociais. Nesse caso, o Negro emergiu em melhores condições e mostrou maior capacidade para o encontro econômico corpo a corpo do que, por exemplo, no ramo da barbearia. No entanto, ele não saiu ileso; em todas essas batalhas, quando um Negro está lutando por uma vantagem econômica, há sempre um sentimento generalizado entre todos os seus vizinhos de que é inconveniente permitir que essa classe se torne rica ou mesmo próspera. Consequentemente, a batalha sempre se torna um *Athanasius contra mundum*, em que, quase inconscientemente, todo o semblante e a ajuda da comunidade são lançados contra o Negro.

As três companhias de cemitérios Negros da cidade têm sede na Sétima Região. Elas surgiram do curioso preconceito dos brancos contra permitir que Negros sejam enterrados perto de seus mortos. As companhias detêm propriedades valiosas, e são bastante bem conduzidas.[10] Há diversos entregadores* na região que possuem suas próprias fardas; um se estabeleceu há vinte e cinco anos, tem três ou quatro carroças e contrata regularmente quatro ou cinco homens. Havia, em 1896, um negócio de ferragens e móveis de quarenta e sete anos, na rua South, mas seu proprietário, Robert Adger, já morreu.[11] Há diversas lojas de bicicletas, uma loja de leite, manteiga e ovos que floresce, uma loja de conserto de louças existente há longa data, uma loja de artigos para cabelo, uma loja de conserto de artigos de borracha

---

* No original, *Expressmen*. (N.T.)

de dezessete anos, uma loja de fogões de segunda mão e duas lojas de remédios patenteados.

Para testar a precisão dessas estatísticas e tomar nota de mudanças, uma segunda visita foi feita a essa Região em 1897, com este resultado:

Estabelecimentos comerciais de Negros, Sétima Região (1896-1897)

Negócio	1896 (dezembro)	1897 (outubro)
Restaurantes	23	39
Barbearias	23	24
Mercearias	13	11
Charutarias	14	11
Balas e armarinho	4	2
Sapatarias	8	13
Estofadores	4	4
Bares	3	2
Funerárias	4	4
Jornais	2	1
Drogarias	0	1
Lojas de remédios manipulados	2	2
Gráficas	4	4

Tais pequenos negócios representam os esforços de uma classe de pessoas pobres para juntar capital.[12] Eles todos são igualmente prejudicados por três grandes obstáculos: primeiro, o Negro nunca foi treinado para negócios e não consegue treinamento agora; é muito raro que um menino ou uma menina Negros consigam de qualquer maneira uma posição em alguma loja ou estabelecimento comercial onde possam aprender a técnica do trabalho ou métodos gerais de negócios. Segundo, comerciantes Negros são tão escassos que é natural que fregueses, tanto brancos quanto de cor, suponham logo de início que seu negócio seja mal conduzido sem sequer experimentar.[13] Terceiro, os Negros estão desacostumados a cooperar com sua própria gente, e o processo de aprendizagem é longo e maçante. Até o momento, suas atividades econômicas têm sido direcionadas quase inteiramente à satisfação dos desejos das classes superiores de brancos e, também, a desejos pessoais e caseiros. Eles estão somente começando a perceber que dentro de seu próprio grupo há um vasto campo para o desenvolvimento de atividades comerciais. Os 40.000 Negros da Filadélfia precisam de alimentos, roupas, sapatos, chapéus e móveis; tais itens, pela própria economia, eles veem que devem ser em parte fornecidos pelos próprios, e as pequenas iniciativas comerciais que notamos são tentativas nessa direção. Essas tentativas, no entanto, teriam muito mais sucesso em outra época econômica. Atualmente, como já notado, a aplicação do grande capital ao comércio varejista, a aglomeração de trabalhadores em fábricas, o maravilhoso sucesso de talentos treinados em atender aos caprichos e gostos de clientes praticamente impossibilitam a competição efetiva do pequeno comércio. Assim, a condição econômica atual milita amplamente contra o Negro; ela torna necessárias maiores habilidade e experiência para administrar uma pequena loja do que anteriormente, e as grandes lojas e fábricas estão praticamente fechadas a ele sob quaisquer condições.

Voltando-nos agora para as outras regiões da cidade, notemos algumas das principais iniciativas comerciais dos Negros. A lista a seguir não é de maneira alguma exaustiva, mas é representativa.

Região	Tipo de empresa	Número de estabelecimentos
Segunda	Loja de arreios	1
Terceira	Mercearias	3
	Barbearia	1
Quarta	Barbearias	5
	Roupas de segunda mão	1
	Mobília de segunda mão	1
	Lojas de carvão e lenha	4
	Jornais	1
	Restaurantes	10
	Artigos para cabelo e costura	1
	Entregas	5

Região	Tipo de empresa	Número de estabelecimentos
Quarta	Decoração e instalação papéis de parede	1
	Impressões por encomenda	1
	Conserto de sapatos	3
	Confeitaria (fábricas)	1
	Loja de charutos	2
	Loja de panelas	1
	Fogões de segunda mão	1
Quinta	Barbearias	7
	Sala de bilhar	1
	Loja de engraxar sapatos	1
	Restaurantes	8
	Funerárias	1
	Combustível e armarinho	2
	Loja de charutos	1
	Editora (livros e folhetos)	1
	Ferragista e fábrica de rodas	1
Oitava	Florista	1
	Relojoeiro	1
	Jornal e impressões avulsas	1
	Funerária	1
	Hotel e salão de bebidas	1
	Barbearias	9
	Estofadores	2
	Depósito de trapos	1
	Restaurantes	5
	Loja de jornais e combustível	1
	Mercearia	1
	Lojas de charutos	2
	Agência de empregos	1
	Cabelereiro para senhoras	1
Décima quarta	Barbearia	1
	Mercearia	1
	Estofador	1

SEÇÃO: 23. ATIVIDADES NA CIDADE

Região	Tipo de empresa	Número de estabelecimentos
Décima quarta	Venda de água mineral	1
	Loja de móveis de segunda mão	1
	Loja de doces e combustível	1
	Restaurantes	2
Vigésima	Alfaiataria	1
	Loja de consertos de sapatos	1
	Barbearias	2
Vigésima sétima	Agência imobiliária	1
	Comércio de carnes (atacado)	1
Décima quinta e vigésima nona	Serviços de limpeza de tapetes	1
	Carnes e suprimentos	1
	Barbearias e diversos pequenos estabelecimentos	20
Vigésima sexta e Trigésima	Fogões de segunda mão	1
	Loja de charutos	1
	Barbearias	2
	Entregas	1
	Móveis de segunda mão	1
	Estofador	1
	Mercearia	1
	Loja de gelo e leite	1
	Impressões por encomenda	1
	Restaurante	1
Vigésima segunda	Restaurante e hospedaria	1
	Mercearias	2
	Barbeiros	2
	Estofador	1
	Entregador	1
	Lavanderia a vapor	1

As omissões mais importantes aqui são as barbearias, por causa de seu grande número; os negócios de bufê (banqueteiros), porque suas instalações estão principalmente em casas particulares; e muitas pequenas lojas que passam facilmente despercebidas, e que rapidamente vêm e desaparecem.

Algumas das empresas são grandes e importantes: três ou quatro banqueteiros fazem um negócio de vários milhares de dólares por ano; a conhecida floricultura da rua Chestnut tem um negócio próspero e bem conduzido;[14] a funerária da Oitava Região e o corretor de imóveis da Vigésima Sétima são extraordinariamente bem-sucedidos em seus ramos. A loja de louças na Quarta Região é limpa e saborosa. As três maiores empresas são os negócios de fornecimento e atacado de carne na Décima Quinta Região e a oficina de limpeza de tapetes. É relatado que o movimento financeiro de cada uma dessas se aproxima de US $ 10.000 por ano.

Há cinco jornais semanais e uma revista trimestral publicados na cidade por Negros. Dois dos jornais são órgãos denominacionais para igrejas; outro jornal é o órgão oficial dos Odd Fellows; o quarto e quinto são folhas de notícias locais. O trimestral é publicado pela Igreja Metodista Episcopal Americana (A. M. E.). Estes jornais são razoavelmente bem-sucedidos, consideravelmente lidos e refletem bastante bem a opinião do público em geral. A maioria deles tem sido muito fraca editorialmente, embora haja alguns sinais de melhora, especialmente no caso do trimestral. A editora faz negócios de $ 15.000 por ano.

Os ofícios. A exclusão do Negro, na prática, dos comércios e indústrias de uma grande cidade como a Filadélfia é uma situação nada fácil de explicar. É, muitas vezes, dito simplesmente: os estrangeiros e os sindicatos expulsaram os Negros por causa do preconceito racial e deixaram empregadores e filantropos impotentes no assunto. Isso não é estritamente verdade. O que os sindicatos e os operários brancos fizeram foi aproveitar uma vantagem econômica abertamente oferecida a eles. Esta oportunidade surgiu de três causas: aqui estava uma massa de trabalhadores Negros, dos quais muito poucos estavam, por formação anterior, aptos a se tornarem mecânicos e artesãos de um novo desenvolvimento industrial. Aqui, também, havia uma massa crescente de estrangeiros e americanos natos que estavam extraordinariamente bem preparados para participar nas novas indústrias. Finalmente, a maioria das pessoas estava disposta, e muitas delas ansiosas para que os Negros fossem mantidos como serviçais subalternos em vez de se tornarem fatores industriais. Tal era a situação, e aqui estava a oportunidade para os trabalhadores brancos: eram em média, por formação prévia, melhores trabalhadores do que os Negros; eram mais fortes numericamente, e o resultado era que cada novo empreendimento industrial iniciado na cidade levava trabalhadores brancos. Logo, os trabalhadores brancos estavam fortes o suficiente para dar um passo adiante e praticamente proibirem os Negros de entrar em ofícios sob quaisquer circunstâncias. Isto afetou não só novas empresas, mas também antigos ofícios como os de carpinteiro, pedreiro, gesseiro e semelhantes. A oferta de Negros para tais ofícios não conseguiu acompanhar o crescimento extraordinário da cidade, e um grande número de trabalhadores brancos entrou em campo. Eles imediatamente se uniram contra os Negros, principalmente para aumentar os salários; o padrão de vida dos Negros os permite aceitar baixos salários, e, por outro lado, a longa necessidade de aceitar os parcos salários oferecidos teve como resultado um baixo padrão de vida. Assim, em parte aproveitando-se do preconceito racial, em parte pela maior eficiência econômica, e em parte pelo esforço de manter e aumentar os salários, os trabalhadores brancos não apenas monopolizaram as novas oportunidades industriais de uma época que transformou a Filadélfia de uma cidade colonial em uma cidade-mundo, mas também foram capazes de tirar do Negro trabalhador as oportunidades de que ele já desfrutava em determinadas linhas de trabalho.

Se, agora, um déspota benevolente tivesse visto o desenvolvimento, ele teria imediatamente procurado remediar a verdadeira fraqueza da posição do Negro, ou seja, sua falta de treinamento. E ele teria eliminado qualquer discriminação que compelisse os homens a sustentar como criminosos aqueles que pudessem se sustentar como trabalhadores.

Ele teria feito um esforço especial para treinar meninos Negros para a vida industrial e lhes dar a chance de competir em igualdade de condições com os melhores trabalhadores brancos – argumentando que, a longo prazo, isso seria o melhor para todos os envolvidos, pois, elevando a habilidade e o padrão de vida dos Negros, ele os tornaria trabalhadores e concorrentes eficazes que manteriam um nível decente de salários. Ele teria reprimido severamente a oposição organizada ou encoberta aos trabalhadores Negros.

Não houve, no entanto, nenhum déspota benevolente, nenhum filantropo, nenhum capitão de indústria de ampla visão para evitar que o Negro perdesse até mesmo a habilidade que aprendeu ou para inspirá-lo com oportunidades para aprender mais. Ao passo que os Negros mais velhos que tinham ofícios se retiraram, houve pouco para induzir homens mais jovens a sucedê-los. Ao contrário, foi feito um esforço especial para não treinar Negros para a indústria ou permitir que eles entrassem em tal carreira. Consequentemente, eles gradualmente saíram da vida industrial, até que em 1890, quando os Negros constituíam 4% da população, apenas 1,1% dos 134.709 homens nos principais ofícios da cidade eram Negros; de 46.200 mulheres nesses ofícios, 1,3% eram Negras; ou, tomando homens e mulheres juntos, 2.160 ou 1,19% de todos eram Negros. Isso, no entanto, não conta toda a história, pois destes 2.160, barbeiros, oleiros e costureiros formavam 1.434. Na Sétima Região, o número de ofícios é muito maior do que a proporção na cidade, mas aqui novamente eles são confinados a alguns ofícios: barbeiros, costureiras, charuteiros e sapateiros.

Como então essa exclusão foi mantida? Em alguns casos, pela própria inclusão da palavra "branco" entre as qualificações para o ingresso em determinados sindicatos. Mais frequentemente, porém, deixando a questão da cor inteiramente para os órgãos locais, que não fazem nenhuma regra geral, mas invariavelmente deixam de admitir um candidato de cor, exceto sob circunstâncias de urgência. Este é o sistema mais eficaz, e é o adotado por quase todos os sindicatos. Nas seções onde o trabalho Negro em certos ofícios é competente e considerável, o sindicato os acolhe, como no Oeste da Pensilvânia, entre mineiros e ferreiros, e na Filadélfia, entre os fabricantes de charutos. Mas, sempre que há um comércio em que bons trabalhadores Negros são comparativamente escassos, cada sindicato se recusa firmemente a admitir Negros e confia no preconceito de cor para manter a barreira. Assim, os carpinteiros, pedreiros, pintores, ferreiros etc, conseguiram afastar quase todos os trabalhadores Negros simplesmente recusando-se a trabalhar com homens não sindicalizados e recusando-se a deixar homens de cor se juntarem aos sindicatos. Às vezes, em tempos de greve, os sindicatos são compelidos em autodefesa não apenas a permitir que os Negros se juntem, mas a solicitá-los; isso aconteceu, por exemplo, durante a greve de cortadores de pedras há alguns anos.

Para repetir, então, os reais motivos por trás dessa exclusão são claros: grande parte é simples preconceito racial, sempre forte nas classes trabalhadoras e intensificado pela peculiar história do Negro neste país. Outra parte, porém, e possivelmente a mais potente, é o espírito natural do monopólio e o desejo de manter os salários. Na medida em que o grito contra "irlandeses" ou "estrangeiros" pode comandar o preconceito de raça a serviço daqueles que desejavam manter algumas pessoas excluídas de determinados empregos, tal grito foi diligentemente utilizado.

Assim, hoje, os operários veem claramente que uma grande quantidade de competição pode ser eliminada fazendo proveito da opinião pública e traçando a linha de cor. Ademais, há nisso uma consideração totalmente justificável que desempenha um grande papel: a saber, os Negros estão acostumados com os baixos salários – conseguem viver com eles e, consequentemente, lutariam menos ferozmente do que a maioria dos brancos contra alguma redução.

Os empregadores nesta questão não são totalmente isentos de culpa. Seus objetos na condução dos negócios não são, é claro, totalmente filantrópicos, e ainda assim, como classe, eles representam a melhor média de inteligência e moralidade da comunidade. Uma posição firme de alguns deles por um direito humano comum poderia economizar para a cidade algum montante em impostos para a repressão do crime e do vício. Há algum tempo veio para a Siderúrgica Midvale um gerente que muitos apelidaram de "excêntrico"; ele tinha uma teoria de que Negros e brancos poderiam trabalhar juntos como mecânicos sem atrito ou encrencas.[15] Apesar de alguns protestos, ele colocou sua teoria em prática, e hoje qualquer um pode ver mecânicos Negros trabalhando nas mesmas equipes com mecânicos brancos sem perturbação. Alguns outros casos de menor escala ocorreram em diferentes partes da cidade. Em geral, no entanto, ao mecânico Negro que procura trabalho com um dono de engenho, ou empreiteiro ou um capitalista, é dito: "Eu não tenho nada contra, mas meus homens não querem trabalhar com você". Sem dúvida, em muitos casos, o empregador é realmente impotente; em muitos outros casos, ele não é impotente, mas está disposto a aparentar sê-lo.

Os Negros da cidade que têm ofícios ou desistem dos mesmos e se oferecem para trabalhar como garçons ou trabalhadores braçais, ou se tornam operários e mão de obra flutuante, pegando um pouco de carpintaria aqui ou um serviço de pedreiro ou gesseiro ali, a salários reduzidos. Sem dúvida, muita culpa pode ser atribuída aos Negros por se submeterem de maneira bastante adestrada a essa oposição organizada. Se respondessem a organização com organização e a excelência de trabalho com excelência, eles poderiam fazer muito para ganhar lugar nas indústrias das cidades. Atualmente, isso é difícil de começar, mas vale a pena tentar, e o Departamento Industrial do Instituto Para a Juventude de Cor, que os próprios Negros ajudaram a equipar, é um passo nessa direção.

Atendentes, semiprofissionais e trabalhadores responsáveis. Sob este título, foi agrupada uma massa variada de ocupações: atendentes de serviço público e privado, mordomos, mensageiros, músicos, agentes, gerentes e capatazes, atores, policiais etc., ou seja, aquela classe de pessoas cuja posição exige um grau de alcance em educação, confiabilidade, talento ou habilidade. Aqui, o número de Negros é pequeno, mas eles estão quase tão bem representados quanto nos ofícios – uma indicação de um desenvolvimento bastante anormal.

Dos 46.393 homens nessa classe de ocupações na cidade (ou seja, policiais, vigias, agentes, viajantes comerciais, bancários e escriturários, recepcionistas e vendedores, baristas), 327, ou sete décimos de 1% eram Negros. Se somarmos a isso atendentes, mensageiros, músicos e escrivães em serviços públicos, eles formam cerca de 1% daqueles na cidade. Quase todos os atendentes e vendedores encontram-se em lojas para Negros, apesar de haver algumas exceções.

Atendentes, semiprofissionais e trabalhadores de confiança na Filadélfia (1890)

Ocupação	Total	Negros
Vigias, policiais e detetives	4.113	62
Baristas	1.683	32
Agentes e coletores	5.049	38
Bancários, corretores etc	2.072	6
Contadores, escriturários etc.	23.057	130
Vendedores	10.419	38
Total	46.393	326

Há cerca de sessenta policiais de cor na força atualmente, e a impressão geral parece ser que eles fazem bons oficiais médios. Eles foram nomeados pela primeira vez para a força policial pelo prefeito King, em 1884. No início, houve uma oposição violenta, que teria sido acatada se não fossem as complicações políticas. Os policiais Negros são colocados em serviço principalmente dentro ou perto dos principais assentamentos Negros, e nenhum deles ainda foi promovido para sair do baixo escalão. O número de Negros a serviço do governo é o seguinte:

Departamentos Municipais 11
Alfândega 1
Correio 17
Estaleiro da marinha 1

Além destes, há uma série de mensageiros e trabalhadores comuns. Em muitos casos, esses balconistas fizeram registros muito excelentes, como no caso do balconista de descontos no escritório da Receita, que ocupa o cargo há muitos anos e talvez seja o funcionário mais eficiente do escritório. Ou também o do supervisor Negro dos funcionários na agência de Correios na loja Wanamaker's, que tem sido extraordinariamente bem-sucedido na administração da segunda maior subestação da cidade. Em alguns poucos casos, certos Negros receberam cargos por meio de influência política e eram simplesmente inaptos para aquele trabalho.

Há alguns funcionários em cargos de responsabilidade, um empregado pela empresa ferroviária da Pensilvânia, outro em um banco. Tais casos, no entanto, são raros.

Trabalhadores. A grande massa dos homens e uma grande porcentagem das mulheres são trabalhadores braçais: cocheiros, zeladores, estivadores, serventes de obras, cavalariços, ascensoristas, marinheiros, empacotadores de louças e vigias noturnos. Seus salários costumam ser:

Cocheiros .... $ 1 a $ 1,50 por dia
Zeladores .... $ 30 a $ 60 por mês
Estivadores .... 20 c. a 30 c. por hora (emprego esporádico)
Serventes de obras .... $ 1,50 a $ 2,50 por dia (empregados de acordo com a estação)
Cavalariços .... $ 16 a $ 30 por mês
Ascensoristas .... $ 16 a $ 25 por mês

Além destes, há os porteiros comuns, meninos de recados, entregadores de jornais e diaristas, cujos ganhos variam consideravelmente, mas geralmente são pequenos demais para sustentar uma família sem muita ajuda da esposa e dos filhos. Estivadores, serventes de obras e diaristas estão especialmente sujeitos ao emprego instável, o que por vezes dificulta suas vidas. A massa dos homens recebe, salvo nos níveis mais baixos, salários médios e encontra as suas maiores dificuldades na garantia do trabalho. A competição no trabalho braçal comum é severa em uma cidade tão populosa. As mulheres diaristas são, em geral, mal pagas e enfrentam concorrência acirrada no trabalho de lavanderia e limpeza.

O que há de mais notável sobre os trabalhadores Negros como um todo é sua qualidade desigual. Existem alguns trabalhadores de primeira classe, capazes e dispostos, que ocupam seus cargos há anos e proporcionam perfeita satisfação. Por outro lado, há punhados de trabalhadores ineficientes e sem inteligência com os quais os empregadores não podem contar e que estão abaixo da média americana em habilidade. Esse desnível deve-se a duas causas: às diferenças de formação dos vários grupos de Negros que compõem a população da cidade; alguns são descendentes de gerações de Negros livres; alguns, criados domésticos treinados, por muito tempo em contato com as famílias de seus senhores; outros são filhos de mão de obra rural, intocados e não treinados pelo contato com instituições civilizadas – toda esta vasta diferença de preparação mostra grandes diferenças de resultados. A segunda razão reside no aumento da competição dentro do grupo e na crescente falta de incentivo ao bom trabalho, devido à dificuldade de escapar da labuta manual para vocações mais altas e mais bem pagas; as classes mais altas de trabalho branco estão continuamente sendo incorporadas aos ofícios especializados, ou trabalhadores de escritório ou outros níveis mais elevados de trabalho. Algumas vezes, isso acontece com os Negros, mas não com frequência. O perfurador de primeira classe raramente pode se tornar capataz de uma equipe; o servente raramente pode se tornar um pedreiro; o porteiro não pode ter muita esperança de ser um balconista, ou o rapaz ascensorista de se tornar um vendedor. Consequentemente, encontramos as vagas de trabalho entre os Negros preenchidas a um nível incomum com homens decepcionados, homens que perderam o incentivo para se aprimorarem e se tornaram resmungões e queixosos crônicos, espalhando esse espírito para mais longe do que ele iria naturalmente. Ao mesmo tempo, esse bloqueio das saídas naturais para a capacidade significa um aumento da concorrência por trabalhos comuns.

Sem dúvida, não há na Filadélfia trabalho suficiente do tipo que a massa de Negros consegue e pode fazer, para empregar com salários justos os trabalhadores que atualmente desejam trabalhar. O resultado disso deve, obviamente, ser desastroso, e dá origem a muitos desocupados, criminosos e trabalhadores ocasionais. A situação se complica ainda mais pelo fato de que nas épocas em que o trabalho é mais abundante, a imigração temporária do Sul incha o número de trabalhadores de forma anormal; a cada primavera, a maré da imigração se instala, formada por oleiros, carroceiros, asfaltadores, trabalhadores braçais etc. que trabalham durante o verão na cidade e voltam para a vida mais barata de Virgínia e Maryland para o inverno. Isso faz com que a competição no verão aperte para os da Filadélfia, e muitas vezes traz verdadeiras agruras no inverno. Um dever premente é fazer com que as oportunidades de trabalho na cidade não sejam deturpadas, aliviando o congestionamento em algumas avenidas e abrindo outras ao trabalho Negro. Isso nem seria uma benção simplesmente para Negros: a competição excessiva de Negros em certas linhas de trabalho causa mais sofrimento para os seus concorrentes brancos do que se essa competição fosse menos intensa em alguns lugares e se espalhasse por uma área maior. Serventes e porteiros brancos sofrem muito com a concorrência, enquanto outros ramos de trabalho são protegidos artificialmente – uma injustiça econômica que poderia ser remediada.

Outro costume que prejudica muito todas as classes e cores de trabalhadores é o costume de trabalhar exclusivamente com equipes de trabalho brancas ou de cor. É injusto para o Negro, porque praticamente fecha a maior parte do campo de trabalho contra ele, já que seu número é pequeno em comparação com a população da cidade, e é mais difícil para ele reunir equipes do que para os brancos. É, no entanto, uma causa frutífera de injustiça para os trabalhadores brancos, pois o empreiteiro que põe uma equipe de Negros para trabalhar tem a tentação de forçar os salários para baixo, à qual raramente resiste ou se importa em resistir. Ele sabe que o padrão de vida dos Negros é baixo, e que suas chances de emprego são limitadas. Ele, portanto, contrata uma equipe de Negros, reduz os salários e, se os brancos desejam recuperar seus lugares, devem aceitar os salários mais baixos. Os trabalhadores brancos, então, culpam os Negros por reduzir os salários, uma acusação com verdade suficiente para intensificar os preconceitos existentes. Se trabalhadores em empregos comuns fossem contratados independentemente da cor e de acordo com sua eficiência, não há dúvida de que tanto o trabalho branco quanto o Negro teriam a ganhar, e o empregador não perderia muito a longo prazo.

Serviçais. Provavelmente mais de um quarto dos empregados domésticos da Filadélfia são Negros e, inversamente, quase um terço dos

Negros da cidade são serviçais. Isso torna o Negro um problema central em qualquer estudo cuidadoso do serviço doméstico, e torna o serviço doméstico uma grande parte dos problemas dos Negros. O assunto, portanto, é tão importante que foi objeto de um estudo especial anexo a este trabalho.* Apenas algumas considerações gerais serão apresentadas aqui.

Enquanto a entrada no serviço doméstico implicar uma perda de toda posição e consideração social, por muito tempo o serviço doméstico será um problema social. O problema pode variar de acordo com os diferentes países e épocas, mas sempre haverá algum desajuste nas relações sociais quando qualquer parte considerável de uma população for obrigada a obter seu sustento de uma maneira que a outra parte desprezar ou finja desprezar. Nos Estados Unidos, o problema é complicado pelo fato de que durante anos o serviço doméstico foi desempenhado por escravos, e depois, até os dias de hoje, em grande parte por Negros libertos – somando, assim, uma raça desprezada a uma vocação desprezada. Mesmo quando os serviçais brancos aumentaram em número, eram compostos de estrangeiros brancos, com apenas uma pequena proporção de americanos natos. Assim, por longa experiência, os Estados Unidos passaram a associar o serviço doméstico com alguma inferioridade em termos de raça ou formação.

O efeito dessa atitude no caráter do serviço prestado, bem como a relação entre patroa e empregada têm sido demasiadamente evidentes, e nos últimos anos atraíram a atenção de alguns estudantes e muitos reformadores. Estes apontaram quão necessário e digno é o trabalho que a doméstica executa, ou poderia executar, se devidamente treinada. Que a saúde, a felicidade e a eficiência de milhares de lares que estão formando os futuros líderes da República dependem, em grande parte, de seus serviços domésticos. Isso é verdade, mas o remédio para os males atuais não fica claro até que reconheçamos o quão distante está o atual método comercial de contratar serviçais no mercado daquele obtido na época em que as filhas da família ou da família do vizinho ajudavam no trabalho doméstico. Em outras palavras, a revolução industrial do século afetou o serviço doméstico junto com outros tipos de trabalho, separando empregador e empregado em classes distintas. Com o Negro, o efeito disso não foi aparente enquanto durou a escravidão: a criada

---

* Trata-se do "Relatório especial sobre o serviço doméstico na Sétima Região", escrito por Isabel Eaton, disponível em: https://bit.ly/3Nxxwwt.

doméstica continuava a ser parte integrante da família do senhor, com direitos e deveres. Quando a emancipação rompeu essa relação, saiu para trabalhar um número de serviçais Negras treinadas, que foram recebidas no Sul e no Norte. Elas gostavam de seu trabalho, não conheciam nenhum outro tipo, compreendiam-no e eram serviçais ideais. Na Filadélfia, vinte ou trinta anos atrás, havia muitos dessa classe de serviçais Negros, e ainda restam alguns.

Uma geração, no entanto, alterou muito a face das coisas. Havia na cidade, em 1890, 42.795 serviçais, e destes 10.235 eram Negros. Quem são esses Negros? Não são mais membros dos domicílios da Virgínia treinados para o trabalho doméstico, mas principalmente mulheres jovens que estavam usando o serviço doméstico como um trampolim para algo além; que trabalhavam como serviçais simplesmente porque não conseguiam encontrar mais nada para fazer; que não haviam recebido treinamento em serviço porque nunca esperavam fazer disso sua vocação de vida. Elas, em comum com seus concidadãos brancos, desprezavam o serviço doméstico como uma relíquia da escravidão, e desejavam conseguir outro trabalho, da mesma forma que seus pais ansiaram pela liberdade. Em conseguir outros trabalhos, porém, não tiveram sucesso, em parte por falta de habilidade, em parte por causa do forte preconceito racial contra elas. Consequentemente, hoje as fileiras de empregadas Negras, e isso significa em grande parte as fileiras do serviço doméstico em geral na Filadélfia, receberam todas aquelas a quem a árdua competição da grande cidade empurrou para baixo, todas a quem uma proibição de cor impiedosa expulsou de outras vocações escolhidas. Professoras com treinamento incompleto e estudantes mal formadas que não tiveram sucesso; carpinteiros e oleiros que estão impedidos de trabalhar em seus ofícios; garotas com formação escolar comum, ávidas pelo trabalho duro, mas de posição respeitável de lojistas e mão de obra fabril, e proscritas por sua cor – de fato, todos aqueles jovens que, por evolução natural no caso dos brancos, teriam subido a um degrau mais elevado do que seus pais e mães na escala social foram, no caso da geração de Negros do pós-guerra, em grande parte forçados a voltar para a grande massa dos apáticos e incompetentes para ganhar pão e manteiga por serviços subalternos.

E eles se ressentem disso; muitas vezes, estão descontentes e amargos, facilmente ofendidos e sem interesse em seu trabalho. Seu mau comportamento e sua reclamação aumentam o descontentamento de seus companheiros que têm pouca habilidade e, provavelmente, não conseguiriam ascender no mundo se pudessem. E, acima de tudo, tanto os desapontados quanto os incompetentes ignoram igualmente o serviço doméstico em quase todos os seus ramos e, nesse aspecto, são um grande contraste em relação ao grupo mais antigo de criados Negros.

Sob tais circunstâncias, o primeiro movimento com visão de maior alcance teria sido abrir essas avenidas de trabalho e emprego para jovens Negros para que somente os mais aptos para o trabalho doméstico entrassem no serviço. Claro que isso é difícil de fazer até mesmo para os brancos, e ainda assim é a bravata da América que, dentro de certos limites, o talento pode escolher a melhor vocação para seu exercício. Não é assim com a juventude Negra. Pelo contrário, o campo para exercer o seu talento e ambição está, em termos gerais, confinado à sala de jantar e à rua. Se agora a competição tivesse drenado os talentosos e aspirantes para outras avenidas, e facilitado a competição nesta única vocação, então haveria espaço para um segundo movimento, a saber, para escolas de treinamento, que adequariam a massa de serviçais domésticos Negros e brancos para seus deveres complicados e importantes. Tal movimento casado – a diversificação da indústria do Negro e o treinamento sério de serviçais domésticos – faria duas coisas: tiraria a proscrição da vocação de serviço doméstico ao parar de fazer de "Negro" e "serviçal" termos sinônimos. Isso tornaria possível que tanto brancos como Negros entrassem mais livremente no serviço sem uma perda fatal e desanimadora de respeito próprio. Em segundo lugar, forneceria serviçais treinados – uma triste necessidade atualmente, como qualquer dona de casa pode testemunhar.

Tal movimento não ocorreu, no entanto, mas, ao contrário, outro movimento ocorreu. Serviçais treinados ingleses, suecos mais dóceis e serviçais brancos mais bem pagos foram trazidos para substituir os serviçais Negros.

Basta observar os cocheiros nas calçadas, ou os mordomos na praça Rittenhouse, ou as babás no parque Fairmount, para ver o quanto os serviçais brancos vêm substituindo os Negros. Como se deu essa alteração? Primeiro, conseguindo serviçais mais bem treinados e mais dispostos; em segundo lugar, pagando salários mais elevados aos empregados. Os serviçais suecos e americanos, na maioria dos casos, sabem mais do serviço doméstico do que a geração pós-guerra de Negros, e certamente como classe eles são muito mais conformados com o seu quinhão. Nos ramos superiores do serviço doméstico – cozinheiros, mordomos e cocheiros –, o processo foi o de contratar um homem por de US $ 50 a US $ 75 por mês ao invés de um de US $ 30 a US $ 40, e, naturalmente, novamente o resultado foi gratificante, porque uma classe melhor de homens é atraída pelos salários. Assim, os garçons dos novos grandes hotéis não são apenas brancos, mas mais bem pagos e, sem dúvida, devem prestar um serviço melhor. Desta maneira, sem dúvida, o serviço doméstico, em alguns aspectos, melhorou na cidade por uma substituição parcial por criados brancos mais bem treinados, mais bem pagos e mais satisfeitos no lugar de Negros mal treinados, descontentes e, no caso de garçons, mordomos e cocheiros, mal pagos. Além disso, a substituição não encontrou oposição ativa ou resistência econômica por parte dos Negros, porque metade dos que estão no serviço doméstico ficaria muito feliz em conseguir outro trabalho de qualquer tipo.

Agora, qual foi o resultado dessas mudanças econômicas? O resultado tem sido, sem dúvida, o aumento do crime, da pobreza e do ócio entre os Negros. Porque, enquanto eles estão sendo deslocados em certa medida como criados, não houve abertura alguma para emprego correspondente em outras áreas. Por quanto tempo é possível que tal processo continue?

Por quanto tempo pode uma comunidade seguir uma política econômica tão contraditória – primeiro confinando uma grande parte de sua população a uma atividade que a opinião pública insiste em desprezar; em seguida, removendo-os de lá por concorrentes mais bem treinados e mais bem pagos. Evidentemente, tal percurso está destinado a transformar essa parte da comunidade em um fardo sobre o público; a devassar suas mulheres, empobrecer seus homens e arruinar seus lares. Configura por si só a questão central da Sétima Região, não as melhorias sociais imperativas, a elevação do padrão de vida do lar, o aproveitamento das instituições civilizadoras da grande cidade – ao contrário, trata-se de uma questão absoluta do pão com manteiga e da manutenção de um padrão de vida superior ao das plantações da Virgínia.

O grupo inteiro tampouco falhou em responder a essa questão em todos os casos: as estatísticas anteriores mostram como, lentamente e sob muitos desencorajamentos, a diversificação de empregos está ocorrendo entre a população Negra. Este, no entanto, é o lado melhor e representa os esforços daquela classe determinada, existente em todas as gentes, que consegue superar praticamente todos os obstáculos. O espírito da época, porém, não olha hoje para os melhores e mais enérgicos, mas para aqueles que estão na borda, aqueles que se tornarão membros efetivos da sociedade apenas quando devidamente encorajados. A grande massa de Negros pertence naturalmente a essa classe, e quando nos voltamos para o lado mais sombrio do quadro e estudamos a doença, a pobreza e a criminalidade entre a da população Negra percebemos então que a questão do emprego para os Negros é a mais premente da atualidade, e que o ponto de partida é o serviço doméstico, que ainda é sua província peculiar.

Primeiro, portanto, como antes dito, o objetivo da reforma social deve ser diversificar os empregos dos Negros de forma a permitir uma saída adequada do trabalho subalterno para os poucos talentosos, e de modo a permitir à massa alguma escolha em seu trabalho de subsistência. Isso não seria apenas pelo bem do desenvolvimento do Negro, mas pelo bem de uma grande atividade humana que deve continuar a sofrer enquanto o ódio à raça for adicionado à tendência em desprezar o emprego sob quaisquer circunstâncias. O próximo movimento precisaria ser o de treinar os serviçais – não para a subserviência e a bajulação, mas para lidar com problemas de saúde e higiene, para a limpeza e a culinária apropriadas e em questões de etiqueta e boas maneiras.

A isso deve ser acrescentado o despertar da consciência pública que levará as pessoas a reconhecerem mais intensamente do que agora a responsabilidade da família para com seus criados – de lembrar que eles são membros constituintes do grupo familiar e, como tal, têm direitos e privilégios, além de deveres. Hoje, na Filadélfia, a tendência pende para outra direção. Milhares de criados não se hospedam mais onde trabalham, mas são livres à noite para vagar à vontade, alugar hospedagem em casas suspeitas, se relacionar com amantes e, assim, trazer doenças morais e físicas ao seu local de trabalho. Uma reforma é imperativamente necessária, e aqui, como na maioria dos problemas dos Negros, uma reforma adequada beneficiará brancos e Negros – tanto o empregador quanto o empregado.

24. História das atividades dos Negros. Ainda cedo, surgiu na colônia da Pensilvânia o costume de oferecer serviços de escravos para contratação, especialmente de mecânicos e trabalhadores qualificados. Isso logo despertou a ira dos trabalhadores brancos livres, e em 1708 e 1722 nós os encontramos peticionando o Legislativo contra a prática, e recebendo algum incentivo por isso. Enquanto, no entanto, uma classe influente de proprietários de escravos manteve um interesse financeiro direto em mecânicos Negros, ela se certificou de que nem a lei nem o preconceito impedissem os Negros de trabalhar. Portanto, tanto antes quanto após a Revolução, havia mecânicos, bem como serviçais domésticos entre os Negros. A proporção de serviçais, no entanto, era naturalmente muito grande. Não temos números até 1820, momento em que dos 7.582 Negros da cidade 2.585 ou 34% eram serviçais; em 1840, 27% eram serviçais. Alguns desses serviçais representavam famílias, de modo que a proporção de dependentes do serviço doméstico era ainda maior do que o percentual indicado. Em 1896, na Sétima Região, a porcentagem de serviçais, usando o mesmo método de contabilidade, era de 27,3%.

Daqueles não serviçais, os próprios Negros declararam em 1832 que, "a despeito da dificuldade de obter posições para nossos filhos como aprendizes para aprender ofícios mecânicos, devido aos preconceitos com os quais temos de lidar, há entre quatrocentas e quinhentas pessoas de cor na cidade e nos subúrbios que seguem empregos mecânicos". Em 1838, o investigador da Sociedade Abolicionista encontrou 997 dos 17.500 Negros do condado que haviam aprendido ofícios, embora apenas uma parte deles (talvez 350) realmente trabalhasse em seus ofícios àquela época. Os demais, além dos serviçais e dos homens de ofício, eram trabalhadores braçais. Muitos desses mecânicos foram posteriormente enxotados da cidade pelas turbas.

Em 1848, outro estudo sobre os Negros encontrou a distribuição dos Negros da seguinte forma:

De 3.358 homens com idade igual ou superior a 21 anos:

Trabalhadores (braçais)	1.581
Garçons, cozinheiros etc	557
Mecânicos	286
Cocheiros, carreteiros etc	276
Marinheiros etc.	240
Lojistas, comerciantes etc.	166
Barbeiros	156
Ocupações variadas	96
	3.358

De 4.249 mulheres com 21 anos ou mais, havia:

Lavadeiras	1.970
Costureiras	486
Diaristas	786
Em ofícios	213
Donas de casa	290
Criadas (morando em casa)	156
Cozinheiras	173
Catadoras de trapos	103
Ocupações variadas	72
	4.249

De ambos os sexos, com entre 5 e 20 anos de idade, havia:

Crianças na escola	1.940
Sem informações	1.200
Em casa	484
Desassistidos	33
Trabalhando em casa	274
Serviçais	354
Varredores	12
Porteiros	18
Aprendizes	230
	4.798

Além destes, havia nas famílias brancas 3.716 serviçais. Até que ponto as estatísticas de 1847 eram precisas é difícil dizer agora; provavelmente houve algum exagero no esforço bem intencionado dos amigos do Negro para mostrar o melhor lado. No entanto, parece que a diversidade de empregos nessa época era considerável, embora, é claro, sob títulos como "lojistas e comerciantes", bancas de rua devam ter sido mais comuns do que lojas.

Em 1856, o inquérito parece ter sido mais exaustivo e criterioso, e o número de Negros com ofícios havia aumentado para 1.637 – incluindo barbeiros e costureiras. Mesmo aqui, no entanto, entra alguma incerteza, pois "menos de dois terços daqueles que possuem ofícios os exercem. Alguns dos restantes exercem outras vocações por escolha, mas o maior número é forçado a abandonar seus ofícios devido ao preconceito implacável contra sua cor". A seguinte tabela fornece esses achados:

Atividades dos Negros na Filadélfia (1856)
Ofícios mecânicos

Costureiras	588
Barbeiros	248
Sapateiros	112
Camiseiros	70
Oleiros	53
Carpinteiros	49
Modistas de vestidos	45
Alfaiates	49
Curtidores e carreteiros	24
Ferreiros	22
Marceneiros	20
Tecelões	16
Padeiros	10
Gesseiros	14
Veleiros	12
113 outros ofícios com um a nove em cada	305
	1.637

À luz de tal testemunho histórico, parece certo que a condição industrial do Negro sofreu grandes vicissitudes no último século, apesar destas serem, às vezes, difíceis de rastrear. Um diagrama mais ou menos assim possivelmente representaria melhor o desenvolvimento histórico por um século:

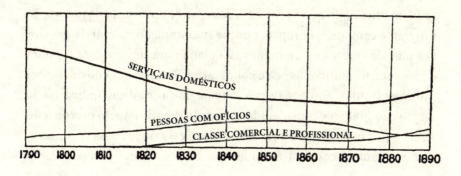

Tal diagrama deve, obviamente, estar fundamentado em larga medida sobre conjecturas, mas ele representa, com a maior proximidade daquilo que os dados permitem, a extensão proporcional – não absoluta – da representatividade dos Negros da cidade em determinadas atividades.

No meio século entre 1840 e 1890, a proporção de Negros que são empregados domésticos não mudou muito: a massa remanescente ainda é de trabalhadores braçais. Suas oportunidades de emprego foram cerceadas por três causas: competição, mudança industrial e preconceito de cor. A competição tem vindo, nos últimos anos, com o crescimento fenomenal das cidades e com o consequente endurecimento das condições de vida. O Negro sentiu especialmente essa mudança por que, entre todos os elementos de nossa população urbana, ele é o menos preparado por treinamento prévio para a competição dura e acirrada. As mudanças industriais desde a emancipação dos escravos e imediatamente anteriores a ela tiveram uma grande influência em seu desenvolvimento, ao qual pouca atenção foi dada até o momento. Na história industrial das nações, a mudança da agricultura à manufatura e ao comércio tem sido um processo longo e delicado: primeiro vieram as indústrias domésticas de fiação, tecelagem e afins; em seguida o mercado, com seus processos simples de escambo e venda; depois disso, a banca permanente ou venda; e, por fim, a pequena loja de varejo. Em nossos dias, essa pequena loja de varejo está em processo de evolução para algo maior e mais abrangente. Quando olhamos para esse desenvolvimento e vemos quão repentinamente o Negro da cidade americana foi arrebatado da agricultura para os centros de comércio e manufaturas, não deveria nos surpreender saber que ele ainda não conseguiu encontrar um lugar permanente naquele vasto sistema de cooperação industrial. À parte de todas as questões de raça, seu problema a esse respeito é maior do que o problema do rapaz branco vindo da roça ou do imigrante camponês europeu, porque sua condição industrial anterior era pior do que a deles e menos calculada para desenvolver o poder de autoajuste, autoconfiança e cooperação. Todas essas considerações são complicadas, ainda mais pelo fato de que a condição industrial do Negro não pode ser considerada à parte do grande fato do preconceito racial – por mais indefinida e obscura que essa frase possa ser. É certo que, enquanto a cooperação industrial entre os grupos da população de uma grande cidade é difícil sob quaisquer circunstâncias, aqui ela se torna mais difícil e, em alguns aspectos, impossível pelo fato de que dezenove vinte avos da população se recusaram, em muitos casos, a cooperar com a outra vigésima parte, mesmo quando a cooperação significa a vida para o último e grande vantagem para os anteriores. Em outras palavras, um dos grandes postulados da ciência da Economia – o de que homens buscarão sua vantagem econômica – não é verdadeiro neste caso, porque em muitas ocasiões os homens não farão isso se tal busca envolver a associação, mesmo que de maneira comercial casual, com Negros. E este fato deve ser levado em consideração em todos os julgamentos em relação ao progresso econômico do Negro.

CAPÍTULO X
A saúde dos Negros

25. A interpretação de estatísticas. Os sinais característicos que geralmente acompanham um baixo grau de civilização são uma alta taxa de natalidade e uma alta taxa de mortalidade; ou, em outras palavras, casamentos precoces e negligência das leis de saúde física. Este fato, que muitas vezes tem sido ilustrado por pesquisas estatísticas, ainda não foi totalmente absorvido pelo público em geral, porque há muito tempo é costume ouvir histórias mais ou menos verídicas sobre as notáveis saúde e longevidade dos povos bárbaros. Por esse motivo, a recente pesquisa estatística que revela a grande taxa de mortalidade entre os Negros americanos está sujeita a uma compreensão errônea de forma muito generalizada. Esse é um fenômeno notável que lança muita luz sobre os problemas dos Negros e sugere algumas soluções óbvias. Por outro lado, isso não prova, como a maioria parece pensar, que haja uma vasta mudança recente na condição do Negro. Dados confiáveis quanto à saúde física do Negro escravizado deixam inteiramente a desejar; e mesmo assim, a julgar pelos horrores da passagem do meio, pela dizimação nas plantações das Índias Ocidentais, e pelas más condições sanitárias dos alojamentos de Negros na maioria das plantações do Sul, deve ter havido uma imensa taxa de mortalidade entre os escravos, apesar de todos os relatos sobre resistência, força física e longevidade fenomenais. Exatamente como a emancipação afetou essa taxa de mortalidade não está claro; a corrida para as cidades, onde o ambiente é insalubre, teve um efeito ruim, embora essa migração em grande escala seja tão recente que seu efeito total ainda não apareça. Por outro lado, o melhor cuidado com as crianças e a melhoria da vida doméstica também tiveram algum efeito favorável. No geral, então, devemos lembrar que estatísticas confiáveis sobre a saúde dos Negros são recentes, e que até o momento não se pode chegar a nenhuma conclusão importante quanto a mudanças históricas ou tendências. Uma coisa é evidente e devemos esperar encontrá-la: uma taxa de mortalidade muito mais elevada atualmente entre os Negros do que entre os brancos. Esta é uma das medidas da diferença em seu avanço social. Ambos viveram no passado em condições muito diferentes, e ainda vivem em condições diferentes; supor que, ao discutir os habitantes de Filadélfia, se está discutindo sobre pessoas que vivem sob as mesmas condições de vida, é supor o que não é verdade. De um modo geral, os Negros como classe moram nas partes mais insalubres da cidade e nas piores casas dessas partes; o que significa, obviamente, simplesmente dizer que a parte da população que tem um acentuado grau de pobreza, ignorância e degradação social geral comumente se encontra nas piores porções de nossas grandes cidades.

Portanto, ao considerar as estatísticas de saúde dos Negros, buscamos primeiro conhecer sua condição absoluta, e não sua condição relativa; queremos saber qual é sua taxa de mortalidade, como ela variou e está variando e quais parecem ser suas tendências. Com esses fatos fixados, devemos, então, perguntar: qual é o significado de uma taxa de mortalidade como a dos Negros da Filadélfia? Será que ela é, em comparação com outras raças, grande, moderada ou pequena? E, no caso de nações ou grupos com taxas de mortalidade semelhantes, qual tem sido a tendência e o resultado? Finalmente, devemos comparar a taxa de mortalidade dos Negros com a das comunidades em que vivem e, assim, medir por alto a diferença social entre esses grupos vizinhos; devemos nos esforçar também para eliminar do problema, na medida do possível, elementos perturbadores que fariam diferença para a saúde entre pessoas do mesmo avanço social. Só assim podemos interpretar de forma inteligente as estatísticas da saúde dos Negros.

Também aqui temos que lembrar que a coleta de estatísticas, mesmo na Filadélfia, não é perfeita. Podemos nos apoiar sobre os dados de mortes, mas os dados de nascimentos estão longe da situação verdadeira. As estatísticas quanto às causas de mortes também são defeituosas.

26. Estatísticas da cidade. A mortalidade dos Negros na Filadélfia, de acordo com os melhores relatórios, tem sido a seguinte.[1]

Data	Média anual de mortes por 1.000 Negros
1820-1830	47,6
1830-1840	32,5
1884-1890	31,25#
1891-1896	28,02+

Incluindo natimortos; excluindo natimortos, 29,52.
+ Incluindo natimortos e supondo que a população Negra média, entre 1891 e 1896, esteja no baixo patamar de 41.500.[2] Para esse período, excluindo natimortos, 25,41.

A média da taxa de natalidade de 1884 a 1890 nas regiões com mais de 1.000 habitantes Negros foi a seguinte:

Região	População Negra	Taxa de mortalidade por 1.000, excluindo natimortos (1884-1890)
Quarta	2.573	43,38
Quinta	2.335	48,46
Sétima	8.861	30,54
Oitava	3.011	29,25
Décima quarta	1.379	22,38
Décima quinta	1.751	20,18
Vigésima	1.333	18,64
Vigésima segunda	1.798	15,91
Vigésima terceira	1.026	18,67
Vigésima sexta	1.375	18,15
Vigésima sétima	2.077	39,86
Vigésima nona	1.476	19,09
Trigésima	1.789	21,74
Vigésima quarta e trigésima quarta	2.003	35,11
City	39.371	29,52

Separando os óbitos por idade dos falecidos, temos:

Total de óbitos de Negros, 1890, (Incluindo natimortos)....32,42 por 1.000
Para homens Negros..36,02 por 1.000
Para mulheres Negras..29,23 por 1.000

Separando por idade, temos:

Taxa total de mortes, 1890 (incluindo natimortalidade)

De todas as idades	32,42	por 1.000
Abaixo de 15	69,24	por 1.000
Quinze a vinte	13,61	por 1.000
Vinte a vinte e cinco	14,50	por 1.000
Vinte e cinco a trinta e cinco	15,21	por 1.000
Trinta e cinco a quarenta e cinco	17,16	por 1.000
Quarenta e cinco a cinquenta e cinco	29,41	por 1.000
Cinquenta e cinco a sessenta e cinco	40,09	por 1.000
Sessenta e cinco e acima	116,49	por 1.000

A grande mortalidade infantil é mostrada pela taxa média anual de 171,44 (incluindo natimortos) para crianças menores de 5 anos, entre os anos de 1884 e 1890.

Essas estatísticas são muito instrutivas. Comparada às de nações modernas, a taxa de mortalidade dos Negros na Filadélfia é alta, mas não extraordinariamente: Hungria (33,7), Áustria (30,6) e Itália (28,6) tiveram, entre os anos 1871 e 1890, uma média maior do que os Negros em 1891-1896, e algumas dessas terras ultrapassam a taxa de 1884-1890. Muitas coisas se combinam para causar a alta taxa de mortalidade entre Negros: hereditariedade pobre, negligência das crianças, más habitações e má alimentação. Por outro lado, a classificação etária dos Negros da cidade, com seu excesso de mulheres e de jovens com idades de 20 a 35 anos, deve servir para manter a taxa de mortalidade menor do que seria em circunstâncias normais. A influência do precário ambiente sanitário é ilustrada de forma marcante pela enorme taxa de mortalidade da Quinta Região – o pior *slum* Negro da cidade e a pior parte da cidade em termos de saneamento. Por outro lado, a baixa taxa de mortalidade da Trigésima Região ilustra as influências de boas casas e ruas limpas em um distrito para onde a melhor classe de Negros migrou recentemente.

O acentuado excesso da taxa de mortalidade masculina aponta para uma grande diferença na condição social dos sexos na cidade, pois excede em muito a disparidade comum – como na Alemanha, onde as taxas são: homens 28,6, mulheres 25,3.[3] As moças que vêm para a cidade praticamente não têm oportunidades de trabalho além do serviço doméstico. Este ramo de trabalho, entretanto, tem a grande vantagem de ser saudável;

a empregada geralmente tem uma boa moradia, boa comida e roupas adequadas. Os rapazes, ao contrário, costumam morar em uma parte ruim da cidade, com alimentação mal preparada ou irregular, e estão mais expostos às intempéries. Além disso, suas chances de conseguir algum trabalho são muito menores do que as das moças. Consequentemente, a taxa de mortalidade feminina é apenas 81% da taxa masculina.

Quando nos voltamos para as estatísticas de óbitos por idade, vemos imediatamente que, como é comum nesses casos, a alta taxa de mortalidade é causada por uma mortalidade infantil excessiva, que é muito alta em comparação com outros grupos.

As principais doenças que vitimam os Negros são[4]:

Doença	Taxa de mortalidade por 100.000 (1890)
Consumpção (Tuberculose)	532,52
Doenças do sistema nervoso	388,86
Pneumonia	356,67
Doença cardíaca e hidropisia	257,59
Crianças natimortas	203,10
Doenças com diarreia	193,19
Doenças urinárias	133,75
Acidentes ou ferimentos	99,07
Tifo	91,64

Para o período de 1891 a 1896, a taxa média anual era a seguinte:

Doença	Taxa de mortalidade por 100.000 (1891-1896)
Consumpção (tuberculose)	426,50
Doenças do sistema nervoso	307,63
Pneumonia	290,76
Doença cardíaca e hidropisia	172,69
Crianças natimortas e nascimentos prematuros	210,12
Tifo	44,98

A taxa surpreendentemente excessiva aqui é a da consumpção, que é a doença mais fatal para os Negros. Péssima ventilação, falta de vida ao ar livre para mulheres e crianças, má proteção contra umidade e frio são, sem dúvida, as principais causas dessa taxa excessiva de mortalidade. A isso deve ser acrescentada alguma predisposição hereditária, a influência do clima e a falta de quase todas as medidas para prevenir a propagação da doença.

Encontramos, assim, um grupo de pessoas com uma alta, mas não incomum taxa de mortalidade, que vem diminuindo gradualmente, se as estatísticas forem confiáveis, há setenta e cinco anos. Essa taxa de mortalidade deve-se principalmente à mortalidade infantil e à consumpção, e estas são causadas principalmente por condições de vida e uma pobre condição física hereditária.

Como, agora, este grupo se compara com a condição da massa da comunidade com a qual entra em contato diário? Comparando as taxas de mortalidade de brancos e Negros, temos:

Data	Brancos	Negros
1820-1830	..	47,6
1830-1840	23,7	32,5
1884-1890#	22,69	31,25
1891-1896 +	21,20 ++	25,41 +++

Incluindo natimortos
+ Excluindo natimortos
++ Supondo que a população branca entre 1891 e 1896 cresceu na mesma razão que entre 1880 e 1890, que sua média foi de 1.066.985 nesses anos.
+++ Supondo que a população Negra média era 41.500

Isso demonstra uma diferença considerável em taxas de mortalidade, chegando a quase 10% no período de 1884 a 1890 e a 4% pelas taxas estimadas para o período entre 1891 e 1896. Se a estimativa para a população em relação à qual a derradeira taxa se baseia estiver correta, então a diferença nas taxas de mortalidade não é maior do que se poderia esperar das diferentes condições de vida.[5]

O número absoluto de óbitos (excluindo natimortos) tem sido o seguinte:

CAPÍTULO X: A SAÚDE DOS NEGROS

Ano	Brancos	Negros
1891	22.384	983
1892	23.233	1.072
1893	22.621	1.034
1894	21.960	1.030
1895	22.645	1.151
1896	22.903	1.079

Comparando a taxa de mortalidade por regiões, temos esta tabela:

População e taxa de mortalidade, Filadélfia (1884-1890)

Regiões	População, 1890 Branca	População, 1890 De cor	Taxa de mortalidade por 1.000, excluindo natimortos Branca	Taxa de mortalidade por 1.000, excluindo natimortos De cor
Primeira	53.057	794	22,08	33,07
Segunda	31.016	522	23,93	24,21
Terceira	19.043	861	23,91	21,71
Quarta	17.792	2.573	29,98	43,38
Quinta	14.619	2.335	25,67	48,46
Sexta	8.574	125	24,30	49,77
Sétima	21.177	8.861	24,30	30,54
Oitava	13.940	3.011	24,26	29,25
Nona	9.284	497	25,40	22,32
Décima	20.495	798	19,88	14,51
Décima primeira	12.931	11	28,31	500,00
Décima segunda	13.821	338	21,57	44,85
Décima terceira	17.362	539	20,67	28,76
Décima quarta	19.339	1.379	21,47	22.38
Décima quinta	50.954	1.751	20,08	20,18
Décima sexta	16.973	104	28,04	46,38
Décima sétima	19.412	124	28,89	64,95
Décima oitava	29.142	1	24,42	90,91
Décima nona	55.249	275	23,73	51,33
Vigésima	43.127	1.333	20,77	18,64
Vigésima primeira	26.800	93	19,45	56,78

Regiões	População, 1890		Taxa de mortalidade por 1.000, excluindo natimortos	
	Branca	De cor	Branca	De cor
Vigésima segunda	43.512	1.798	17,77	15,91
Vigésima terceira	34.255	1.026	18,50	18,67
Vigésima quarta	41.600	930	17,95	35,11
Vigésima quinta	35.677	260	24,29	33,33
Vigésima sexta	60.722	1.375	19,48	18,15
Vigésima sétima	30.712	2.077	31,91	39,86
Vigésima oitava	45.727	644	15,56	15,96
Vigésima nona	53.261	1.476	20,19	19,09
Trigésima	28.808	1.789	22,12	21,74
Trigésima primeira	32.944	16	21,46	57,47
Trigésima segunda	29.662	382	14,61	13,66
Trigésima terceira	32.975	190	13,07	18,63
Trigésima quarta	22.628	1.073	#	#
City (inteira)	1.006.590	39.371	21,54	29,52

Taxa de mortalidade incluída na da Vigésima quarta Região.

A partir desta tabela, podemos fazer algumas comparações interessantes; tomemos as primeiras regiões:

Região	Brancos	Negros#
Quarta	29,98	43,38
Quinta	25,67	48,46
Sétima	24,30	30,54
Oitava	24,26	29,25

População total de Negros: 16.780.

Em todas essas regiões, há uma grande população Negra, que inclui uma porcentagem considerável de novos imigrantes, e essas regiões contêm os piores distritos precários (*slum districts*) e as habitações mais insalubres da cidade. No entanto, existem nessas mesmas regiões circunstâncias específicas que diminuem a taxa de mortalidade dos brancos. Primeiro, na Quarta e na Quinta regiões, um grande número de estrangeiros, cuja taxa de mortalidade é pequena por conta da ausência de pessoas idosas e crianças, e de judeus, cuja taxa de mortalidade também é pequena devido à sua boa vida familiar. Em segundo lugar, na Sétima e na Oitava regiões existem, como é de conhecimento de todos na Filadélfia, grandes seções habitadas pelas melhores pessoas da cidade, com uma taxa de mortalidade abaixo da média.

Tomando outro conjunto de regiões, temos:

Região	Brancos	Negros[#]
Décima quarta	21,47	22,38
Décima quinta	20,08	20,18
Vigésima sexta	19,48	18,15
Vigésima sétima	31,91	39,86
Trigésima	22,12	21,74

[#] População total de Negros: 8.371.

Aqui, temos uma história bem diferente. Essas são as regiões onde as melhores famílias Negras têm alugado e comprado casas nos últimos dez anos, com o intuito de escapar das populosas regiões do centro da cidade. A Décima Terceira e a Vigésima Sexta regiões são as melhores partes; as estatísticas da Décima Quarta e da Décima Quinta regiões indicam a mesma coisa, apesar de sua validade ser um tanto viciada pela grande quantidade de criados Negros ali no auge da juventude.

Um último conjunto de regiões é o seguinte:

Região	Brancos	Negros[#]
Vigésima	20,77	18,64
Vigésima segunda	17,77	15,91
Vigésima terceira	18,50	18,67
Vigésima oitava	15,56	15,96
Vigésima nona	20,19	19,09

[#] População total de Negros: 6.277.

Na maioria das regiões acima, algumas circunstâncias excepcionais fazem com que a taxa de mortalidade dos Negros seja anormalmente baixa. Em geral, isso deriva dos fatos de que essas são regiões residenciais brancas e de que a população Negra é composta majoritariamente por serviçais. Estes, como já observado, têm baixa taxa de mortalidade devido a suas idades, e além disso, quando estão doentes, vão morrer na Sétima Região ou nos hospitais da Vigésima Sétima ou em outras regiões.

Essas tabelas deveriam oferecer provas suficientes de que a taxa de mortalidade dos Negros é em grande medida uma questão de condição de vida. Quando olhamos comparativamente para os óbitos entre as raças, por sexo, vemos que as forças agindo entre os Negros e causando uma disparidade entre taxas de mortalidade de homens e mulheres, estão, de forma geral, ausentes entre brancos.

Sexo	Branco	Negro	Total[#]
Masculino	23,85	36,02	24,30
Feminino	20,79	29,23	21,12

[#] Tabela referente ao ano 1890, natimortos incluídos.

A estrutura etária revela parcialmente o caráter das grandes diferenças em mortalidade entre as raças (ver próxima página).

Taxa de mortalidade da Filadélfia por períodos etários, por 1.000 (1890)

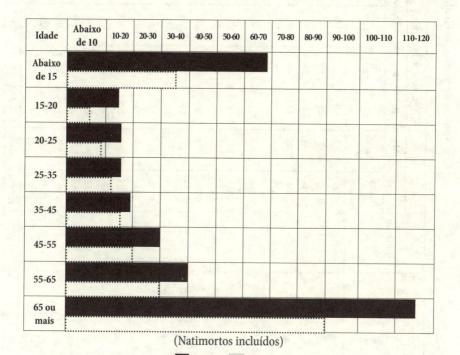

(Natimortos incluídos)
■ Negros ▢ Brancos

Número de mortes na Filadélfia por idades (1884-1890)

Região	População de cor	População branca - Todas as idades	Abaixo de 5	5-15	15-25	25-65	Acima de 65	Idade desconhecida	População Negra - Todas as idades	Abaixo de 5	5-15	15-25	25-65	Acima de 65	Idade desconhecida
Sétima	8.860	3.225	1.044	139	215	1.148	625	54	1.753	765	95	128	582	165	18
Oitava	3.011	2.191	498	76	168	855	533	61	584	241	33	51	193	59	7
Quarta	2.573	3.346	1.624	164	191	993	338	36	700	336	42	43	216	58	5
Quinta	2.335	2.358	900	81	151	885	320	21	720	265	32	62	285	69	7
Vigésima sétima	2.077	5.425	2.165	148	291	1.785	951	85	477	156	19	60	168	62	12
Vigésima quarta e trigésima quarta	2.003	6.519	2.549	366	468	1.966	1.094	76	399	147	19	26	77	125	5
Vigésima segunda	1.798	4.373	1.535	177	338	1.294	94	89	170	84	14	14	41	12	5
Trigésima	1.789	3.911	1.423	195	313	1.331	591	58	248	118	13	25	74	17	1
Décima quinta	1.751	6.256	2.214	265	458	2.205	1.034	80	214	71	18	39	66	17	3
Vigésima nona	1.476	6.217	2.200	339	440	2.044	1.120	74	170	86	9	21	44	10	0
Décima quarta	1.379	2.670	931	116	183	875	530	35	203	109	9	16	47	17	5
Vigésima sexta	1.375	6.337	2.957	358	421	1.856	678	67	138	55	9	11	43	19	1
Vigésima	1.333	5.585	1.912	286	416	1.852	1.056	63	159	70	15	13	48	9	4
Vigésima terceira	1.026	3.603	1.251	208	260	1.128	730	26	110	46	6	9	32	13	4
Terceira	861	2.836	1.306	138	151	879	329	33	120	53	5	12	42	8	0
Décima	798	2.614	809	114	163	948	539	41	95	42	2	8	38	4	1
Primeira	794	6.916	3.187	390	463	2.014	789	73	162	75	9	14	49	15	0
Vigésima oitava	644	3.553	1.522	193	221	1.012	557	48	52	27	5	3	11	4	2
Trigésima	539	2.277	869	90	130	723	446	19	105	56	1	6	33	9	0
Segunda	522	4.580	1.970	212	357	1.413	572	56	80	37	5	3	21	13	1
Total	39.371	127.556	51.479	6.096	8.787	40.497	19.170	1.527	7.322	3.125	390	624	2.328	768	87

Taxa de mortalidade na Filadélfia por períodos etários (1890)

Cor	Todas as idades	Abaixo de 15	15-20	20-25	25-35	35-45	45-55	55-65	Acima de 65
Total de brancos	22,28	34,89	6,17	8,81	10,85	13,60	18,98	31,56	88,88
Total de homens brancos	23,85	37,22	6,49	10,12	11,28	15,30	20,85	36,44	93,51
Total de mulheres brancas	20,79	32,51	5,89	7,64	10,43	11,91	17,20	27,42	85,35
Total de Negros	32,42	69,24	13,61	14,50	15,21	17,16	29,41	40,09	116,49
Total de homens Negros	36,02	75,81	15,01	19,75	14,12	20,52	33,67	47,70	155,26
Total de mulheres Negras	29,23	63,12	12,66	10,46	16,24	13,55	25,48	34,57	96,47
Brancos nativos	22,80	36,84	6,20	8,64	10,74	12,55	17,85	29,61	89,23
Total de homens brancos nativos	24,43	39,37	6,34	9,65	10,95	13,73	19,44	34,04	98,66
Total de mulheres brancas nativas	21,25	34,25	6,07	7,70	10,55	11,43	16,35	25,82	82,78

Para crianças abaixo de 5 anos, incluindo natimortas, encontramos as taxas de mortalidade anuais médias entre 1884 e 1890:

Raça	City	Sétima Região
Brancos natos	94,00	111,04
Negros	171,44	188,82
População total	94,79	132,63

Nada mostra mais claramente a precariedade da vida doméstica dos Negros do que estes números. Uma comparação das diferenças em taxas de mortalidade devido a várias enfermidades completará o quadro:

Taxa de mortalidade por 100.000 por doenças específicas (1890)
Para toda a cidade

Doença	Negros	Brancos
Consumpção	532,52	269,42
Pneumonia	356,67	180,31
Doenças diarreicas	193,19	151,40
Doenças do sistema nervoso	388,86	302,01
Difteria e crupe	44,58	82,06

Doença	Negros	Brancos
Doenças do sistema urinário	133,75	60,81
Doenças cardíacas e hidropisia	257,59	157,16
Câncer e tumor	37,15	56,63
Doença do fígado	12,38	27,82
Malária	7,43	5,66
Tifo	91,64	72,82
Natimortos	203,10	135,61
Suicídios	3,20	12,99
Outros acidentes e ferimentos	99,07	78,78

Taxa de mortalidade anual média da Filadélfia
para cada 100.000 de população (1884-1890)
Por doenças específicas

Causas	Total	Brancos Total	Nativos	Estrangeiros	Negros
Todas as causas	2303,43	2269,19	2562,31	1470,26	3124,81
Escarlatina	26,18	26,86	35,84	2,39	9,82
Tifo	69,35	69,65	73,10	60,25	62,31
Malária	7,21	7,19	8,22	4,37	7,68
Difteria	50,48	51,48	69,30	2,92	26,46
Crupe	47,82	49,03	66,41	1,66	18,78
Doenças diarreicas	156,11	155,30	196,16	43,94	195,40
Consumpção	297,87	287,06	299,29	253,72	557,36
Pneumonia	164,17	158,77	174,79	115,13	293,62
Sarampo	10,67	10,67	14,37	0,60	10,67
Coqueluche	11,39	10,69	14,52	0,27	28,17
Câncer e tumor	54,73	55,17	48,15	74,30	44,38
Doença cardíaca e hidropisia	146,27	142,10	37,44	154,83	246,25
Parto e doenças puerperais	10,06	9,98	9,61	11,00	11,95
Doenças do fígado	27,58	28,32	24,70	38,18	9,82
Doenças do sistema nervoso	318,83	315,86	373,38	159,07	390,07

Causas	Total	Brancos			Negros
		Total	Nativos	Estrangeiros	
Doenças nos órgãos urinários	74,90	73,44	72,54	75,89	110,11
Idade avançada	46,08	45,99	37,13	70,12	48,23
Natimortos	117,68	115,38	157,72	..	172,84
Todas as outras causas	656,01	646,23	743,50	381,10	890,67
Causa desconhecida	10,02	10,02	10,19	9,54	10,24

Os Negros ultrapassam a taxa de mortalidade dos brancos amplamente por consumpção, pneumonia, doenças do sistema urinário, doença cardíaca, hidropisia e por natimortos. Ultrapassam moderadamente em doenças de diarreia, doenças do sistema nervoso, malária e tifo. A taxa de mortalidade dos brancos excede a dos Negros por difteria e crupe, câncer e tumor, doenças do fígado e mortes por suicídio.

Temos, lado a lado e em relacionamento íntimo em uma grande cidade, dois grupos de pessoas, que em bloco diferem consideravelmente um do outro em saúde física. A diferença não é grande o suficiente para impedir esperanças de um ajuste final: é provável que algumas classes sociais do grupo maior não estejam em melhores condições de saúde do que a massa do grupo menor. Assim, também existem, sem dúvida, classes no grupo menor cujas condições físicas são iguais ou superiores às da média do grupo maior. No que tange especificamente à consumpção, devemos lembrar que os Negros não são o primeiro povo a ser apontado como sua vítima peculiar; os irlandeses já foram considerados condenados por essa doença – mas isso foi quando os irlandeses eram impopulares.

Não obstante, enquanto qualquer parcela considerável da população de uma comunidade organizada estiver, em seu modo de vida e em sua eficiência física, distintamente e visivelmente abaixo da média, a comunidade deverá sofrer. A parte sofredora fornece menos do que sua cota de trabalhadores, mais do que a sua cota de indefesos e dependentes e, consequentemente, torna-se, em certa medida, um fardo para a comunidade. Esta é a situação dos Negros da Filadélfia hoje: por causa de sua saúde física, eles recebem uma parcela maior de caridade, gastam uma proporção maior de seus ganhos com médicos e remédios, lançam sobre a comunidade um número maior de viúvas e órfãos indefesos do que eles ou a cidade podem pagar. Qual o motivo disso? Basta visitar uma igreja da Sétima Região no domingo à noite e ver uma plateia de 1.500 pessoas sentadas de duas a três horas no ambiente insalubre de um auditório abafado para perceber que hábitos de vida formados há tempos explicam muito da consumpção e da pneumonia entre os Negros. Novamente, os Negros vivem em habitações insalubres, em parte por culpa própria, em parte por causa da dificuldade de conseguir casas decentes em razão do preconceito racial. Se percorrermos as ruas da Sétima Região e escolhermos aquelas ruas e casas que, pelas suas condições precárias, falta de conservação, ausência de conveniências e pouca quantidade de ar e luz, contêm as piores habitações, verificamos que a grande maioria dessas ruas e casas são ocupadas por Negros. Em alguns casos, é culpa dos Negros que as casas estejam tão mal; mas, em muitos casos, os proprietários se recusam a consertá-las e reformá-las para inquilinos Negros porque sabem que há poucas habitações que Negros conseguem locar, e que eles não poderão deixar uma casa razoável por conta de paredes úmidas ou conexões de esgoto deficientes. As habitações dos Negros têm poucas amenidades modernas. Das 2.441 famílias da Sétima Região, somente 14% possuíam lavabos e banheiros, e muitos destes estavam em condições precárias. Em uma cidade de quintais, 20% das famílias não possuíam um quintal privativo, e consequentemente não tinham latrinas (*outhouses*) privativas.

Novamente, em hábitos de limpeza pessoal e alimentação adequada e exercício, as pessoas de cor são lamentavelmente deficientes. O camponês sulista dificilmente se lavava regularmente, e os criados da casa não eram muito limpos. Os hábitos assim aprendidos permaneceram, e um evangelho de água e sabão precisa ser pregado agora. Alega-se que Negros comem mais do que o necessário. E isso talvez seja parcialmente verdade. O problema está mais na qualidade do alimento do que em sua quantidade, no método de preparação com desperdícios e na irregularidade da alimentação.[6] Por exemplo, uma família de três pessoas vivendo nas profundezas da sujeira e da pobreza, em uma rua atingida pelo crime, gastou para sua alimentação diária:

Leite para criança	4 centavos
Uma libra (450 g) de costeletas de porco	10 "
Um pão de forma	5 "
	19 "

Quando imaginamos este porco frito na gordura e ingerido com pão, consumido no final da tarde ou na hora de dormir, o que podemos esperar de tal família? Além disso, a tendência das classes que estão apenas lutando para sair da pobreza extrema é se privar de comida para ter casas mais apresentáveis; assim, o aluguel, em muitos casos, consome o alimento do corpo.

Finalmente, o número de Negros que vivem com vestimentas insuficientes é grande. Uma das causas mais comuns de consumpção e doenças respiratórias é a migração do Sul mais quente para uma cidade do Norte sem que haja mudanças na maneira de se vestir. A negligência em trocar de roupa depois de se molhar com a chuva é um costume que remonta à época da escravidão.

Estas são algumas questões óbvias de hábito e modo de vida que se fazem responsáveis por grande parte da precariedade da saúde dos Negros. Além disso, quando em má saúde, a negligência em procurar aconselhamento médico adequado ou, quando dado, segui-lo prejudica muito. Muitas vezes, no hospital, um caso é tratado e lhe é proporcionado alívio temporário, sendo o paciente orientado a retornar após um tempo determinado. Mais frequentemente com Negros do que com brancos, o paciente não retorna até que esteja em piores condições do que na primeira vez. A isso deve ser adicionado um medo supersticioso de hospitais prevalente entre as classes mais baixas de todos os povos, mas especialmente entre os Negros. Isso deve ter algum fundamento na rispidez ou grosseria do trato prevalente em muitos hospitais e na falta de um gentil espírito de compaixão para com os desventurados pacientes. De qualquer forma, muitos Negros quase que prefeririam morrer a confiarem-se a um hospital.

Devemos lembrar que todos esses maus hábitos e ambientes não são simplesmente questões da geração atual, mas que muitas gerações de corpos insalubres transmitiram à geração atual a vitalidade prejudicada e a tendência hereditária à doença. A princípio, isso parece ser contrariado pela suposta robustez das gerações mais velhas de Negros, o que certamente era verdade até certo ponto. No entanto, não pode haver muita dúvida, quando se estudam as condições sociais anteriores, de que a doença hereditária desempenha um papel importante na baixa vitalidade dos Negros hoje, e que a saúde do passado foi, em certa medida, exagerada. Todas essas considerações devem levar a esforços conjuntos para erradicar doenças. A própria cidade tem muito a fazer a esse respeito. Para uma cidade tão grande e progressista, seu sistema geral de drenagem é muito ruim; sua água é abominável, e em muitos outros aspectos a cidade e todo o estado estão "lamentavelmente e inacreditavelmente atrás de quase todos os estados na cristandade".[7] O principal movimento de reforma deve vir dos próprios Negros, e deve começar com uma cruzada por ar fresco, asseio, casas saudavelmente localizadas e alimentação adequada. Tudo isso pode não resolver a questão da saúde do Negro, mas seria um largo passo nessa direção.

O problema social mais difícil em matéria de saúde do Negro é a atitude peculiar da nação em relação ao bem-estar da raça. Houve, por exemplo, poucos outros casos na história dos povos civilizados em que o sofrimento humano foi visto com tão peculiar indiferença. Quase toda a nação parecia encantada com o desacreditado censo de 1870, porque se pensava que ele mostrava que os Negros estariam morrendo rapidamente, e o país logo se livraria deles. Assim, recentemente, quando se chamou a atenção para a alta taxa de mortalidade desta raça, há uma disposição entre muitos para concluir que a taxa seja anormal e sem precedentes, e que, uma vez que a raça esteja fadada à extinção precoce, há pouco a fazer além de moralizar sobre espécies inferiores.

Agora o fato é, como todo estudante de estatística sabe, que, considerando o atual avanço das massas dos Negros, a taxa de mortalidade não é maior do que se poderia esperar. Além disso, não há nação civilizada hoje que não tenha apresentado nos últimos dois séculos uma taxa de mortalidade igual ou superior à desta raça. Que a taxa de mortalidade dos Negros no presente seja qualquer coisa que ameace a extinção da raça é o bicho-papão dos destreinados ou o desejo dos tímidos.

O que a taxa de mortalidade dos Negros indica é o quanto essa raça está atrás da grande raça vigorosa e cultivada que a cerca. Isso deve, então, servir como um estímulo para o aumento do esforço e para a edificação sadia, e não como desculpa para a indiferença passiva ou para o aumento da discriminação.

CAPÍTULO XI
A família Negra

27. O tamanho da família. Havia na Sétima Região, em 1896, 7.751 membros de famílias (incluindo 171 pessoas residindo sozinhas) e 1.924 inquilinos solteiros.[1] O tamanho médio da família, sem inquilinos ou hóspedes, era de 3,18.

Famílias de acordo com tamanho

Número de pessoas na família	Número de famílias	Porcentagem de famílias com tamanhos diferentes	Membros de famílias
Um	171	7,0	171
Dois	1.031	42,2	2.062
Três	470		1.410
Quatro	327		1.308
Cinco	183	44,3	915
Seis	106		636
Sete	76		532
Oito	28		224
Nove	25	5,8	225
Dez	13		130
Onze	2		22
Doze	4		48
Treze	3	0,7	39
Quatorze	1		14
Quinze	1		15

Número de pessoas na família	Número de famílias	Porcentagem de famílias com tamanhos diferentes	Membros de famílias
Total	2.441	100	7.751
Inquilinos (agregados)	..	..	1.924
População total	..	..	9.675
Tamanho médio da família real	..	..	3,18
Tamanho médio da família, incluindo agregados solteiros	..	..	3,96
Tamanho médio da família no censo	..	..	5,08

Com a população total da região incluída, o tamanho médio era de cerca de quatro pessoas, e, contando agregados casados e solteiros como parte da família locatária, o tamanho médio é de cerca de cinco pessoas.[2] Em todo caso, o tamanho reduzido das famílias é notável, e é provavelmente devido a causas locais na região, à situação geral na cidade e ao desenvolvimento na raça em geral. A Sétima Região é uma região de inquilinos e peregrinos eventuais; casais recém-casados se estabelecem aqui até serem compelidos, pela chegada de filhos, a se mudarem para suas próprias casas, e estas, anos mais tarde, estão sendo escolhidas nas Vigésima Sexta, Trigésima e Trigésima Sexta regiões, bem como na cidade alta. Alguns casais deixam suas famílias no Sul com as avós e vivem em alojamentos aqui, retornando a Virgínia ou Maryland apenas temporariamente no verão ou no inverno. Muitos homens vêm aqui de outros lugares, vivem em pensões e sustentam as famílias no campo. Outrossim, é comum que casais sem filhos trabalhem fora, a mulher dormindo no serviço e o homem hospedado nesta região; a mulher junta-se ao marido uma ou duas vezes por semana, mas não se hospeda regularmente lá e, portanto, não é residente da região. Tais são as condições locais que afetam muito o tamanho das famílias.[3]

O tamanho das famílias nas cidades é quase sempre menor do que em outros lugares, e a família Negra segue essa regra: casamentos tardios entre eles, sem dúvida, atuam como um controle para a população. Além disso, a pressão econômica é tão grande que apenas a pequena família consegue sobreviver; as famílias numerosas ou são impedidas de vir para a cidade ou se mudam, ou, como é mais comum, mandam os arrimos para a cidade enquanto permanecem no campo. Claro que não passa de conjectura dizer até que ponto essas causas estão agindo entre a população Negra geral do país; mas, levando em consideração que a totalidade da raça já começou, atualmente, sua grande batalha por sobrevivência econômica, e que poucos da melhor classe, homens ou mulheres, podem ter esperanças de se casar cedo na vida, é justo prever que por várias décadas ainda o tamanho médio da família Negra diminuirá até que o bem-estar econômico possa alcançar as demandas de um padrão de vida ascendente; e que então teremos outra era de famílias Negras de bom tamanho, ainda que não muito numerosas.[4]

Como sugerido anteriormente, a dificuldade de receber uma renda suficiente para se casar teve seus efeitos nocivos sobre a moralidade sexual dos Negros da cidade, especialmente, também, em decorrência de seu treinamento hereditário a esse respeito ter sido pouco rigoroso. É, portanto, justo concluir que o número de famílias de duas pessoas consiste simplesmente de coabitações mais ou menos permanentes; e que um grande número de famílias consiste de cernes de relações sexuais irregulares. A observação na região confirma essa conclusão e mostra que cinquenta e oito das famílias de dois eram certamente pessoas solteiras.

O resultado de todas essas causas é mostrado na tabela a seguir, embora a comparação não seja estritamente possível: a verdadeira família dos Negros é comparada com a família censitária de outros grupos, e isso exagera a proporção das famílias menores entre os Negros:

Número de pessoas na família	Negros Sétima Região	População total da cidade	Brooklin, Nova Iorque	Estados Unidos
Uma	7,0	1,91	2,71	3,63
Duas	42,2	...	...	...
Duas a seis	86,5	74,67	78,37	73,33
Sete a dez	5,8	21,09	17,53	20,97
Onze ou mais	0,7	2,33	1,39	2,07

Uma comparação adicional com a França pode ser feita:[5]

Número de pessoas por família	Negros Sétima Região	França
Uma	7,0	14,0
Duas a três	61,5	41,3
Quatro a cinco	20,9	29,8
Seis ou mais	10,6	14.5

Mesmo descontando os erros dessa comparação, parece ser verdadeiro que as condições de vida familiar na região sejam anormais e caracterizadas por um número extraordinariamente grande de famílias de duas pessoas.

Não há estatísticas para as famílias Negras de toda a cidade que sirvam para eliminar as peculiaridades locais da Sétima Região. A observação geral indicaria na Quinta e na Oitava condições semelhantes às da Sétima. Na maioria das outras regiões, as condições são diferentes e, com toda a probabilidade, variam acentuadamente em relação a essas populosas regiões centrais. No entanto, em todas elas famílias numerosas não são a regra, o número de solteiros e inquilinos agregados é considerável, e há alguma coabitação, embora esta seja, na cidade em geral, muito menos prevalente do que na Sétima Região. Parece, portanto, que as indicações de nosso estudo da situação conjugal sejam aqui enfatizadas, e que o lar Negro urbano tenha iniciado uma revolução que irá elevá-lo e purificá-lo ou devassá-lo ainda mais que atualmente. E esse fator determinante é a oportunidade econômica. O quadro completo dessa mudança exige estatísticas de nascimentos e casamentos de ano a ano. Estas, infelizmente, não estão registradas de forma a serem sequer parcialmente confiáveis. Tudo indica, no entanto, que tanto as taxas de natalidade quanto de mortalidade estejam diminuindo de maneira constante.[6] A taxa de mortalidade também entra como um fator aqui não somente em razão da grande mortalidade infantil, mas também por causa do índice excessivo de mortalidade dos homens. Em tudo isso, é possível vislumbrar traços da complexidade de influência abrangente dos problemas dos Negros.

28. Renda. O problema econômico dos Negros da cidade tem sido repetidamente citado. Nós agora chegamos diretamente à pergunta: quanto os Negros ganham? Em um ano, qual é a renda de uma família média? Esta pergunta é difícil de responder com precisão. Somente dados baseados em relatórios financeiros por escrito poderiam fornecer estatísticas completamente confiáveis; tais relatórios não estão disponíveis neste caso. Os poucos que mantêm registros contábeis, em muitos casos, naturalmente, não estariam dispostos apresentá-los. Por outro lado, a grande massa de pessoas nas atividades mais modestas mal sabe quanto ganha em um ano.

As tabelas aqui apresentadas, portanto, devem ser consideradas simplesmente como estimativas cuidadosas. Essas estimativas são baseadas em três ou mais dos seguintes itens: (1) A declaração da família quanto aos seus rendimentos. Alguns da melhor classe deram uma estimativa geral de sua renda média anual; a maioria forneceu os salários recebidos por semana ou mês em sua atividade cotidiana; (2) As atividades desempenhadas pelos vários membros da família; (3) O tempo de trabalho perdido no último ano ou o tempo normalmente perdido; (4) As circunstâncias aparentes da família a julgar pela aparência da casa e dos residentes, o aluguel pago, a presença de inquilinos etc.

Na maioria dos casos, o primeiro item recebeu o maior peso na resolução da questão, mas foi modificado pelos demais; em outros casos, no entanto, essa afirmação não pôde ser obtida ou foi vaga e, muitas vezes, evidentemente falsa. Em tais circunstâncias, o segundo item foi decisivo: as atividades exercidas pela massa de Negros são pagas de acordo com uma escala de preços bastante conhecida; a renda de um garçom de hotel poderia ser fixada com bastante precisão sem mais dados. O terceiro item foi importante em muitas atividades; estivadores, por exemplo, recebem geralmente vinte centavos por hora; no entanto, poucos ou nenhum ganham $ 600 por ano, porque perdem muito tempo entre um e outro navio e com o inverno. Finalmente, como um corretivo geral para dissimulação ou desatenção, as circunstâncias da vida doméstica tal qual observada pelo investigador em sua visita, o aluguel pago – um item que podia ser averiguado com bastante precisão –, o número de inquilinos, a ocupação da dona de casa e dos filhos – todos estes itens serviram para confirmar ou colocar em dúvida as conclusões indicadas pelos outros dados, e lhes foi atribuído algum peso no julgamento final.

Assim, é possível perceber facilmente que esses dados podem conter, e provavelmente contêm mesmo, erros consideráveis. Por um lado, eles não podem ser tão precisos quanto os dados baseados em declarações de imposto de renda e, por outro lado, são provavelmente mais confiáveis que dados fundamentados somente nas declarações das pessoas interpeladas. O julgamento pessoal do investigador entra na determinação dos números em maior medida do que seria desejável, mas, no entanto, foi limitado da forma mais cuidadosa possível dada a natureza da pesquisa.[7] Os rendimentos de acordo com o tamanho da família estão indicados na tabela a seguir.

Rendimentos de acordo com o tamanho da família na Sétima Região (1896)

Volume de rendimento anual	1	2	3	4	5	6	7	8	9	10	11 a 15	Número total de famílias
$ 50	7	5	1	..	..	..	1	..	..	..	..	14
$ 100	22	18	2	2	1	..	..	..	..	..	..	45
$ 150	31	69	19	4	6	4	..	..	..	..	..	133
$ 200	23	105	35	12	8	4	..	..	..	..	..	187
$ 250	32	95	46	26	7	1	5	2	..	..	..	214
$ 300	10	108	49	33	9	3	1	..	..	..	..	213
$ 350	9	121	46	30	11	10	2	1	..	..	..	230
$ 400	4	95	39	34	22	9	6	..	..	..	..	209
$ 450	1	79	40	26	14	7	3	1	1	..	..	172
$ 500	7	115	47	37	26	17	1	3	2	..	1	256
$ 550	..	23	12	8	4	4	1	0	3	..	..	55
$ 600	1	17	14	8	7	3	3	..	1	..	..	54
$ 650	1	45	26	27	11	7	4	2	1	..	1	125
$ 700	..	10	16	12	9	5	6	3	2	..	..	63
$ 750	3	23	19	16	13	7	9	3	1	..	..	94
$ 800	..	7	7	7	3	2	2	1	..	1	1	31
$ 850	..	3	2	1	3	1	4	2	2	..	..	18
$ 900	..	5	4	8	3	3	5	9	1	1	1	40
$ 1.000-1.200	..	1	1	1	4	..	..	..	1	3	1	12
$ 1.200-1.500	1	3	10	3	5	7	6	2	5	3	1	46
$ 1.500 e mais	2	6	10	12	6	5	10	3	2	4	5	65
Desconhecido	15	67	17	6	2	2	1	..	..	..	..	110
Desconhecido	De tamanho desconhecido											55

A partir disso, fazendo da família de cinco a norma e dando alguma margem para famílias maiores e menores, podemos concluir que 19% das famílias Negras da Sétima Região ganham em média cinco dólares ou menos por semana; 48% ganham entre $ 5 e $ 10, 26%, entre $ 10 e $ 15, e 8%, acima de $ 15 por semana. Tabulando isso, temos:

SEÇÃO: 28. RENDA

Média de renda semanal	N.º de famílias	%	Comparação
$ 5 ou menos	420 { 192	8,9	Muito pobres
	228	9,6	Pobres
$ 5-10	1.088	47,8	Com condições razoáveis
$ 10-15	581	25,5	Com condições confortáveis
$ 15-20	91	4,0	Boas circunstâncias
$ 20 ou mais	96	4,2	Abastados
Total	2.276	100,00%	

É difícil comparar este com outros grupos por causa do significado variável dos termos pobre, bem de vida e semelhantes. Não obstante, uma comparação com o diagrama de Booth para Londres será interessante, se não levado longe demais.[8]

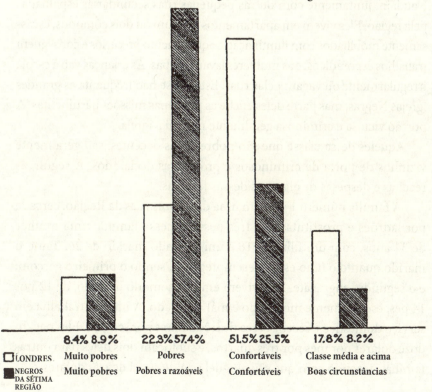

Pobreza em Londres e entre os Negros da Sétima Região da Filadélfia

	8.4% 8.9%	22.3% 57.4%	51.5% 25.5%	17.8% 8.2%
☐ LONDRES	Muito pobres	Pobres	Confortáveis	Classe média e acima
■ NEGROS DA SÉTIMA REGIÃO	Muito pobres	Pobres a razoáveis	Confortáveis	Boas circunstâncias

A principal dificuldade dessa comparação está na distribuição da população entre os "pobres" e os "confortáveis"; provavelmente, a primeira classe entre os Negros está um pouco exagerada aqui. De qualquer forma, a divisão entre esses dois graus é muito menos estável na Sétima Região do que em Londres, uma vez que a sua situação econômica é menos fixa. Em bons tempos, talvez 50% dos Negros bem que poderiam ser considerados confortáveis, mas em tempos de estresse financeiro, um grande número dessa classe cai abaixo da linha para os pobres, aumentando o número de indigentes e, em muitos casos, de criminosos. De fato, toda essa divisão em rendas de diferentes classes é, entre os Negros, muito menos estável do que entre os brancos, assim como costumava ser menos estável entre os brancos de cinquenta anos atrás do que é entre os de hoje.

Toda a divisão entre "pobres", "confortáveis" e "bem de vida" depende principalmente do padrão de vida de um povo. Observemos, portanto, um pouco das receitas e despesas de certas famílias em diferentes estratos.[9] Os muito pobres e a classe semicriminosa estão concentrados nas áreas degradadas (*slums*) das ruas Sete e Lombard, Dezessete e Lombard, e Dezoito e Naudain, juntamente com outras pequenas ruas secundárias espalhadas pela região. Eles vivem em apartamentos com um ou dois cômodos, escassamente mobiliados com iluminação e aquecimento precários e conseguem trabalhos esporádicos, e as mulheres lavam roupas. As crianças vão à escola irregularmente ou vagam pelas ruas. Esta classe não frequenta as grandes igrejas Negras, mas parte deles enche as pequenas missões barulhentas. A porção viciosa e criminosa geralmente não vai à igreja.

Aqueles dessa classe que são pobres, mas decentes, são geralmente vizinhos de porta de criminosos e prostitutas declarados. A seguir, as receitas e despesas de algumas dessas famílias.

A família número 1 vive em uma das piores ruas da Região, cercada por ladrões e prostitutas. Há três pessoas nessa família: uma mulher de 34 anos, com um filho de 16 e um segundo marido de 26. Tanto o marido quanto o filho estão desempregados, sendo o primeiro garçom, e o segundo, engraxate. Eles vivem em um cômodo imundo, de 12 por 14 pés, escassamente mobiliado e mal ventilado. A mulher trabalha em serviço doméstico e recebe cerca de três dólares por semana. Eles pagam doze dólares por mês por três quartos, e sublocam dois deles para outras famílias, fazendo com que seu aluguel seja de cerca de três dólares.

Sua comida custa cerca de US $ 1,00 por semana, e o combustível, 56 centavos por semana durante o inverno. Suas despesas com outros itens são variáveis e indefinidas; a cerveja, no entanto, tem alguma participação. Sua despesa total é de provavelmente $ 125 a $ 150 por ano, dos quais a mulher ganha pelo menos $ 100.

A família número 2 tem o seguinte orçamento anual para duas pessoas:

Aluguel, média de $ 4 por mês	$ 48,00
Alimentos – Pão, porco, chá etc., média semanal de $ 1,44	74,88
Combustível, 20-47 centavos por semana	16,60
	$ 139,48

Outros itens aumentariam essas despesas para cerca de $ 150 a $ 175. A família número 3, consistindo de uma só pessoa, relata o seguinte orçamento, sem incluir aluguel:

Alimentos	$ 30,00
Combustível	$ 15,00
Vestuário	$ 10,00
Diversão	$ 1,50
Doenças etc.	$ 10,00
Outros propósitos	$ 15,00
Total, por ano	$ 81,50

O aluguel de tal família não excederia $ 40,00, fazendo das despesas totais cerca de $ 121,50.

A família número 4, de quatro pessoas – homem, esposa e dois bebês – vivendo em um cômodo, gastam, assim:

Aluguel, média de $ 3 por mês		$ 36,00
Alimentos – semanal: leite	$ 0,28	
Porco	$ 0,70	
Pão	$ 0,35	
	$ 1,33	$ 69,16
Combustível, 20,98 centavos por semana		$ 18,00
		$ 123,16

O homem trabalha uma semana e meia no mês como fabricante de cercas de arame quando empregado regularmente, o que é cerca de metade do tempo. O resto do tempo ele cuida dos bebês enquanto sua esposa trabalha com serviço doméstico. As duas últimas famílias parecem respeitáveis, mas desventuradas. As outras duas são duvidosas.

Os "pobres" que estão um degrau acima destes casos são formados pelos ineficientes, desventurados e imprevidentes, e apenas conseguem o suficiente para comer, pouco para vestir e algum abrigo. Uma família de amostra é composta por seis pessoas – marido e mulher, uma filha viúva, dois netos de 13 e 11 anos e um sobrinho de 28. Eles vivem em três cômodos, com móveis simples e asseio razoável. O pai e o sobrinho são trabalhadores braçais, muitas vezes desempregados A mãe faz diárias de trabalho, e a filha tem emprego.

Eles gastam para:

Aluguel – $ 8 por mês	$ 96,00
Alimentos – $ 2,16 por semana	$ 112,32
Combustível – 50-84 centavos por semana	$ 31,20
	$ 239,52

Vestuário etc. trarão esse total para $ 250-$ 275. Esta é uma família honesta, pertencente a uma das grandes Igrejas Batistas.

A família número 5, de mãe e criança, dispende para:

Alimentos	$ 96,00
Combustível	$ 30,00
Vestuário	$ 30,00
Diversão	$ 10,00
Doenças	$ 15,00
Outros propósitos	$ 25,00
Total	$ 206,00

A isto deve-se acrescentar o aluguel residencial, trazendo o total a $ 250-$ 275.

Chegamos, em seguida, à grande classe trabalhadora – os 47% da população que, de maneira geral, mais verdadeiramente representam a massa. Eles vivem em casas com de três a seis cômodos, quase sempre bem mobiliadas; gastam consideravelmente com alimentos e vestuário, bem como em igrejas e sociedades beneficentes. São, em sua maioria, honestos e de boa índole, mas não estão acostumados com grandes responsabilidades.

A família de número 6, uma família de três dessa classe – marido, mulher e filho de 17 anos –, ganha e gasta da seguinte forma:

Receitas		Despesas	
Marido – servente de pedreiro e operário, $ 1,25-$ 2,00 por dia – eventual – média de $ 3,00 por semana	$ 150,00	Aluguel, $ 22 por mês, dos quais $ 14,00 são pagos por inquilinos – aluguel líquido, $ 8,00	$ 96,00
		Alimentos – $ 3,50 a $ 4,00 por semana	$ 190,00
Esposa – lavadeira, de outubro a março, ganha $ 5,00 a $ 6,00 por semana, resto do ano $ 1,50 a $ 2,00 em média $ 3,50,	$ 180,00	Combustível	$ 35,00
			$ 321.00
Filho – porteiro em prédio de escritórios, $ 2,50 por semana e alojamento 6 dias	$ 125,00	Vestuário e todos os outros propósitos, e poupança	$ 134,00
	$ 455,00		$ 455,00

Esta família ocupa uma casa de sete cômodos, mas subloca três cômodos para inquilinos. Eles têm uma sala bem mobiliada.

Seguem três outras famílias da mesma classe:

A família número 7 tem despesas para um ano de $338,00 (sem incluir aluguel). Número de familiares: dois adultos e duas crianças.

Alimentos	$ 110,00
Combustível	$ 40,00
Vestuário	$ 50,00
Diversão	$ 35,00
Doenças	$ 40,00
Outros propósitos	$ 63,00

A família número 8 tem as despesas por um ano em $ 520,00. Número de familiares: três adultos e duas crianças.

Número 8, despesas por um ano, $ 520,00
Número de familiares, 3 adultos, 2 crianças

Despesa	Semanal	Mensal	Anual	Despesa	Semanal	Mensal	Anual
Aluguel	..	$ 16,00	$ 192,00	Diversões	..	..	$ 2,00
Alimentação	$ 4,00	$ 16,00	$ 192,00	Doenças e morte	..	..	$ 10,00
Combustível	..	..	$ 34,00	Todos os outros propósitos	..	..	$ 30,00
Vestimenta	..	..	$ 60,00				

Número 9, despesas por um ano, sobre $ 600,00
Número de familiares, 2 adultos, 7 crianças

Despesas	Semanais	Mensais	Anuais	Despesas	Semanais	Mensais	Anuais
Renda	..	..	$ 200,00	Vestuário	..	$ 5,00	$ 60,00
Comida	$ 5,00	$ 20,00	$ 240,00	Outros propósitos	..	..	$ 28,00
Combustível	$ 1,50	$ 6,00	$ 72,00				

Três outros orçamentos são apresentados, representando uma classe ainda melhor:

Família número 10, de renda total em $ 840,00.

Aluguel	$ 192,00
Alimentos	$ 260,00
Combustível	$ 50,00
Vestuário	$ 25,00
Diversão	$ 15,00
	$ 542,00

Esta é uma família pequena, de mãe e filha que estão evidentemente economizando dinheiro. A filha é professora.

A família número 11 tem por despesas totais, excluindo aluguel, $ 683.

Alimentos	$ 378,00
Combustível	$ 45,00
Vestuário	$ 100,00
Diversão	$ 20,00
Doenças	$ 50,00
Outros propósitos	$ 90,00

Há quatro adultos e três crianças nesta família.
Família número 12, despesas totais, excluindo aluguel: $ 805.

Alimentos	$ 420,00
Combustível	$ 60,00
Vestuário	$ 150,00
Diversão	$ 20,00
Doenças	$ 5,00
Viagens e outros propósitos	$ 150,00

Esta é uma das melhores famílias da cidade; eles mantêm uma criada. Há três adultos e duas crianças na família.

A classe à qual pertencem estas últimas famílias é muitas vezes perdida de vista na discussão do Negro. É o embrião de uma grande classe média, mas em geral seus membros são curiosamente prejudicados pelo fato de que, desligados do mundo que os cerca, são a aristocracia de seu próprio povo, com todas as responsabilidades de uma aristocracia, e ainda assim eles, por um lado, não estão preparados para desempenhar este papel, e suas próprias massas não estão acostumadas a olhar para eles como liderança. Como classe, eles sentem fortemente as forças centrífugas da repulsa de classe entre seu próprio povo e, de fato, são compelidos a senti-la por simples autodefesa. Eles não gostam de ser confundidos com serviçais; evitam a adoração livre e fácil da maioria das igrejas Negras, e se esquivam de toda exibição e publicidade que os exponha ao insulto velado e à depreciação que as massas sofrem. Consequentemente, esta classe, que deveria liderar, se recusa a liderar qualquer movimento racial sob o argumento de que assim traça a própria linha de cor contra a qual protesta. Por outro lado, sua capacidade de se distinguir, recusando, por um lado, toda a responsabilidade pelas massas dos Negros e, por outro, buscando reconhecimento por parte do mundo externo, que não é dado voluntariamente – sua oportunidade para tal posicionamento é prejudicada pela escassez de recursos econômicos. Ainda mais do que o resto da raça, eles sentem a dificuldade de progredir no mundo por causa de suas pequenas oportunidades de trabalho rentável e respeitável. Por outro lado, sua posição como o segmento mais rico de sua raça – apesar de suas riquezas serem insignificantes em comparação com seus vizinhos brancos – os faz sofrer uma demanda social incomum. Um cidadão da Filadélfia com US$ 1.500 por ano pode se considerar pobre e viver de forma simples. Um Negro com US$ 1.500 por ano é o mais rico de sua raça e geralmente deve gastar mais, proporcionalmente, do que seu vizinho branco em aluguel, vestuário e entretenimento.

Em cada classe assim analisada vem à tona um problema central em relação a despesas. Provavelmente, poucas nações pobres desperdiçam mais dinheiro com ações impensadas e irracionais do que o Negro americano, e especialmente aqueles que vivem em grandes cidades como a Filadélfia. Primeiro, eles desperdiçam muito dinheiro com alimentos de má qualidade e métodos não saudáveis de cozinhar. A conta de carne da família Negra média surpreenderia um camponês francês ou alemão ou mesmo um inglês.

As multidões enfileiradas na rua Lombard aos domingos estão vestidas muito além de suas posses; muito dinheiro desperdiçado em salas de visitas mobiliadas de forma extravagante, salas de jantar, quartos de hóspedes e outras partes visíveis dos lares. Milhares de dólares são anualmente desperdiçados em aluguéis excessivos, em "sociedades" duvidosas de todos os tipos e descrições, em diversões de vários tipos e em diversos ornamentos e bugigangas. Tudo isso é uma herança natural de um sistema escravista, mas não deixa de ser uma questão importante para um povo sob tal estresse econômico como os Negros estão agora. O Negro tem muito a aprender com o judeu e o italiano quanto a viver dentro de seus meios e poupar cada centavo em vez de fazer gastos excessivos e perdulários.

29. Propriedade. Devemos, a seguir, indagar qual parte dessas rendas foi efetivamente convertida em propriedade. A Filadélfia não mantém contas separadas de seus proprietários de imóveis brancos e Negros, e é muito difícil obter dados confiáveis sobre o assunto. Mesmo a investigação de casa em casa só poderia aproximar a verdade por causa do número de casas de propriedade de Negros, mas alugadas por meio de corretores de imóveis brancos. Pelas declarações, parece que 123 das 2.441 famílias da Sétima Região, ou 5,3%, possuem propriedades naquela região; 74 outras famílias possuem propriedades fora da região, perfazendo ao todo 197 ou 8% das famílias que são proprietárias de imóveis. É possível que omissões elevem esse total para 10%. O valor total desse patrimônio é parcialmente conjectural, mas uma estimativa cuidadosa o colocaria em cerca de US $ 1.000.000, ou 4,5% do valor de uma região onde os Negros perfazem 42% da população.

Duas estimativas para toda a cidade representam as posses dos Negros abastados, isto é, daqueles que têm $ 10.000 e mais em propriedades, como se segue[10]:

De $10.000 a $15.000	27
De 15.000 a 25.000	10
De 25.000 a 50.000	11
De 50.000 a 100.000	4
De 100.000 a 500.000	1
	53

Ao todo, essas pessoas representam posses de no mínimo $ 1.500.000. Os outros proprietários de imóveis só podem ser estimados; a propriedade total de imóveis por Negros na Filadélfia pode ser de ao menos cinco milhões, sem incluir imóveis de igrejas. Comparando isso com estimativas do passado, temos:[11]

1821, imóveis, valor avaliado	$ 112.464; valor real	$ 281.162
1832, imóveis, valor avaliado	; valor real	357.000
1838, imóveis, valor avaliado	; valor real	322.532
1848, imóveis, valor avaliado	; valor real	531.809
1855, propriedades móveis e imóveis	; valor real	2.685.693
1898, propriedades móveis e imóveis	; valor real	5.000.000

Em 1849, os resultados da pesquisa mostraram que 7,4% dos Negros no país tinham propriedades, e 5,5% na cidade propriamente dita, comparado a 5,3% na Sétima Região atualmente. Nessa comparação, no entanto, devemos considerar o enorme aumento de preços no mercado imobiliário da Filadélfia.

Considerando as cabeças de 123 famílias que sabidamente vivem na Sétima Região e possuem imóveis, descobrimos que são nascidos nos seguintes lugares:

Filadélfia	41	= 41 = 33 ⅓ por cento
Pensilvânia	7	
Maryland	22	
Virgínia	21	
Sul	13	82 = 66 ⅔ por cento
Delaware e Nova Jersey	8	
Outras partes dos Estados Unidos e exterior	7	
Sem informações	4	
	123	

Os 82 não nascidos na Filadélfia vivem ali desde:

Mais de 2 e menos de 10 anos	5
10 a 14 anos	7
15 a 19 anos	7
20 a 24 anos	14
25 a 29 anos	8
30 a 34 anos	8
35 a 39 anos	16
40 a 44 anos	4
45 a 49 anos	3
50 a 54 anos	3
60 anos ou mais	3
Sem informações	4
	82

Dezenove vivem há menos de vinte anos na cidade, e cinquenta e nove, há vinte anos ou mais. As ocupações de 123 proprietários de imóveis eram as seguintes:

SEÇÃO: 29. PROPRIEDADE

Banqueteiros	22	Motoristas e caminhoneiros	4
Garçons	12	Estofadores	3
Porteiros e zeladores	10	Agentes de empregos	3
Do lar	9	Comerciantes	3
Lavadeiras	8	Auxiliares (de igreja)	3
Mecânicos	7	Ministros	3
Cocheiros	6	Serventes de obra e operários	2
Atendentes no serviço público	4	Policiais e vigias	2
Responsáveis por hotéis e restaurantes	3	Preparador de cadáveres	1
		Editor de jornal	1
Cozinheiros	2	Agente imobiliário	1
Agentes funerários	2	Sacristão	1
Professores de escola	2	Sem atividade	3
Barbeiros	2	Atividade desconhecida	2
Médicos	2		123

Isso mostra que os proprietários de imóveis são nascidos na Filadélfia ou antigos residentes, e que a grande maioria é de banqueteiros e serviçais domésticos, com uma pitada daqueles que representam empregos mais novos como atendentes em repartições públicas, comerciantes e atividades semelhantes. Dessas 123 famílias:

62 possuem as casas que ocupam
20 possuem as casas que ocupam e também outros imóveis na cidade
7 possuem as casas que ocupam, possuem outros imóveis na cidade e também possuem imóveis em outros lugares
5 possuem imóveis fora da cidade e outros imóveis em outros lugares
22 possuem imóveis na cidade
7 possuem imóveis na cidade e também em outros lugares

Em outras palavras, 89 possuem imóveis residenciais na cidade, e 34 possuem imóveis alhures.

Dados de quarenta desses proprietários indicam um patrimônio total de $ 250.000 ou, se adicionarmos um grande imóvel, de $ 650.000. Outros dados menos precisos, mas bastante confiáveis, elevam o total do patrimônio dos proprietários na Sétima Região para $ 1.000.000 ou mais. Sessenta e três de setenta e quatro que possuem imóveis fora da cidade relatam $ 49.010 em propriedades.[12] Em nenhuma dessas declarações houve qualquer relato da dívida hipotecária contraída, nem há qualquer meio de apuração dessa dívida.[13]

No geral, as estatísticas mostram comparativamente poucos proprietários Negros na Filadélfia. Em uma cidade onde a porcentagem de proprietários de casas é extraordinariamente grande, mais de 94% dos Negros parecem, segundo os dados imperfeitos, estar disponíveis para o inquilinato. Há várias razões para isso: primeiro, os Negros desconfiam de todas as instituições de poupança desde o colapso fatal do Banco dos Libertos (Freedman's Bank); em segundo lugar, eles têm dificuldade para comprar casas em bairros decentes; em terceiro lugar, o preço crescente dos imóveis e a queda dos salários e oportunidades industriais para o Negro devem ser levados em conta. Finalmente, um curioso efeito do preconceito de cor, a ser discutido adiante, exerceu uma enorme influência ao concentrar a população Negra em locais onde era difícil comprar imóveis residenciais. Todas estas razões são convincentes, mas, no entanto, não são suficientes para deixar de responsabilizar os Negros por não comprarem muito mais imóveis do que têm. Grande parte do dinheiro que deveria ter ido para as casas foi para os caros edifícios de igreja, para as contribuições para as sociedades, para vestuário e entretenimento. Se os Negros tivessem comprado pequenas residências com a mesma persistência com que trabalharam para desenvolver um sistema de igreja e sociedade secreta, e investissem mais de seus ganhos em bancos de poupança e menos em roupas, estariam em condições muito melhores para exigir oportunidades industriais do que estão atualmente.

Isso não significa que o Negro seja preguiçoso ou perdulário; significa simplesmente que energias foram mal direcionadas, fazendo com que o povo Negro anualmente desperdiçasse milhares de dólares em aluguéis e vivesse em casas pobres quando eles poderiam, com a devida visão de futuro, fazer muito melhor.

Há alguns sinais de despertar para este fato entre os Negros. Ultimamente, estão apenas começando a entender e lucrar com as Associações de Construção e Empréstimo. Quarenta e uma famílias na Sétima Região, ou cerca de 2%, pertencem agora a tais associações, e o número está aumentando. Fora da Sétima Região, uma percentagem igualmente grande e provavelmente ainda maior pertence a sociedades cooperativas de compra de casas. O fenômeno peculiar entre as pessoas de cor, no entanto, é o amplo desenvolvimento de ordens beneficentes e secretas. Trezentas e seis famílias, ou 17% dos Negros da região, são relatadas como pertencentes a sociedades beneficentes, e provavelmente 25% ou mais realmente pertencem. Além destas, existem as pequenas sociedades de seguros, às quais pertencem 1.021 famílias, ou 42%. Em tempos mais prósperos, essa adesão pode chegar a 50% ou 60% ou a um total de pelo menos 4.000 homens, mulheres e crianças. As sociedades beneficentes e secretas, sendo organizações de Negros, serão mencionadas mais adiante. As pequenas sociedades de seguros são, em sua maioria, administradas por brancos. Algumas dessas são empreendimentos confiáveis e, por meio de uma administração cuidadosa e de uma negociação honesta, fazem algo para encorajar o espírito de poupança entre os Negros. É duvidoso, no entanto, que eles constituam o melhor tipo de incentivo, e provavelmente constituem obstáculos ao banco de poupança e à associação de construção. Apenas alguns merecem essa aprovação qualificada. A grande maioria é pouco melhor do que operações autorizadas de jogo de azar; é uma vergonha que um grande município permita que eles se aproveitem das pessoas de tal maneira.[14] Em geral, não se apoiam em princípios comerciais sadios; correm todo e qualquer risco, geralmente sem exame médico, e dependem de lapsos de pagamento e trapaças ousadas para ganhar dinheiro. Mesmo a melhor conduta dessas sociedades tem que depender das contribuições não devolvidas de pessoas que não conseguem manter seus pagamentos, para equilibrar as finanças.

Havia, em 1897, trinta e uma sociedades de seguros em atividade na Sétima Região. A tabela a seguir fornece as contribuições semanais necessárias para benefícios de doença e morte em uma sociedade:

Valores e benefícios por óbito

Valores de contribuição semanal por benefícios pagáveis somente após óbito

Idade	Benefício de 100 dólares	Benefício de 200 dólares
12-15	4 centavos	7 centavos
15-25	5 centavos	9 centavos

Idade	Benefício de 100 dólares	Benefício de 200 dólares
25-30	6 centavos	11 centavos
30-35	7 centavos	13 centavos
35-40	8 centavos	15 centavos
40-45	10 centavos	18 centavos
45-50	12 centavos	23 centavos
50-53	14 centavos	26 centavos
53-55	15 centavos	28 centavos
55-58	18 centavos	35 centavos
58-60	20 centavos	39 centavos

Isso é com uma cobrança de $ 46,80 a $ 52 por uma apólice de seguro de vida de $ 1.000 com a idade de 43, que pode ser obtida em companhias regulares por aproximadamente $ 35. Os excedentes representam os custos de cobrança e os riscos do apostador.

Benefícios por doenças e acidentes
Pagamentos semanais para montantes específicos por semana

Idade no próximo aniversário	$ 4,00	$ 5,00	$ 6,00	$ 7,00	$ 8,00	$ 10,00
12-20	0,10	0,13	0,16	0,19	0,22	0,25
20-25	0,11	0,14	0,17	0,20	0,23	0,26
25-30	0,12	0,15	0,18	0,21	0,24	0,27
30-35	0,14	0,17	0,20	0,23	0,26	0,29
35-40	0,15	0,18	0,21	0,24	0,27	0,30
40-43	0,17	0,20	0,23	0,26	0,29	0,32
43-45	0,18	0,21	0,24	0,27	0,30	0,33
45-48	0,19	0,22	0,25	0,28 c	0,31	0,34
48-50	0,20	0,23	0,26	0,29	0,32	0,35
50-53	0,22	0,25	0,28	0,31	0,34	0,37
53-55	0,23	0,26	0,29	0,32	0,35	0,38
55-58	0,24	0,27	0,30	0,33	0,37	0,41
58-60	0,28	0,31	0,34	0,37	0,41	0,44

Crianças – idade de 2 a 11 anos
Valor pagável a crianças após seus certificados serem emitidos pelos prazos seguintes:

Três meses, um terço; seis meses, metade; nove meses, três quartos; um ano, valor completo.
Benefícios por óbito, $ 40.
Pagamentos semanais, 5 centavos.
Mediante pagamento de 10 centavos mensais, crianças de seis a onze anos receberão auxílio-doença semanal de $ 2,50.
Taxa de adesão para crianças, 50 centavos.
Taxa de adesão para adultos, $ 1.

Grande parte dos rendimentos de muitas famílias vão para essas companhias. Por exemplo, examinemos as despesas de certas famílias reais para tais seguros, lembrando que a renda total dessas famílias varia, na maioria dos casos, entre $ 20 e $ 40 por mês.

	Mensal
Uma família de 2 adultos e 2 crianças (estivador)	$ 3,29
Uma família de 2 adultos que paga há 10 anos	$ 1,00
Uma família de 4 adultos	$ 2,20
Uma família de 4 adultos	$ 2,40
Uma família de 1 adulto e 1 criança	$ 2,00
Uma família de 4 adultos	$ 1,84
Uma família de 1 adulto	$ 2,57
Uma família de 2 adultos (garçom)	$ 2,20
Uma família de 2 adultos (serviçal)	$ 1,50
Uma família de 5 adultos e 2 crianças (operário)	$ 3,00
Uma família de 2 adultos e 3 crianças (estivador)	$ 1,44
Uma família de 9 adultos e 1 criança	$ 5,00
Uma família de 8 adultos e 4 crianças	$ 4,20
Uma família de 9 adultos	$ 4,43
Uma família de 2 adultos	$ 2,50
Uma família de 2 adultos (estivador)	$ 3,00
Uma família de 2 adultos (estivador)	$ 3,00
Uma família de 10 adultos	$ 8,50
Uma família de 2 adultos, 1 criança (estivador)	$ 5,00
Uma família de 5 adultos, 1 criança	$ 5,00
Uma família de 3 adultos	$ 3,90
Uma família de 4 adultos, 1 criança (operário)	$ 5,00
Uma família de 2 adultos, 3 crianças (garçom)	$ 4,60

É impossível obter dados precisos quanto ao valor total gasto pelos Negros da Sétima Região por seguros em tais sociedades, mas as respostas às perguntas sobre este ponto indicam um gasto total de aproximadamente $ 25.000 anualmente. Para este enorme desembolso, há algum retorno em benefícios, mas provavelmente muito menos da metade. O método de condução dessas sociedades premia a desonestidade e a deturpação ao passo que cobra impostos sobre a honestidade e a saúde. Uma certa porção dos segurados ficam doentes com frequência e recebem os benefícios e são vistos com cumplicidade pelas sociedades, como um anúncio pago na rua. Seus vizinhos honestos, por outro lado, lutarão e trabalharão durante anos, pagando regularmente – em alguns casos cinco, dez e quinze anos ou mais em várias sociedades – apenas para perder seus seguros, sendo passados para trás por agentes malandros ou escritórios domésticos coniventes, ou devido a sua própria falha no último momento em manter os pagamentos. É claro que o montante envolvido é muito pequeno, e as pessoas enganadas são demasiadamente desconhecidas e subalternas para chegarem a litígios judiciais. Vejamos alguns exemplos[15]:

1. Esta família perdeu $ 100 pagos a seguro, por lapso final nos pagamentos. A mulher tinha 60 anos e era pobre.
2. Esta família pertenceu à sociedade X por dez anos e pagava $ 12 por ano. Finalmente caiu em atraso por sete dias nos pagamentos e foi desligada. Havia recebido $ 65 em benefícios.
3. Esta família pagara $ 50; atrasou por um dia e foi desligada.
4. Esta família tinha uma mulher assegurada por $ 2,50 por semana e $ 50 após óbito. Ele não recebeu nenhum benefício por doença e somente $ 20 pela morte. Eles dizem: "Nós nos privamos de nosso sustento para continuar pagando e depois perdemos tudo".
5. Uma família que colocou $ 75 em uma sociedade e perdeu tudo.
6. Uma mãe esteve na sociedade Y por dois anos. Quando acometida por doença, enviou seu filho para notificá-los. Eles não aceitaram o pleito alegando que a notificação por uma criança não era legal, e não lhe pagaram nada.
7. Este homem foi membro da sociedade Z por quinze anos, e sua esposa, por sete anos. Contribuíram com $ 354, e ao todo sacaram

$ 90 em benefícios; então a sociedade descobriu que o homem pertencia à G. A. R.,* o desligou e ficou com o dinheiro.
8. Este homem pertenceu a uma sociedade por sete anos, pagando $ 1,30 por mês. Recebeu $ 20,00 em benefícios, perdeu o resto por um lapso em pagamentos.
9. Esta família pertenceu a diferentes sociedades durante oito anos, e perdeu todo o dinheiro investido.
10. Esta pessoa era membro de uma sociedade por algum tempo, quando o coletor embolsou o dinheiro, e a sociedade se recusou a arcar com a responsabilidade.
11. A mãe pagara $ 54,60 a uma sociedade por um seguro de vida, mas após sua morte a sociedade não pagou nada.
12. A sociedade desmoronou, e essa pessoa perdeu $ 75.
13. Esta família investiu $ 1,23 por mês em uma sociedade por treze anos com o objetivo de receber um dote de $ 200,00. Isso a um valor de $ 73,80 por ano para uma apólice de $ 1.000!
14. Este homem já pagou $ 88 até o momento, e jamais recebeu benefícios de doença ou outros.
15. Esta mulher pertencera a uma sociedade por anos, e uma vez adoeceu pouco antes do agente aparecer. Quando ele chegou, pediram que voltasse outra hora, pois a doente estava dormindo. Ele não retornou, e, quando o pleito pelos benefícios de doença foi feito, este foi negado com a alegação de que a mulher não pagara seus débitos quando da visita do agente.

Em muitos outros casos, a questão da idade abre uma brecha para trapaças: muitos Negros não sabem suas idades exatas. Nesses casos, o agente de seguros sugerirá uma idade, em geral obviamente abaixo da verdadeira, e inserirá na apólice; se o segurado morre, o médico estima outra idade mais próxima da realidade e a insere no atestado de óbito. Assim, a seguradora aponta para a discrepância, alega tentativa de fraude por parte do segurado e se recusa a pagar qualquer apólice ou geralmente

---

* *Grand Army of the Republic*: associação de veteranos de guerra bastante atuante nos Estados Unidos no século XIX, composta de ex-combatentes brancos e negros. (N.T.)

se oferece para compensar metade ou um terço do valor prometido. Esta é talvez a forma mais comum de trapaça fora a falta de repasse dos pagamentos de membros falecidos. Em alguns casos, o escritório central paga a indenização por morte, e o escritório ou agente local engana o segurado.

Sem dúvida, tais sociedades enfrentam tentativas escandalosas de trapaças por parte de segurados; e, no entanto, uma vez que seus métodos de negócios valorizam esse tipo de trapaça, elas dificilmente podem reclamar. A atividade como um todo não passa de uma jogatina em que uma equipe de jogadores aposta contra outra, e os trabalhadores honestos, mas ignorantes, pagam a conta.[16] Com todo o mal causado por apostas em números (*policy-playing*) e outros tipos de jogos de azar, é de se duvidar se seus efeitos sobre o caráter sejam mais deletérios do que esta forma de atividade securitária. Os Negros, por causa do crime do Banco dos Libertos, há muito têm sido preconceituosos contra os bancos, e essa atividade encoraja sua aversão aos métodos lentos e seguros de poupança. Para que as pessoas de cor aprendam a ser precavidas, no lugar dos métodos de vida desleixados do acaso, o banco de poupança deve em breve substituir a sociedade de seguros. E que eles poderiam sustentar bancos de poupança em abundância é demonstrado pelo fato de que eles investem anualmente entre $ 75.000 e $ 100.000 em sociedades de seguros na cidade da Filadélfia.

Em geral, em vários ramos de negócios, não se sabe que a exploração do Negro tornou-se tão lucrativa. Em ornamentos, roupas, entretenimentos, livros e esquemas de investimento, os astutos e inescrupulosos têm um amplo campo de ação, que está sendo diligentemente cultivado, especialmente pelos brancos e, em alguma medida, por certas classes de Negros. Ao invés, portanto, de um povo batalhador ser recebido com ajuda na direção de sua maior fraqueza, eles são cercados por agências que tendem a torná-los ainda mais perdulários e dependentes do acaso do que são atualmente. Basta observarmos as casas de penhores nas noites de sábado durante o inverno para vermos como os Negros as sustentam; e da sociedade de seguros para a casa de penhores, e desta para a banca de apostas, é apenas um passo.

30. Vida familiar. Entre as massas do povo Negro na América, o lar monogâmico é comparativamente uma instituição nova, não existente há mais de duas ou três gerações. Os africanos foram tirados da poligamia e transplantados para uma plantação onde a vida doméstica era protegida apenas pelo capricho do senhor, e poligamia e poliandria praticamente desreguladas foram, nas plantações das Índias Ocidentais, o resultado. Em estados como a Pensilvânia, a instituição do casamento entre os escravos foi estabelecida e mantida desde cedo. Consequentemente, encontra-se, entre os Negros da Filadélfia, o resultado de ambos os sistemas: a frouxidão da vida nas plantações e a rigidez do ensino Quaker. Entre a classe mais baixa de imigrantes recentes e outros desafortunados há muita promiscuidade sexual e a ausência de uma verdadeira vida doméstica. A prostituição para fins lucrativos não é tão difundida como à primeira vista pareceria natural. Por outro lado, existem dois sistemas generalizados entre as classes mais baixas, a saber, a coabitação temporária e o sustento dos homens. A coabitação de caráter mais ou menos permanente é um desdobramento direto da vida na plantação, e é praticada com frequência considerável; em distritos visivelmente degradados, como às ruas Sete e Lombard, entre 10% e 25% das uniões são dessa natureza. Algumas são simplesmente casamentos de fato, e praticamente nunca são desfeitas. Outras são pactos, que duram de dois a dez anos; outras, por alguns meses; na maioria desses casos, as mulheres não são prostitutas, mas bastante ignorantes e soltas. Nesses casos, é claro, há limitada vida doméstica, uma espécie de vida de bairro centrada nos becos e nas calçadas, onde as crianças são educadas. Entre a grande massa de Negros, esta classe constitui uma porcentagem muito pequena e é absolutamente desprovida de posição social. São a escória que indica a história anterior e as perigosas tendências das massas. O sistema de sustento de homens é comum entre as prostitutas de todos os países, e entre os Negros da cidade. Duas moças de cor andando pela rua South pararam diante de um par de sapatos masculinos expostos em uma vitrine, e uma disse: "Esse é o tipo de sapato que eu compraria para o meu rapaz!". O comentário fixava suas histórias de vida; vinham das prostitutas do Beco do Meio ou da rua Ratcliffe, ou de algum antro semelhante, onde cada mulher sustenta seu homem com os resultados de seus ganhos. A maioria dos andarilhos bem vestidos que se vê na rua Locust próximo à Nove, na Lombard próximo à Sete ou na Doze próximo à Kater, bem como em outras localidades semelhantes, são sustentados por prostitutas e generosidades políticas, e passam todo seu tempo jogando. Eles são absolutamente desprovidos de vida doméstica, e compõem a classe mais perigosa da comunidade, tanto para o crime como para a corrupção política.

Saindo das áreas degradadas e chegando à grande massa da população Negra, vemos que houve um inquestionável esforço para estabelecer lares. Dois grandes empecilhos, no entanto, causam grandes problemas: os baixos salários dos homens e os altos aluguéis. Os baixos salários masculinos tornam necessário que as mães trabalhem, e em muitos casos que trabalhem fora de casa por vários dias na semana. Isso deixa as crianças sem orientação ou controle durante a maior parte do dia, algo desastroso para os costumes e a moral. A isso deve ser acrescentada a consequência de altos aluguéis, ou seja, o sistema de hospedagem. Quem quiser morar no centro da população Negra, perto das grandes igrejas e perto do trabalho, deve pagar um alto aluguel por uma casa decente. Esse aluguel a família Negra média não pode pagar, e para conseguir a casa eles sublocam uma parte para inquilinos. Como consequência, 38% dos lares da Sétima Região têm estranhos desconhecidos admitidos livremente portas adentro. O resultado é, em geral, pernicioso, especialmente onde há crianças em fase de crescimento. Além disso, as pequenas casas da Filadélfia são inadequadas para um sistema de hospedagem. Os hóspedes costumam ser garçons, que ficam em casa entre as refeições, nas horas em que a dona de casa está fora trabalhando, e as filhas em formação ficam, assim, desprotegidas. Em alguns casos, embora isso seja menos frequente, aluga-se quartos para empregadas domésticas e outras inquilinas do sexo feminino. De tais maneiras, a privacidade e a intimidade da vida no lar são destruídas, e elementos de perigo e desmoralização são admitidos. Muitas famílias veem isso e se recusam a aceitar inquilinos, mudando-se para lugares onde possam pagar o aluguel sem ajuda. Isso envolve mais privações para uma raça socialmente excluída como a Negra do que para os brancos, uma vez que muitas vezes significa viver entre vizinhos hostis ou na ausência de interação social. Se vários Negros se instalam juntos, os agentes imobiliários despejam entre eles elementos indesejáveis que alguma associação entusiasmada expulsou das áreas degradadas.

Há um grande número de garçons, porteiros e serviçais na cidade que naturalmente não têm vida doméstica própria e estão expostos a tentações peculiares. A igreja é o ponto de encontro da melhor classe desses jovens, e tenta fornecer seus divertimentos. Vagar e passear pelas ruas é a única outra diversão que a maioria desses jovens tem. Eles configuram um sério problema, para o qual o sistema de hospedagens é a única tentativa de resposta, porém é perigosa. Lares e clubes devidamente geridos devem ser abertos para eles. Uma Associação Cristã de Moços que não se degenere em uma interminável reunião de oração pode satisfazer as necessidades dos jovens rapazes.

A vida doméstica da classe trabalhadora média carece de muitas das características agradáveis de um bom lar. Ainda persistem vestígios de costumes da plantação, e há um costume generalizado de buscar diversão fora de casa; assim a casa torna-se um lugar para uma refeição apressada de vez em quando, e para dormir. Só aos domingos acontece a reunião geral na sala da frente, as visitas e os jantares descontraídos afeitos à vida doméstica adequada. No entanto, o espírito da vida doméstica está crescendo de maneira constante. Quase todas as donas de casa lamentam o sistema de alojamento e o trabalho que as afasta de casa; e há um desejo generalizado de remediar esses males e o outro mal que é semelhante a eles, a permissão para crianças e mulheres jovens saírem desacompanhadas à noite.

Nas famílias de melhor classe, há uma vida familiar agradável de características distintamente Quaker. Pode-se entrar em tais casas na Sétima Região e encontrar todo o conforto tranquilo e o tratamento simples e de bom coração que se esperaria entre pessoas bem-criadas. Em alguns casos, as casas são luxuosamente mobiliadas, em outros, são aconchegantes e antiquadas. Mesmo nos melhores lares, no entanto, é facilmente detectada uma tendência a deixar a igreja comunitária e a vida da sociedade invadir os limites da casa. Há menos reuniões estritamente familiares do que seria desejável, menos reuniões e visitas simples à vizinhança; em seu lugar, estão os chás de igreja, os concertos de salão ou as festas elaboradas oferecidas pelos mais ricos e ostentosos. Essas coisas não afetam particularmente o círculo de famílias envolvidas, mas dão um exemplo às massas que pode levar ao equívoco. A massa do povo Negro deve ser ensinada a guardar o lar de forma sagrada, fazendo deste o centro da vida social e da guarnição moral. Isso, em geral, acontece entre a melhor classe de Negros, mas pode se dar de maneira ainda mais conspícua. Tal ênfase, sem dúvida, significa a diminuição da influência da igreja Negra, e isso é uma coisa desejável.

De modo geral, o Negro tem poucas celebrações familiares; aniversários não são, muitas vezes, notados, o Natal é um tempo de igreja e entretenimentos em geral. O Dia de Ação de Graças está começando a ser amplamente celebrado, mas aqui, novamente, tanto nas igrejas quanto em casa. O lar foi destruído pela escravidão, lutou para existir depois da emancipação e novamente não é exatamente ameaçado, mas negligenciado na vida dos Negros da cidade. Eis aqui algo digno de reflexão.

CAPÍTULO XII
A vida organizada dos Negros

31. História da Igreja Negra na Filadélfia. Já acompanhamos a história da ascensão da Sociedade Africana Livre, que foi o início da Igreja Negra no Norte.[1] Muitas vezes nos esquecemos que o surgimento de uma organização eclesiástica entre os Negros foi um fenômeno curioso. A igreja realmente representava tudo o que restava da vida tribal africana, e era a única expressão dos esforços organizados dos escravos. Era natural que qualquer movimento entre libertos se concentrasse em sua vida religiosa, o único elemento remanescente de seu antigo sistema tribal. Consequentemente, quando, liderados por dois homens fortes, eles deixaram a Igreja Metodista branca, foram naturalmente incapazes de formar qualquer associação democrática de reforma moral; eles precisam ser conduzidos e guiados, e essa orientação deve ter a sanção religiosa que o governo tribal sempre tem. Consequentemente, Jones e Allen, os líderes da Sociedade Africana Livre, já em 1791 iniciaram atividades religiosas regulares, e ao término do século XVIII havia três igrejas Negras na cidade, duas das quais eram independentes.[2]

A Igreja de St. Thomas vem tendo uma história das mais interessantes. Declarou cedo o propósito de "fazer avançar nossos amigos em um verdadeiro conhecimento de Deus, da verdadeira religião e dos caminhos e meios para restaurar nossa raça há muito perdida à dignidade de homens e cristãos".[3] A igreja ofereceu-se à Igreja Episcopal Protestante e foi aceita com a condição de que não participasse do governo da igreja geral. Seu líder, Absalom Jones, foi ordenado diácono e sacerdote, e assumiu o comando da igreja. Em 1804, a igreja estabeleceu uma escola diurna que durou até 1816.⁴ Em 1849, St. Thomas iniciou uma série de tentativas para obter pleno reconhecimento na Igreja com uma demanda por delegados para as suas reuniões. A assembleia declarou primeiro que não era conveniente permitir a participação de Negros. A isto, a sacristia deu uma resposta digna, afirmando que "a conveniência não é argumento contra a violação dos grandes princípios de caridade, misericórdia, justiça e verdade". O corpo Negro não foi recebido em plena comunhão com a Igreja até 1864. Em mais de um século de existência, St. Thomas sempre representou um alto grau de inteligência, e hoje ainda representa a mais culta e rica população Negra e os residentes nascidos na Filadélfia. Consequentemente, sua adesão tem sido sempre pequena, sendo de 246 em 1794, 427 em 1795, 105 em 1860 e 391 em 1897.⁵

O crescimento da Igreja Betel, fundada por Richard Allen na rua Seis Sul, foi tão fenomenal que pertence à história da nação mais que à de qualquer cidade. De um encontro semanal que se reunia na ferraria de Allen na Seis perto de Lombard, cresceu um grande edifício de igreja. Outras igrejas foram formadas sob o mesmo plano geral, e Allen, como supervisor delas, finalmente arvorou-se do título de bispo e ordenou outros bispos. A Igreja, sob o nome de Episcopal Metodista Africana, cresceu e difundiu-se até que em 1890 a organização contava com 452.725 membros, 2.481 igrejas e US $ 6.468.280 em patrimônio.⁶

Em 1813,⁷ havia na Filadélfia seis igrejas Negras, com a seguinte adesão:

St. Thomas, Presbiteriana Episcopal	560
Bethel, Metodista Episcopal Americana	1.272
Zoar, Metodista Episcopal	80
Union, Metodista Episcopal Americana	74
Batista, ruas Race e Vine	80
Presbiteriana	300
	2.366

A Igreja Presbiteriana fora fundada por dois missionários Negros, pai e filho, de nome Gloucester, em 1807.⁸ A Igreja Batista foi fundada em 1809. O levantamento de 1838 dá estas estatísticas de igrejas:

Denominação	Número de igrejas	Membros	Despesas anuais	Valor do patrimônio	Encargos
Episcopal	1	100	$ 1.000	$ 36.000	..
Luterana	1	10	$ 120	$ 3.000	$ 1.000
Metodista	8	2.860	$ 2.100	$ 50.800	$ 5.100
Presbiteriana	2	325	$ 1.500	$ 20.000	$ 1.000
Batista	4	700	$ 1.300	$ 4.200	..
Total	16	3.995	$ 6.020	$ 114.000	$ 7.100

Mais três igrejas foram acrescentadas nos dez anos seguintes, e depois disso seguiu-se uma reação.[9] Até 1867, havia provavelmente quase vinte igrejas, das quais temos estatísticas para dezessete[10]:

Estatísticas de igrejas Negras (1867)

Nome	Fundação	Número de membros	Valor do patrimônio	Salário de pastores
Protestante Episcopal				
St. Thomas'	1792	..	..	..
Metodista				
Bethel	1794	1.100	$ 50.000	$ 600
Union	1827	467	$ 40.000	850
Wesley	1817	464	$ 21.000	700
Zoar	1794	400	$ 12.000	..
John Wesley	1844	42	$ 3.000	Sem salário regular
Little Wesley	1821	310	$ 11.000	500
Pisgah	1831	116	$ 4.600	430
Zion City Mission	1858	90	$ 4.500	
Litte Union	1837	200	..	..
Batista				
First Baptist	1809	360	$ 5.000	..
Union Baptist		400	$ 7.000	600
Shiloh	1842	405	$ 16.000	600
Rua Oak	1827	137	..	..

Nome	Fundação	Número de membros	Valor do patrimônio	Salário de pastores
Presbiteriana				
First Presbyterian	1807	200	$ 8.000	..
Second Presbyterian	1824	..	..	..
Central Presbyterian	1844	240	$ 16.000	..

Desde a guerra, o crescimento de igrejas Negras tem se dado a passos largos, passando de vinte e cinco igrejas e missões em 1880 a cinquenta e cinco em 1897. Um crescimento tão fenomenal quanto este aqui delineado significa mais do que o estabelecimento de muitos locais de culto. O Negro, com certeza, é uma criatura religiosa – como a maior parte dos povos primitivos –, porém essa rápida e até mesmo extraordinária fundação de igrejas não se deve apenas a esse fato, mas é uma medida de seu desenvolvimento, uma indicação da crescente complexidade de sua vida social e da consequente multiplicação do órgão que é função de sua vida coletiva: a Igreja. Para entender isso, vamos investigar a função da Igreja Negra.

32. A função da Igreja Negra. A Igreja Negra é o produto peculiar e característico do africano transplantado, e merece um estudo especial. Como grupo social, pode-se dizer que a Igreja Negra antecedeu a família Negra em solo americano. Como tal, preservou, por um lado, muitas funções da organização tribal e, por outro, muitas das funções familiares. Suas funções tribais são mostradas em sua atividade religiosa, em sua autoridade social e no trabalho geral de orientação e coordenação. Suas funções familiares são evidenciadas pelo fato de que a Igreja é um centro de interação e vida social, atua como jornal de notícias e agência de inteligência, é o centro de diversões – é o mundo em que o Negro se move e atua de fato. Essas funções da Igreja são tão abrangentes que sua organização é quase política. Na Igreja Betel, por exemplo, a igreja mãe, Episcopal Metodista Africana da América, temos os seguintes cargos e organizações:

O Bispo do Distrito	
O Ancião Presidente	} Executivo
O Pastor	
O quadro de curadores (trustees)	Conselho executivo
Assembleia Geral da Igreja	Legislativo
Quadro de coordenadores*	
Quadro de coordenadoras	} Quadro financeiro
Coordenadores juniores	
Organização da Escola Dominical	Sistema educacional
Auxiliar das mulheres, Guilda voluntária etc.	Coletores de impostos
Associação de fiscais (*Usher*)	Polícia
Líderes de classe	
Pregadores locais	} Xerifes e magistrados
Coral	Música e diversão
Guardas Allen	Milícia
Sociedades missionárias	Reformadores sociais
Sociedades beneficentes e semissecretas	Corporações

Ou, em outras palavras, temos aqui um prefeito nomeado de fora, com grandes poderes administrativos e legislativos, embora bem limitado por costumes antigos e zelosamente apreciados. Ele atua em conjunto com um conselho seleto, os curadores, um conselho de finanças composto de coordenadores e coordenadoras, um conselho comum de comissões e, ocasionalmente, de todos os membros da Igreja. As várias funções da Igreja são desempenhadas por sociedades e organizações. A forma de governo varia, mas geralmente é alguma forma de democracia bem guardada pelo costume e temperada com possíveis e não raras dissidências.

As funções de tais igrejas em ordem de ênfase atual são:

1. O aumento da arrecadação anual;
2. A manutenção dos membros;
3. Interações sociais e diversões;
4. O estabelecimento de padrões morais;
5. Promoção da inteligência geral;
6. Esforços para melhoria social.

---

* No original, *Board of Stewards*.

1. O orçamento anual é de suma importância porque a vida da organização depende disso. O montante de despesas não é determinado de forma muito precisa antecipadamente, apesar de seus itens principais não variarem muito. Há o salário do pastor, a manutenção do prédio, luz e calefação, o pagamento do zelador, contribuições para vários objetos da igreja e coisas do gênero, devendo-se acrescentar a isso juros sobre pagamentos de alguma dívida. O montante necessário na Filadélfia varia, portanto, de $ 200 a $ 5.000. Uma pequena parcela disso é arrecadada por uma taxa paga diretamente por cada membro. Além disso, espera-se que haja contribuições voluntárias pelos membros, em geral dependendo da capacidade, e uma forte opinião pública geralmente age para que os pagamentos sejam compulsórios. Outra grande fonte de receita é a arrecadação após os sermões no domingo, quando, em meio à leitura de avisos e um burburinho abafado de interações sociais, um fluxo de doadores sobe ao púlpito e coloca nas mãos do administrador ou coordenador responsável uma contribuição, variando de um centavo a um dólar ou mais. A isso deve-se somar a receita constante proveniente de entretenimentos, jantares, eventos sociais, feiras e afins. Desta forma, as igrejas Negras da Filadélfia arrecadam quase US $ 100.000 por ano. Elas detêm, em imóveis, o equivalente a $ 900.000 em propriedades e, portanto, não são um elemento insignificante na economia da cidade.

2. Métodos extraordinários são empregados; e esforços, aplicados para manter e aumentar o número de membros das várias igrejas. Ser uma igreja popular com um grande número de membros significa amplas receitas e uma grande influência social e liderança entre as pessoas de cor, inigualáveis em poder e eficácia. Consequentemente, as pessoas são atraídas para a igreja pelos sermões, pela música e pelos entretenimentos; finalmente, todos os anos é realizado um avivamento, no qual um número considerável de jovens é convertido. Tudo isso é feito com perfeita sinceridade e sem pensar muito em meramente aumentar o número de membros, e ainda assim toda pequena igreja se esforça para ser grande por esses meios, e toda grande igreja, para se manter ou crescer. As igrejas variam, assim, de uma dúzia a mil membros.

3. Sem que o esforço fosse totalmente consciente, a Igreja Negra tornou-se um centro de interação social em um grau desconhecido até mesmo nas igrejas brancas do país. As várias igrejas também representam classes sociais. Em St. Thomas, procura-se os filadelfienses abastados, em grande parte

descendentes dos serviçais domésticos mulatos favoritos e, consequentemente, bem criados e educados, mas bastante frios e reservados frente a estranhos ou recém-chegados. Na Presbiteriana Central, vê-se o conjunto mais velho e mais simples de respeitáveis filadelfienses com características notadamente Quaker – agradáveis, mas conservadores. Na Betel pode-se ver o melhor da numerosa classe trabalhadora – pessoas constantes e honestas, bem vestidas e bem nutridas, com tradições de igreja e família. Na Wesley, encontraremos os recém-chegados, os turistas e os estranhos à cidade – pessoas de trato fácil e bom coração que acolhem todos que chegam e fazem poucas perguntas. Na União Batista, podemos encontrar as criadas da Virgínia e seus rapazes, e assim por diante por toda a cidade. Cada igreja forma seu próprio círculo social, e poucos se atrevem a ultrapassar seus limites. Apresentações dentro daquele círculo vêm por meio da Igreja, e assim o estranho se torna conhecido. Todos os tipos de diversões e entretenimentos são oferecidos pelas igrejas: concertos, jantares, encontros, feiras, exercícios e debates literários, cantorias, peças de teatro, excursões, piqueniques, festas surpresa, comemorações. Cada feriado é ocasião para algum entretenimento especial por algum clube, sociedade ou comissão da Igreja; nas tardes e noites de quinta-feira, quando as empregadas domésticas folgam, com certeza sempre têm algum tipo de entretenimento. Às vezes, essas atividades são gratuitas, em outras, é cobrada alguma taxa de admissão, às vezes, refrescos ou artigos estão à venda. O entretenimento favorito é um concerto com cantoria solo, música instrumental, declamação e coisas semelhantes. Muitos artistas ganham a vida se apresentando nesses programas em diversas cidades, e frequentemente, apesar de nem sempre, são pessoas com treinamento e habilidades. Essas e outras atividades de igrejas são tão frequentes que há poucas igrejas Negras que não estejam abertas de quatro a sete noites por semana, e às vezes uma ou duas vezes à tarde também.

Talvez a interação social mais agradável e interessante aconteça aos domingos: o trabalho árduo da semana está feito, as pessoas dormiram até tarde e comeram um bom desjejum, e dirigem-se à igreja bem vestidas e satisfeitas. O horário usual do culto matutino é às onze, mas as pessoas continuam chegando até depois das doze. O sermão geralmente é curto e emocionante, mas nas igrejas maiores provoca poucas respostas além de um "Amém" ou dois. Depois do sermão, as atividades sociais começam: os avisos das várias reuniões da semana são lidos, as pessoas conversam entre si em tom moderado, levam suas contribuições ao altar e ficam nos saguões e corredores muito depois da conclusão para rir e conversar até uma ou duas horas. Então eles vão para casa para boas refeições. Às vezes, há algum culto especial às três horas, mas geralmente nada além da escola dominical, até a noite. Então vem a reunião principal do dia: é provável que dez mil Negros se reúnam todos os domingos à noite em suas igrejas. Há muita música, muita pregação, alguns discursos curtos; muitos estranhos estão lá para serem vistos; muitos rapazes trazem suas garotas, e aqueles que não as trazem se aglomeram na porta da igreja e escoltam as moças para casa. As aglomerações são geralmente bem comportadas e respeitáveis, embora um pouco mais alegres do que seria adequado a uma ideia puritana de cultos em igrejas.

Desta forma, a vida social do Negro centra-se em sua igreja – batismo, casamento e funeral, fofoca e namoro, amizade e intriga –; tudo está nessas paredes. Que maravilha que esta casa de encontros central tenda a se tornar cada vez mais luxuosamente mobilada, cara de se frequentar e de fácil acesso!

4. Não se deve deduzir de tudo isso que o Negro seja hipócrita ou irreligioso. Sua Igreja é, com certeza, primeiro uma instituição social, e depois religiosa, mas, no entanto, sua atividade religiosa é ampla e sincera. No ensino moral direto e no estabelecimento de padrões morais para o povo, no entanto, a Igreja é tímida, e naturalmente assim, pois sua constituição é a democracia temperada pelo costume. Os pregadores Negros são frequentemente condenados por má liderança e sermões vazios, e diz-se que homens com tanto poder e influência poderiam fazer reformas morais marcantes. Isso é apenas parcialmente verdade. Ao invés de a congregação seguir os preceitos morais do pregador, é o pregador quem segue o padrão de seu rebanho, e somente homens excepcionais ousam mudar isso. E aqui devemos lembrar que o pregador Negro é antes um oficial executivo do que de um guia espiritual. Se alguém for a qualquer grande igreja Negra e ouvir o sermão e vir o público, dirá: ou o sermão está muito abaixo do calibre da audiência, ou as pessoas são menos sensatas do que parecem; a primeira explicação é geralmente a verdadeira. O pregador certamente será um homem de capacidade executiva, um líder de homens, um astuto e afável presidente de uma grande e intrincada corporação. Além disso, ele pode ser, e geralmente é, um locutor notável; ele também pode ser um

homem de integridade, aprendizado e profunda seriedade espiritual; mas essas três últimas características às vezes faltam por completo, e as duas últimas, em muitos casos. Alguns sinais de avanço estão aqui manifestos: nenhum ministro de vida notoriamente imoral, ou mesmo de má reputação poderia manter uma grande igreja na Filadélfia sem eventual revolta. A maioria dos pastores atuais são homens decentes, respeitáveis; talvez haja uma ou duas exceções a isso, mas as exceções são mais duvidosas do que notórias. No todo, portanto, o pregador Negro médio nesta cidade é um administrador astuto, um homem respeitável, um bom orador, um companheiro agradável, mas não erudito ou espiritual, nem um reformador.

Os padrões morais são, portanto, estabelecidos pelas congregações e variam de igreja para igreja em algum grau. Houve um trabalho lento na direção de uma obediência literal ao padrão puritano e ascético de moral que o Metodismo impôs aos libertos; mas a condição e o temperamento os modificaram. As formas mais grosseiras de imoralidade, juntamente com idas ao teatro e danças, são especificamente denunciadas; no entanto, os preceitos contra diversões específicas são muitas vezes desobedecidos pelos membros da Igreja. A cisão entre as denominações ainda é grande, especialmente entre metodistas e batistas. Os sermões são geralmente mantidos dentro do terreno seguro de um calvinismo brando, com muita insistência na Salvação, na Graça, na Humanidade Caída e afins.

A principal ação dessas igrejas na moral é de conservar antigos padrões e criar sobre eles uma opinião pública que detenha o ofensor. E nisso as igrejas negras são peculiarmente bem-sucedidas, embora, naturalmente, os padrões cultivados não sejam tão elevados quanto deveriam ser.

5. As igrejas Negras foram o berço das escolas Negras e de todas as agências que buscam promover a inteligência das massas; e ainda hoje nenhuma agência serve para divulgar notícias ou informações com tanta rapidez e efeito entre os Negros quanto a Igreja. O liceu e a palestra aqui ainda mantêm uma existência débil, mas persistente, e os jornais e livros da Igreja circulam amplamente. Escolas noturnas e jardins de infância ainda são mantidos em conexão com igrejas, e todas as celebridades Negras, de um bispo a um poeta como Dunbar, são apresentadas ao público Negro a partir dos púlpitos.

6. Consequentemente, todos os movimentos de melhoria social estão propensos a se centrarem nas igrejas. Inúmeras sociedades beneficentes

são formadas aqui: sociedades secretas se mantêm em contato, associações cooperativas e de construção têm aparecido recentemente, o ministro atua frequentemente como agente de empregos, um considerável trabalho de caridade e assistência é feito e há reuniões especiais para auxiliar Projetos Especiais.[11] O problema racial em todas as suas fases é continuamente discutido, e, de fato, deste fórum muitos jovens saem inspirados a trabalhar.

Essas são algumas das funções da Igreja Negra, e um estudo sobre ela indica o quanto essa organização se tornou uma expressão da vida organizada dos Negros em uma grande cidade.

33. A condição atual das igrejas. As 2.441 famílias da Sétima Região foram distribuídas entre as várias denominações, em 1896, da seguinte forma:

	Famílias
Metodistas	842
Batistas	577
Episcopais	156
Presbiterianas	74
Católicas	69
Shakers*	2
Sem conexões e sem informações	721
	2.441

É provável que metade das "sem conexões e sem informações" frequentem igrejas habitualmente.

Na cidade em geral, os metodistas têm uma maioria firme, seguidos pelos batistas e, mais atrás, dos episcopais. Começando pelos metodistas, encontramos três corpos: o Episcopal Metodista Africano (A. M. E.), fundado por Allen; o A. M. E. Zion, que surgiu de uma secessão de Negros das igrejas brancas em Nova Iorque no século XVIII; e a Igreja Metodista Episcopal, composta por igrejas de cor pertencentes à Igreja Metodista branca, como a Zoar.

---

* Os Shakers eram um grupo religioso cristão que defendia a igualdade racial, bastante atuante no século XIX. Atualmente, só há registro de uma comunidade Shaker remanescente nos E.U.A., no estado de Maine. (N.T.)

Igrejas Americanas Metodistas Episcopais (A. M. E.) da Filadélfia (1897)

Nome da Igreja.	Número de membros	Número de Sociedades. Missionárias	Número de Sociedades. Auxiliares da igreja	Presbitério	Capacidade de assentos	Sustento geral da igreja	Despesas locais da igreja	Salário do pastor	Missionários e educacionais	Caridade	Receita total	Valor do patrimônio da igreja	Endividamento
Bethel	1.104	1	21	1	1.500	$924,00	$1.560(?)	$1.500,00	$137,45	$435,87	$4.557,32	$94.000,00	?
Murray Chapel	170	2	3	..	350	233,00	697,94	700,00	23,97	50,00	1.704,91	5.000,00	$137,00
Zion Missions	128	1	1	..	350	139,00	481,97	653,49	35,54	50,00	1.360,92	7.000,00	1.093,25
Germantown	119	2	2	1	450	156,87	1.685,26	1.000,00	39,83	41,18	2.913,14	14.500,00	7.400,00
Frankford	127	2	3	1	400	142,50	500(?)	600,00	39,50	15,00	1.297,00	15.000,00	1.869,46
Darby	44	1	1	..	300	86,65	300,07	270,00	18,12	2,26	677,00	3.329,00	203,95
Allen Chapel	378	1	4	..	550	312,82	750(?)	964,75	53,25	132,60	2.213,42	15.000,00	3.651,00
Disney	22	1	4	..	200	35,75	129,36	122,05	8,75	3,00	300,91	2.400,00	904,00
York	48	1	2	..	317	106,50	524,20	600,00	55,40	12,00	1.790,60	6.000,00	2.700,00
Tioga	..	..	..	..	..	10,33	182,42	286,05	..	..	478,80	..	..
Payne	25	..	1	..	200	20,13	583,68	47,62	1,25	8,38	661,46	3.000,00	2.454,00
Union	674	..	5	1	1.000	502,88	2.471,81	1.400,00	93,20	135,00	4.602,89	25.000,00	8.038,62
Mt. Pisgah	315	1	5	1	500	391,85	793,38	1.000,00	79,00	465,67	3.749,90	..	..
Morris Brown	46	2	2	..	..	74,75	287,58	265,62	8,93	8,88	645,86	12.000,00	7.162,00
Total	3.210	15	54	5	6.117	$3.137,03	$14.665,47	$9.398,58	$594,19	$1.358,84	$27.074,13	$202.229,00	$35.613,28

A Igreja Episcopal Metodista Americana é o maior corpo e tinha, em 1897, quatorze igrejas e missões na cidade, com um total de 3.210 membros, e treze edifícios de igrejas, com capacidade para 6.117 pessoas. Essas igrejas arrecadaram durante o ano $ 27.074,13. Seu patrimônio está avaliado em $ 202.229, sobre o qual há uma dívida hipotecária de $ 30.000 a $ 50.000. Estatísticas detalhadas são fornecidas na tabela da próxima página.

Essas igrejas são muito bem organizadas e são conduzidas com vigor e entusiasmo. Isso deriva em grande parte de seu sistema. Seus bispos têm sido, em certa medida, homens pios e capazes como o falecido Daniel A. Payne. Em outros casos, eles caíram muito abaixo desse padrão, mas sempre foram homens de grande influência e tiveram um gênio para a liderança – caso contrário, não teriam se tornado bispos. Eles têm grandes poderes de nomeação e remoção no caso de pastores, e, portanto, cada pastor, trabalhando sob os olhos de um chefe inspirador, esforça-se ao máximo para fazer de sua igreja uma organização de sucesso. O bispo é auxiliado por vários anciões presidentes, que são inspetores e pregadores ambulantes e dão conselhos quanto a nomeações. Esse sistema resulta em grande unidade e poder; as metas puramente espirituais da Igreja, certamente, sofrem um tanto, mas afinal de contas esse organismo peculiar é mais que uma igreja, é um governo de homens.

A sede da Igreja A. M. E. está na Filadélfia. Sua editora, na Sete com Pine, publica um semanário e uma revista trimestral, além de alguns livros, como hinários, disciplinas eclesiásticas, tratados curtos, folhetos e afins. As receitas deste estabelecimento em 1897 foram de $ 16.058,26, e suas despesas, de $ 14.119,15. Suas instalações e seu patrimônio estão avaliados em $ 45.513,64, com uma dívida de $ 14.513,64.

Uma residência episcopal para o bispo do distrito foi recentemente adquirida na avenida Belmont. A Conferência da Filadélfia sacou dos fundos da igreja geral, em 1897, US $ 985 para ministros aposentados e US $ 375 para viúvas de ministros. Duas ou três mulheres missionárias visitaram os enfermos durante o ano, e alguns comitês da Sociedade Missionária de Senhoras trabalharam para garantir lares de órfãos.[12]

Assim, em todo o trabalho desta Igreja há muitas evidências de entusiasmo e progresso persistente.[13]

Há três igrejas na cidade representando a conexão A. M. E. Zion. São elas:

Wesley. .... Ruas Quinze e Lombard
Mount Zion .... Rua Cinquenta e cinco, acima da rua Market
Union .... Rua Nove e avenida Girard

Estatísticas detalhadas das igrejas não estão disponíveis; as duas últimas são pequenas, a primeira, uma das maiores e mais populares da cidade. O pastor recebe $ 1.500 por ano, e a renda total da igreja é entre $ 4.000 e $ 5.000. Ela faz um considerável trabalho de caridade entre os membros idosos e sustenta uma grande sociedade de benefícios para doenças e mortes. Seu patrimônio vale ao menos $ 25.000.

Duas outras igrejas metodistas de diferentes denominações são: a Grace U. A. M. E., na rua Lombard, acima da Quinze; a Metodista Protestante St. Matthew, às ruas Cinquenta e Oito e Vine. Ambas são igrejas pequenas, apesar de a primeira ter uma propriedade imobiliária valiosa.

A Igreja Metodista Episcopal tem seis organizações na cidade entre os Negros; elas possuem imóveis de igrejas avaliados em $ 53.700, têm uma adesão total de 1.202 membros e tiveram uma renda de $ 16.394 em 1897. Dessa renda total, $ 1.235 ou 7,5% foram doados a empreendimentos beneficentes. Essas igrejas são discretas e bem conduzidas, e, apesar de não estarem entre as mais populares, têm, contudo, a adesão de cidadãos antigos e respeitados.

Igrejas A. M. E. de cor na Filadélfia (1897)

Igreja	Membros	Salário etc. de pastor	Contribuições a anciãos presidentes e bispos	Valor da igreja	Valor do presbitério	Construções e melhorias durante o ano	Pago em dívida	Endividamento atual	Despesas correntes	Arrecadações beneficentes
Rua Bainbridge	354	$ 1.312	$ 151	$ 20.000	..	$ 190	$ 601	$ 4.433	$ 1.274	$ 326
Frankford	72	$ 720	$ 35	$ 1.500	..	$ 15	$ 146	$ 130	$ 155	$ 87
Germantown	165	$ 828	$ 72	$ 4.000	..	..	$ 400	$ 1.000	$ 270	$ 177
Haven	72	$ 440	$ 39	$ 3.400	..	$ 24	..	$ 3.836	$ 277	$ 25
Rua Waterloo	31	$ 221	$ 27	$ 800	..	$ 450	$ 50	$ 90	$ 22	$ 37
Zoar	508	$ 1.270	$ 220	$ 20.000	$ 4.000	$ 3.522	$ 2.171	$ 5.800	$ 257	$ 583
Total	1.202	$ 4.791	$ 544	$ 49.700	$ 4.000	$ 4.201	$ 3.368	$ 15.289	$ 2.255	$ 1.235

Havia, em 1896, dezessete igrejas Batistas na Filadélfia, detendo um patrimônio avaliado em mais de $ 300.000, com 6.000 membros e renda anual de, provavelmente, entre $ 30.000 e $ 35.000. Uma das maiores igrejas arrecadou, nos últimos cinco anos, entre $ 17.000 e $ 18.000.

Igrejas batistas de cor da Filadélfia (1896)

Igreja	Membros	Valor do patrimônio	Gastos em missões locais e estrangeiras	Receita anual
Monumental	435	$ 30.000	$ 7,00	..
Rua Cherry	800	$ 50.000	..	..
Union	1.020	$ 50.000	$ 58,10	..
St. Paul	422	$ 25.000	$ 1,00	..
Ebenezer	189	$ 12.000	$ 3,36	..
Macedônia	76	$ 1.000	$ 3,00	..
Bethsaida	78	..	..	..
Haddington	50	..	..	..
Germantown	305	$ 24.800	..	..
Grace	57	$ 2.000	$ 5,50	..
Shiloh	1.000	$ 50.000	..	..
Holy Trinity	287	$ 10.000	$ 3,00	$ 3.600
Segunda, Nicetown	164	$ 2.000	$ 9,73	..
Zion	700	$ 40.000	..	..
Providence	..	..	..	..
Cherry Street Mission	..	..	..	..
Tabernacle	..	..	..	..
Total	5.583	$ 296.800	..	..

Os batistas são fortes na Filadélfia e possuem muitas igrejas grandes e atraentes, como a Igreja da União Batista, na rua Doze; a Batista de Sião, na parte Norte da cidade; a Monumental, na West Filadélfia; e a séria e respeitável Igreja da rua Cherry. Estas igrejas têm, como regra, um grande número de adeptos. Elas são, entretanto, bastante diferentes em espírito e métodos das metodistas; falta-lhes organização, e não são tão bem administradas como empresas. Consequentemente, as estatísticas de seu trabalho são muito difíceis de se obter, e, de fato, em muitos casos, nem mesmo existem para igrejas individuais. Por outro lado, os batistas são peculiarmente clânicos e leais à sua organização, mantêm seus pastores por muito tempo e, portanto, cada igreja ganha uma individualidade não percebida nas igrejas metodistas. Se o pastor é de caráter forte e correto, sua influência para o bem é marcada. Ao mesmo tempo, os batistas têm em suas fileiras uma porcentagem maior de analfabetos do que provavelmente qualquer outra igreja, e muitas vezes é possível que um homem inferior detenha uma grande igreja por anos e a deixe estagnar e retroceder. A política batista é a da democracia extrema aplicada às questões da Igreja, e não surpreende que isso frequentemente resulte em uma ditadura perniciosa. Apesar de muitos pastores batistas da Filadélfia serem homens de habilidade e educação, a média geral está abaixo daquela de outras igrejas – um fato que se deve principalmente à facilidade com que se pode ingressar no ministério batista.[14] Essas igrejas sustentam uma pequena editora na cidade, que publica um semanário. Elas fazem algum trabalho de caridade, mas não muito.[15]

Há três igrejas presbiterianas na cidade:

Nome	Membros	Valor do patrimônio	Receita anual	
Bereana	98	$ 75.000	$ 1.135	Presbitério
Central	430	$ 50.000	$ 1.800	Presbitério
First African	105	$ 25.000	$ 1.538	..

A Igreja Central é a mais antiga dessas igrejas, e possui uma história interessante. Ela representa uma saída da Primeira Igreja Africana Presbiteriana, em 1844. A congregação fazia seus cultos inicialmente às ruas Oito e Carpenter, e em 1845 comprou um lote na Sete com Lombard, onde ainda se reúnem em uma discreta e respeitável casa de adoração. Seus 430 membros incluem algumas das mais antigas e respeitáveis famílias Negras da cidade. Provavelmente, se os presbiterianos brancos tivessem dado mais incentivo aos Negros, essa denominação teria absorvido os melhores elementos da população de cor. Eles parecem, no entanto, ter demonstrado algum desejo de se livrar dos Negros, ou pelo menos de não aumentar em muito o número de adeptos Negros na Filadélfia. A Igreja Central é mais próxima a uma organização religiosa simples do que a maioria das igrejas; nela, ouve-se sermões hábeis, mas pouco se faz fora de suas próprias portas.[16]

A Igreja Berean é o trabalho de um homem e é uma igreja institucional. Antigamente, era uma missão da Igreja Central, e agora possui uma bela propriedade comprada com doações feitas por brancos e Negros, mas principalmente pelos primeiros. A concepção da obra e sua realização, no entanto, se devem a Negros. Esta igreja conduz uma bem-sucedida Associação de Construção e Empréstimos, um jardim de infância, um dispensário médico e um lar à beira-mar, além de numerosas sociedades de igreja. É provável que nenhuma outra igreja da cidade, exceto a Igreja Episcopal da Crucificação, esteja fazendo tanto pela melhora social do Negro.[17] A Primeira Igreja Africana é a igreja de cor mais antiga dessa denominação na cidade.

A Igreja Episcopal tem, para congregações Negras, duas igrejas independentes, duas igrejas dependentes situadas em paróquias brancas e quatro missões e escolas dominicais. Estatísticas de três delas são fornecidas na tabela da próxima página.

As igrejas episcopais recebem mais ajuda externa do que outras, e também fazem mais missões gerais e trabalhos de resgate. Possuem patrimônio no valor de $ 150.000, têm de 900 a 1.000 membros e renda anual de $ 7.000 a $ 8.000. Elas representam todos os graus da população de cor. A mais antiga das igrejas é a de St. Thomas. Em seguida, vem a Igreja da Crucificação, com mais de cinquenta anos e talvez a organização eclesiástica mais eficaz da cidade para trabalhos beneficentes e de resgate. Ela foi construída praticamente por um Negro, um homem de sinceridade e cultura e de energia peculiar. Esta igreja mantém um trabalho religioso regular na Bainbridge com Oito e em duas missões filiais; ela auxilia no Fundo de Ar Fresco, tem uma missão de produção de gelo, uma escola de férias de trinta e cinco crianças e um visitante da paróquia. Faz uma programação especial de boa música com seu coral. Um ou dois cursos de Extensão Universitária são realizados aqui a cada ano, e há uma grande sociedade beneficente e de seguros em operação ativa, além de um Lar para os Sem-teto na rua Lombard. Essa igreja atende especialmente a uma classe de pobres negligenciados que as outras igrejas de cor evitam ou esquecem e para os quais há pouca solidariedade nas igrejas brancas. O reitor diz desse trabalho:

SEÇÃO: 33. A CONDIÇÃO ATUAL DAS IGREJAS

Igrejas protestantes episcopais de cor na Filadélfia#　(1897)

Igreja		Membros	Reitores e assistentes	Sociedades da igreja	Doações de igreja - Para a paróquia	Doações de igreja - Propósitos fora da paróquia	Receita total	Despesas - Salário de reitor	Despesas - Despesas correntes	Despesas - Pobres	Despesas - Total de despesas paroquiais	Despesas - Diocesanas	Despesas - Missões gerais etc.	Despesas totais	Valor de patrimônio pessoal e imobiliário	Ônus	Dotações
Independentes	Crucifixion e Uma Missão	310	2	9	$437,58	$879,40	$2.995,93	$1.200	$2.477,98	$73	$2.632,98	$35,00	$101,37	$2.769,35	$45.000	..	$11.000
Independentes	St. Thomas'	391	1	9	1.457,90	10,00	2.347,53	..	2.008,00	70	2.475,81	..	..	2.582,98	60.000	$5.388,73	..
	St. Michael e All Angels	90	1	9	227,08	6,67	1.270,79	760	1.381,89	..	1.411,89	6,50	..	1.420,56	25.000	1.200,00	..

#Além dessas, há as seguintes Igrejas para as quais não se obteve estatísticas: St. Mark's, Escola Dominical Zion, Missão de St. Faith e Capela de St. Simon. A primeira é sustentada principalmente por uma paróquia branca, e possui um prédio novo; a segunda e a terceira são pequenas missões; a quarta é um desmembramento promissor da Igreja da Crucificação (Crucificação).

"Quando olho para trás, para quase vinte anos de trabalho em uma paróquia, vejo muito a agradecer com devoção. Aqui há pessoas pelejando desde o início de um ano até outro, sem nunca ter o que podemos dizer serem as coisas necessárias da vida. Só Deus sabe como a vida é uma verdadeira luta para eles. Muitos deles devem estar sempre 'seguindo em frente', porque não podem pagar o aluguel ou dar conta de outras obrigações.

"Acabei de visitar uma família de quatro pessoas, mãe e três crianças. A mãe está muito doente para trabalhar. A menina mais velha trabalhará quando puder encontrar algo para fazer. Mas devem o aluguel, e não há um centavo na casa. Isso é apenas uma amostra. Como essas pessoas podem sustentar uma igreja própria? Para muitos, a religião muitas vezes se torna duplamente reconfortante. Agarram-se avidamente às promessas de uma vida onde essas aflições terrenas estarão para sempre ausentes.

"Se a outra metade soubesse como essa metade está vivendo – quão dura, sombria e muitas vezes sem esperança a vida é –, os membros da metade mais favorecida de bom grado ajudariam a fazer tudo o que pudessem para ter o evangelho pregado livremente àqueles cujas vidas são tão desprovidas de confortos terrenos.

"Vinte ou trinta mil dólares (e isso não é muito), investidos com segurança, permitiriam à paróquia fazer um trabalho que deveria ser feito, mas ainda não está sendo feito atualmente. Os pobres poderiam ter o evangelho pregado a eles de uma maneira que não está sendo pregada."

A Igreja Católica fez um grande progresso na última década em seu trabalho entre os Negros, e está determinada a fazer muito no futuro. Sua principal influência sobre as pessoas de cor é sua relativa falta de discriminação. Há uma igreja católica na cidade projetada especialmente para o trabalho Negro – a St. Peter Clavers à Doze com Lombard –, anteriormente uma igreja presbiteriana. Recentemente foi acrescentada uma casa paroquial. O padre responsável estima que 400 ou 500 Negros frequentem regularmente igrejas católicas em várias partes da cidade. O Lar Mary Drexel para Órfãos de Cor é uma instituição católica próxima à cidade que vem trabalhando muito. A Igreja Católica pode fazer mais do que qualquer outra agência para humanizar o intenso preconceito de muitos da classe operária contra o Negro, e sinais dessa influência se manifestam em alguns rincões.

Analisamos, portanto, com algum detalhe o trabalho das principais igrejas. Existem, ao lado dessas continuamente brotando e morrendo, uma série de pequenas missões barulhentas que representam a adoração mais antiga e mais demonstrativa. A descrição de uma se aplica a quase todas; tome-se, por exemplo, um dos *slums* da Quinta Região:

"A tabuleta na empena desta pequena igreja traz a data de 1837. Há sessenta anos ela está de pé e faz seu trabalho na viela estreita. Qual foi sua história durante todo esse tempo é difícil descobrir, pois não há registros à mão, e ninguém está aqui para contar a história.

"Os últimos meses da velha ordem foram mais ou menos assim: estava nas mãos de uma congregação Negra. Várias visitas foram feitas à igreja, e geralmente uma dúzia de pessoas encontrava-se ali. Depois de um discurso de um pregador muito analfabeto, cantavam-se hinos, com muitas repetições de emoções sem sentido e cadências animadas. Levou-se cerca de uma hora para levar a congregação a um fervor almejado. Quando este foi alcançado, uma cena admirável se apresentou. Toda a congregação avançou para um espaço aberto diante do púlpito e formou um anel. Os mais excitáveis do grupo entraram na roda, e com palmas e contorções lideraram as devoções. Os que formavam a roda se juntaram no aplauso e na cantoria sonora e indomada, saltando no ar com frequência e gritando alto. À medida que as devoções prosseguiam, a maioria dos adoradores tirava seus casacos e coletes e os pendurava em pinos na parede. Isso continuou por horas, até que todos estivessem completamente exaustos e alguns houvessem desmaiado e sido levados para os bancos ou à plataforma do púlpito. Essa era a ordem das coisas ao final de sessenta anos de história. Quando essa congregação vagou a igreja, o fizeram sorrateiramente, sob o manto da escuridão, removeram mobiliário que não lhes pertencia, incluindo o púlpito, e deixaram contas a pagar.[18]

Existem dezenas dessas pequenas missões, em várias partes da Filadélfia, lideradas por pregadores errantes. Eles são sobreviventes dos métodos de adoração na África e nas Índias Ocidentais. Em algumas das igrejas maiores, o barulho e a excitação comparecem aos cultos, especialmente no momento do reavivamento ou em reuniões de oração. Na maioria das vezes, porém, esses costumes estão desaparecendo.

Para recapitular, temos na Filadélfia 55 igrejas Negras com 12.845 membros que possuem patrimônio no valor de $ 907.729 com uma renda anual de pelo menos $ 94.968. E essas igrejas representam melhor os esforços organizados da raça do que qualquer outra organização. Em segundo lugar, porém, vêm as sociedades secretas e beneficentes, que agora consideramos.

34. Sociedades secretas e beneficentes e empresas cooperativas.
A arte da organização é a mais difícil para o liberto aprender, e o Negro mostra, aqui, sua maior deficiência. Qualquer sucesso que ele teve foi mostrado de forma mais conspícua em suas igrejas, onde o vínculo religioso facilitou muito a união. Em outras organizações onde o vínculo era mais fraco, seu sucesso foi menor. Desde os primeiros tempos, a precária condição econômica dos Negros livres levou a muitas organizações de ajuda mútua. Eram muito simples na forma: era necessária uma taxa inicial de pequena quantia e pequenos pagamentos regulares. Em caso de doença, era paga uma ajuda de custo semanal, e em caso de morte, os membros eram instados a pagar o funeral e ajudar a viúva. Confinadas a alguns membros, todos conhecidos pessoalmente entre si, tais sociedades tiveram sucesso desde o início. Ouvimos falar delas no século XVIII, e em 1838 havia, na cidade, 100 desses pequenos grupos, com 7.448 membros. Eles fizeram pagamentos de $ 18.851, deram $ 14.172 em benefícios e tinham $ 10.023 em mãos. Dez anos depois, cerca de 8.000 membros pertenciam a 106 dessas sociedades. Setenta e seis delas tinham um total de filiação de 5.187. Eles contribuíam geralmente com de 25 centavos a 37 centavos por mês; os doentes recebiam de US $ 1,50 a $ 3,00 por semana, e benefícios por morte de $ 10,00 a $ 20,00 foram concedidos. A renda dessas 76 sociedades era de $ 16.814,23; 681 famílias foram atendidas.[19]

Desde então, essas sociedades foram substituídas em alguma medida por outras organizações. Elas ainda são tão numerosas, no entanto, que é impraticável catalogá-las todas; provavelmente existem diversas centenas de vários tipos na cidade.

A estas somaram-se logo as sociedades secretas, que naturalmente tinham uma grande atração para os Negros. Uma loja de maçons Negros de Boston recebeu uma carta direta da Inglaterra, e ordens independentes de Odd Fellows' Knights of Pythias etc. cresceram. Durante a época em que os Negros foram excluídos das bibliotecas públicas, havia muitas associações literárias com bibliotecas. Estas agora desapareceram. Fora das igrejas, as organizações mais importantes entre os Negros atualmente são: sociedades secretas, sociedades beneficentes, sociedades de seguros, cemitérios,

SEÇÃO: 34. SOCIEDADES SECRETAS E BENEFICENTES E EMPRESAS COOPERATIVAS

Lojas de Odd Fellows de Cor na Filadélfia (1896)

Nome	Inauguração	Membros	Benefícios de doença aos membros	Benefício por óbito	Auxílio por viuvez	Funeral de viúvo(a)	Funeral de órfãos	Valores pagos por doença	Valores pagos por funerais	Valores pagos a viúvas(os)	Valores pagos em obras de caridade	Total de valores pagos para fora	Valor investido	Valor em patrimônio	Balanço em fundos	Total em propriedade, fundos etc.
Unity	1844	121	..	..	2	..	..	$291,85	$25,00	$6,80	..	$627,07	$763,75	$660,00	$42,97	$2.547,61
Good Samaritan.	1864	80	3	1	..	..	..	104,00	85,00	..	$10,00	307,96	712,99	113,85	18,66	845,50
Fraternal	1864	88	7	..	..	..	..	84,00	..	..	28,36	249,42	452,50	250,00	820,84	1.522,34
Phoenix	1846	98	3	..	..	..	..	98,50	121,00	..	5,00	419,65	1.420,30	100,00	163,11	1.620,30
Covenant	1847	77	5	1	..	..	..	214,00	160,00	7,50	6,00	547,50	450,00	550,00	86,00	1.036,50
Friendship	1847	24	..	1	..	..	..	43,50	..	5,00	..	98,93	..	200,00	5,00	205,00
Carthagenian	1848	113	15	1	1	..	..	272,00	70,00	..	16,00	798,19	2.362,50	583,65	2.281,25	5.227,40
Mt. Olive	1848	70	7	..	..	..	2	109,00	..	15,00	12,00	383,51	62,50	600,00	587,39	1.633,40
Good Hope	1855	46	4	..	1	..	1	36,00	10,00	10,00	..	348,44	248,00	1.500,00	60,72	1.809,82
Mt. Lebanon	1857	36	3	1	..	3	..	22,20	149,50	25,00	..	245,32	50,00	50,00	50,00	150,00
Equity	1867	173	6	1	..	..	..	134,55	175,00	..	..	415,99	200,00	20.000,00	100,00	28.300,00
St. Albans	1875	31	1	..	..	..	..	6,20	30,00	..	..	78,95	..	2.500,00	25,00	275,00
Keystone	1873	15	2	..	1	..	..	..	20,00	4,00	..	..	..	..	4,00	4,00
Gideon	1875	17	2	1	1	..	..	56,00	40,00	8,00	10,00	144,00	..	50,00	10,00	60,00
Beth Eden	1876	31	5	..	1	..	..	54,00	13,00	..	3,50	133,05	..	75,00	20,00	95,00

241

CAPÍTULO XII: A VIDA ORGANIZADA DOS NEGROS

Nome	Philadelphia	Pennsylvania	John Rhodes	Quaker City	Total
Inauguração	1886	1889	1891	1892	..
Membros	36	..	15	96	1.167
Benefícios de doença aos membros	2	..	..	10	75
Benefício por óbito	1	..	..	..	7
Auxílio por viuvez	1	..	..	..	8
Funeral de viúvo(a)	..	..	..	..	3
Funeral de órfãos	..	..	..	..	3
Valores pagos por doença	32,00	..	..	220,18	$1.777,98
Valores pagos por funerais	40,00	..	..	20,00	$958,50
Valores pagos a viúvas(os)	10,00	..	..	5,00	$96,30
Valores pagos em obras de caridade	..	..	..	10,00	$100,86
Total de valores pagos para fora	181,06	..	15,00	417,00	$5.381,04
Valor investido	..	..	10,00	..	$6.732,54
Valor em patrimônio	350,00	..	..	33,00	$27.615,50
Balanço em fundos	5,24	..	40,00	67,00	$4.387,18
Total em propriedade, fundos etc.	355,24	..	40,00	100,00	$45.827,11

242

associações de construção e empréstimo, sindicatos, lares de vários tipos e clubes políticos. A ordem secreta mais poderosa e florescente é a dos Odd Fellows, que tem 200.000 membros entre Negros americanos. Na Filadélfia, há 19 lojas com um total de membros de 1.188 e patrimônio no valor de US $ 46.000. Estatísticas detalhadas estão na tabela da página anterior tabela.[20]

Esta ordem possui dois salões na cidade no valor de talvez $ 40.000. Um é ocupado pelos oficiais da Grande Loja, que empregam vários oficiais e escribas assalariados. A ordem conduz um jornal chamado *Odd Fellows Journal*.

Existem 19 lojas de maçons na cidade, 6 capítulos, 5 comanderias, 3 do Rito Escocês, e uma corporação de treinamento.[*] Os maçons não são tão bem organizados e conduzidos como os Odd Fellows, e estatísticas detalhadas de suas lojas não estão disponíveis. Eles possuem dois salões que valem pelo menos US $ 50.000, e provavelmente distribuem pelo menos de US $ 3.000 a US $ 4.000 em benefícios anualmente.

Além dessas principais ordens secretas, existem inúmeras outras, como a Associação Protestante Americana, que tem muitos membros, os Cavaleiros de Pítias, os Pescadores da Galileia, as várias ordens femininas ligadas a essas e várias outras. É quase impossível obter estatísticas precisas de todas essas ordens, e qualquer estimativa de sua atividade econômica está sujeita a erros consideráveis. No entanto, a partir da observação geral e dos números disponíveis, parece bastante certo que pelo menos 4.000 Negros pertençam a ordens secretas, e que essas ordens arrecadem anualmente pelo menos US $ 25.000, parte dos quais é pago em benefícios de doença e morte, e parte, investido. Os bens imóveis, bens pessoais e fundos dessas ordens totalizam nada menos que $ 125.000.

A função da sociedade secreta é, em parte, o intercâmbio social e, em parte, o seguro. Elas fornecem passatempo da monotonia do trabalho, um campo de ambição e intriga, uma oportunidade de exposição e um seguro contra o infortúnio. Ao lado da Igreja, elas são as organizações mais populares entre os Negros.

Das sociedades beneficentes, já falamos de maneira geral. Um relato detalhado de alguma das organizações maiores e mais tradicionais agora será suficiente. A Quaker City Association é uma sociedade beneficente

---

[*] *Drill corp.* (N.T.)

por doença e morte, com sete anos de idade, que restringe a adesão a nativos da Filadélfia. Possui 280 membros e distribui de $ 1.400 a $ 1.500 anualmente. Os Filhos e Filhas de Delaware têm mais de cinquenta anos. Possuem 106 membros e detêm US $ 3.000 em imóveis. A Associação Fraterna foi fundada em 1861; tem 86 membros e distribui cerca de US $ 300 por ano. Ela "foi formada com o propósito de aliviar as necessidades e angústias uns dos outros no tempo de aflição e morte, e para a promoção de visões e objetivos benevolentes que tendessem a estabelecer e manter uma relação permanente e amigável entre eles em suas relações sociais na vida". Filhos de São Tomás foi fundada em 1823 e foi originalmente restrita aos membros da Igreja de São Tomás. Antigamente, era uma grande organização, mas agora tem 80 membros e pagou, em 1896, $ 416 em auxílios. Tem $ 1.500 investidos em títulos do governo. Além destes, há a Associação dos Homens Idosos, a Associação Feminina Cox, os Filhos e Filhas de Moisés e um grande número de outras pequenas sociedades.

Está surgindo também um número considerável de sociedades seguradoras, que diferem das beneficentes por serem conduzidas por diretores. As melhores delas são a Crucificação, ligada à Igreja da Crucificação, e a Avery, ligada à Igreja Americana Metodista Episcopal Zion Wesley. Ambas têm um grande número de membros e são bem conduzidas. Quase todas as igrejas estão começando a organizar uma ou mais dessas sociedades, algumas das quais em tempos passados enfrentaram desastres por má administração. Os Verdadeiros Reformadores da Virgínia, a organização beneficente Negra mais notável já iniciada, tem vários ramos aqui. Além destes, há um número de sociedades menores, como o Alpha Relief, os Cavaleiros e Senhoras de São Paulo, a Sociedade Cooperativa Nacional, a Associação Protetora das Mulheres de Cor, a Loyal Beneficial etc. Algumas destas são esforços honestos, e algumas são imitações trapaceiras das perniciosas sociedades de seguros brancas de pequeno porte.

Existem três associações de construção e empréstimos dirigidas por Negros. Alguns dos diretores em uma são brancos, todos os outros são de cor. A associação mais antiga é a Century, fundada em 26 de outubro de 1886. Sua diretoria é composta por professores, estofadores, balconistas, gerentes de restaurantes e agentes funerários, e vem tendo um sucesso notável. Sua renda para 1897 foi de cerca de US $ 7.000. Possui $ 25.000 em empréstimos pendentes.

A Associação Berean de Empréstimos e Construção foi criada em 1888 em conexão com a Igreja Presbiteriana Berean; 13 de seus 19 oficiais e diretores são de cor. Sua renda em 1896 foi de quase US $ 30.000, e teve US $ 60.000 em empréstimos; 43 casas foram compradas por intermédio desta associação.[21]

A Associação Pioneira é composta inteiramente por Negros, sendo os diretores banqueteiros, comerciantes e estofadores. Foi fundada em 1888, e tem um escritório na rua Pine. Suas receitas em 1897 foram de $ 9.000, e tinha cerca de $ 20.000 em empréstimos. Nove casas estão sendo compradas atualmente nesta associação.

Estão surgindo algumas associações de empréstimo para substituírem em alguma medida as casas de penhores e os agiotas. A Associação de Pequenos Empréstimos, por exemplo, foi fundada em 1891 e tem o seguinte relatório para 1898:

Ações vendidas	$ 1.144,00
Avaliações sobre ações	$ 114,40
Empréstimos quitados	$ 4.537,50
Juros	$ 417,06
Dinheiro em espécie em caixa	$ 275,54
Dividendos pagos	$ 222,67
Empréstimos realizados	$ 4.626,75
Despesas	$ 82,02

O Conservador é uma organização semelhante, composta de dez membros.

Este relato procurou apontar apenas as organizações principais e características, sem pretensões de completude. Mostra, no entanto, quão intimamente ligados os Negros da Filadélfia estão uns aos outros. Essas associações são, em grande parte, experimentos, e, como tal, estão continuamente buscando alcançar novos campos. As últimas empreitadas direcionam-se a sindicatos, lojas cooperativas e jornais. Existem os seguintes sindicatos, entre outros: o Clube dos Banqueteiros, a Associação de Garçons Privados, a Associação de Cocheiros, a Irmandade de Hotel (de garçons), o Sindicato de Charuteiros (brancos e de cor), o Sindicato de Serventes, o Sindicato dos Barbeiros etc.

Já ouvimos falar do Clube dos Banqueteiros.[22] A Associação de Garçons Privados é uma antiga ordem beneficente com membros abastados. O garçom privado é de fato um trabalhador qualificado de alto nível, e costumava ser bem pago. Ao lado da guilda de banqueteiros, ele estava na mais alta classe de trabalhadores Negros antes da guerra – de fato, o banqueteiro nada mais era que um garçom particular mais desenvolvido. Consequentemente, este sindicato ainda é ciumento e exclusivista e contém alguns membros há muito aposentados do trabalho ativo. A Associação de Cocheiros é uma sociedade semelhante; ambas as organizações têm um número considerável de membros, e garantem benefícios por doença e morte e reuniões sociais. A Irmandade do Hotel é uma nova sociedade de garçons de hotel e é dirigida por jovens nos moldes dos sindicatos regulares, aos quais é mais ou menos vinculada em muitas cidades. Possui algumas características assistenciais e uma considerável vida social. Ela se esforça para abrir e manter abertas as vagas de trabalho para garçons de cor, e muitas vezes organiza a divisão de território com os brancos ou ações para evitar que um grupo suplante o outro. O Sindicato dos Fabricantes de Charutos é um sindicato regular com membros brancos e Negros. É o único sindicato da Filadélfia onde os Negros são amplamente representados. Aparentemente, não há fricção alguma. O Sindicato de Serventes de Obras é grande e de idade considerável, mas não parece ser muito ativo. Uma Liga de Mecânicos de Cor foi formada em 1897, porém nada realizou. Houve antes da guerra uma liga desse tipo que floresceu, e certamente haverá tentativas desse tipo no futuro até que um sindicato seja efetivado.[23]

As duas mercearias cooperativas e a loja de suprimentos para os banqueteiros já foram mencionadas.[24] Houve uma tentativa duvidosa em 1860 para organizar uma cooperativa de enlatados que ainda não obteve sucesso.[25]

Com todo esse esforço e movimento é natural que os Negros queiram alguma forma de comunicação. Eles as têm nos seguintes periódicos, conduzidos inteiramente por Neros:

A. M. E. Church Review, quinzenal, oito volumes, cerca de noventa e cinco páginas.

The Christian Recorder, jornal semanal de quatro páginas (Órgão dos Batistas).

Odd Fellow's Journal, jornal semanal de oito páginas (Órgão dos Odd Fellows).

Weekly Tribune, jornal semanal de oito páginas, existente há dezessete anos.

The Astonisher, jornal semanal de oito páginas (Germantown).

The Standard-Echo, jornal semanal de quatro páginas (suspenso atualmente).

The Tribune é a principal folha de notícias e está preenchida geralmente com notas sociais de todos os tipos, e notícias de movimentos entre os Negros por todo o país. Seus editoriais são geralmente de pouco valor, principalmente porque eles não empregam um editor responsável. É em muitos aspectos, entretanto, um jornal interessante e que representa ousadia e perseverança da parte de quem o publica. O *Astonisher* e o *Standard* são folhetins de notícias. O primeiro é astuto, mas grosseiro. O *Recorder*, o *Banner* e o *Journal* são, sobretudo, cheios de colunas de notícias pesadas de igrejas e lojas de sociedades secretas. O *Review* tem uma história interessante, e é provavelmente o melhor periódico Negro publicado desse tipo; é frequentemente sobrecarregado pelos requerimentos políticos das igrejas e forçado a publicar algum lixo escrito por candidatos aspirantes a cargos. Mesmo com tudo isso, possui bastante matérias sólidas e indica, em certa medida, a tendência de pensamento entre os Negros. Melhorou muito nos últimos anos. Muitos jornais Negros de outras cidades circulam aqui e ampliam o sentimento comunitário entre a população de cor da cidade.

Um tipo de organização ainda não foi mencionado: os clubes políticos, dos quais há provavelmente cinquenta na cidade. Eles serão considerados em outro capítulo.

35. Instituições. As principais instituições Negras da cidade são: o Lar para Pessoas de Cor Idosas e Enfermas, o Hospital e Escola de Treinamento Douglass, o Intercâmbio de Mulheres e Casa de Meninas, três companhias de cemitérios, o Lar dos Sem-Teto, as escolas especiais, como o Instituto da Juventude de Cor, a Casa da Indústria, escolas de rua Raspberry e Escola Jones para Meninas, a A. C. M. e o Centro de Extensão Universitária.

O Lar para Idosos, situado na esquina das avenidas Girard e Belmont, foi fundado por um madeireiro Negro, Steven Smith, e é dirigido por brancos e Negros. É uma das melhores instituições do gênero; seu patrimônio está avaliado em $ 400.000, e sua renda anual é de $ 30.000. Já abrigou 558 idosos desde sua fundação, em 1864.

O Hospital e Escola de Treinamento Douglass é um curioso exemplo da difícil posição dos Negros: por anos, quase todos os hospitais da Filadélfia tentaram excluir mulheres Negras do curso de treinamento de enfermeiras, e nenhum médico Negro poderia ter a vantagem da prática hospitalar. Isso levou a um movimento por um hospital para Negros; tal movimento, no entanto, foi condenado pelos brancos como um acréscimo desnecessário a um número atordoante de instituições de caridade. Por muitos dos melhores Negros, foi visto como uma concessão ao preconceito e um desenho da linha de cor. No entanto, os proponentes insistiam que as enfermeiras de cor eram eficientes e precisavam de treinamento, que os médicos de cor precisavam de um hospital e que os pacientes de cor o desejavam. Consequentemente, o Hospital Douglass foi estabelecido, e seu sucesso parece compensar o esforço.[26]

A renda total para o ano de 1895-1896 foi de $ 4.656,31; 61 pacientes foram atendidos durante o ano, e 32 operações, realizadas; 987 pacientes ambulatoriais foram tratados. A primeira turma de enfermeiras foi formada em 1897.

O Intercâmbio de Mulheres e Casa de Meninas é conduzido pelo diretor do Instituto para Jovens de Cor na rua 756, rua Doze Sul. O Intercâmbio está aberto em horários determinados durante a semana, e vários artigos estão à venda. Hospedagem e alimentação baratas são fornecidas para algumas meninas de escola e meninas que trabalham. Até agora, o trabalho da bolsa foi limitado, mas está crescendo lentamente e é certamente um empreendimento extremamente louvável.[27]

A exclusão dos Negros dos cemitérios levou, como já mencionado, à organização de três empresas de cemitérios, duas das quais existentes há quase cinquenta anos. A Olive possui oito acres de propriedade na Vigésima Quarta Região, que se afirma valer US $ 100.000, e possui 900 proprietários de lotes. A Lebanon possui terras na Trigésima Sexta Região no valor de pelo menos $ 75.000. A Merion é uma empresa nova que possui vinte e um acres no condado de Montgomery, valendo talvez US $ 30.000. Essas empresas são, em sua maioria, bem conduzidas, embora os negócios de uma estejam atualmente um pouco emaranhados.

O Lar para os Sem-Teto é um refúgio e um lar para os idosos ligado à Igreja da Crucificação. É sustentado em grande parte por brancos, mas não inteiramente. Tem uma renda de cerca de US $ 500. Durante 1896, 1.108

hospedagens foram fornecidas a 90 mulheres, 8.384 refeições servidas a internas, 2.705 para inquilinos temporários, 2.078 para transitórios e 812 para inválidos.

Todas as escolas já foram mencionadas. A Associação Cristã de Moços teve uma história com desafios, principalmente ao que parece devido à política errada seguida. Há, na cidade, uma grave e perigosa falta de locais adequados de diversão e recreação para os jovens. Para suprir essa necessidade, requere-se uma Associação Cristã de Moços bem conduzida, com livros e jornais, banhos, boliche e mesas de bilhar, salas de conversação e atividades religiosas curtas e interessantes. Isso custaria muito menos do que custa agora aos tribunais punir os pequenos delitos de jovens que não sabem como se divertir. Em vez de tal instituição, no entanto, a A. C. M. de cor tem sido virtualmente uma tentativa de adicionar outra igreja às inúmeras igrejas de cor da cidade, com intermináveis reuniões de oração e sonoros hinos evangélicos, em instalações sombrias e pouco convidativas. Consequentemente, a instituição está agora temporariamente suspensa. Ela havia realizado um bom trabalho por suas escolas noturnas, e encontros sociais.

Desde a organização do Centro de Extensão Universitária da rua Bainbridge, em 10 de maio de 1895, foram proferidas palestras na Igreja da Crucificação, rua Oito com Bainbridge, pelo Reverendo W. Hudson Shaw, sobre história inglesa. Por Thomas Whitney Surette, sobre o desenvolvimento da música. Por Henry W. Elson em história americana, e por Hilaire Belloc sobre Napoleão. Cada um desses palestrantes, exceto o Sr. Belloc, deu um curso de seis palestras sobre o assunto indicado, e as aulas foram ministradas em relação a cada curso. O comparecimento tem sido acima da média em comparação com outros Centros na cidade.

Além desses esforços, existem várias instituições embrionárias: uma creche diurna na Sétima Região pela Sociedade Missionária das Mulheres, uma grande organização que faz muito trabalho de caridade; uma escola industrial perto da cidade etc. Existem, também, muitas instituições conduzidas por brancos para o benefício dos Negros, que serão mencionadas em outro ponto.

Grande parte da necessidade de instituições Negras separadas desapareceu durante a última década, em razão da abertura das portas das instituições públicas às pessoas de cor. Há muitos Negros que, por esse motivo, se opõem fortemente a esforços que eles temem que tendam a atrasar mais progressos nessa direção. Por outro lado, homens ponderados veem que treinamento e disciplina inestimáveis estão chegando à raça por meio dessas instituições e organizações, e incentivam a sua formação.

36. A experiência de organização. Retomando o campo que assim revisamos – as igrejas, sociedades, sindicatos, tentativas de cooperação empresarial, instituições e jornais –, é evidente que a maior esperança para a ascensão final do Negro está neste domínio da arte da vida social organizada. Certamente, comparado com seus vizinhos, ele avançou até o momento apenas uma curta distância; podemos condenar esta falta de unidade, a ausência de esforço cuidadosamente planejado e laboriosamente executado entre essas pessoas como uma omissão voluntária – um pouco de descuido. É muito mais do que isso, é a falta de educação social, de formação em grupo, e a carência só pode ser suprida por um longo e lento processo de crescimento. E o principal valor das organizações estudadas é que elas são evidências de crescimento. Elas possuem, certamente, alguma medida de realização verdadeira para mostrar, mas nada para se gabar desordenadamente. As igrejas estão longe de serem associações ideais para a promoção da vida elevada – outrossim, combinam demasiadas vezes intriga, extravagância e espetáculo com toda as suas obras, poupança e caridade. Suas sociedades secretas são frequentemente desviadas de suas melhores finalidades por oficiais ardilosos e desonestos e pela tentação de brocados e fanfarronices; suas associações beneficentes, bem como todas as suas boas obras, têm um rastro pouco invejável de ineficiência financeira e dissenso interno. Entretanto, todas essas e outras agências já realizaram muito, e sua maior conquista é o estímulo ao esforço para a organização mais ampla e eficaz entre um anfitrião desorganizado e acéfalo. Todo esse mundo de cooperação e subordinação no qual a criança branca nasce na maioria dos casos é, não devemos esquecer, novo para os filhos do escravo. Eles têm sido compelidos a se organizar antes de conhecer o significado de organização; a cooperar com aqueles entre seus semelhantes para quem a cooperação era um termo desconhecido; a estabelecer e colocar em prática ideias de liderança e autoridade entre aqueles que sempre olharam para os outros em busca de orientação e comando. Por estas razões, os atuais esforços dos Negros para trabalhar juntos em diversos ramos são particularmente promissores para o futuro de ambas as raças.

CAPÍTULO XIII
O criminoso Negro

37. História da criminalidade Negra na cidade.[1] Desde seu advento mais antigo, o Negro, como era natural, figurou amplamente nos anais criminais da Filadélfia. Somente um estudo superficial do Negro americano que tenha como data inicial o ano de 1863 consegue negligenciar esse registro passado de crime ao estudar o presente. A criminalidade é um fenômeno da vida social organizada, e é a rebelião aberta de um indivíduo contra seu ambiente social. Naturalmente, portanto, se homens forem subitamente transportados de um ambiente para outro, o resultado é a falta de harmonia com as novas condições; falta de harmonia com o novo ambiente físico, levando a doença e morte ou à modificação de seu físico; falta de harmonia com o meio social, conduzindo ao crime. Assim, desde muito cedo na história da colônia são ouvidas queixas típicas da desordem dos escravos Negros. Em 1693, no dia 11 de julho, o governador e o Conselho aprovaram uma ordem "mediante solicitação de alguns dos membros do Conselho, proferida pelo Tribunal de Primeira Instância para o Condado de Filadélfia, 4 de julho (procedendo mediante apresentação do Grande Júri para o corpo do condado), diante das tumultuosas reuniões dos Negros da cidade de Filadélfia, aos primeiros dias da semana, dando aos Guardas da Filadélfia, ou qualquer pessoa que seja, poderes para apreender Negros, homens ou mulheres, encontrados ao ar livre nos referidos primeiros dias da semana, sem um bilhete de seu senhor ou senhora, ou sem estar em sua companhia, e levá-los ao cárcere, onde deverão permanecer aquela noite, sem carne ou bebida, e fazer com que sejam publicamente açoitados na manhã seguinte com 39 chibatadas bem dadas em suas costas desnudas, pelo que seu senhor ou senhora deverá pagar 15 d. ao algoz" etc.[2]

O próprio Penn introduziu uma lei prevendo julgamento e punição especiais para Negros bem no início da história da colônia, como notado anteriormente.[3] O código de escravos finalmente adotado era brando se comparado à legislação da época, mas era severo o suficiente para evidenciar o caráter desordeiro de muitos dos escravos importados.[4]

Especialmente na Filadélfia, os Negros continuaram a causar problemas generalizados, não tanto por crimes graves, mas por desordem. Em 1732, sob o prefeito Hansel, a Câmara Municipal, "levando em consideração as frequentes e tumultuosas reuniões dos Escravos Negros, especialmente aos domingos, jogando, xingando e cometendo muitas outras desordens, para o grande terror e inquietação dos habitantes desta cidade", ordenou que uma ordenança fosse elaborada contra tais distúrbios.[5] Novamente, seis nos depois, ouvimos falar do rascunho de outra portaria da cidade para "a supressão mais eficaz das reuniões tumultuosas e outros atos desordeiros dos servos e escravos Negros, mulatos e indígenas".[6] E, em 17 de agosto de 1741, "tendo havido frequentes queixas ao Conselho de que muitas pessoas desordeiras se reúnem a cada noite nas proximidades do tribunal desta cidade, e que que grandes números de Negros e outros sentam por lá com baldes de leite e outras coisas tarde da noite, e que muitas desordens são ali cometidas contra a paz e o bom governo desta cidade", o Conselho ordenou que o local fosse evacuado "meia hora antes do pôr do sol".[7]

Dos crimes mais graves cometidos por Negros, temos apenas relatos aqui e ali que não deixam claro com que frequência tais crimes ocorriam. Em 1706, um escravo é preso por incendiar uma habitação; em 1738, três Negros são enforcados em partes vizinhas de Nova Jersey por envenenamento de pessoas, enquanto em Rocky Hill um escravo é queimado vivo por matar uma criança e queimar um celeiro. Açoites de Negros no pelourinho público eram frequentes, e tão severo era o castigo que em 1743 um escravo trazido para ser chicoteado cometeu suicídio. Em 1762, dois escravos da Filadélfia foram condenados à morte por crime e roubo; petições circularam em seu favor, mas o Conselho não se sensibilizou.[8]

Pouca menção especial ao crime Negro é, novamente, encontrada, até que os libertos, sob a lei de 1780, começassem a se reunir na cidade e que outros imigrantes livres se juntassem a eles. Em 1809, as principais igrejas de cor se uniram em uma sociedade para reprimir o crime e foram cordialmente endossadas pelo público para esta ação. Após a guerra, a imigração para a cidade aumentou, e o estresse dos tempos difíceis impôs-se fortemente sobre as classes mais baixas. As queixas de pequenos furtos e ataques assassinos a cidadãos pacíficos começaram a aumentar, e em vários casos eles foram atribuídos a Negros. A melhor classe dos cidadãos de cor sentiu a acusação e realizou uma reunião para denunciar o crime e marcar uma posição firme contra sua própria classe criminosa. Um pouco mais tarde, começaram as revoltas contra os Negros, e elas receberam seu principal apoio moral da crescente criminalidade dos Negros; um escravo cubano partiu o crânio de seu senhor com uma machadinha, dois outros assassinatos por Negros se seguiram, e jogatinas, bebedeiras e devassidão se espalharam onde quer que os Negros se estabelecessem. A insurreição terrivelmente vingativa de Nat Turner no estado vizinho assustou os cidadãos tão completamente que, quando alguns fugitivos pretos chegaram de fato em Chester vindos do Condado de Southampton, na Virgínia, a Assembleia Legislativa foi rapidamente acionada, e a questão toda culminou na privação dos direitos políticos do Negro em 1837, e nos tumultos dos anos 1830 a 1840.[9]

Alguns números reais nos darão uma ideia disso: o pior período que a criminalidade Negra já vivenciou na cidade. A Penitenciária do Leste abriu em 1829, perto do final do ano. O número total de pessoas recebidas aqui pelos crimes mais graves é apresentado na próxima tabela. Isso inclui prisioneiros dos condados ao Leste do estado, mas uma grande proporção era da Filadélfia[10]:

Anos	Total de internações	Negros	Percentual de Negros	Percentual de Negros na população total
1829-34	339	99	29,0	8,27 (1830)
1835-39	878	356	40,5	7,39 (1840)
1840-44	701	209	29,8	7,39 (1840)
1845-49	633	151	23,8	4,83 (1850)
1850-54	664	106	16,0	4,83 (1850)

CAPÍTULO XIII: O CRIMINOSO NEGRO

Ou, dito de outra maneira: o problema da criminalidade Negra na Filadélfia entre 830 e 1850 surgiu do fato de que menos de um quatorze-avos da população era responsável por quase um terço dos crimes cometidos.

Esses números, entretanto, podem estar relacionados mais a uma classe criminosa específica. Uma medida mais precisa das tendências criminosas do grupo talvez se encontrasse nas estatísticas de Moyamensing, em que casos comuns de crimes e delitos estão circunscritos e que contam somente prisioneiros do condado. Os números da prisão de Moyamensing são:

Anos	Total de prisioneiros brancos recebidos	Total de prisioneiros Negros recebidos	Percentual de Negros do total de prisioneiros	Percentual de Negros da população total
1836-45	1.164	1.087	48,29	7,39 (1840)
1846-55	1.478	696	32,01	4,83 (1850)
Total	2.642	1.783	..	..

Aqui temos uma presença ainda pior do que a anterior: em 1896, os Negros, formando 4% da população, forneceram 9% das detenções, porém em 1850, sendo 4% da população, eles forneceram 32% dos prisioneiros recebidos nas prisões do condado. É claro que há algumas considerações que não podem passar desapercebidas ao interpretarmos esses números de 1836-1855. Devemos lembrar que a discriminação contra o Negro era muito maior que agora: ele era detido por causas menores, e recebia sentenças mais longas do que os brancos.[11] Um grande número daqueles detidos e destinados a julgamentos jamais eram levados a julgamento, de modo que sua culpa não poderia ser comprovada ou deixar de sê-lo; de 735 Negros destinados a julgamento em seis meses do ano 1837, é relatado que somente 123 foram realmente levados a julgamento. Entre os prisioneiros da Penitenciária do Leste, de 1829 a 1846, 14% dos brancos foram perdoados e 2% dos Negros. Todas essas considerações aumentam as estatísticas em desfavor do Negro.[12] Não obstante, fazendo todas as concessões razoáveis, é, sem dúvida, verdade que a criminalidade dos Negros nesse período alcançou seu ápice para esta cidade.

O caráter dos crimes cometidos por Negros em comparação com os brancos é mostrado na tabela a seguir, que cobre as transgressões de 1.359 brancos e 718 Negros enviados à Penitenciária do Leste entre

1829 e 1846. Se tomarmos simplesmente pequenos furtos, descobrimos que 48,8% dos brancos e 55% dos Negros foram encarcerados por esta transgressão.[13]

Tipos de crime	Brancos Número	Brancos Percentual	Negros Número	Negros Percentual
Ofensas contra a pessoa	166	11,4	89	12,4
Ofensas contra propriedade com violência	191	13,1	165	22,9
Ofensas contra propriedade sem violência	873	59,8	432	60,2
Ofensas maliciosas contra propriedade	22	1,5	14	2,0
Ofensas contra moeda e falsificação	167	11,5	7	1,0
Variadas	40	27,0	11	1,5
Total de ofensas	1.359	100	718	100

38. A criminalidade Negra desde a guerra. Por todo o país, tem havido, desde a guerra, um grande aumento na criminalidade, especialmente nas cidades. Parece que esse fenômeno teria como causas suficientes o aumento da complexidade da vida, a competição industrial e a corrida de grandes contingentes às grandes cidades. Seria, portanto, natural supor que o Negro também mostrasse esse aumento da criminalidade e, como no caso de todas as classes mais baixas, que ele a apresentasse em maior grau. Sua evolução tem sido, no entanto, marcada por algumas peculiaridades. Por quase duas décadas após a emancipação, ele teve pouca participação em muitos dos grandes movimentos sociais a sua volta, por razões óbvias. Sua migração para a vida urbana, portanto, e sua participação na competição da vida industrial moderna ocorreram mais tarde do que no caso da massa de seus concidadãos. O Negro começou a correr para as cidades em grande número depois de 1880, e, consequentemente, os fenômenos que acompanham essa substancial mudança de vida são mais tardios em seu caso. Sua taxa de criminalidade aumentou rapidamente nas últimas duas décadas, e este é um fenômeno paralelo ao rápido aumento dos registros de crimes dos brancos duas ou três décadas atrás. Além disso, no caso do Negro, havia causas especiais para a prevalência do crime: ele havia sido recentemente libertado da servidão, era objeto de pungentes opressão e zombaria, e os caminhos de progresso, abertos a muitos, lhes foram fechados. Consequentemente, a classe dos indolentes, sem objetivo, ociosos, desanimados e decepcionados era proporcionalmente maior.

Na cidade de Filadélfia, o crescente número de crimes ousados e destemidos cometidos por Negros nos últimos dez anos tem focado a atenção da cidade neste assunto. Há um sentimento generalizado de que algo está errado com uma raça que é responsável por tantos crimes, e que remédios fortes são necessários. Basta visitar os corredores dos prédios públicos, quando os tribunais estão em sessão, para perceber o papel desempenhado na violação da lei pela população Negra. Os vários redutos degradados da população criminosa de cor têm sido ultimamente objeto de muito esforço filantrópico, e o trabalho ali tem despertado discussões. Juízes em exercício têm discutido o assunto. Na verdade, para as mentes de muitos, este é o verdadeiro problema Negro.[14]

Que se trata de um grande problema, um olhar de relance para as estatísticas demonstrará;[15] e desde 1880 elas têm crescido de maneira constante. Ao mesmo tempo, a criminalidade é um assunto difícil de estudar, mais difícil de analisar em seus elementos sociológicos e ainda mais difícil de curar ou suprimir. É um fenômeno que não existe sozinho, mas como sintoma de inúmeras condições sociais incorretas.

A medida mais simples da criminalidade, porém a mais grosseira, encontra-se no total de detenções por um período de anos. O valor de tais números é diminuído pela eficiência e diligência variáveis da polícia, pela discriminação na administração da lei e por prisões injustificadas. E, no entanto, os números medem a criminalidade de maneira aproximada. O total de detenções e o número de Negros por trinta e dois anos, com algumas omissões, são dados na tabela a seguir.

Detenções na Filadélfia (1864-96)

Data	Número total de detidos	Total de Negros detidos	Percentual de Negros
1864	34.221	3.114	9,1
1865	43.226	2.722	6,3
1869	38.749	2.907	7,5
1870	31.717	2.070	6,5

SEÇÃO: 38. A CRIMINALIDADE NEGRA DESDE A GUERRA

Data	Número total de detidos	Total de Negros detidos	Percentual de Negros
1873	30.400	1.380	4,5
1874	32.114	1.257	3,9
1875	34.553	1.539	4,5
1876	..	..	..
1877	44.220	2.524	5,7
1879	40.714	2.360	5,8
1880	44.097	2.204	4,98
1881	45.129	2.327	5,11
1882	46.130	2.183	4,73
1883	45.297	2.022	4,46
1884	49.468	2.134	4,31
1885	51.418	2.662	5,11
1886	..	..	..
1887	57.951	3.256	5,61
1888	46.899	2.910	6,20
1889	42.673	2.614	6,10
1890	49.148	3.167	6,44
1891	53.184	3.544	6,66
1892	52.944	3.431	6,48
1893	57.297	4.078	7,11
1894	61.478	4.805	7,81
1895	60.374	5.137	8,5
1896	58.072	5.302	9,1

Vemos que o total de detenções na cidade por ano aumentou de 34.221 em 1864 para 61.478 em 1894, um aumento de 80% em criminalidade, ao lado de um aumento de 85% na população. Os Negros detidos aumentaram de 3.114 em 1864 para 4.805 em 1894, um aumento de 54% em criminalidade, paralelamente a um aumento de 77% na população Negra da cidade. Assim, também, o percentual de Negros na totalidade de detenções é menor em 1894 do que em 1864. Se, entretanto, seguirmos os anos entre essas duas datas, veremos um desenvolvimento importante: 1864 é a data que delimita o período de criminalidade anterior à guerra; depois disso, a proporção de detenções de Negros caiu continuamente até que, em 1874, os Negros chegaram, mais que nunca, a fornecer sua cota normal de prisões, 3,9% de 3,28% (1870) da população. Então, lentamente, veio uma mudança. Com a Exposição do Centenário, em 1876, veio um fluxo de imigrantes, e, uma vez iniciado, o fluxo aumentou em velocidade por seu próprio impulso. Com essa imigração, a proporção de detenções de Negros aumentou rapidamente, em um primeiro momento, como resultado da exposição; caiu um pouco no início dos anos 1880, mas em 1885 subiu novamente de forma constante e rápida para mais de 6% em 1888, 6,4% em 1890, 7% em 1893, 8,5% em 1895, 9% em 1896. Esta é, como dito anteriormente, nada mais que uma indicação grosseira da quantidade de crimes pelos quais o Negro é responsável; não se deve confiar muito nisso, pois o número de detenções não pode fornecer, em qualquer cidade, uma medida precisa dos delitos, exceto de uma maneira muito geral. Provavelmente, o aumento da eficiência na força policial desde 1864 teve grande efeito; e, no entanto, podemos tirar a conclusão legítima aqui de que o número de crimes de Negros na cidade é muito menor, de acordo com a população, do que antes da guerra. Que, depois da guerra, diminuiu até meados dos anos 1870, e então, coincidindo com o início da nova imigração Negra para as cidades,[16] cresceu de maneira relativamente constante.

Esses mesmos fenômenos podem ser parcialmente confirmados pelas estatísticas do presídio de Moyamensing. Se tomarmos os detentos julgados e não julgados internos nesse presídio do condado entre 1876 e 1895, encontramos o mesmo aumento gradual na criminalidade.

Presídio de Moyamensing
Prisioneiros julgados e não julgados

Data	Total de internações	Negros	Percentual de Negros
1876	21.736	1.530	7,8
1877	22.666	1.460	6,44
1878	22.147	1.356	6,12
1879	20.736	1.136	5,48
1880	22.487	1.030	4,58

SEÇÃO: 38. A CRIMINALIDADE NEGRA DESDE A GUERRA

Data	Total de internações	Negros	Percentual de Negros
1881	22.478	1.168	5,19
1882	24.176	1.274	5,27
1883	23.245	1.175	5,05
1884	25.081	1.218	4,86
1885	24.725	1.427	5,77
1886	27.286	1.708	6,26
1887	28.964	1.724	5,97
1888	21.399	1.399	6,54
1889	18.476	1.338	7,24
1890	20.582	1.611	7,83
1891	22.745	1.723	7,57
1892	22.460	1.900	8,46
1893	25.209	2.234	8,86
1894	25.777	2.452	9,51
1895	22.584	2.317	10,26
Total	464.959	31.180	6,70
1876-1885	229.477	12.774	5,57
1886-1895	235.482	18.406	7,81

Se compararmos, nessa tabela, o período 1876-1885 com aquele de 1886-1895, veremos que a proporção de criminosos Negros no primeiro intervalo foi de 5,6%, e no segundo, de 7,8%.

As estatísticas de detentos da Casa de Correção, para onde casos brandos e juvenis são enviados, pelos últimos anos passados, contam a mesma história:

Ano	Total de internações	Negros	Percentual de Negros
1891	5.907	274	4,6
1892	5.297	254	4,8
1893	..	..	..
1894	6.579	1.055	16,0
1895	7.548	672	8,9

Juntando as estatísticas apresentadas, façamos um diagrama aproximado de alguns dos resultados. Primeiro, vejamos os registros do Negro em crimes sérios, como os destinados a encarceramento na Penitenciária do Leste. Nesses dados, os presos da Filadélfia não são separados daqueles nos condados no Leste do estado anteriormente a 1885. Uma grande proporção desses detentos, no entanto, vem da Filadélfia; talvez o resultado líquido do erro seja a redução relativa da proporção aparente de Negros nos anos iniciais. Olhando então para a proporção de prisioneiros Negros recebida em relação ao total desde a fundação da Penitenciária, temos este diagrama:

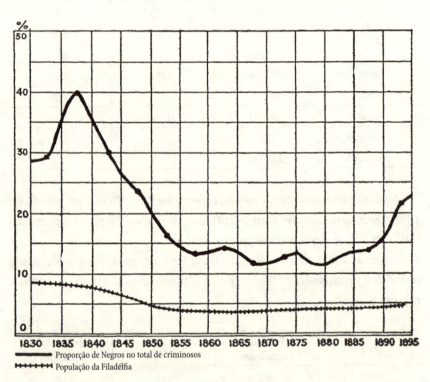

Proporção de negros para o total de detentos
recebidos na Penitenciária do Leste (1829-1895)

— Proporção de Negros no total de criminosos
+++++ População da Filadélfia

O índice geral de criminalidade pode ser representado graficamente pela proporção de Negros na prisão do condado, embora mudanças na política dos tribunais tornem a validade desta representação um pouco incerta:

SEÇÃO: 38. A CRIMINALIDADE NEGRA DESDE A GUERRA

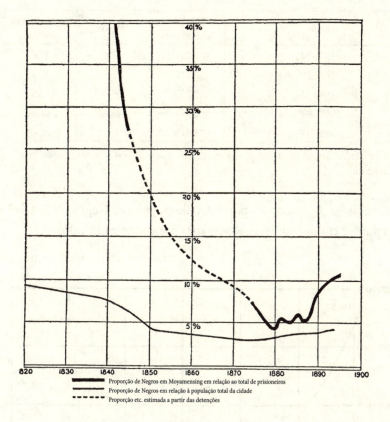

Proporção de Negros em Moyamensing em relação ao total de prisioneiros
Proporção de Negros em relação à população total da cidade
Proporção etc. estimada a partir das detenções

Parece certo,[17] portanto, que a criminalidade geral, tal qual representada por detenções no presídio do condado, diminuiu acentuadamente desde 1840, e que seu rápido aumento desde 1880 a deixa bem atrás da década de 1830 a 1840. Crimes graves, representados por detenções na penitenciária, revelam uma diminuição semelhante, porém menos acentuada, indicando a presença de uma classe criminosa bastante identificável.

Condenados internos na Penitenciária do Leste

Anos	Total de internações	Negros	Percentual de Negros
1835-39	878	356	40,5
1855-59	941	126	13,4
1860-64	909	129	14,2
1865-69	1.474	179	12,1

261

CAPÍTULO XIII: O CRIMINOSO NEGRO

Anos	Total de internações	Negros	Percentual de Negros
1870-74	1.291	174	13,4
1875-79	2.347	275	11,7
1880-84	2.282	308	13,5
1885-90[#]	1.583	223	14,09
1890-95[#]	1.418	318	22,43

[#] Somente condenados da Filadélfia; as estatísticas para o ano de 1891 não estão disponíveis e foram omitidas.

O registro de detenções por 1.000 de população Negra entre 1864 e 1896 parece confirmar essas conclusões para aquele período.

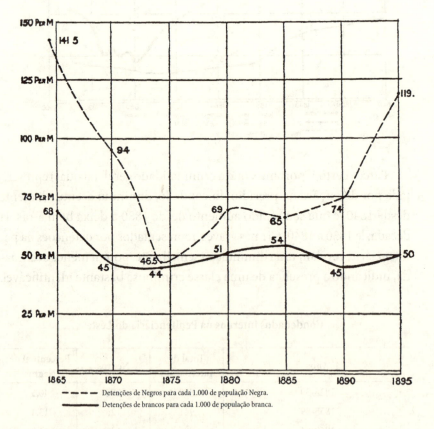

- - - - Detenções de Negros para cada 1.000 de população Negra.
——— Detenções de brancos para cada 1.000 de população branca.

O aumento na criminalidade entre 1890 e 1895 não deixa de ser explicado de maneira bastante adequada com a volumosa imigração

Negra para a cidade e com a "terrível depressão financeira de 1893", à qual o departamento de polícia atribui as detenções. O efeito disso seria naturalmente maior entre a camada econômica inferior.

Isso nos traz à questão de: quem são os criminosos Negros e quais crimes cometem? Para obter a resposta a esta indagação, façamos um estudo especial de um grupo típico de criminosos.

39. Um estudo especial sobre criminalidade.[18] Durante os dez anos anteriores, e incluindo 1895, foram enviados à Penitenciária do Leste os seguintes prisioneiros da cidade da Filadélfia:

Brancos e Negros da Filadélfia enviados à Penitenciária do Leste

Data	Total de condenações	Negros	Percentual de Negros
1885	313	40	12,78
1886	347	45	12,97
1887	363	53	14,60 } 14,9
1888	269	39	14,49
1889	291	46	15,81
1890	271	63	23,25
1891#	..	..	
1892	213	42	19,71
1893	320	74	23,13 } 22,43
1894	329	69	20,97
1895	285	70	24,56
Total	3.001	541	18,2 média

Estatísticas para este ano não estão disponíveis. Ao longo desta seção, portanto, este ano foi omitido.

Agora olhemos para os 541 Negros que cometeram crimes graves atribuídos a sua raça durante os dez últimos anos, e vejamos o que podemos aprender. Esses são todos criminosos sentenciados após julgamento por períodos variando entre seis meses e quarenta anos. Parece evidente, em primeiro lugar, que os 4% da população da Filadélfia portadores de sangue Negro forneceram, de 1885 a 1889, 14% dos crimes graves, e de 1890 a 1895, 22,5%. Isso, obviamente, pressupõe que os condenados na Penitenciária representem, com um grau razoável de precisão, o crime cometido. A suposição não é totalmente verdadeira; em condenações por tribunais humanos, os ricos sempre são de algum modo favorecidos em detrimento dos pobres, as classes altas em detrimento das classes menos favorecidas, e os brancos às custas dos Negros. Sabemos, por exemplo, que certos crimes não são punidos na Filadélfia porque a opinião pública é leniente, como nos casos de desvios de verbas, falsificação e certos tipos de apropriações. Por outro lado, uma comunidade comercial tende a punir com severidade pequenos furtos, perturbações da paz e agressões pessoais ou roubos. Acontece, também, que a fraqueza predominante entre ex-escravos criados na vida comunal da fazenda escrava, sem familiaridade com a instituição da propriedade privada, é cometer os mesmos crimes que um grande centro comercial como a Filadélfia abomina especialmente. Somemos a isso as influências da posição social e das conexões na obtenção de indultos ou penas mais leves para os brancos. Já foi alegado por alguns Negros que o preconceito de cor tem parte nisso, mas não há prova tangível, exceto, talvez, que haja uma certa presunção de culpa quando um Negro é acusado, por parte da polícia, do público e do juiz.[19] Todas essas considerações modificam de certa forma o nosso julgamento acerca do status moral da massa de Negros. E, no entanto, com todas as concessões, continua a haver um vasto problema de criminalidade.

Os principais crimes pelos quais esses prisioneiros foram condenados foram:

Furto	243
Graves agressões a pessoas	139
Roubo e assalto	85
Estupro	24
Outros crimes sexuais	23
Homicídio	16
Todos os outros crimes	11
	541

Seguindo esses crimes de ano a ano, temos:

SEÇÃO: 39. UM ESTUDO ESPECIAL SOBRE CRIMINALIDADE

Crime	1885	1886	1887	1888	1889	1890	1892	1893	1894	1895	Total
Furto etc.	20	21	23	13	24	39	20	32	23	28	243
Roubo e assalto	2	8	8	5	5	9	7	14	19	8	85
Agressões graves	10	9	11	15	9	12	9	19	18	27	139
Homicídio	..	..	3	2	5	..	2	1	1	2	16
Crimes sexuais	6	7	7	4	4	4	4	5	3	3	47
Todos os outros	2	..	1	1	..	..	..	2	3	2	11
Total	40	45	53	40	47	64	42	73	67	70	541

A trajetória do total de crimes graves nesse período pode ser ilustrada pelo seguinte diagrama:

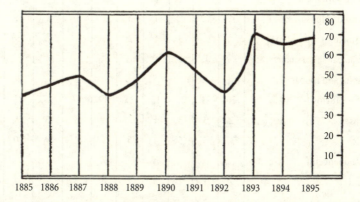

Traçando um diagrama semelhante para os diferentes tipos de crime, temos:

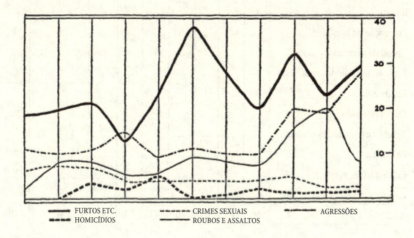

265

Em dez anos, as condenações por furto destinadas à Penitenciária cresceram um pouco; por roubo, assalto e agressão aumentaram consideravelmente; por homicídios permaneceram mais ou menos iguais; e por crimes sexuais diminuíram. Estatísticas detalhadas são fornecidas na tabela seguinte:

Crimes de 541 condenados à Penitenciária do Leste (1885-1895)

Crimes	1885	1886	1887	1888	1889	1890	1892	1893	1894	1895
Agressão	3	..	1	2	..	1	..	..	..	..
Agressão com agravante	3	3	3	7	3	6	3	6	6	9
Agressão para matar	4	6	7	6	6	5	4	13	11	17
Homicídio culposo	..	..	..	1	3	..	1	1	..	1
Assassinato	..	..	3	1	2	..	1	..	1	1
Agressão para assassinato	..	..	1	..	..	..	..	..	..	..
Agressão para roubar	..	..	..	..	..	..	2	..	1	1
Pequenos furtos	20	21	23	13	24	39	17	27	22	28
Roubos	2	3	3	1	..	4	3	5	9	6
Assaltos	..	5	5	4	5	5	4	9	10	2
Fraude financeira	..	..	..	..	..	..	..	1	..	..
Sodomia	2	1	1	3	2	3	2	..	..	1
Aborto	1	..	..	..	..	..	1	..	..	..
Estupro	1	..	..	..	..	..	..	2	1	..
Tentativa de estupro	1	6	1	1	1	1	1	3	2	1
Incesto	1	..	..	..	..	..	..	..	..	..
Promoção de bordel	..	..	4	..	..	..	..	..	..	1
Abuso de menina	..	..	1	..	1	..	..	..	..	..
Porte escondido de arma	1	..	..	..	..	..	..	1	..	..
Falsificação	1	..	..	1	..	..	..	..	1	1
Falsa pretensão	..	..	..	..	..	..	1	..	1	..
Receber mercadorias roubadas	..	..	..	..	..	..	2	4	1	..
Balbúrdia	..	..	..	..	..	..	..	1	..	..
Exposição indecente	..	..	..	..	..	..	..	..	..	1
Conspiração	..	..	..	..	..	..	..	..	1	..
Total	40	45	53	40	47	64	42	73	67	70

A totalidade dos crimes também pode ser classificada desta maneira:

Crimes contra propriedade 328   60,63%
Crimes contra pessoas 157   29,02%
Crimes contra pessoas e propriedades 8   1,48%
Crimes sexuais 48   8,87%
                                                                                541   100%

Deixemos, agora, os crimes, e voltemo-nos para os criminosos: 497 deles (91,87%) eram homens, e 44 (8,13%), mulheres. 296 (54,71%) eram solteiros, 208 (34,45%), casados, e 37 (6,84%), viúvos. Em relação a idade, dividiam-se da seguinte maneira:

Idade	Número	Percentual	
15-19	58	10,73	
20-24	170		66,92
25-29	132	56,19	
30-39	132	24,03	
40-49	34	6,29	
50-59	10	1,85	34,08
60 e acima	5	0,91	
Total	541	100	

A massa dos criminosos, é fácil perceber, é de homens jovens e solteiros abaixo de 30 anos. Estatísticas detalhadas de sexo e idade e situação conjugal são fornecidas nas próximas tabelas.

Idade e sexo dos detentos Negros da Penitenciária do Leste (1885-1895)

Idade	Homens	Mulheres	Total
15-19	53	5	58
20-24	153	17	170
25-29	119	13	132
30-34	80	5	85
35-39	45	2	47
40-44	21	1	22

Idade	Homens	Mulheres	Total
45-49	11	1	12
50-59	3	..	3
60 e acima	15	..	15
Total	497	44	541

Situação conjugal dos detentos na Penitenciária do Leste

Idade	Homens			Mulheres		
	Solteiros	Casados	Viúvos	Solteiras	Casadas	Viúvas
15-19	48	5	0	4	1	0
20-24	117	35	0	7	9	1
25-29	59	54	8	3	10	0
30-34	30	38	6	0	4	1
35-39	11	30	4	0	0	2
40-49	8	16	8	0	2	0
50-59	3	3	4	0	0	0
60 e acima	0	2	3	0	0	0

Os detentos nasceram nos seguintes estados:

Filadélfia	114
Outras partes da Pensilvânia	48
Nova Jersey	21
Maryland	99
Virgínia	77
Delaware	37
Distrito de Columbia	35
Carolina do Norte	19
Nova Iorque	11
Carolina do Sul	9
Geórgia	8
Outras partes do Norte	13
Outras partes do Sul	22
Oeste	13
Países estrangeiros	15
	541

Ao todo, 21% eram nativos da Filadélfia; 217 nasceram no Norte; e 309, ou 57%, nasceram no Sul. Dois terços dos Negros da cidade, a julgar pela Sétima Região, nasceram fora da cidade, e essa parcela representa 79% dos crimes graves. 54% nasceram no Sul, e esta parcela representa 57%, ou mais, do crime, já que muitos que afirmam ter nascido no Norte nasceram, de fato, no Sul.

O analfabetismo total desse grupo chega a 26% ou, acrescentando aqueles que sabem ler e escrever imperfeitamente, 34%, em comparação com 18% para os Negros da cidade em 1890. Em outras palavras, um quinto dos analfabetos da população Negra forneceu um terço dos piores criminosos.

Analfabetismo dos detentos da Penitenciária Estadual do Leste

Ano	Lê e escreve Número	Lê e escreve Percentual	Lê e escreve imperfeitamente Número	Lê e escreve imperfeitamente Percentual	Totalmente analfabeto Número	Totalmente analfabeto Percentual
1885	20	50,0	6	15,0	14	35,0
1886	25	55,55	4	8,88	16	35,55
1887	27	50,94	13	24,53	13	24,53
1888	25	64,10	6	15,38	8	20,51
1889	26	56,52	10	21,74	10	21,74
1890	43	68,25	3	4,76	17	26,98
1892	33	7,57	0	0	9	21,43
1893	55	74,32	0	0	19	25,68
1894	49	71,01	0	0	20	28,99
1895	55	78,57	0	0	15	21,43
Total	358	66,17	42	7,76	141	26,06

Naturalmente, à medida que a inteligência geral de uma comunidade aumenta, a inteligência geral de seus criminosos também aumenta, embora raramente na mesma proporção, mostrando que alguns crimes podem ser justamente atribuídos à pura ignorância. O número de criminosos capazes de ler e escrever aumentou de 50% em 1885 para 79% em 1895. O número de homens de cor com idade de 15 a 30 anos que sabem ler e escrever era de cerca de 90% na Sétima Região em 1896. Isso mostra quão pouco o aumento da inteligência, por si só, serve para deter o crime face a outras forças poderosas. É claro que seria ilógico conectar esses fenômenos diretamente como causa e efeito e fazer do crime Negro o resultado da educação Negra – nesse caso, encontraríamos dificuldade em defender as escolas públicas na maioria das terras modernas. O crime ocorre a despeito da inteligência ou como resultado de inteligência mal direcionada sob severa tensão econômica e moral. Assim, encontramos aqui, como aparentemente é verdade na França, na Itália e na Alemanha, o aumento da criminalidade e a diminuição do analfabetismo como fenômenos simultâneos, e não como causa e efeito. No entanto, o rápido aumento da inteligência em condenados Negros aponta para algumas mudanças sociais graves: primeiro, um grande número de jovens Negros está em um ambiente tal que encontram mais facilidade para serem trapaceiros do que homens honestos; em segundo lugar, há evidência de aumento de crimes mais inteligentes e, portanto, mais perigosos por parte de uma classe criminosa treinada, que difere em muito dos crimes ignorantes e impensados da massa dos Negros.

Uma separação dos criminosos, de acordo com sexo e idade e tipo de crime, é de interesse (ver a tabela na página seguinte para os homens).

Criminosos na Penitenciária Estadual do Leste
Mulheres, por idade e crime

Idade	Furto	Agressão	Agressão com agravante	Agressão para matar	Assassinato	Casas de orgias e desordem	Cúmplice de assassinato	Rapto
15-19	5	..	..	..	..	..	..	..
20-24	10	1	3	2	1	..	..	..
25-29	11	..	1	..	..	1	..	..
30-34	3	..	..	..	..	..	1	1
35-39	1	..	..	..	..	1	..	..
40-44	1	..	..	..	..	..	..	..
45-49	1	..	..	..	..	..	..	..

As mulheres estão quase todas detidas por roubo e brigas. São, geralmente, prostitutas das piores áreas degradadas. Os rapazes de 15 a 19 anos são, geralmente, condenados por pequenos furtos:

Número total de detentos homens, 15-19 anos de idade	53
Condenados por furto	27
Condenados por agressão e brigas	8
Condenados por crimes sexuais	5
Condenados por assalto	5
Condenados por outros crimes	8
	53

Ao fazermos uma tabela semelhante por dois outros intervalos etários, temos:

Homens, 20-24 anos		Homens, 25-29 anos	
Furtos	62	Furtos	45
Agressão	41	Agressão	33
Roubos e assaltos	30	Roubos e assaltos	22
Crimes sexuais	6	Crimes sexuais	13
Outros crimes	14	Assassinatos	4
	153	Outros crimes	3
			119

CAPÍTULO XIII: O CRIMINOSO NEGRO

Criminosos na Penitenciária Estadual do Leste
Homens, por idade e crime

Crimes	15-19	20-24	25-29	30-34	35-39	40-44	45-49	50-59	60 ou mais	Total
Aborto	.	.	.	.	.	1	.	.	1	2
Incesto	.	.	.	.	1	.	.	.	.	1
Atentado ao pudor	.	.	.	1	.	.	.	.	.	1
Incitação ao estupro	.	.	2	.	.	.	.	.	.	2
Bordéis	.	.	1	1	1	.	.	.	.	3
Balbúrdia	.	1	.	.	.	.	.	.	.	1
Estelionato	.	1	.	.	.	.	.	.	.	1
Falsidade ideológica	.	2	.	.	1	.	.	.	.	3
Conspiração	.	1	.	.	.	.	.	.	.	1
Assassinato	3	1	3	2	.	.	.	.	.	9
Falsificação	1	.	.	1	1	.	.	.	.	3
Homicídio culposo	1	1	1	1	1	1	1	.	.	7
Estupro	1	1	4	.	.	.	.	.	.	6
Agressão por estupro	3	1	3	2	4	2	1	.	.	16
Sodomia	1	4	3	3	.	.	1	3	.	15
Roubos a comércio	.	16	10	9	.	1	.	1	.	37
Roubos a residências	5	14	12	12	3	1	1	2	.	50
Agressão para matar	4	24	22	17	3	2	2	1	1	76
Agressão com agravante	2	16	9	6	6	4	2	.	.	45
Arma escondida	1	1	.	.	.	.	.	1	.	3
Assalto	1	1	2	.	.	.	.	.	.	4
Receptação de bens roubados	2	2	1	1	1	.	.	.	.	7
Agressão	1	4	1	1	.	.	.	.	.	7
Furto	27	62	45	23	23	9	3	2	3	197

272

SEÇÃO: 39. UM ESTUDO ESPECIAL SOBRE CRIMINALIDADE

Nenhuma peculiaridade especial é, aqui, revelada: roubos e brigas são sempre os pecados que assediam as raças semidesenvolvidas.

Seria muito instrutivo saber quantos dos 541 criminosos já estiveram nas mãos da lei antes. No entanto, isso é muito difícil de verificar corretamente, pois em muitos, se não na maioria dos casos, deve-se depender da palavra do prisioneiro. Mesmo esses métodos, no entanto, revelam o fato surpreendente de que apenas 315 ou 58% desses 541 condenados são relatados como estando encarcerados pela primeira vez. Deles, 226 ou 42% podem ser classificados como criminosos habituais, que foram condenados da seguinte forma:

Duas vezes	105	46,6%
Três "	60	26,5%
Quatro "	24	11,0%
Cinco "	19	8,0%
Seis "	9	4,0%
Sete "	4	1,8%
Nove "	1	
Dez "	1	2,2%
Onze "	2	
Doze "	1	
	226	100%

Quando percebemos a probabilidade de um grande número de outros condenados estar em sua segunda ou terceira internação, começamos a ter uma ideia da verdadeira classe criminosa Negra.[20]

Alguns outros fatos são de interesse: se tabularmos os crimes de acordo com o analfabetismo, temos:

Pequenos furtos	31% de analfabetismo
Agressão, assaltos e homicídios	34% de analfabetismo
Crimes sexuais	55% de analfabetismo

Em outras palavras, quanto mais grave e revoltante o crime, maior o peso da ignorância como causa. Se separarmos os prisioneiros condenados pelos crimes acima de acordo com o tempo da sentença, temos:

Abaixo de cinco anos	464	90,5%
Cinco e abaixo de dez anos	40	8,0%
Dez anos e acima	9	1,5%
	513	

Dos 49 condenados a cinco anos ou mais, 18 ou 37% eram analfabetos; dos sentenciados a menos de cinco anos, 160 ou 35% eram analfabetos.

A partir deste estudo, podemos concluir que os jovens são os autores dos crimes graves entre os Negros; que esses crimes consistem principalmente em roubos e agressões; que a ignorância e a imigração para as tentações da vida citadina são responsáveis por grande parte desse crimes, mas não por todos; que profundas causas sociais estão subjacentes a esta prevalência do crime, e que estas têm trabalhado de modo a formar entre os Negros, desde 1864, uma classe delimitada de criminosos habituais; e que o grosso dos crimes graves perpetrados por esta raça deve ser imputado a essa classe criminosa, e não à grande massa de Negros.

40. Alguns casos de crimes. É difícil, ao estudar de forma abstrata o crime, perceber exatamente quais são os crimes reais cometidos e em que circunstâncias eles ocorrem. Alguns casos típicos de crimes de Negros podem servir para dar uma ideia mais vívida do que as estatísticas abstratas. A maioria desses casos são citados de jornais diários.

Primeiro, vejamos alguns casos de furto:

Edward Ashbridge, um garoto de cor, se declarou culpado do furto de uma garrafa de leite, propriedade de George Abbott. A mãe do menino disse que ele era incorrigível, e ele foi internado na Casa de Refúgio.

William Drumgoole, de cor, 31 anos, de Lawrenceville, Virgínia, foi baleado nas costas e provavelmente ferido fatalmente ontem à tarde por William H. McCalley, um detetive, empregado na loja de John Wanamaker, ruas XIII e Chestnut. Drumgoole, alega-se, roubou um par de sapatos da loja, e foi seguido por McCalley até a esquina das ruas Treze e Chestnut, onde foi detido pelo mesmo. Drumgoole soltou-se das mãos do detetive e, correndo pela rua Treze, virou para a rua Drury, uma pequena passagem por cima da rua Sansom. McCalley começou a persegui-lo, instando-o a parar, mas o fugitivo correu para um beco e, quando seu perseguidor chegou a poucos metros dele, ameaçou "acabar com ele" se o mesmo o continuasse seguindo. McCalley puxou seu revólver do bolso, e quando Drumgoole começou a correr novamente, apontou a arma para suas pernas e disparou. Drumgoole caiu por terra, e quando McCalley se aproximou, ele não conseguiu se levantar. McCalley viu então que, ao invés de o haver ferido a perna, como era sua intenção, a bala havia se instalado nas costas do homem. Ele prontamente buscou auxílio e fez com que o homem ferido fosse levado ao hospital Jefferson. McCalley então rendeu-se ao policial reserva Powell, e foi levado à Estação Central.

Brigas e discussões entre vizinhos são comuns nos distritos degradados:

Etta Jones, de cor, 21 anos de idade, residente na rua Hirst, acima da Cinco, foi esfaqueada perto de sua casa ontem à noite, alega-se, por Lottie Lee, também de cor, das ruas Dois e Race. A outra mulher foi levada para o Hospital da Pensilvânia, onde descobriu-se que seus ferimentos consistiam em vários cortes no ombro esquerdo e na lateral, nenhum dos quais era perigoso. Seu agressor foi preso mais tarde pelo policial Dean e trancado na delegacia das ruas Três e União. A polícia disse que a agressão teria sido consequência de um agravo antigo.

Joseph Cole, de cor, 24 anos, residente no beco de Gillis, foi perigosamente esfaqueado pouco antes da meia-noite de sábado, como alegado por Abraham Wheeler, na casa deste último, na rua Hirst. Cole foi levado para o Hospital da Pensilvânia, onde foi constatado que a faca havia penetrado a uma curta distância de seu pulmão direito. Wheeler fugiu da casa após o corte e escapou da prisão até ontem depois do meio-dia, quando foi capturado pelo policial Mitchell, perto das ruas Cinco e Lombard. Quando levado para a delegacia, Wheeler negou ter cortado Cole, mas reconheceu tê-lo agredido porque estava insultando sua esposa. Ele foi preso, no entanto, para aguardar o resultado dos ferimentos de Cole.

Às vezes, serviçais são surpreendidos roubando:

Theodore Grant, de cor, residente na rua Burton, tentou penhorar um vestido de seda feminino por US$ 15 no McFillen's, nas ruas Dezessete e Market, vários dias atrás. O penhorista recusava-se, por regra, a receber trajes femininos de um homem, e disse a Grant que trouxesse a dona do vestido. Grant foi embora e voltou com Ella Jones, uma jovem de cor, que consentiu em receber US $ 7 pelo vestido. Desde então, C. F. Robertson, residente nas ruas Sessenta e Spruce, apresentou queixa à polícia sobre a perda do vestido, e, como resultado de uma investigação feita pelos policiais especiais Gallagher e Ewing, Grant e Ella Jones foram presos ontem acusados pelo furto do vestido de seda, que foi recuperado. Grant admitiu aos policiais especiais que Ella havia lhe dado o vestido para penhorar, mas afirmou que não tinha nada a ver com o assunto, exceto por se oferecer para penhorar o artigo. Em uma audiência perante o magistrado Jermon, na prefeitura, ontem, o Sr. Robertson afirmou que a garota havia feito uma declaração para ele, dizendo que Grant a havia induzido a levar o vestido. Ele disse que a garota tinha sido perfeitamente confiável desde o tempo em que conheceu Grant, e foi deixada no comando total da casa, e que jamais deram falta de nada. Ele disse que também esperava mostrar que Grant estivera envolvido em dois ou três assaltos. Ella Jones, uma garota bem vestida que disse ter vindo de Maryland, afirmou ao magistrado que Grant a visitava há cerca de um ano. Ela disse que ele a estava importunando para pegar alguma coisa e deixá-lo penhorar, para que pudesse levantar algum dinheiro, até que ela finalmente consentiu. Depois que ela começou a ir ao quarto da patroa para pegar o vestido, seu coração falhou e ela voltou atrás, mas ele a convenceu, dizendo que a Sra. Robertson não sentiria falta, e então ela pegou o vestido. O Sr. Robertson informou o magistrado, e Ella concordou com a declaração, alegando que Grant havia, ainda, tirado cada centavo de seus ganhos nas semanas anteriores, e também havia penhorado todas as suas roupas, de modo que no momento ela estava sem um tostão e não tinha uma única roupa, exceto a que vestia. O magistrado disse que era, sem dúvida, um caso difícil, mas ele teria que deter Grant e Ella sob a acusação de furto, e Grant sob fiança adicional para uma nova audiência na próxima quinta-feira sobre as acusações feitas por Robertson. A polícia diz que Grant, que é um mulato vesgo, de rosto macio, é um "lixo desgraçado", e que seja qual for o dinheiro que conseguiu obter com ameaças e bajulação à sua vítima, Ella Jones, este foi para os bolsos de jogadores insignificantes.

Há uma crescente comprovação do surgimento de um bando de ladrões com inteligência e astúcia: ladrões sorrateiros, vigaristas, batedores de carteiras e gatunos. Alguns casos típicos são os seguintes:

Marion Shields e Alice Hoffman, ambas Negras e residentes na rua Fitzwater, acima da Doze, tiveram outra audiência ontem perante o magistrado South, na prefeitura, e foram julgadas sob a acusação de furtar roupas, dinheiro, vasos, guarda-chuvas, instrumentos cirúrgicos e outros pertences portáteis de consultórios e casas de médicos, onde haviam feito visitas sob o pretexto de desejar realizar consultas com os médicos. O magistrado disse que havia dez casos contra Marion Shields individualmente, nos quais ela seria colocada sob fiança de US$ 2.500, e seis casos contra ambas as mulheres, em que a fiança seria de US$ 1.500. Por sua franqueza, Marion Shields recebeu a pena mais leve, um ano na Penitenciária do Leste, e Alice Hoffman foi condenada a dezoito meses na mesma instituição.

Dois ladrões ousados entraram ontem na joalheria de Albert Baudschopfs, número 468, rua Oito Norte, e subtraíram uma série de artigos de joalheria sob os próprios olhos do proprietário. Eles haviam saído da loja e seguiram vagarosamente pela rua antes de o joalheiro descobrir sua perda, com o resultado de que antes de ser dado o alarme, os ladrões haviam conseguido percorrer uma distância considerável. Um dos homens foi capturado após uma longa perseguição, mas o paradeiro do outro é desconhecido. Por volta de uma e meia, dois homens de cor entraram na loja e, a seu pedido, foram mostradas bandejas com vários artigos. Um dos homens começou a conversar com o proprietário enquanto o outro continuou a inspecionar a joalheria. Eles disseram não ter a intenção de comprar naquele momento e que voltariam novamente, e após abrir a porta caminharam apressadamente pela rua. O Sr. Baudschopfs diz que os homens escaparam com um estojo de relógio banhado a ouro, um relógio de prata, três pingentes de ouro, cada um incrustado com um pequeno brilhante; duas dúzias de anéis de ouro femininos, sem gemas, um alfinete de echarpe de ouro e um relógio de ouro masculino.

Um crime pelo qual Negros de certa classe se tornaram notórios é o de surrupiar carteiras pelas ruas:

Ao passar pela rua Onze, perto de Mount Vernon, pouco depois das nove horas, a Sra. K. Nichun, da rua Warnock, número 1947, foi abordada por trás, por um Negro que arrancou de sua mão uma carteira contendo US $ 2 e correu por uma viela em direção à rua Dez. Pouquíssimos pedestres estavam na rua no momento, mas dois homens, atraídos pelo grito da mulher, começaram a perseguir o ladrão. Este último começara a correr bem antes, no entanto, e escapou.

William Williams, de cor, de Dayton, Omaha, foi preso na Estação Central ontem, pelo policial da reserva A. Jones, sob a acusação de roubar uma carteira das mãos da Sra. Mary Tevis, da rua Mifflin, número 141. O furto ocorreu nas ruas Oito e Market. Depois de conseguir a carteira, Williams correu até chegar ao antigo escritório do advogado da cidade, nas ruas Seis e Locust. Ele foi seguido pelo policial reserva Jones, que o capturou no porão do prédio. Williams foi levado para as ruas Oito e Sansom para aguardar a chegada do carro-patrulha e, ao entrar no veículo, a carteira caiu de suas calças.

Os detetives Bond e O'Leary e o policial especial Duffy, da delegacia das ruas Oito e Lombard, prenderam ontem à noite Sylvester Archer, da rua Cinco, abaixo de Lombard; William Whittington, vulgo "Piggy", da rua Flórida; e William Carter, da rua Quinze Sul, todos Negros e com cerca de 21 anos de idade, acusados de agressão e roubo à Sra. Harrington Fitzgerald, esposa do editor do *Evening Item*. O assalto ocorreu na segunda-feira, ao meio-dia. Quando a Sra. Fitzgerald estava passando pelas ruas Theze e Spruce, uma bolsa que ela carregava na mão, e que continha 20 dólares, lhe foi roubada por um dos três homens de cor. Eles aproveitaram a multidão para atacá-la após o assalto ter sido perpetrado, e escaparam antes que seu clamor fosse ouvido. Quando os homens foram levados à Estação Central ontem à noite e interrogados pelo capitão dos detetives Miller, Whittington, diz-se, confessou cumplicidade no crime. Ele disse ao capitão que eles estavam seguindo um bando pela rua Treze, e quando chegaram à rua Spruce, Carter disse: "Eis uma carteira; eu vou pegar". "Tudo bem, pegue", veio a resposta. Carter correu até a Sra. Fitzgerald e logo gritou: "Peguei!". Então ele e Archer subiram correndo a rua Treze. Cada homem tem um histórico criminal, e o retrato de cada um está na Galeria dos Bandidos (*Rogue's Gallery*). Carter acaba de completar uma sentença de seis meses por roubo de carteira, enquanto Williams e Archer cumpriram, cada um, sentença por furto.

Esses crimes se tornaram tão frequentes que às vezes os Negros são erroneamente suspeitos; supõe-se que qualquer um que roube uma carteira em uma noite escura deva ser Negro.

Um método favorito de assaltar é emboscando e roubando os frequentadores de casas obscenas; naturalmente, pouquíssimos crimes desse tipo são denunciados. Aqui estão alguns casos de tais "ladrões texugos",[*] como são chamados:

William Lee, de cor, e Kate Hughes, uma mulher branca, foram condenados por roubarem dez dólares de Vincenzo Monacello. Lee foi condenado a três anos e três meses na Penitenciária do Leste, e sua cúmplice, a três anos na prisão do condado. Mary Roach, indiciada conjuntamente com eles, foi absolvida. Monacello testemunhou que, enquanto caminhava pela rua Christian, entre as ruas Oito e Nove, na noite de quinta-feira da semana passada, foi abordado por Mary Roach e a acompanhou até sua casa na rua Essex. Lá, ele conheceu Lee e Kate Hughes, e todos beberam uma quantidade considerável de cerveja. Mais tarde na noite, ele se dirigiu, com Kate Hughes, por sua sugestão, a uma casa mais acima na mesma rua. No meio do caminho, o demandante disse que Lee o atingiu no rosto com um tijolo, e em seguida o dinheiro lhe foi roubado. Mary Roach posicionou-se contra os outros dois réus, e a ação contra ela foi abandonada.

Ella Jones, de cor, alegando ser de Baltimore, foi presa ontem pelo policial Dean sob a acusação de furto de uma nota de dez dólares pertencente a Joseph Gosch, um polonês que veio de Pittsburg no domingo e afirma que procurava hospedagem quando foi levado à casa da mulher e roubado.

Do roubo de carteiras ao roubo em estradas há apenas um passo:

Diante do juiz Yerkes, no tribunal número I, Samuel Buckner, um jovem de cor, foi condenado por roubar de George C. Goddard um relógio, uma corrente de ouro e uma carteira contendo $ 3. Ele foi condenado a dez anos na Penitenciária do Leste. O Sr. Goddard, com a cabeça envolta em bandagens, foi chamado à tribuna. Ele disse que alguns minutos depois da meia-noite, em 28 de novembro, estava voltando para sua casa, na rua Spruce, número 1.220, após uma visita. Ele

---

[*] No original, *badger thieves*. (N.T.)

colocou a mão no bolso, tirou a chave e estava prestes a subir os degraus quando apareceu um vulto escuro vindo da rua Dean, uma viela mal iluminada ao lado de sua casa, e no mesmo instante foi atingido por um violento golpe de tijolo diretamente no rosto. Ele tombou inconsciente na calçada. Quando recuperou os sentidos, estava no Hospital da Pensilvânia. Havia um corte longo e profundo em sua bochecha direita, outro na testa, ambos os olhos estavam enegrecidos e inchados, e seu nariz também estava machucado. Ao mesmo tempo, ele descobriu a perda de sua carteira e de joias. O juiz Yerkes revisou os fatos do caso e, ao impor a sentença, disse ao acusado: "Quando você cometeu esse delito, você estava absolutamente indiferente às consequências de seu ataque covarde. Você despiu a pessoa desse homem de todos os seus objetos de valor e o deixou inconsciente na calçada, sabendo que ele poderia estar morto. É necessário não apenas que a sociedade seja protegida das depredações por parte de demônios como você, mas também que um exemplo seja feito para tais bandidos". O registro oficial mostra que Buckner foi preso em 11 de dezembro de 1893 pelo policial Logan, da delegacia da rua Lombard, sob a acusação de furto de uma bolsa da Sra. Caroline Lodge, do número 2.416 da rua Quinze, na mesma rua, e foi sentenciado em 14 de dezembro de 1893, pelo Juiz Biddle, a um ano de prisão.

Os casos de agressões com agravantes, por vários motivos, são frequentes:

Rube Warren, de cor, 30 anos, das ruas Foulkrod e Cedar, foi preso com fiança estipulada de 1.000 dólares, pelo magistrado Eisenbrown, por supostos ataque e agressão ao policial Haug, da delegacia de Frankford, durante uma rinha de cães há cerca de um mês. O policial tentou interromper a rinha quando Warren, alegadamente auxiliado por vários companheiros, agrediu-o, quebrou seu cacetete e roubou seu revólver. Durante a briga generalizada que se seguiu, da qual outros policiais participaram, Warren escapou e foi para Baltimore. Lá, diz-se, ele foi mandado para a prisão por quarenta dias. Assim que foi libertado, voltou para Frankford, onde foi detido na noite de sábado.

William Braxton, de cor, 28 anos, da rua Irving, acima da Trinta e Sete, foi ontem detido sob fiança de 800 dólares para uma nova audiência, acusado de ter cometido uma agressão agravada a William

Keebler, da rua Treze Sul. A agressão ocorreu por volta das três horas da manhã de ontem na rua Irving, perto da rua 37, onde os Negros do bairro faziam uma festa. Keebler e dois amigos, nenhum dos quais era de cor, forçaram sua companhia aos convidados, disse ele, o que desencadeou uma briga. Keebler foi encontrado pouco tempo depois deitado na neve com um olho quase arrancado. Ele foi levado ao Hospital Universitário, e a polícia da delegacia da avenida Woodland, sob o comando do sargento interino Ward, ao ser notificada do caso, correu para a casa da rua Irving e prendeu vinte dos convidados no auge de sua diversão. Todos eles, no entanto, foram dispensados na audiência, após Braxton ser reconhecido como o homem que agrediu Keebler. O médico do hospital diz ser muito provável que o homem ferido perca a visão de um olho.

Jogos de azar acontecem quase abertamente nas áreas degradadas e ocasionam, talvez, mais brigas e crimes do que qualquer outra causa isolada. Repórteres declararam em 1897 que: "O jogo de números é desenfreado na Filadélfia. Sob os próprios narizes dos policiais e, é seguro dizer, com o conhecimento de alguns deles, que bancas de jogos operam abertamente e com impressionante audácia. Eles estão realizando um negócio cartorial. Centenas de pobres todos os dias apostam, na empolgante loteria, dinheiro que seria melhor gasto em comida e roupas. Na verdade, eles se privam das necessidades da vida para jogar fora sua escassa renda, com poucas chances de obter algum retorno. O superintendente de polícia Linden, discutindo o assunto geral dos jogos de números com um repórter do *Ledger*, disse: 'Não há palavras suficientes no dicionário que expressem meus sentimentos sobre esse assunto. Considero que o jogo seja o pior mal em uma grande cidade entre os pobres. Há várias razões para isso. Uma é que mulheres e crianças podem jogar. Outra é que os jogadores podem colocar alguns centavos na loteria. O jogo pode causar mais danos do que todos os bares* na cidade. O preço de uma bebida alcoólica é de cinco ou dez centavos, e o custo de uma garrafa de chopp é de dez centavos, mas um homem ou uma mulher podem comprar dois centavos em bilhetes de jogo. O efeito disso é óbvio. Pessoas que não

---

* No original, *saloons* e *speakeasies*. (N.T.)

têm o valor de uma bebida podem jogar fora os poucos centavos que possuem em uma banca de jogo. Então o dreno é constante. Os 'demônios' da política jogam duas vezes por dia, arriscando passar de dois centavos a um dólar por aposta. Eles ficam tão apaixonados pelo jogo que vão gastar seu último centavo nele na esperança de 'acertar'. Muitas crianças passam fome e ficam sem roupas suficientes em decorrência do jogo. Ouvi falar de crianças pequenas envolvidas nesse tipo de jogo. É claro que o efeito disso é muito ruim. O mal dos números é, a meu ver, o pior que existe em nossas grandes cidades e que afeta as classes mais pobres de pessoas'".[21]

De vez em quando, há batidas nas casas de apostas:

Vinte e três homens de cor, detidos em uma batida policial de uma suposta casa de jogos na rua Rodman, acima da Doze, tiveram uma audiência ontem, diante do magistrado Sul, na prefeitura. Um homem, residente na rua Griscom, testemunhou que a casa deveria ser um "clube", e que era costume pagar um dólar para que a entrada pudesse ser garantida, e que ele havia apostado em "*crap*"* e um jogo de cartas conhecido como "*five up*" e havia perdido 18 dólares. Ele disse que havia um presidente, um marechal e um sargento de armas. Ele apontou Boiling, Jordan e Phillips como os diretores. O policial especial Duffy testemunhou que a multidão estava jogando "*crap*" com dados no chão quando ele liderou o ataque na segunda-feira à noite. Ele disse que havia avisado Boiling, como chefe da casa, três meses atrás, quando soube que o jogo estava acontecendo lá, para parar as atividades. No interrogatório, a testemunha disse que não sabia que era um clube social chamado "Workmen's Club". O patrulheiro William Harvey testemunhou que foi à casa no último sábado à noite e entrou prontamente, e não foi solicitado a pagar entrada de um dólar como alegaram ser a regra. Ele disse que jogou "*sweat*"** e que perdeu vinte e cinco centavos, mas não ganhou nada. Disse que Boiling estava comandando o jogo, e que quando ele entrou na casa, alguém gritou "Sam tem um novo homem", e isso foi tudo o que foi dito.

---

* Jogo de dados em que os jogadores apostam no número resultante dos dados lançados. (N.T.)

** Tipo de jogo de poker. (N.T.)

De forma cada vez mais frequente nos últimos anos, o crime, o excesso e a decepção levaram a tentativas de suicídio:

O policial Wynne, da delegacia das ruas Cinco e Race, encontrou ontem à noite uma mulher de cor desconhecida deitada inconsciente em um beco na avenida Delaware com a rua Race. Ao lado da mulher, havia uma garrafa vazia com rótulo de benzina. Wynne imediatamente chamou a carroça de patrulha e levou a mulher para o Hospital da Pensilvânia, onde sua condição foi considerada crítica. Os médicos disseram que não havia dúvida de que a mulher bebera o conteúdo da garrafa, e os narcóticos foram administrados imediatamente para neutralizar o efeito do veneno. À meia-noite, a mulher mostrou sinais de recuperação da consciência e pensou-se que ela se recuperaria. A polícia não tem a menor ideia de sua identidade, pois ela não soube dizer seu nome, e, como o beco onde foi encontrada é cercado por casas comerciais, não foi encontrado ninguém que a conhecesse.

É justo acrescentar que muitas acusações de crimes sem embasamento são feitas contra Negros, e possivelmente em uma proporção maior do que contra outras classes. Alguns casos típicos desse tipo são de interesse:

W. M. Boley, Negro, 30 anos, que disse residir em Mayesville, Carolina do Sul, foi réu perante o magistrado Jermon, na Câmara Municipal, ontem, sob a acusação de agressão com intenção de furto. O detetive Gallagher e o policial especial Thomas testemunharam que sua atenção foi atraída para o prisioneiro por suas ações em uma multidão no portão do trem para Nova Iorque na estação da rua Broad no sábado. Ele levava consigo vários embrulhos que colocou no chão perto do portão, e disseram que o viram fazer várias tentativas de roubar bolsos de mulheres e o prenderam. O homem, no entanto, provou por evidências documentais que era um clérigo, formado pela Howard University e agente financeiro de uma escola do Sul. Foi liberado.

Sob instruções do juiz Finletter, um júri proferiu um veredicto de inocente no caso de George Queen, um jovem de cor, acusado do assassinato de Joseph A. Sweeney e John G. O'Brien. O Dr. Frederick G. Coxson, pastor da Igreja Episcopal Metodista Pitman, nas ruas Vinte e Três e Lombard, testemunhou que, na noite em questão estava prestes a se retirar, quando ouviu uma perturbação na rua. Ao sair, viu três jovens, dois dos quais conduziam o outro e o persuadiam a ir com eles. Ao mesmo tempo, o prisioneiro, Queen, apareceu no meio da rua, caminhando despreocupadamente. Imediatamente, ao vê-lo, os três homens o atacaram, e logo depois a eles se juntaram outros três, e toda a multidão, entre a qual estavam Sweeney e O'Brien, continuou batendo e golpeando o homem de cor. De repente, a multidão se dispersou, e Queen foi preso; ele havia esfaqueado fatalmente dois de seus agressores. Esse depoimento mostrou que o acusado não era o agressor, e, sem ouvir a defesa, o juiz Finletter ordenou que o júri desse um veredicto de inocente. O caso, segundo ele, era de homicídio justificável, tendo o réu o direito de resistir ao ataque à força. O juiz disse ainda que acha que o caso tende a repelir os brutais ataques feitos a pessoas inofensivas da comunidade, e tornar as ruas seguras para todo homem andar a qualquer hora sem medo.

Deixando por um momento a questão das causas sociais mais profundas da criminalidade entre os Negros, vamos considerar dois assuntos intimamente relacionados: a pobreza e o uso de bebidas alcoólicas.

CAPÍTULO XIV
Pobreza e alcoolismo

41. Pobreza. Emancipação e pobreza sempre andam forçosamente de mãos dadas. Quando foi vedada a um grupo de pessoas, ao longo de gerações, a autossustentação e a autonomia em qualquer direção, é provável que haja um grande número daqueles que, quando lançados sobre seus próprios recursos, sejam considerados incapazes de competir na corrida da vida. A Pensilvânia, desde os primeiros tempos, quando teve início a emancipação de escravos em número considerável, já viu e temeu esse problema da pobreza Negra. A Lei de 1726 declarava: "Considerando que os Negros livres são um povo ocioso e preguiçoso e muitas vezes se provam onerosos para a vizinhança e fornecem maus exemplos para outros Negros, portanto, seja promulgado ** ** que, se qualquer senhor ou senhora desobrigar ou libertar qualquer Negro, ele ou ela ficará ciente com garantias suficientes no valor de 30 libras para indenizar o condado por qualquer cobrança ou encargo que eles possam trazer sobre o mesmo, no caso de tal Negro por doença ou de outra forma tornar-se incapaz de autossustento".

As Leis de 1780 e 1788 se esforçaram para amparar os Negros indigentes no condado onde eles tinham residência legal, e muitas decisões dos tribunais se referem a este ponto. Por volta de 1820, quando os resultados finais da Lei de 1780 eram sentidos, uma lei foi editada "Para evitar o aumento da pobreza na comunidade", prevendo que, se um servo fosse trazido ao estado com mais de 28 anos de idade (a idade da emancipação), seu senhor deveria ser responsável por seu sustento caso ele se tornasse um indigente.[1]

Assim, podemos inferir que prevalecia muita pobreza entre os libertos durante esses anos, embora não haja dados reais sobre o assunto. Em 1837, 235 dos 1.673 internos do *Philadelphia County Almshouse* (Asilo de Indigentes do condado da Filadélfia) eram Negros ou 14% dos pobres, de 7,4% da população. Esses pobres eram classificados da seguinte maneira[2]:

Homens		Mulheres	
Abaixo de 21 anos	18	Abaixo de 18 anos	33
21 a 50	57	18 a 40	59
50 a 75	18	40 a 60	17
Sem informações	13	60 e acima	10
	106	Sem informações	10
			129

Lunáticos e defeituosos	16 homens, 31 mulheres
Defeituosos por exposição	11 homens, 11 mulheres
Consumpção, reumatismo etc.	9 homens
Pleura, febre tifoide etc.	12 homens
Miseráveis	13 homens
Pobres	32 homens, 35 mulheres
Não classificados	13 homens, 28 mulheres
Mulheres em resguardo, crianças e órfãos	24 mulheres
	106 homens, 129 mulheres

Dez anos mais tarde, havia 196 pobres Negros no Abrigo de Indigentes, e aqueles recebendo auxílio sem ali residir foram assim registrados[3]:

Na cidade:
De 2.562 famílias Negras, 320 receberam assistência.
Em Spring Garden:
De 202 famílias Negras, 3 recebiam assistência.
Em Northern Liberties:
De 272 famílias Negras, 6 recebiam assistência.
Em Southwark:
De 287 famílias Negras, 7 recebiam assistência.

Em West Filadélfia:
De 73 famílias Negras, 2 recebiam assistência.
Em Moyamensing:
De 866 famílias Negras, 104 recebiam assistência.
Ao total, de 4.262 famílias Negras, 442 ou 10% recebiam assistência.

Isso cobre praticamente as estatísticas disponíveis do passado. Mostra uma grande quantidade de pobreza e, no entanto, talvez não mais do que se poderia razoavelmente esperar.

Hoje em dia, é muito difícil ter qualquer ideia exata da extensão da pobreza dos Negros; dá-se uma grande quantidade de esmolas na Filadélfia, mas muito disso não é sistemático, e há muita duplicação de trabalho. E, ao mesmo tempo, os registros mantidos são tão escassos que a extensão real da pobreza e suas causas são muito difíceis de se estudar.[4]

Os primeiros dados disponíveis são os relativos aos abrigados nos albergues, ou seja, pessoas sem abrigo que tenham solicitado e conseguido estadia:[5]

1891, total de abrigados............... 13.600, dos quais 365 ou 2,7% eram Negros
1892, total de abrigados............... 11.884, dos quais 345 ou 2,9% eram Negros
1893, total de abrigados............... 20.521, dos quais 622 ou 3,0% eram Negros
1894, total de abrigados............... 43.726, dos quais 1247 ou 2,9% eram Negros
1895, total de abrigados............... 45.788, dos quais 2247 ou 4,9% eram Negros
1891, total de abrigados............... 46.121, dos quais 2359 ou 5,0% eram Negros

Estatísticas relativamente semelhantes são fornecidas, para os últimos dez anos, pelo relatório do detetive de detenções por vadiagem:

1887	detenções totais, 581	Negros	55	9,5%
1888	detenções totais, 574	Negros	48	8,4%
1889	detenções totais, 588	Negros	36	6,1%
1890	detenções totais, 523	Negros	48	9,1%
1891	detenções totais, 554	Negros	47	8,5%
1892	detenções totais, 505	Negros	65	12,9%
1893	detenções totais, 586	Negros	67	11,0%
1894	detenções totais, 688	Negros	66	9,6%

1895 .... detenções totais, 557   Negros............ 56   10,0%
1896 .... detenções totais, 629   Negros............ 59   9,3%

Os vadios Negros detidos durante os últimos seis anos foram assim encaminhados:

Encaminhamento	1891	1892	1893	1894	1895	1896
Dado abrigo temporário	21	27	29	39	26	32
Transportados da cidade	3	2	5	4	2	3
Presos por vadiagem, mendigarem etc	5	10	4	4	2	5
Detidos por conduta viciosa etc.	15	10	16	11	14	5
Enviados a Casa de Refúgio	3	14	7	2	5	0
Enviados a sociedades e instituições	0	2	6	6	7	13

Esses registros dão uma vaga ideia daquela classe de pessoas que apenas oscila entre a pobreza e o crime – vagabundos, indigentes, pessoas defeituosas e desventuradas –, uma classe difícil de lidar porque composta de elementos diversos.

Voltando aos verdadeiros destituídos, temos o registro dos indigentes admitidos no Abrigo Blockley (*Blockley Almshouse*) durante seis anos:

Adultos – dezesseis anos de idade ou mais

Ano	Total de registros	Negros	Percentual de Negros
1891	6.764	569	8,4
1892	6.231	537	8,8
1893	6.451	567	8,8
1894	6.108	569	9,3
1895	6.318	606	9,3
1896	6.414	593	9,2

Crianças abaixo de dezesseis anos de idade

Ano	Total de registros	Negros	Percentual de Negros
1891	380	38	12,3
1892	262	38	14,5
1893	295	38	12,9
1894	304	35	11,1
1895	401	42	10,5
1896	410	51	12,4

Em 1891, 4,2% dos brancos admitidos eram insanos, e 2,3% dos Negros. Em 1895, 8,3% dos brancos, e 8,6% dos Negros:

Os insanos

Ano	Brancos - Total de registros	Brancos - Insanos	Negros - Total de registros	Negros - Insanos
1891	6195	264	569	13
1892	5694	450	537	45
1893	5884	427	567	39
1894	5539	441	569	38
1895	5712	463	606	52

Já vimos que na Sétima Região cerca de 9% dos Negros podem ser classificados como os "muito pobres", necessitando de assistência pública para viver. A partir disso, podemos concluir que entre três e quatro mil famílias Negras da cidade podem ser classificadas na classe semi-indigente. Assim, fica claro que há um grande problema de pobreza entre os problemas dos Negros; 4% da população fornece, de acordo com as estatísticas anteriores, pelo menos 8% da pobreza. Considerando as dificuldades econômicas do Negro, talvez devêssemos esperar mais do que isso, ao invés de menos. Além dessas famílias permanentemente empobrecidas, há um número considerável de pessoas que, de tempos em tempos, precisam receber ajuda temporária, mas geralmente podem passar sem isso. Em tempos de tensão, como durante o ano de 1893, esta classe é muito grande.

Há especiais sofrimento e abandono entre as crianças desta classe de pessoas: nos últimos dez anos, a Sociedade de Auxílio Infantil recebeu as seguintes crianças[6]:

De 1887 a 1897	Negros	Total
Recebidas de juízes e magistrados (assim chamados delinquentes)	19	181
Bebês abandonados	7	55
Órfãos	4	147
Semiórfãos, incluindo aqueles com mães com saúde delicada e pais inúteis; também ambos os pais inúteis	12	448
Da Casa de Indigentes Blockley	7	..
Da Casa de Indigentes Blockley (encontrados)	12	362
Da Sociedade para Prevenção de Crueldade contra Crianças	3	45
Dos Conselhos de Pobreza do Condado	26	151
Total	110	1.389

O total de recepções durante esses dez anos foi de 1.389, dos quais os Negros formaram 8%. Isso somente ressalta os fatos da vida familiar precária das classes subalternas das quais falamos anteriormente.

É possível elucidar mais o problema da pobreza com um estudo de casos concretos; com este objetivo, 237 famílias foram selecionadas. Elas vivem na Sétima Região e são compostas daquelas famílias de Negros às quais a Sociedade de Organização de Caridade da Sétima Região auxiliou nos últimos dois invernos.[7] Primeiro, devemos notar que esse número corresponde a aproximadamente o percentual previamente estimado dos "muito pobres".[8] Ao dispormos essas famílias de acordo com seu tamanho, temos:

Número na família	Famílias	Pessoas
1	48	48
2	61	122
3	54	162

Número na família	Famílias	Pessoas
4	31	124
5	19	95
6	10	60
7	1	7
11	1	11
Sem informações	9	?
Total	234	638

As causas relatadas para a pobreza, que foram em todos os casos, na medida do possível, verificados por visitas, eram assim:

Falta de trabalho .... 115 famílias
Doença, acidente, ou deficiência física .... 39 famílias
Morte de provedor e idade avançada .... 24 famílias
Provável jogatina, atividade criminosa etc .... 16 famílias
Abandono pelo provedor .... 15 famílias
Preguiça e imprevidência .... 10 famílias
Uso destemperado de bebidas alcoólicas .... 8 famílias
Revezes financeiros .... 7 famílias
234 famílias

Considerando cuidadosamente esses casos, na medida do que permitem as parcas informações dos relatórios e visitas, parece justo dizer que a pobreza Negra na Sétima Região foi causada, nesses casos:

Por doença e infortúnio 40%
Por falta de emprego regular 30%
Por preguiça, imprevidência e bebedeira destemperada 20%
Por criminalidade 10%

É claro que isso não passa de uma estimativa grosseira; muitas dessas causas se influenciam mutuamente de forma indireta. Crimes causam doença e infortúnio; falta de emprego causa crime; preguiça causa falta de trabalho etc.

Algumas famílias típicas ilustrarão as variadas condições encontradas:

Número 1: rua Dezoito Sul. Quatro na família; marido beberrão destemperado; esposa decente, mas desempregada.

Número 2: rua Dez Sul. Cinco na família; viúva com filhos desempregados, vendera a cama para pagar as despesas de um filho doente.

Número 3: rua Dean. Uma mulher paralisada, parcialmente sustentada por uma igreja de cor.

Número 4: rua Carver. Mulher digna abandonada pelo marido há cinco anos; assistida com carvão, mas está ressarcindo a Sociedade de Organização de Caridade da Sétima Região.

Número 5: rua Hampton. Três na família, vivendo em três cômodos com três outras famílias. "Sem iniciativa e imprevidente."

Número 6: rua Stockton. A mulher acaba de passar por uma cirurgia realizada no hospital, e não pode trabalhar ainda.

Número 7: rua Addison. Três na família; deixaram trabalho na Virgínia por causa das deturpações de um escritório de empregos de rua em Arch; desempregados.

Número 8: rua Richard. Trabalhador ferido por queda de uma torre. Cinco na família. Seus companheiros de trabalho contribuíram para o seu sustento, mas os empregadores nada deram.

Número 9: rua Lombard. Cinco na família; esposa branca; vivendo em um cômodo; casos difíceis; rum e mentiras; fingiram que uma criança estava morta para obter ajuda.

Número 10: rua Carver. Mulher e filho demente; foi encontrada muito bêbada na rua; aposta em números.

Número 11: rua Lombard. Mulher digna doente com um tumor; recebe assistência temporária.

Número 12: rua Ohio. Mulher e duas crianças abandonadas pelo marido; recebe auxílio para pagar o aluguel.

Número 13: rua Rodman. Viúva e filho; desempregados. "Um cômodo muito pequeno, limpo e organizado."

Número 14: rua Fothergill. Dois na família; o homem doente, meio louco e preguiçoso. "Ia converter a África e não queria cozinhar", recebeu trabalho temporário.

Número 15: rua Lombard. Um jovem casal imprevidente sem trabalho vivendo em um quarto desarrumado, sem nada para pagar aluguel.

Número 16: rua Lombard. Uma pobre viúva de um banqueteiro abastado foi enganada e perdeu sua propriedade. Falecida desde então.

Número 17: rua Ivy. Uma família de quatro; o marido era estivador, mas está doente com asma, e a esposa, desempregada; decente, mas imprevidente.

Número 18: rua Naudain. Família de três pessoas; o homem, que é decente, quebrou a perna; a mulher aposta em números.

Número 19: rua Juniper Sul. Mulher e dois filhos; abandonada pelo marido e nos últimos estágios de consumpção (tuberculose).

Número 20: rua Radcliffe. Família de três; tomaram empréstimo de $1,00 à Sociedade de Organização de Caridade da Sétima Região para pagar o aluguel e reembolsaram após três semanas.

Número 21: rua Lombard. "Uma refinada mulher branca americana casada com um homem de cor; ele está atualmente desempregado; têm um filho." Ambos são respeitáveis.

Número 22: rua Fothergill. A esposa abandonou o marido e duas crianças, e fugiu com um homem; ele está desempregado; pediu ajuda para enviar seus filhos para amigos.

Número 23: rua Carver. Um homem de 23 anos veio da Virgínia por trabalho; foi atropelado por carros na rua 45 com a avenida Baltimore, e perdeu as duas pernas e o braço direito; é dependente de amigos de cor e quer algo para fazer.

Número 24: rua Helmuth. Família de três; homem desempregado durante todo o inverno, e esposa com dois dias e meio de trabalho na semana; respeitáveis.

Número 25: rua Richard. Viúva, sobrinha e bebê; a sobrinha, traída e abandonada. Elas pedem trabalho.

42. O hábito da bebida. O uso destemperado de bebidas inebriantes não é uma das ofensas especiais do Negro. No entanto, há um consumo considerável, e o uso de cerveja está aumentando. Os salões de bebidas da Filadélfia são operados sob um sistema excepcionalmente bem administrado, e não são centros de brigas e vadiagem tão grandes como em outras cidades. Nenhuma diversão, como sinuca e bilhar, é permitida nas salas onde se vende bebidas alcoólicas. Este não é um bem sem ambivalência, pois o resultado é que grande parte da bebida é, assim, levada para as casas, clubes e *speak easies*.* O aumento do consumo de cerveja entre todas as classes, pretas e brancas, é perceptível; os vagões de cerveja entregam um grande número de garrafas em residências particulares, e muito é transportado dos salões em baldes.

Em 1897, foi feita uma tentativa de contar os frequentadores de certos salões na Sétima Região entre as 8 e 10 da noite nos sábados. Era impraticável fazer essa contagem ou cobrir toda a região, mas oito ou dez foram monitorados a cada noite.[9] Os resultados são uma medida grosseira dos hábitos de consumo de bebidas nesta região.

Existem na região 52 salões, dos quais 26 foram observados em distritos habitados majoritariamente por Negros. Nessas duas horas, foi feito o seguinte registro:

Pessoas entrando nos salões:

Negros – 1.373 homens, 213 mulheres. Brancos – 1.445 homens, 139 mulheres.

Entre os que entraram, sabe-se que os seguintes saíram de lá com bebidas alcóolicas:

Negros – 238 homens, 125 mulheres. Brancos – 275 homens, 81 mulheres.

3.170 pessoas entraram em metade dos salões da Sétima Região entre 8 e 10 horas de uma noite de sábado em dezembro de 1897. Destas, 1.586 eram homens, e 352, mulheres.[10] Daqueles entrando nos salões nesses horários, uma parte saiu com bebidas alcoólicas – principalmente cerveja em baldes de latão. Daqueles assim carregando bebidas havia, ao todo, 719. Destes, 363 Negros e 356 brancos; 513 eram homens; e 206, mulheres.

Os observadores posicionados próximos a esses salões observaram, nas duas horas em que ali estiveram, 79 pessoas bêbadas.

O caráter geral dos salões e seus frequentadores pode ser melhor apreendido a partir de alguns relatórios típicos. Os números dados são os das licenças oficiais:

Número 516. Pessoas entrando no salão:

Homens – 40 brancos e 68 Negros. Mulheres – 12 brancas e 12 Negras.

Pessoas saindo com bebidas:

---

* Casas que vendiam bebidas alcoólicas de forma clandestina. (N.T.)

Homens – 8 brancos e 16 Negros. Mulheres – 1 branca e 3 Negras. Pessoas bêbadas observadas: 12.

Caráter geral do salão e seus frequentadores: "O salão parece ser respeitável e tem três entradas: uma na rua Treze e duas em uma pequena via. A maioria das pessoas de cor são pobres e da classe trabalhadora. Os fregueses brancos são, em sua maioria, da classe mais abastada. Entre os últimos, pouquíssimos estavam inebriados".

Número 488. Pessoas entrando no salão:

Homens – 24 brancos e 102 Negros. Mulheres – 2 brancas e 3 Negras.

Pessoas saindo com bebidas: 12. Pessoas bêbadas observadas: 8.

Caráter geral do salão e seus frequentadores: "O salão não era muito ordeiro; policiais ficaram por perto o tempo todo. Os homens Negros que entravam estavam, via de regra, bem vestidos – talvez um terço seja de operários. Os homens brancos estavam bem vestidos, mas pareciam ser personagens suspeitos".

Número 515. Pessoas entrando:

Homens – 81 brancos e 59 Negros. Mulheres – 4 brancas e 10 Negras.

Pessoas saindo com bebidas:

Homens – 15 brancos (um garoto de 12 ou 14 anos) e 11 Negros. Mulheres – 4 brancas e 8 Negras.

Pessoas bêbadas observadas: 2 (não se vendeu nada a uma delas).

Caráter geral do salão e seus frequentadores: "Havia dois homens Negros e sete homens brancos no salão quando a contagem começou. O lugar tem três portas, mas todas são facilmente observadas. O comércio é principalmente de bebidas destiladas, e grande quantidade é vendida em garrafas – uma 'loja de barris'".

Número 527. Pessoas entrando no salão:

	8 às 9	9 às 10	Total
Homens Brancos	49	54	104
Homens Negros	29	37	68
Mulheres Brancas	3	3	6
Mulheres Negras	5	2	7
	88	97	185

Pessoas saindo com bebidas:

Homens Brancos	6	11	17
Homens Negros	4	9	13
Mulheres Brancas	0	1	1
Mulheres Negras	1	0	4
Meninos Negros	1	0	1
	15	21	36

Pessoas bêbadas observadas: nenhuma.

Caráter geral do salão e seus frequentadores: "Pessoal quieto e ordeiro, comércio rápido, sem vadiagem. Havia três meninos entre os que entraram".

Número 484. Pessoas entrando no salão:
Homens – 70 brancos e 32 Negros. Mulheres – 10 brancas e 1 Negra.
Pessoas saindo com bebidas:
Homens – 10 brancos e 12 Negros. Mulheres – 4 brancas e nenhuma Negra.
Pessoas bêbadas observadas: 11, 6 das quais eram brancas, e 5, pretas. "Não posso afirmar que o salão era responsável por todos eles, mas estavam todos ali ou nas proximidades."
Este salão fica na seção mais degradada da região e é de mau caráter. Frequentadores eram uma mixórdia, "rápidos, rudes, criminosos e bêbados".

Número 487. Pessoas entrando:
Homens – 79 brancos e 129 Negros. Mulheres – 13 brancas e 34 Negras.
Pessoas saindo com bebidas:
Homens – 15 brancos e 25 Negros. Mulheres – 5 brancas e 8 Negras.
"Não foram observadas pessoas bêbadas. Frequentado por uma classe esperta de criminosos e malandros. Próximo ao notório 'beco do meio'."

Número 525.
Total de Negros entrando: 14. Total de brancos entrando: 13.
"Sem vadiagem pela frente do salão. Ruas bem iluminadas e vizinhança silenciosa, de acordo com policial. Havia uma barbearia ao lado

e um bar na esquina dez portas abaixo. Poucas pessoas bêbadas foram vistas. O comércio esteve mais intenso entre 8 e 9 horas. Em duas horas, entrou um Negro a mais do que brancos. Dois Negros a mais do que brancos, homens, saíram com bebidas alcoólicas. Um homem branco, um alemão, retornou três vezes para pegar cerveja em uma chaleira. Duas mulheres Negras saíram levando cerveja em chaleiras; uma mulher branca (irlandesa) fez duas viagens. Todas as mulheres entraram pela porta lateral. O salão fica abaixo de uma residência, com três andares, esquina das ruas Waverly e Onze. A rua Waverly tem uma população Negra abundante – boa localização para o comércio Negro. Proprietário e assistente são, ambos, irlandeses. O interior do salão tinha acabamento em pinho branco tingido para imitar uma cerejeira. Extremamente sem graça. O barista disse: 'Noite quente, mas estamos indo muito bem'. Uma pedinte entrou, uma 'tia' Negra, ela queria pão, não gim. Negros estavam bem vestidos, via de regra, muitos fumando. A maioria dos frequentadores, pelo ar agitado e a maneira direta com que encontraram o lugar, demonstravam familiaridade de longa data com o bairro, especialmente com esta esquina."

Número 500. Pessoas entrando no salão:
Homens – 40 brancos e 73 Negros. Mulheres – 4 brancas e 6 Negras.
Pessoas saindo com bebidas:
Homens – 6 brancos e 23 Negros. Mulheres – 5 brancas e 4 Negras.
Pessoas bêbadas observadas: 1.

Caráter geral do salão e seus frequentadores: "Prédio de quatro andares, simples e asseado; três entradas; toldo com armação de ferro, luzes elétricas e de lampiões. Negros em geral bem arrumados e com aparência abastada. Brancos menos arrumados que os Negros, e geralmente mecânicos. Quase todos fumam charutos. Bebidas levadas abertamente em jarras e chaleiras. Três das mulheres brancas, saindo com bebidas, tinham aparência de criadas irlandesas. Alguns dos Negros carregavam consigo sacolas de compras e de roupas".

Poucas conclusões gerais podem ser extraídas destes dados. O salão não é tanto um problema moral quanto um problema econômico entre os Negros: se os 1.586 Negros que entraram nos bares em duas horas no sábado à noite gastaram cinco centavos cada, o que é uma estimativa baixa, eles gastaram $ 79,30. Se, como é provável, ao menos cem dólares foram gastos naquela noite de sábado por toda a região, então em um ano não estaríamos errados em concluir que as despesas de sábado à noite seriam de no mínimo $ 5.000, e suas despesas totais não seriam menos que $ 10.000, e podem chegar a $ 20.000 – um montante alto para um povo pobre gastar em álcool.

43. As causas da criminalidade e da pobreza. Um estudo estatístico parece mostrar que a criminalidade e a pobreza entre os Negros superam as dos brancos. Que no geral, no entanto, seguem em sua ascensão e queda as flutuações mostradas nos registros dos brancos, ou seja, se a criminalidade aumenta entre os brancos, aumenta entre os Negros, e vice-versa, com a peculiaridade que entre os Negros a mudança é sempre exagerada – o aumento maior e a diminuição mais acentuada em quase todos os casos. Isto é o que naturalmente esperaríamos: temos, aqui, o registro de uma classe social subalterna, e como a condição de uma classe inferior é por sua própria definição pior do que a de uma classe superior, então a situação dos Negros é pior no que diz respeito ao crime e à pobreza do que a da massa dos brancos. Além disso, qualquer mudança nas condições sociais afetará mais os pobres e desafortunados do que os ricos e prósperos. Tudo indica que temos um exemplo disso no aumento da criminalidade a partir de 1890: tivemos um período de tensão financeira e depressão industrial; os que mais sentiram isso foram os pobres, os trabalhadores não qualificados, os ineficientes e desafortunados e aqueles com poucas vantagens sociais e econômicas. Os Negros estão nesta classe, e o resultado foi um aumento da criminalidade e da pobreza entre os Negros. Houve, também, um aumento da criminalidade entre os brancos, embora menos rápido por causa de suas classes altas mais ricas e mais favorecidas.

Até agora, então, não temos fenômenos que sejam novos ou excepcionais, ou que apresentem mais do que os problemas sociais comuns da criminalidade e da pobreza, embora estes, com certeza, sejam bastante difíceis. Além desses, no entanto, há problemas que podem ser corretamente chamados de problemas do Negro: eles surgem da história e da condição peculiares do Negro americano. A primeira peculiaridade é, claro, a escravidão e a emancipação dos Negros. Que sua emancipação os tenha elevado econômica e moralmente é comprovado pelo aumento da riqueza e da cooperação e pela diminuição da pobreza e do crime entre o período anterior à guerra e o período a ela posterior. No entanto, isso não foi, evidentemente, um processo simples; o primeiro efeito da emancipação foi o de qualquer revolução social repentina: uma pressão sobre a força e os recursos morais, econômicos e físicos do Negro, que levou muitos ao limite. Por esta razão, a ascensão do Negro nesta cidade é uma série de arrancadas e escorregões, ao invés de um crescimento contínuo. A segunda grande peculiaridade da situação dos Negros é o fato da imigração: o grande número de aspirantes despreparados que de tempos em tempos se precipitaram sobre os Negros da cidade e dividiram suas pequenas oportunidades industriais, fizeram reputações que, boas ou más, toda a sua raça deve compartilhar. E, finalmente, se eles falharam ou foram bem-sucedidos na forte concorrência, eles mesmos devem se preparar rapidamente para enfrentar uma nova imigração.

Aqui, então, temos duas grandes causas para a condição atual do Negro: a escravidão e a emancipação com seus fenômenos conexos de ignorância, falta de disciplina e fraqueza moral; e a imigração com sua competição aumentada e sua influência moral. A isso devemos acrescentar uma terceira influência possivelmente maior do que as outras duas, a saber, o ambiente em que um Negro se encontra com o mundo de costumes e pensamentos em que ele deve viver e trabalhar, o entorno físico da casa, do lar e da Região, os incentivos e desincentivos morais sob os quais ele se encontra. Procuramos esboçar esse ambiente social parcialmente quando falamos de preconceito de cor, mas isso é apenas uma vaga caracterização; o que nós queremos estudar não é um pensamento ou sentimento vago, mas suas manifestações concretas. Sabemos muito bem qual é o ambiente de um jovem rapaz branco, ou de um imigrante estrangeiro que chega a esta grande cidade para juntar-se à sua vida orgânica. Conhecemos as influências e os limites que o cercam, o que ele pode conseguir, quais as suas companhias, quais os seus incentivos, quais as suas desvantagens.

Precisamos saber disso em relação ao Negro se formos estudar a sua condição social. Seu estranho ambiente social deve ter causado um efeito imenso em seu pensamento e em sua vida, em seu trabalho e criminalidade, em sua riqueza e em sua pobreza. Que esse ambiente difere, e difere amplamente, do ambiente de seus companheiros, todos sabemos, mas não sabemos exatamente como difere. O verdadeiro fundamento da diferença é o sentimento disseminado por todo o país, na Filadélfia, bem como em Boston e em Nova Orleans, de que o Negro é algo menos do que um americano e não deveria ser muito mais do que isso. Por mais que possamos argumentar a favor ou contra essa ideia, devemos, como estudiosos, reconhecer sua presença e seus vastos efeitos.

Na Penitenciária do Leste, onde procuram, na medida do possível, atribuir a causas definidas o registo criminal de cada recluso, evidencia-se a vasta influência do ambiente. Esta estimativa é naturalmente passível de erro, mas o sistema peculiar dessa instituição, além do longo tempo de serviço e da ampla experiência do diretor e de seus subordinados dão a ela um valor incomum. Dos 541 prisioneiros Negros previamente estudados, 191 foram catalogados como criminosos por motivo de "depravação inerente ou natural". Os outros foram assim divididos:

(A) Defeitos da lei:
Lassidão em administração 33
Leis inadequadas para ofensas menores 48
Polícia ineficiente 22
Licença dada aos jovens 16
Leis ineficientes em relação aos salões 11
Instituições precárias e falta de instituições 12
                                                                                            142

(B) Ambiente imediato:
Associação 53
Divertimentos 16
Influências familiares e domésticas 25
                                                                                            94

(C) Falta de treinamento, falta de oportunidade,
     falta de vontade para trabalhar 56
(D) Ambiente geral 6
(E) Doença 16
(F) Fraqueza moral e causa desconhecida 36
                                                                                            114

Este julgamento grosseiro de homens que entraram em contato diário com quinhentos criminosos Negros, sem dúvida, corrobora o fato aludido: a imensa influência de seu ambiente peculiar sobre o Negro da Filadélfia; a influência de lares mal localizados e mal administrados, com pais despreparados para suas responsabilidades; a influência do ambiente social, que, por meio de leis ruins e administrações ineficientes, deixam que os ruins se tornem ainda piores; a influência da exclusão econômica que admite Negros apenas nas partes do mundo econômico onde é mais difícil manter a ambição e o respeito próprio; e, finalmente, aquela indefinível, mas real e poderosa influência moral que faz com que os homens tenham um verdadeiro senso de hombridade ou os leva a perder a ambição e o amor próprio.

Durante os últimos dez ou quinze anos, jovens Negros têm chegado em grandes levas a esta cidade, a uma taxa de 1.000 por ano. A questão, então, é: quais lares eles irão encontrar ou formar, quais vizinhos terão, como irão se divertir, em quais trabalhos se engajarão? Sob quais influências sociais eles chegam, qual a tendência da sua formação e quais vagas eles preencherão na vida? Responder a estas perguntas é ir além no sentido de encontrar as verdadeiras causas da criminalidade e da pobreza entre esta raça. Os próximos dois capítulos, portanto, lidam com a questão do ambiente.

CAPÍTULO XV
O ambiente do Negro

44. Casas e aluguéis. O levantamento de 1848 forneceu estatísticas bastante completas sobre os aluguéis pagos pelos Negros.[1] Em toda a cidade, naquela data, 4.019 famílias Negras pagavam $ 199.665,46 em aluguel, ou uma média de $ 49,68 por família a cada ano. Dez anos antes, a média era de US $ 44 por família. Nada indica melhor o crescimento da população Negra em número e poder do que quando comparamos com isso os números de 1896 para uma região. Naquele ano, os Negros da Sétima Região pagaram $ 25.699,50 por mês em aluguéis, ou $ 308.034 por ano, uma média de $ 126,19 por ano para cada família. É possível que esta região tenha uma proporção de locatários um pouco maior do que a maioria das outras. Na estimativa mais baixa, no entanto, os Negros da Filadélfia pagam pelo menos $ 1.250.000 em aluguéis por ano.[2]

A tabela de aluguéis para 1848 pode ser encontrada na página seguinte. Observamos que em 1848 a família Negra média alugava por mês ou trimestre, e pagava entre 4 e 5 dólares por mês de aluguel. O aluguel médio mais alto para qualquer seção era inferior a 15 dólares por mês. Por tais aluguéis, eram oferecidas acomodações das mais precárias, e sabemos por descrições que a massa de Negros tinha casas pequenas e insalubres, geralmente nas ruas traseiras e em becos. Os aluguéis pagos hoje na Sétima Região, de acordo com o número de quartos, estão tabulados na página 304.

SEÇÃO: 44. CASAS E ALUGUÉIS

Aluguéis pagos por negros da Filadélfia (1848)

	City	Spring Garden	Northern Liberties	Southwark	Moyamensing	West Filadélfia	Total
Total pago anualmente	$ 124.979,37	$ 8.679,06	$ 11.128,00	$ 11.924,15	$ 40.809,51	$ 2.127,37	$ 199.665,46
Número apartamentos em cortiços (*tenements*)* alugados por ano	4	4	5	7	18	12	50
Média anual de aluguéis pagos pelos mesmos	$ 147,81	$ 125,00	$ 167,40	$ 148,43	$ 163,00	$ 66,60	1.547
Número de apartamentos alugados por trimestre	1131	35	73	79	210	19	
Média anual de aluguéis pagos pelos mesmos	$ 58,80	$ 56,97	$ 58,41	$ 55,37	$ 67,23	$ 37,48	
Número de apartamentos alugados mês	1078	98	143	139	373	16	1.847
Média anual de aluguéis pagos pelos mesmos	$ 45,20	$ 46,68	$ 38,53	$ 38,78	$ 43,08	$ 32,78	
Número de apartamentos alugados por semana	248	38	34	34	205	4	563
Média anual de aluguéis pagos pelos mesmos	$ 36,47	$ 42,84	$ 30,00	$ 32,94	$ 35,47	$ 22,84	
Número de apartamentos alugados por noite					12		12
Média anual de aluguéis pagos pelos mesmos					$ 34,68		
Número de pessoas cujo aluguéis são repassados com sublocação	6	1					7
Número dos que pagam impostos por aluguel	2	1	3		1		3
Sem aluguel	2	1	1				5
Vivem em casa própria	88	23	38	28	44	20	241
Não declararam	5	3		3			11
Média de aluguéis anuais por família							$ 49,68
O mesmo para 1837							$ 44,00

* O autor utiliza o termo *tenement*, ora para se referir a edificações com múltiplos domicílios, com condições sanitárias e de manutenção precárias, muitas vezes subdivididas ao longo do tempo como os cortiços das cidades brasileiras; ora para se referir a apartamentos individuais em tais edifícios. (N.T.)

CAPÍTULO XV: O AMBIENTE DO NEGRO

Lares Negros, de acordo com aluguéis e cômodos[3]

Valor do aluguel por mês	Um ou menos	Dois	Três	Quatro	Cinco	Seis	Sete	Oito	Nove	Dez	Onze ou mais	Sem informações	Total de aluguéis
Gratuito	..	4	1	1	..	..	..	..	..	..	..	..	..
$ 1,00	..	..	..	..	..	..	..	..	..	..	..	..	
1,50	2	..	..	..	..	..	..	..	..	..	..	..	$3,00
2,00	5	..	..	..	..	..	..	..	..	..	..	1	12,00
2,50	6	..	..	..	..	..	..	..	..	..	..	..	15,00
3,00	36	..	..	..	..	..	..	..	..	..	..	..	108,00
3,50	17	..	..	..	..	..	..	..	..	..	..	..	59,50
4,00	161	4	..	..	..	..	..	..	..	..	..	..	660,00
4,50	237	11	3	1	..	..	..	..	..	..	..	..	1.134,00
5,50	14	2	..	..	..	..	..	..	..	..	..	..	88.00
6,00	175	18	15	..	..	..	..	..	..	..	..	1	1.254.00
6,50	6	4	..	..	..	..	..	..	..	..	..	..	65,00
7,00	39	11	47	..	..	..	..	..	..	..	..	..	679,00
7,50	2	1	5	1	..	..	..	..	..	..	..	..	67,50
8,00	88	28	76	9	4	..	..	..	..	..	..	1	1.648,00
8,50	..	2	10	..	..	..	..	..	..	..	..	..	102,00
9,00	3	2	68	9	..	1	..	..	..	..	..	..	747,00
9,50	..	..	1	..	..	..	..	..	..	..	..	..	9,50
10,00	17	8	43	32	7	3	1	..	..	..	..	..	1.110,00
10,50	..	..	2	..	..	..	..	..	..	..	..	..	21,00
11,00	..	1	19	10	3	..	..	..	..	..	..	..	363,00
11,50	..	..	2	..	..	..	..	..	..	..	..	..	23,00
12,00	..	8	48	46	25	11	1	..	..	..	..	..	139,00
13,00	..	..	11	18	10	3	1	..	..	..	..	..	569,00
14,00	..	..	8	17	13	9	3	..	..	..	..	..	700,00
15,00	..	..	10	15	18	31	2	1	1	..	..	..	1.170,00
16,00	..	..	..	5	21	28	5	1	..	..	..	..	960,00
17,00	..	..	..	..	3	8	1	1	..	..	..	..	221,00
18,00	..	1	..	1	8	52	20	6	2	..	..	..	1.620,00
19,00	..	..	..	..	..	6	2	2	1	..	..	..	209,00
20,00	..	..	..	2	4	50	35	16	7	1	..	..	2.300,00
21,00	..	..	..	..	..	3	5	4	2	..	..	..	294,00
22,00	..	..	..	..	..	11	12	5	2	..	..	..	660,00
23,00	..	..	..	..	2	8	8	18	7	1	..	..	1.012,00
24,00	..	..	..	..	..	..	3	1	1	..	..	..	120,00
25,00	..	..	..	1	2	21	27	38	21	12	9	..	3.275,00

SEÇÃO: 44. CASAS E ALUGUÉIS

Valor do aluguel por mês	Número de cômodos											Total de aluguéis
	Um ou menos	Dois	Três	Quatro	Cinco	Seis	Sete	Oito	Nove	Dez	Onze ou mais	Sem informações	
26.00-28.00	..	..	..	..	2	1	4	9	15	3	2	..	972,00
30.00	..	..	..	..	1	2	6	8	15	7	10	..	1.470,00
35.00	..	..	..	..	..	1	2	3	4	6	9	..	875,00
40.00	..	..	..	..	..	1	1	1	1	4	6	..	560,00
45.00	..	..	..	..	..	..	..	..	1	1	1	..	135,00
50.00	..	..	..	..	..	..	..	..	..	1	1	..	100,00
65.00	..	..	..	..	..	..	..	..	..	..	1	..	65,00
75.00	..	..	..	..	..	..	..	..	..	1	..	..	75,00
Imóvel próprio ou sem informações	21	..	3	2	4	12	12	29	16	12	14	51	..

Total em aluguéis por mês: $ 25.699,50
Total em aluguéis por ano: $ 308.034,00
Média mensal em aluguel por família: $ 10,50 +
Média anual em aluguel por família: $ 126,19
Média anual em aluguéis por indivíduo: $ 31,83

Ao condensarmos um pouco esta tabela, vemos que os Negros pagam aluguéis da seguinte maneira:

Abaixo de $ 5 por mês .... 490 famílias, ou 21,9%
$ 5 e abaixo de $ 10 .... 643 famílias, ou 28,7%
$ 10 e abaixo de $ 15 .... 380 famílias, ou 17,0%
$ 15 e abaixo de $ 20 .... 252 famílias, ou 11,3%
$ 20 e abaixo de $ 30 .... 375 famílias, ou 17,0%
$ 30 e acima .... 95 famílias, ou 4,1%

O sistema de hospedagem que prevalece na Sétima Região faz com que alguns aluguéis pareçam maiores do que o que de fato acontece. Essa região está no centro da cidade, próxima aos locais de empregos para a massa das pessoas e próxima ao centro de sua vida social. Consequentemente, as pessoas se aglomeram ali em grandes números. Casais jovens recém-casados se hospedam em um ou dois cômodos; famílias se juntam umas às outras e alugam uma casa; e muitas famílias alugam quartos para inquilinos solteiros. Portanto, a população da região é composta de:

Famílias proprietárias ou locatárias de suas
moradias e vivendo sós 738   ou 31%
Famílias proprietárias ou locatárias de suas
moradias com agregados ou sublocatários 937   ou 38%
Famílias sublocando de outras famílias 766   ou 31%
Total de indivíduos...7.751   100%
Total de famílias...2.441
Indivíduos se hospedando com famílias 1.924
Total de indivíduos 9.675

A prática da sublocação é encontrada, é claro, em todos os níveis: desde o comércio da dona de hospedaria até o caso da família que aluga um quarto de dormir sobressalente. No primeiro caso, o aluguel é quase todo repassado e deve, em alguns casos, ser considerado renda; em outros casos, uma pequena fração do aluguel é paga, e o aluguel real e tamanho do imóvel, reduzidos. Procedamos a determinar qual proporção dos aluguéis da Sétima Região é paga com aluguéis secundários, omitindo algumas pensões e hospedarias onde o aluguel secundário é de fato a renda da dona de casa. Na maioria dos casos, o valor do aluguel de quartos cobre algum custo pelos cuidados do quarto. A próxima tabela oferece estatísticas detalhadas.

Proporção dos aluguéis compensada por subaluguéis
Negros da Sétima Região, Filadélfia

Proporção reembolsada em subaluguel	Igual e abaixo de 5	Acima de 5 e abaixo de 8	8 and under 10	10 e abaixo de 12	12 e abaixo de 15	15 e abaixo de 18	18 e abaixo de 20	20 e abaixo de 25	25 e abaixo de 30	Igual ou acima de 30	Desconhecido	Total de famílias	Valor aproximado de subaluguéis (dólar)
Um oitavo	..	..	1	1	..	..	..	4	7	6	..	19	61,08
Um sexto	..	..	..	..	..	..	..	..	1	1	..	2	9,16
Um quarto	1	..	1	1	8	23	16	31	9	8	1	99	460,51
Um terço	2	3	18	16	45	26	8	17	23	11	..	170	871,33
Metade	2	17	37	20	17	26	23	55	31	14	1	243	1.748,75

Proporção reembolsada em subaluguel	Aluguel mensal pago (dólar)											Total de famílias	Valor aproximado de subaluguéis (dólar)
	Igual e abaixo de 5	Acima de 5 e abaixo de 8	8 and under 10	10 e abaixo de 12	12 e abaixo de 15	15 e abaixo de 18	18 e abaixo de 20	20 e abaixo de 25	25 e abaixo de 30	Igual ou acima de 30	Desconhecido		
Dois terços	..	2	11	6	24	11	10	7	21	6	1	109	1.246,33
Três quartos	..	2	4	2	6	11	7	23	19	6	..	80	1.201,08
Quatro quintos	..	..	..	..	..	..	..	1	..	1	..	2	48,00
Aluguel inteiro	..	2	11	3	12	8	13	19	14	10	1	94	} 3.167,00
Mais que o valor total do reembolso do aluguel	1	..	4	3	5	2	2	14	13	13	..	57	
Desconhecido	..	..	..	..	..	..	..	..	..	..	62	62	..
Total de famílias	..	..	..	..	..	..	..	..	..	..	..	937	..
Total aproximado de subaluguel pago por mês	..	..	..	..	..	..	..	..	..	..	..	..	8.813,24

Evidencia-se, a partir desta tabela, que aproximadamente $ 9.000 são pagos às famílias locatárias pelas famílias sublocatárias e por inquilinos individuais. Uma parte disso deve ser subtraída do total pago em aluguéis para que possamos chegar ao valor líquido desses aluguéis. Se o valor exato, entretanto, deve ser chamado de pagamento pela arrumação dos quartos ou outros serviços oferecidos aos sublocatários, é difícil dizer. É possível que o valor líquido de aluguéis da região seja de $ 20.000, e da cidade, em torno de $ 1.000.000.[4]

As acomodações disponibilizadas pelo aluguel pago devem, agora, ser consideradas. O número de cômodos ocupados é a medida mais simples, mas não é muito satisfatória, neste caso, devido ao sistema de sublocação/pensões que dificulta dizer quantos cômodos uma família realmente ocupa. Um número muito grande de famílias de dois e três aluga um único quarto, e estes devem ser considerados como inquilinos de um quarto, e, no entanto, esse aluguel de um quarto geralmente inclui um uso parcial de uma cozinha comum. Por outro lado, esta família sublocatária não pode, com justiça, ser considerada como pertencente à família locatária. Os números são:

829 famílias vivendo em 1 cômodo, incluindo famílias sublocando..... ou 35,2%
104 famílias vivendo em 2 cômodos .... ou 4,4%
371 famílias vivendo em 3 cômodos .... ou 15,7%
170 famílias vivendo em 4 cômodos .... ou 12,7%
127 famílias vivendo em 5 cômodos .... ou 12,7%
754 famílias vivendo em 6 cômodos ou mais .... ou 32,0%

O número de famílias que ocupam um cômodo está aqui exagerado, como antes mostrado, pelo sistema de sublocação/pensões. Por outro lado, o número de seis quartos e mais também é um pouco exagerado pelo fato de que nem todos os quartos sublocados foram subtraídos, embora isso tenha sido feito na medida do possível.

Das 2.441 famílias, apenas 334, ou 13,7% delas, tinham acesso a banheiros e lavabos. Mesmo estas 334 famílias têm acomodações precárias na maior parte dos casos. Muitas compartilham o uso de um banheiro com uma ou mais outras famílias. As banheiras geralmente não são abastecidas com água quente, e muitas vezes não têm conexão de água. Esta condição é, em grande parte, devida ao fato de que a Sétima Região pertence à parte mais antiga da Filadélfia, construída quando eram utilizados exclusivamente fossos nos quintais e não havia espaço para banheiros nas pequenas casas. Isso não era tão insalubre quando as casas tinham paredes espessas e havia quintais espaçosos. Hoje em dia, no entanto, os quintais foram preenchidos com cortiços, e os maus resultados sanitários são vistos no índice de mortalidade da Região.

Mesmo os quintais remanescentes estão desaparecendo. Das 1.751 famílias computadas, 932 tinham um quintal privado de 12 por 12 pés ou maior; 312 tinham um pátio privado menor que 12 por 12 pés; 507 não tinham qualquer quintal ou tinham um quintal e casinha (*outhouse*) em comum com os outros habitantes do cortiço ou beco.

Destas últimas, apenas dezesseis famílias tinham instalações com água encanada (*water-closets*). Portanto, mais de 20% e possivelmente 30% das famílias Negras desta Região carecem de algumas das instalações mais elementares necessárias à saúde e à decência. E isso também apesar do fato de estarem pagando aluguéis comparativamente altos. Aqui também vem outra consideração, que é a falta de mictórios e sanitários públicos nessa região e, na verdade, em toda a Filadélfia. O resultado é que os sanitários dos cortiços são utilizados pelo público. Alguns diagramas ilustrarão isso; as casas da antiga Filadélfia foram construídas assim:

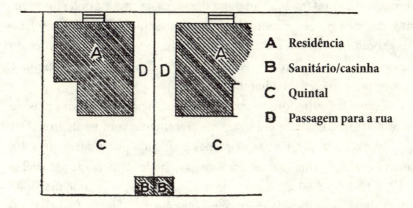

Quando, no entanto, certos distritos como a Sétima Região se tornaram muito populosos e foram entregues a inquilinos, a sede de ganhar dinheiro fez com que os locadores em grande parte dos casos construíssem nos quintais da seguinte maneira:

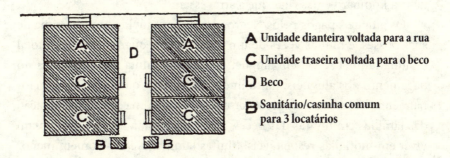

Esta é a origem do número de becos sem saída e buracos escuros que tornam algumas partes da Quinta, da Sétima e da Oitava Regiões notórias. Os sanitários, nesses casos, são, às vezes, divididos em compartimentos para diferentes inquilinos, mas em muitos casos nem isso é feito. E em todos os casos o sanitário do beco se torna um recurso público para pedestres e vadios. Os cortiços dos fundos, portanto, geralmente rendiam de $ 7 a $ 9 por mês em aluguel, e às vezes mais. Eles consistem em três quartos, um em cima do outro, pequenos, mal iluminados e mal ventilados. Os habitantes do beco estão à mercê de seus piores inquilinos; aqui abundam bancas de jogos, as prostitutas exercem o seu ofício, e os criminosos escondem-se. A maioria dessas casas precisa obter água em um hidrante no beco e têm que armazenar seu combustível em casa. Essas abominações dos cortiços da Filadélfia talvez sejam melhores do que as dos vastos cortiços de Nova Iorque, mas são ruins o suficiente e clamam por uma reforma habitacional.

A classe trabalhadora relativamente confortável vive em casas de 3 a 6 quartos, com água em casa, mas raramente com banheiro. Uma casa de três quartos em ruas pequenas é alugada por a partir de $ 10; na rua Lombard, uma casa de 5 a 8 quartos pode ser alugada pelo valor de US $ 18 a US $ 30, de acordo com a localização. A grande massa de trabalhadores em situação confortável vive em casas de 6 a 10 quartos, e subloca uma parte ou recebe pensionistas. Pode-se conseguir uma casa de 5 a 7 quartos na rua Dezoito Sul por US $ 20; na rua da Flórida, por US $ 18. Tais casas geralmente têm uma sala de estar, sala de jantar e cozinha no primeiro pavimento e dois a quatro quartos, dos quais um ou dois podem ser alugados a um garçom ou cocheiro por $ 4 ao mês, ou a um casal por de $ 6 a $ 10 por mês. As casas mais elaboradas estão na rua Lombard e nas ruas que a atravessam.

Os aluguéis pagos pelos Negros estão, sem dúvida, muito acima de suas posses, e muitas vezes de um quarto a três quartos da renda total de uma família se vai em aluguel. Isso leva a muita inadimplência no pagamento dos aluguéis, tanto intencionalmente quanto não intencionalmente; à mudança constante de endereço; e, acima de tudo, à privação das famílias em muitas das necessidades da vida, a fim de que possam viver em moradias respeitáveis. Muitas famílias Negras comem menos do que deveriam para morar em uma casa decente.

Parte desse desperdício de dinheiro em aluguel é pura ignorância e descuido. Os Negros têm uma desconfiança herdada de bancos e empresas, e há muito deixaram de participar de Associações de Empréstimos e Construções. Outros são simplesmente descuidados no gasto de seu dinheiro e não têm a astúcia e o senso de negócios de povos treinados de forma diferente. Ignorância e descuido, no entanto, não explicarão tudo ou mesmo a maior parte do problema dos aluguéis entre os Negros.

Há três causas de importância ainda maior: as localidades limitadas onde os Negros podem alugar, a peculiar conexão entre moradia e empregos entre os Negros e a organização social do Negro. O fato inegável de que a maioria dos brancos da Filadélfia prefere não morar perto de Negros[5] impõe sérios limites ao Negro no tocante à escolha de uma casa e principalmente na escolha de uma casa barata. Além disso, os agentes imobiliários, cientes da oferta limitada, geralmente aumentam o aluguel em um dólar ou dois para inquilinos Negros, se não os recusarem completamente. Mais uma vez, as atividades exercidas pelo Negro, e que no momento ele é compelido a seguir, são de um tipo que torna necessário que ele viva nas proximidades das melhores partes da cidade. A massa dos Negros no mundo econômico fornece serviços aos ricos – trabalhando em casas privadas, hotéis, grandes lojas etc.[6] Para manter esses empregos, eles devem morar nas proximidades; a lavadeira não pode trazer da Trigésima Região as roupas da família da rua Spruce, nem o garçom do Hotel Continental pode hospedar-se em Germantown. Com a massa de trabalho branco, essa mesma necessidade de morar perto do trabalho não os impede de conseguir moradias baratas; a fábrica é cercada por choupanas baratas, a fundição fica junto a longas fileiras de casas, e até mesmo o balconista e a balconista branca podem, por causa de suas jornadas de trabalho, viver mais longe nos subúrbios do que o porteiro preto que abre a loja. Assim, fica claro que a natureza do trabalho do Negro o compele a se aglomerar no centro da cidade muito mais do que à massa de trabalhadores brancos. Ao mesmo tempo, em alguns casos, essa necessidade tende a ser superestimada, e algumas horas de sono ou conveniência servem para persuadir um bom número de famílias a suportar a pobreza na Sétima Região, quando poderiam se sentir confortáveis na Vigésima Quarta. No entanto, grande parte do problema do Negro nesta cidade encontra explicação adequada quando refletimos que aqui se encontra um povo que recebe salários um pouco mais baixos do que o habitual por um trabalho menos desejável e é obrigado, para fazer esse trabalho, a viver em bairros um pouco menos agradáveis do que a maioria das pessoas, e a pagar aluguéis um pouco mais altos.

A razão final da concentração de Negros em certas localidades é uma razão social, que é peculiarmente forte: a vida dos Negros da cidade durante anos se concentrou na Sétima Região; aqui estão as velhas igrejas St. Thomas, Betel, Central, Shiloh e Wesley, aqui estão os salões das sociedades secretas; aqui estão as casas de famílias antigas. Para uma raça socialmente relegada ao ostracismo, significa muito mais mudar para partes remotas da cidade do que para aqueles que facilmente estabelecerão convivências cordiais e novos laços em qualquer parte da cidade. O Negro que se aventurara longe da massa de seu povo e de sua vida organizada encontra-se sozinho, rejeitado e insultado, malvisto e desconfortável. Ele consegue fazer poucos novos amigos, pois os seus vizinhos, por mais bem dispostos que possam ser, esquivar-se-iam de acrescentar um Negro a sua lista de conhecidos. Assim, ele fica longe de seus amigos e da vida social centrada na igreja e sente em todo o seu amargor o significado de ser um pária social. Consequentemente, a emigração da Região se dá em grupos e está centrada em alguma igreja, sendo a iniciativa individual dificultada. Ao mesmo tempo, o preconceito racial torna difícil aos grupos encontrarem lugares adequados para onde se mudar – uma família Negra seria tolerada porquanto seis encontrariam objeções; temos, assim, um empecilho bastante decisivo à emigração para os subúrbios.

Não nos surpreende que essa situação conduza a uma considerável superlotação nos lares, ou seja, ao esforço de fazer caber tantas pessoas no espaço contratado quanto possível. É essa aglomeração que dá ao observador desavisado muitas noções falsas quanto ao tamanho das famílias Negras, pois muitas vezes ele esquece que a cada duas casas uma tem seus sublocatários e hóspedes. É difícil, no entanto, medir essa aglomeração por causa desse mesmo sistema de alojamento que o torna muitas vezes incerto quanto ao número de cômodos ocupados por um determinado grupo de pessoas. Na tabela a seguir, portanto, é provável que o número de quartos fornecido seja um pouco maior do que é realmente o caso e que consequentemente haja uma densidade maior do que a indicada. Esse erro, no entanto, não pode ser totalmente eliminado pelas circunstâncias; um estudo da tabela a seguir mostra que na Sétima Região há 9.302 cômodos ocupados por 2.401 famílias, uma média de 3,8 cômodos por família e de 1,04 pessoas por cômodo. Uma divisão por cômodos mostrará melhor onde entra a aglomeração.

SEÇÃO: 44. CASAS E ALUGUÉIS

Moradias de acordo com cômodos e seus moradores

		Cômodos	Um	Dois	Três	Quatro	Cinco	Seis	Sete	Oito	Nove	Dez	Onze	Doze ou mais	Sem informações	Total
Residências segundo cômodos e pessoas residentes		Total de cômodos	870	210	1125	684	635	1578	1036	1144	855	480	308	377	:	9302
		Total de residências	870	105	375	171	127	263	148	143	95	48	28	28	40	2141
	Pessoas	Sem informações	:	:	:	:	:	:	:	:	:	:	:	:	32	32
		Dezessete ou mais	:	:	:	:	:	:	4	3	:	4	:	7	:	18
		Dezesseis	:	:	1	:	:	1	:	1	1	1	4	:	:	9
		Quinze	:	:	:	:	:	:	1	2	:	1	:	2	:	7
		Catorze	:	:	:	:	:	:	1	3	2	1	:	1	:	8
		Treze	:	:	1	:	:	2	3	2	1	3	1	2	:	15
		Doze	:	:	1	3	:	5	5	9	2	3	:	1	:	29
		Onze	:	:	1	:	3	10	7	6	5	2	:	2	:	36
		Dez	2	:	2	4	5	9	7	8	7	5	2	4	:	55
		Nove	1	1	8	5	7	20	14	11	12	:	3	4	:	86
		Oito	:	:	17	7	8	24	12	15	8	4	2	1	:	98
		Sete	5	2	25	7	14	40	13	12	10	5	4	2	:	139
		Seis	6	1	36	19	17	47	23	19	14	4	3	:	1	190
		Cinco	25	6	60	19	21	38	19	17	8	2	5	1	1	222
		Quatro	58	19	87	42	21	46	26	17	13	6	1	1	4	341
		Três	154	33	69	35	20	14	10	7	10	5	:	1	2	360
		Duas	572	38	54	24	11	5	2	9	1	2	1	1	:	720
		Uma	47	5	13	6	:	1	:	4	:	:	:	:	:	76

313

Famílias ocupando cinco cômodos ou menos: 1.648. Total de cômodos por família: 2,17. Total de indivíduos por quarto: 1,53.

Famílias ocupando três cômodos ou menos: 1.350. Total de cômodos por família: 1,63. Total de indivíduos por cômodo: 1,85.

Os casos de pior superlotação são os seguintes:

> Dois casos de 10 pessoas em 1 cômodo.
> Um caso de 9 pessoas em 1 cômodo.
> Cinco casos de 7 pessoas em 1 cômodo.
> Seis casos de 6 pessoas em 1 cômodo.
> Vinte e cinco casos de 5 pessoas em 1 cômodo.
> Um caso de 9 pessoas em 2 cômodos.
> Um caso de 16 pessoas em 3 cômodos.
> Um caso de 13 pessoas em 3 cômodos.
> Um caso de 11 pessoas em 3 cômodos.

Como dito anteriormente, isso provavelmente está em alguma medida abaixo da realidade de fato, ainda que talvez não muito. Os números mostram uma superlotação considerável, mas não tanto quanto acontece com frequência em outras cidades. Isso se deve em larga medida às características das casas da Filadélfia, que são pequenas e baixas e não admitem muitos habitantes. Cinco pessoas em um cômodo de cortiço comum seria quase sufocante. O grande número de unidades de um cômodo com duas pessoas deve ser notado. Essas 572 famílias são, na maioria dos casos, de casais jovens sem filhos, sublocando um quarto e trabalhando na cidade.[7]

45. Seções e Regiões. A distribuição da população Negra na cidade durante o século XIX é digna de estudo. Em 1793,[8] um quarto dos habitantes Negros – ou 538 pessoas – viviam ao norte da rua Market e ao sul da Vine, e estavam em casas de famílias brancas como serviçais ou nos becos, como os de Shively, Pewter Platter, Croomb's, Sugar, Cresson's etc. Entre a Market e a South, vivia metade dos pretos, amontoados em uma região cujo centro era na Seis com Lombard; na rua e beco Strawberry, via Elbow, beco Grey, beco Shippen etc., além de nas famílias de brancos na Walnut, Spruce, Pine etc. A quarta parte restante da população estava em Southwark, ao sul da rua South, e nas Northern Liberties, ao norte da Vine. Há detalhes disso na próxima tabela.

Número e distribuição dos negros da Filadélfia em 1793, de outubro a dezembro
Obtido do Censo do Plague Committee

Entre ruas Market e Vine	
Ruas etc.	Negros
Market	63
Water	31
Front	40
Dois	29
Três	37
Quatro	42
Cinco	24
Seis	32
Sete	8
Oito	13
Nove	3
Arch	56
Race	38
Vine (lado sul)	9
New	3
Church Alley	2
Quarry	4
Cherry Alley	25
South Alley	1
North Alley	4
Sugar Alley	14
Appletree Alley	7
Cresson's Alley	10
Shively's Alley	11
Pewter Platter Alley	3
Croomb's Alley	5
Baker's Alley	7
Brooks' Court	1
Priest's Alley	6
Says Alley	6
Total	538

Entre as ruas Market e South	
Ruas etc.	Negros
Water	12
Front	129
Dois	116
Três	66
Quatro	81
Cinco	63
Seis	37
Sete	0
Oito	16
Nove	0
Penn	11
Chestnut	50
Walnut	83
Spruce	66
Pine	31
South (lado norte)	32
Strawberry Lane	4
Strawberry Alley	2
Elbow Lane	10
Beetles' Alley	5
Grey's Alley	13
Norris Alley	4
Dock	5
Union	32
Cypress Alley	1
Pear	5
Lombard	57
Emslie's Alley	6
Laurel Court	1
Shippen's Alley	26
Willing's Alley	1
Blackberry Alley	2
Carpenter	7
Gaskill	7
Georges to South	5
Little Water	5
Stamper's Alley	8
Taylor's Alley	1
Yourk Court	7
Total	1007

CAPÍTULO XV: O AMBIENTE DO NEGRO

<table>
<tr><th colspan="2">Northern Liberties</th></tr>
<tr><th>Ruas etc.</th><th>Negros</th></tr>
<tr><td>Water</td><td>1</td></tr>
<tr><td>Front</td><td>59</td></tr>
<tr><td>Dois</td><td>41</td></tr>
<tr><td>Três</td><td>1</td></tr>
<tr><td>Quatro</td><td>3</td></tr>
<tr><td>Cinco</td><td>1</td></tr>
<tr><td>Vine (lado norte)</td><td>18</td></tr>
<tr><td>Callowill</td><td>10</td></tr>
<tr><td>Noble, of Bloody lane</td><td>4</td></tr>
<tr><td>Artillery lane (ou Duke)</td><td>26</td></tr>
<tr><td>Green</td><td>6</td></tr>
<tr><td>Coates</td><td>32</td></tr>
<tr><td>Brown</td><td>15</td></tr>
<tr><td>Cable lane</td><td>1</td></tr>
<tr><td>St. John</td><td>6</td></tr>
<tr><td>St. Tammany</td><td>2</td></tr>
<tr><td>Willow</td><td>1</td></tr>
<tr><td>Wood's Alley</td><td>1</td></tr>
<tr><td>Crown</td><td>3</td></tr>
<tr><td>Total</td><td>233</td></tr>
</table>

<table>
<tr><th colspan="2">Distrito de Southwark</th></tr>
<tr><th>Ruas etc.</th><th>Negros</th></tr>
<tr><td>Swanson</td><td>22</td></tr>
<tr><td>South Penn</td><td>3</td></tr>
<tr><td>Front</td><td>15</td></tr>
<tr><td>Dois</td><td>22</td></tr>
<tr><td>Três</td><td>34</td></tr>
<tr><td>Cinco</td><td>5</td></tr>
<tr><td>Cedar Court (lado sul)</td><td>19</td></tr>
<tr><td>Shippen</td><td>50</td></tr>
<tr><td>Almond</td><td>9</td></tr>
<tr><td>Catharine</td><td>33</td></tr>
<tr><td>Christian</td><td>6</td></tr>
<tr><td>Queen</td><td>5</td></tr>
<tr><td>Maede's Alley</td><td>10</td></tr>
<tr><td>German</td><td>3</td></tr>
<tr><td>Plumb</td><td>5</td></tr>
<tr><td>Moll Tuller's Alley</td><td>4</td></tr>
<tr><td>George</td><td>8</td></tr>
<tr><td>Ball Alley</td><td>3</td></tr>
<tr><td>Crabtree Alley</td><td>2</td></tr>
<tr><td>Total</td><td>258</td></tr>
</table>

<table>
<tr><th colspan="2">Resumo</th></tr>
<tr><td>Entre as ruas Market e Vine</td><td>538</td></tr>
<tr><td>Entre as ruas Market e South</td><td>1007</td></tr>
<tr><td>Norte da rua South</td><td>233</td></tr>
<tr><td>Sul da rua South</td><td>258</td></tr>
<tr><td>Total</td><td>2036</td></tr>
<tr><td>Total de habitantes do condado por censos de 1790</td><td>2489</td></tr>
</table>

As alterações entre 1793 e 1838, durante quase meio século, podem ser apresentadas assim:

Lugar	1793	1838
City	1545 – 75,0%	8462 – 60%
Northern Liberties	} 233 – 11,5%	878 }
Kensington		359 } 1744 – 15%
Spring Garden		507 }
Southwark	} 258 – 13,5%	931 } 3385 – 25%
Moyamensing		2454 }
Total	2036	13.591 + 5.000 funcionários

Assim, vemos em 1838 que o centro da população Negra foi para o Sul em direção a Moyamensing. As regiões Cedar, Locust, Newmarket, Pine e South, como eram então chamadas, tinham a maior parte da população e correspondiam aproximadamente à Quarta, à Quinta, à Sétima e à Oitava regiões de hoje.

Dez anos depois disso, em 1848,[9] temos um relato mais detalhado da distribuição dos Negros nas várias seções da cidade. Eles estavam principalmente apinhados em pátios e becos estreitos. A população de cor ao norte da rua Vine e a leste da Seis consistia de 272 famílias com 1.285 pessoas. Cento e uma destas famílias (415 pessoas) viviam na rua Apple, em suas vielas e no beco Pascal (agora rua Lynd). A própria rua da Apple, incluindo a viela Hick, tinha 37 famílias, com 138 pessoas, morando em 16 casas. A fileira de Shotwell, na mesma rua, tinha 16 famílias com 65 pessoas em 7 casas. Os quartos tinham cerca de 8 pés de cada lado. O beco de Paschall continha 48 famílias, com 212 pessoas em 28 casas. Uma casa tinha 7 famílias, 33 pessoas, vivendo em 13 cômodos de 8 pés ao quadrado*. O aluguel da casa inteira era de $ 266 por ano, "mas todos eles (essas famílias) têm camas confortáveis e roupa de cama".

Cerca de um terço da população Negra total de Moyamensing (o distrito ao "sul da rua Cedar e a oeste da Passyunk (*Road*)" se espremia no espaço entre as ruas Cinco e Oito, South e Fitzwater, por exemplo:

---

* Pouco mais de 5 metros quadrados. (N.T.)

	Famílias		Famílias
Rua Shippen	55	Black Horse Alley	5
Rua Bedford	63	Hutton's Court	9
Rua Small	73	Veager's Court	9
Rua Baker	21	Dickerson's Court	5
Ruas Sete e South	14	Britton's Court	5
Rua Spafford	16	Cryder's Court	4
Freytag's Alley	9	Sherman's Court	13
Prosperous Alley	11	Total	302

"É neste distrito e na porção adjacente da cidade, especialmente na rua Mary e em seus arredores, que existem a grande degradação e a miséria." O patrimônio pessoal de 176 das 302 famílias acima é calculado como $ 603,50, ou $ 3,43 por família; 15 famílias (42 pessoas), na rua Small (rua do Alasca) acima da Seis, têm toda as suas posses avaliadas em $ 7. A maioria desses Negros eram catadores de trapos, e 29 das 42 famílias não eram nativas do estado. A rua Mary e seus largos contavam com 80 famílias, com 281 pessoas morando em 35 casas. Alguns eram diligentes e moderados, mas havia "muita miséria circundante". No beco de Gile (entre as ruas Cedar e Lombard), havia 42 famílias, 147 pessoas, em 20 casas. Oitenta e três dessas pessoas não eram naturais do estado, e 13 das famílias recebiam caridade pública. Uma descrição deste distrito em 1847 é interessante:

"A vizinhança do local que procurávamos foi apontada por um grande número de pessoas de cor reunidas nas calçadas vizinhas. Nós primeiro inspecionamos os cômodos, quintais e porões das 4 ou 5 casas logo acima da rua Baker, na Sete. Os porões eram miseravelmente escuros, úmidos e sujos, e geralmente eram alugados a 12 centavos e meio por noite. Eles são ocupados por uma ou mais famílias atualmente, mas no inverno, quando a geada afugenta aqueles que no verão dormem no exterior em campos, pavimentos de madeira e barracos, e os faz procurar abrigos mais eficazes, com frequência contêm de 12 a 20 inquilinos por noite. Começando nos fundos de cada casa, estão pequenas construções de madeira grosseiramente montadas, com cerca de seis pés ao quadrado, sem janelas ou lareiras, um buraco de cerca de um pé ao quadrado sendo deixado na frente ao lado da porta para deixar entrar ar fresco e luz e deixar sair ar sujo e fumaça. Esses currais desolados, cujos telhados geralmente têm goteiras, e cujos pisos são tão baixos que mais ou menos água cai sobre eles do pátio em tempo chuvoso, não seriam acomodações de inverno confortáveis para uma vaca. Embora tão sombrios quanto a sujeira, a umidade e a ventilação insuficientes possam torná-los, eles são quase todos habitados. Em um dos primeiros que adentramos, encontramos o cadáver de um grande homem Negro que morrera subitamente ali. Esse barraco tinha cerca de oito pés de profundidade por seis de largura. Não havia roupa de cama nele, mas uma ou duas caixas ao redor dos lados forneciam lugares onde duas pessoas de cor, uma que se dizia ser a esposa do falecido, estavam bêbadas ou adormecidas. O corpo do morto estava no chão molhado, debaixo de uma velha colcha rasgada."[10]

Em 1853, uma descrição semelhante da criminalidade, da sujeira e da pobreza deste distrito nos mostra que os *slums* atuais não se comparam com aqueles em infortúnio e depravação.[11] Muito dessa pobreza e degradação podia, em 1847, ser colocado à porta dos novos imigrantes, e, embora alguns desses imigrantes estivessem, em geral, em boas condições, a maior parte da pobreza foi encontrada onde a maioria dos imigrantes estava. Os imigrantes formaram as seguintes porcentagens da população total em 1847:

City	47,7 %
Moyamensing	46,3 %
Southwark	35,9 %
West Filadélfia	34,3 %
Spring Garden	31,4 %
Northern Liberties	14,2 %

Pode-se, portanto, considerar as ruas Seis e Lombard como o centro histórico do povoamento Negro na cidade. Deste ponto, essa população mudou-se para o Norte, como é indicado, por exemplo, pela fundação da Igreja Zoar em 1794. A imigração de estrangeiros e a ascensão das indústrias, no entanto, logo começou a fazê-la recuar e encontrou escoamento para os becos de Southwark e Moyamensing. Por um tempo, por volta de 1840, ficou engarrafado aqui, mas finalmente começou a se mover na direção oeste. Alguns deixaram a massa e se estabeleceram no Oeste da Filadélfia; o resto começou um movimento lento e constante ao longo da rua Lombard. O influxo de 1876 em diante enviou a onda através da Broad Street para um novo centro na Dezessete com a Lombard. Ali se dividiu em duas correntes: uma foi para o Norte e juntou-se aos remanescentes dos antigos colonos em Northern Liberties e Spring Garden; a outra foi para o Sul até a Vigésima Sexta, Trigésima e Trigésima Sexta regiões. Enquanto isso, os novos imigrantes afluíam para a Sete com Lombard, enquanto a área da Seis com Lombard até o Delaware era deixada aos judeus, e Moyamensing, parcialmente aos italianos. Os irlandeses foram empurrados além da Dezoito para o Schuylkill, ou emigraram até os engenhos de Kensington e alhures. O curso pode ser representado graficamente como visto na próxima página.

Essa migração explica muito do paradoxo dos *slums* Negros, especialmente de seus remanescentes atuais na Sete com Lombard. Muitas pessoas se perguntam por que a missão e as agências reformatórias que lá trabalham há tantos anos têm tão pouco a mostrar em termos de resultados. Uma resposta é que este trabalho precisa lidar repetidamente com material novo, enquanto as melhores classes se movem para o Oeste e deixam a borra para trás. Os pais e avós de algumas das melhores famílias de Negros da Filadélfia nasceram na vizinhança da Seis com Lombard numa época em que todos os Negros, bons, maus e indiferentes, estavam confinados a essa e a algumas outras localidades. Com a maior liberdade de domicílio que veio desde então, esses bairros degradados (*slum districts*) enviaram uma corrente de emigrantes para Oeste. Também houve um movimento geral dos becos às ruas e das ruas de fundos para as ruas principais. Além disso, é falso que os *slums* da Sete com a Lombard não tenham mudado muito suas características: em comparação com 1840, a 1850 ou mesmo a 1870, essas áreas melhoraram muito em todos os aspectos. Cada vez mais, a cada ano, os desafortunados e pobres se desprendem dos viciosos e criminosos e são enviados a áreas melhores.

SEÇÃO: 45. SEÇÕES E REGIÕES

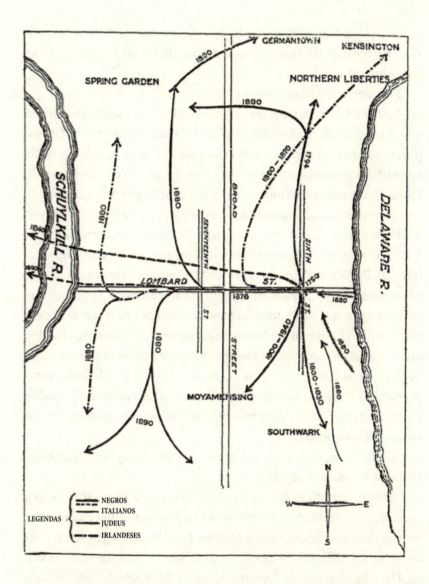

E, no entanto, com todas as evidentes melhorias, ainda restam *slums* e *slums* perigosos. Sobre a Quinta Região e as áreas adjacentes da Sétima, um inspetor de saúde da cidade diz:

"Poucas casas têm encanamento e fossas, e se os sanitários têm ligação a esgotos, as pessoas são descuidadas demais para mantê-los em ordem. As ruas e becos estão cheios de lixo, exceto imediatamente após a visita do gari. Adentre uma dessas casas e seus quintais, se houver (frequentemente não há), e lá será encontrado um monte de cinzas, lixo e sujeira, o acúmulo do inverno, talvez do ano inteiro. Em tais montes de rejeitos, que germe de doença pode estar se reproduzindo?"[12]

Para pegar um caso típico:

"O Beco Gillis, famoso no Tribunal de Polícia, é um beco estreito que se estende da rua Lombard até a rua South, acima da rua Cinco, pavimentado com pedras e sem conexões de esgoto. Casas e estábulos misturam-se promiscuamente. Os edifícios são de armação e de tijolo. Uma residência (número x) parece tanto por fora quanto por dentro com uma cabana de um Negro do Sul. Neste lugar miserável, quatro famílias de cor têm suas casas. O aluguel total exigido é de $ 22 por mês, embora o proprietário raramente receba o aluguel integral. Pelos três cômodos escuros nos fundos de outra casa neste beco, os inquilinos pagam, e pagaram por treze anos, $ 11 por mês. A entrada é por um pátio que não passa de dois pés de largura. Exceto ao meio-dia, o sol não brilha no pequeno espaço aberto nos fundos que serve como quintal. É seguro dizer que nenhuma casa neste beco poderia passar por uma inspeção sem ser condenada como prejudicial à saúde. Mas se eles forem de tal maneira condenados e passarem por uma limpeza, com tais habitantes, quanto tempo permanecerão limpos?"[13]

Algumas das características atuais dos principais becos são apresentadas na tabela a seguir.

As características gerais e a distribuição da população Negra atualmente nas diferentes regiões só podem ser indicadas em termos gerais. As regiões com a melhor população Negra são partes da Sétima, da Vigésima Sexta, da Trigésima e da Trigésima Sexta, da Décima Quarta, da Décima Quinta, da Vigésima Quarta, da Vigésima Sétima e da Vigésima Nona. A pior população Negra é encontrada em partes da Sétima e na Quarta, Quinta e Oitava Regiões. Nas outras regiões, ou as classes estão misturadas ou há pouquíssimos Negros. A tendência da melhor migração hoje é para a Vigésima Sexta, a Trigésima e a Trigésima Sexta Regiões e para o Oeste da Filadélfia.

Alguns becos onde Negros vivem

	Govett's Court	Hine's Court	Allen's Court	Horstman's Court	Lombard Row	Turner's Court	Beco saindo da Rua Carver	McCAnn's Court	Cross Alley
Caráter geral	Pobre	Pobre	Muito pobre	Esquálido	Razoável	Decrépito (*Wretched*)	Razoável	Pobre	Ruim
Largura, em pés	3	3-6	6	12	9	3-12	6	12	12
Pavimentado com...	Tijolos	Tijolos	Tijolos	Tijolos	Tijolos	Tijolos	Tijolos	Tijolos	Asfalto
Caráter das habitações	Pobre	Cortiços de quintal (*Backyard tenements*)	Cortiços de quintal (*Backyard tenements*)	Cortiços de quintal (*Backyard tenements*)	Razoável	Velhas casas de madeira	Antigos cortiços de tijolos (*Old brick tenements*)	Antigos cortiços de tijolos (*Old brick tenements*)	Madeira e tijolos
Número de pavimentos na casa	3	3	3	2 e 3	3	1 a 3	3	2 a 3	1 a 3
Habitantes	Todos Negros	Todos Negros	Todos Negros	Todos Negros	Negros e judeus	Todos Negros	Judeus e Negros	Todos Negros	Judeus e Negros
Asseio etc.	Razoável	Razoável	Sujo	Sujo	Razoável	Razoável	Razoável	Razoável	Sujo
Largura da calçada ..... pés	4	5	6	Não há	Não há	Não há	Não há	Não há	Não há
Iluminação	Sem iluminação	Sem iluminação	Sem iluminação	1 lampião a gás	1 lampião a gás	1 lampião a gás	1 lampião a gás	1 lampião a gás	Sem iluminação
Sanitários comuns ou privados	Comum	2 para todo o beco	Maio para cada casa	5 no pátio aberto	Privado	Comum	Comum	Comum	Comum
Observações	..	Emigrantes dos *slums* da Quinta Região	Pessoas pobres e duvidosas	Pessoas muito pobres	Casas respeitáveis misturadas com jogadores e prostitutas	Muitas casas vazias; pessoas pobres e duvidosas	Beco "cego"; relativamente respeitável	Pessoas pobres e algumas questionáveis	Alguns maus elementos

46. Classes sociais e divertimentos. A despeito da grande influência do ambiente físico do lar e da região, no entanto, há uma influência muito mais poderosa para moldar e formar o cidadão, que é o ambiente social que o cerca. Primeiro, seu companheirismo diário, os pensamentos e caprichos de sua classe; depois, suas recreações e diversões; finalmente, o mundo circundante da civilização americana, que o Negro encontra especialmente em sua vida econômica. Tomemos, aqui, o assunto de classes sociais e diversões entre os Negros, reservando para o próximo capítulo um estudo do contato entre brancos e pretos.[*]

Há sempre uma forte tendência por parte da comunidade de considerar os Negros como compondo uma massa praticamente homogênea. Essa visão tem, é claro, uma certa justificativa: o povo de ascendência Negra nesta terra tem uma história comum, sofre hoje deficiências comuns e contribui para um conjunto geral de problemas sociais. Não obstante, se as estatísticas anteriores enfatizaram qualquer fato isolado, é o de que grandes variações em antecedentes, riqueza, inteligência e eficiência geral já foram diferenciadas dentro deste grupo. Essas diferenças não são, com certeza, tão grandes ou tão patentes quanto aquelas que existem entre os brancos de hoje, mas ainda assim, sem dúvida, igualam as diferenças entre as massas do povo em certas partes da terra há cinquenta ou cem anos. E não há maneira mais certeira de equivocar-se em relação ao Negro ou de ser mal compreendido por ele do que ignorando as diferenças manifestas de condição e poder entre as 40.000 pessoas pretas da Filadélfia.

E, no entanto, pessoas bem-intencionadas o fazem repetidamente. Elas regalam os bandidos e prostitutas e jogadores das ruas Sete e Lombard com felicitações pelo que os Negros fizeram em um quarto de século, e têm pena de suas deficiências; e repreendem os banqueteiros da rua Addison pelos batedores de carteira e indigentes da raça. Um juiz dos tribunais da cidade, que há anos encontra diariamente uma multidão de criminosos Negros preguiçosos e degradados, vem da tribuna para falar com os Negros sobre seus criminosos. Ele os adverte,

---

[*] No original *Whites and Blacks*. Conforme assinalado anteriormente, black foi traduzido por preto, para manter a diferenciação do termo Negro, utilizado pelo autor na frase anterior, ao longo do livro e no título.

antes de tudo, para deixar os *slums* e esquece-se ou desconhece que os pais do público com quem ele está falando deixaram os *slums* quando ele era menino, e que as pessoas diante dele são tão distintamente diferenciadas dos criminosos que ele conheceu quanto trabalhadores honestos em qualquer lugar diferem de ladrões.

Nada exaspera mais a melhor classe dos Negros do que essa tendência de ignorar completamente sua existência. Os habitantes trabalhadores e cumpridores da lei da Trigésima Região são incitados a uma justa indignação quando veem que a palavra Negro leva a mente da maioria dos cidadãos da Filadélfia aos becos da Quinta Região ou aos tribunais de polícia. Já que tanto equívoco, ou melhor, tanto esquecimento e descuido neste ponto é comum, esforcemo-nos por tentar fixar com alguma precisão as diferentes classes sociais que são definidas de forma clara o suficiente entre os Negros para merecer atenção. Quando as estatísticas das famílias da Sétima Região foram reunidas, cada família foi colocada em uma de quatro classes, da seguinte forma:

Grau 1. Famílias de respeitabilidade indubitável que ganham renda suficiente para viver bem, não se envolvem em qualquer forma de serviço subalterno, a esposa não está envolvida em nenhuma ocupação salvo a de dona de casa, com exceção de alguns casos em que ela tinha emprego especial em casa. As crianças não são compelidas a trabalhar pelo sustento, mas estão na escola; a família vive em um lar bem cuidado.

Grau 2. A respeitável classe trabalhadora, em circunstâncias confortáveis, com uma boa casa e tendo um trabalho remunerado estável. As crianças menores, na escola.

Grau 3. Os pobres; pessoas que não ganham o suficiente para manter-se sempre acima da necessidade; honestas, embora nem sempre enérgicas ou parcimoniosas, e sem nenhum toque de imoralidade grosseira ou crime. Incluindo os muito pobres e os pobres.

Grau 4. A classe mais baixa de criminosos, prostitutas e vagabundos; o "décimo submerso".

Assim, temos nestes quatro graus os criminosos, os pobres, os trabalhadores e os abastados.[14] A última classe representa o povo comum de classe média da maioria dos países modernos e contém os germes de outras classes sociais que o Negro ainda não diferenciou claramente. Vamos começar pela quarta classe.

Os criminosos e jogadores encontram-se em centros tais quais as ruas Sete e Lombard, Dezessete e Lombard, Doze e Kater, Dezoito e Naudain etc. Muitas pessoas não perceberam a mudança significativa que ocorreu nesses *slums* nos últimos anos. A esqualidez, a miséria e o sofrimento mudo de 1840 passaram, e em seu lugar vieram fenômenos mais desconcertantes e sinistros: esperteza preguiçosa, lascívia desavergonhada, criminalidade ardilosa. Os malandros que alinham os meios-fios nesses lugares não são tolos, mas homens espertos e astuciosos que muitas vezes enganam tanto os Departamento de Polícia quanto o Departamento de Caridades. Seu núcleo consiste em uma classe de criminosos profissionais, que não trabalham, figuram nas galerias de criminosos de meia dúzia de cidades, e migram para cá e para lá. Em torno destes, há um conjunto de jogadores e vigaristas que raramente são pegos em crimes graves, mas que, no entanto, vivem de seus lucros e ajudam a encobri-los. Os quartéis generais de todos eles são geralmente os clubes políticos e as salas de bilhar; eles estão prontos para laçar os incautos e tentar os fracos. Sua organização, tácita ou reconhecida, é muito eficaz, e ninguém pode observar suas ações por muito tempo sem ver que eles mantêm contato próximo com as autoridades de alguma forma. Os negócios fluirão languidamente em alguma tarde de verão na esquina das ruas Sete e Lombard; alguns malandros nas esquinas, uma prostituta aqui e ali, e o judeu e o italiano com seus comércios. De repente, há um juramento, uma discussão intensa, um golpe; então, um correr apressado de pés, a porta silenciosa de um clube vizinho fecha, e quando o policial chega só a vítima jaz sangrando na calçada. Ou, à meia-noite, o silêncio letárgico será subitamente interrompido pelos gritos e brigas de uma mesa de jogo semibêbada; então vem o estampido rápido e agudo de tiros de pistola – debandada na escuridão, e apenas o homem ferido aguarda a carroça da patrulha. Se o assunto ficar grave, a polícia sabe onde procurar o agressor na rua Minster e no beco do meio; muitas vezes, eles o encontram, mas às vezes, não.[15]

O tamanho da classe mais desesperada de criminosos e seus cúmplices astuciosos é comparativamente pequeno, mas é grande o suficiente para caracterizar os bairros degradados (*slum districts*). Em torno deste corpo central, encontra-se um grande conjunto de satélites e alimentadores: jovens ociosos atraídos pela excitação, patifes indolentes e preguiçosos que afundaram de coisas melhores, e uma turba grosseira de libertinos e caçadores de prazeres. Esses são os sujeitos que figuram nos tribunais de polícia por arruaças e brigas, e derivam então para crimes mais graves ou à devassidão mais ardilosa. São geralmente bem mais ignorantes que seus líderes, e rapidamente perecem por causa de doenças e excessos. Medidas apropriadas de socorro e reforma poderiam salvar muitos desta classe. Geralmente, não são nativos da cidade, mas imigrantes que saíram das pequenas cidades do Sul para Richmond e Washington, e então para a Filadélfia. Seus meios ambientes nesta cidade fazem com que seja mais fácil sobreviver do crime do que do trabalho, e, sem ambição – ou talvez tendo perdido a ambição e se tornado amargos com o mundo –, eles derivam com a correnteza.

Um grande elemento desses *slums*, uma classe que praticamente não mencionamos, são as prostitutas. É difícil obter dados satisfatórios a respeito dessa classe, mas foi feita a tentativa. Existem, em 1896, 53 mulheres Negras da Sétima Região que reconhecidamente, com base em evidências bastante satisfatórias, sustentam-se inteiramente ou majoritariamente com rendimentos da prostituição. E é provável que este não chegue à metade do número real.[16] Essas 53 mulheres tinham as seguintes idades:

14 a 19	2
20 a 24	11
25 a 29	9
30 a 39	17
40 a 49	3
50 ou mais	2
Desconhecida	9
	53

Sete dessas mulheres tinham crianças pequenas consigo, e provavelmente haviam sido traídas e se voltado para esse tipo de vida. Havia quatorze prostíbulos reconhecidos na Região; dez deles eram residências particulares onde as prostitutas viviam e não eram especialmente equipados, embora os visitantes masculinos os frequentassem. Quatro das casas eram regularmente equipadas, com móveis elaborados, e em um ou dois casos havia moças jovens e bonitas em exibição. Todas estas últimas eram casas com sete ou oito cômodos pelos quais eram pagos de US $ 26 a US $ 30 por mês. Eles são redutos bastante conhecidos, mas não são perturbados. Nos *slums*, a classe mais baixa de prostitutas de rua abunda e espalha seu comércio entre Negros, italianos e americanos. Pode-se ver homens seguindo-as em becos em plena luz do dia. Elas geralmente possuem sócios do sexo masculino a quem sustentam e que se juntam a elas na atividade de furtos. A maioria delas é de mulheres adultas, embora alguns casos de meninas com menos de 16 anos tenham sido vistos na rua.

Isso caracteriza razoavelmente bem a classe inferior de Negros. De acordo com o levantamento na Sétima Região, pelo menos 138 famílias foram estimadas como pertencentes a esta classe entre as 2.395 relatadas, ou 5,8% delas. Isso incluiria entre 500 e 600 mulheres. Talvez esse número chegasse a 1.000 se os fatos fossem conhecidos, mas a evidência disponível fornece apenas o número apresentado. Em toda a cidade, o número pode chegar a 3.000, embora haja poucos dados para uma estimativa.[17]

A próxima classe é a dos pobres e desafortunados e dos trabalhadores ocasionais. A maioria destes são da classe dos Negros que no contato com a vida de uma grande cidade não conseguiu encontrar um lugar assegurado. Eles incluem imigrantes que não conseguem um trabalho estável; pessoas de boa índole, mas inconstantes e indolentes que não conseguem se manter no emprego ou utilizar seus ganhos de forma ponderada; aqueles que sofreram acidentes e infortúnios; as classes mutiladas e defeituosas, e os enfermos; muitas viúvas e órfãos e esposas abandonadas – todos estes constituem uma grande classe e são, aqui, considerados. É obviamente muito difícil separar o segmento inferior desta classe daquela ainda mais abaixo, e é provável que muitos dos incluídos aqui, se a verdade fosse conhecida, devessem ser classificados abaixo. Na maioria dos casos, no entanto, lhes foi dado o benefício da dúvida. Os mais baixos dessa classe costumam viver nos *slums* e nas ruas secundárias, e ao lado, ou muitas vezes na mesma casa, com criminosos e mulheres lascivas. Ignorantes e facilmente influenciáveis, eles prontamente seguem a maré e ora ascendem à indústria e à decência, ora caem no crime. Outros dessa classe se dão muito bem nos bons tempos, mas nunca vão muito longe. São aqueles que sentem primeiro o peso dos tempos difíceis e seus últimos estragos. Alguns correspondem aos "pobres e dignos" da maioria das organizações de caridade, e outros ficam um pouco abaixo daquela classe. As crianças dessa classe são os insumos das classes criminosas. Muitas vezes, na mesma família pode-se encontrar pais respeitáveis e esforçados estorvados por filhos preguiçosos e insolentes e filhas rebeldes. Isto é em parte por causa da pobreza, mas mais por causa da precária vida doméstica. Na Sétima Região, 30,5 % das famílias ou 728 delas podem ser colocadas nesta classe, incluindo os muito pobres, os pobres e aqueles que conseguem apenas sobreviver em bons tempos. Em toda a cidade, talvez de 10.000 a 12.000 Negros se enquadrem nessa terceira gradação social.

Acima destes, vêm os Negros representativos: a massa da classe serviçal, os porteiros e garçons e os melhores dos trabalhadores braçais. São pessoas trabalhadoras, esforçadas, de proverbial boa índole; um tanto deficientes em previsão e planejamento e em "impulso". São honestos e fiéis, de retidão moral em vias de aprimoramento, e começam a acumular patrimônio. A grande inconveniência dessa classe é a falta de atividades condizentes especialmente entre homens e mulheres jovens, e as consequentes insatisfação e queixa. Como classe, essas pessoas são ambiciosas; a maioria sabe ler e escrever, muitas têm formação escolar regular e estão ansiosas para ascender no mundo. Seus salários são baixos em comparação com as classes correspondentes de trabalhadores brancos, seus aluguéis são altos, e o campo de avanço aberto a eles é muito limitado. A melhor expressão da vida desse grupo é a Igreja Negra, onde se concentra sua vida social e onde eles discutem suas situação e perspectivas.

Um tom de decepção e desânimo é frequentemente ouvido nessas discussões, e suas atividades sofrem de um crescente desinteresse. A maioria dessas pessoas provavelmente está melhor equipada para o trabalho que está fazendo, mas uma grande porcentagem merece melhores maneiras de exibir seu talento, e uma melhor remuneração. Toda a classe merece crédito por seu avanço ousado em meio à depreciação, e pela notável melhoria moral em sua vida familiar durante o último quarto de século. Essas pessoas formam 56% ou 1.252 das famílias da Sétima Região, e incluem talvez 25.000 dos Negros da cidade. Elas vivem em casas de cinco a dez cômodos, e geralmente têm inquilinos. As casas estão sempre bem mobiliadas, com salões bem arrumados e algum instrumento musical. Jantares de domingo e pequenas festas, juntamente com atividades da igreja, compõem seu convívio social. Seu principal problema é encontrar carreiras adequadas para seus filhos em crescimento.

Finalmente, chegamos às 277 famílias, 11,5% daquelas da Sétima Região, e incluindo talvez 3.000 Negros na cidade, que formam a aristocracia da população Negra em educação, riqueza e eficiência social geral. Em muitos aspectos, é correto e apropriado julgar um povo por suas melhores classes e não por suas piores classes ou escalões médios. A classe mais alta de qualquer grupo representa suas possibilidades mais do que suas exceções, como tantas vezes se supõe em relação ao Negro. As pessoas de cor raramente são julgadas por suas melhores classes, e muitas vezes a própria existência de classes entre elas é ignorada. Isto é parcialmente devido, no Norte, à posição anômala daqueles que compõem essa classe: eles não são os líderes ou os ideólogos de seu grupo em pensamento, trabalho ou valores morais. Eles ensinam as massas em uma medida muito pequena, misturam-se pouco com elas, não empregam em muito seu trabalho. Em vez de classes sociais mantidas unidas por fortes laços de interesse mútuo, temos, no caso dos Negros, classes que têm muito para mantê-las separadas, e apenas uma comunidade de sangue e o preconceito de cor para uni-las. Se os Negros estivessem sós atualmente, um forte sistema aristocrático ou uma ditadura prevaleceria. Entretanto, como a democracia lhes foi tão prematuramente imposta, o primeiro impulso dos melhores, dos mais sábios e mais ricos é separar-se da massa. Essa ação, no entanto, causa mais antipatia e ciúme por parte das massas do que o habitual, porque essas massas procuram os brancos em busca de ideais e, em grande parte, de liderança. É natural, portanto, que ainda hoje a massa de Negros considere os adoradores de St. Thomas e da Central como se sentindo acima deles, e não goste deles por esse motivo. Por outro lado, é igualmente natural que os Negros bem-educados e abastados se sintam muito acima dos criminosos e prostitutas das ruas Sete e Lombard, e até mesmo acima das criadas e porteiros da classe média dos trabalhadores. Até esse ponto, estão justificados, mas cometem o erro de não reconhecer que, por mais louvável que seja uma ambição de ascensão, o primeiro dever de uma classe alta é de servir as classes abaixo. As aristocracias de todos os povos têm sido lentas nesse aprendizado, e talvez o Negro não seja mais lento que o resto, mas sua situação peculiar exige que, em seu caso, essa lição seja aprendida mais cedo. Naturalmente, a situação econômica incerta, mesmo dessa classe seleta, faz com que lhes seja difícil dispensar muito tempo e energia com reforma social. Comparados aos seus companheiros, eles são ricos, mas em comparação com os brancos americanos eles são pobres, e é difícil cumprir seu dever como líderes dos Negros até que sejam capitães de indústria sobre seu povo, além de mais ricos e sábios. Atualmente, a classe profissional entre eles está sobrerrepresentada em comparação com outras vocações, e todos precisam lutar para manter a posição que galgaram.

Esta classe é, em si, uma resposta à questão da capacidade do Negro de assimilar a cultura americana. É uma classe numericamente pequena e sem distinções acentuadas em relação a outras classes, embora o suficiente para ser facilmente reconhecida. Seus membros não são encontrados nas assembleias ordinárias dos Negros, nem em seus lugares de passeio. Eles são, em grande parte, nascidos na Filadélfia e, sendo descendentes da classe dos empregados domésticos, incluem muitos mulatos. Em suas reuniões, há evidências de boa educação e bom gosto, de modo que um estrangeiro dificilmente pensaria em ex-escravos. Eles não são evidentemente pessoas de cultura ampla, e seu horizonte mental é tão limitado quanto o das primeiras famílias em uma cidade do interior. Aqui e ali pode-se notar, também, alguns tênues traços de formação moral descuidada. No geral, eles causam a impressão de serem pessoas sensatas e boas. Suas conversas giram em torno das fofocas de círculos semelhantes entre os Negros de Washington, Boston e Nova Iorque; sobre as questões da ordem do dia e, menos voluntariamente, sobre a situação do Negro. Estranhos garantem a entrada neste círculo com dificuldade e apenas por meio de apresentações. Para uma pessoa branca comum, seria quase impossível garantir a apresentação mesmo por parte de um amigo. De vez em quando, algum cidadão conhecido encontra uma companhia dessa classe, mas é difícil para o americano branco médio deixar de lado sua atitude paternalista em relação a um Negro e falar com ele de qualquer coisa que não seja a questão do Negro. A falta, portanto, de um terreno comum, mesmo para conversas, faz com que esses encontros sejam relativamente tensos e não sejam repetidos com frequência. Cinquenta e duas dessas famílias mantêm empregados regularmente; elas vivem em casas bem instaladas, que dão testemunho de bom gosto e até mesmo de luxo.[18]

Deve-se dizer algo, antes de sair deste assunto, acerca das diversões dos Negros. Entre o quarto grau e o terceiro, jogos de azar, excursões, bailes e *cake-walks** são os principais divertimentos. O instinto de jogo é amplamente difundido, como em todas as classes baixas, e, junto com a devassidão sexual, é seu maior vício: é praticado em clubes, em casas particulares, em salas de bilhar e na rua. Jogatina pública pode ser encontrada em uma dúzia de lugares diferentes todas as noites a pleno vapor na Sétima Região, e quase qualquer estranho pode obter acesso fácil. Jogos de pura sorte são preferidos aos que exigem habilidade, e nos clubes maiores uma espécie de monte de três cartas é o jogo favorito, jogado com um crupiê que joga contra todos os que chegam. Em casas particulares dos *slums*, baralhos, cerveja e prostitutas sempre podem ser encontrados. Nas salas de bilhar públicas, há alguma jogatina silenciosa e jogos por prêmios. Para o recém-chegado à cidade, os únicos lugares abertos para diversão são essas salas de bilhar e clubes de jogos; aqui há turmas de jovens, e uma vez iniciados nessa companhia, não se pode dizer onde poderão acabar.

As diversões mais inocentes desta classe são os bailes e *cake-walks*, embora sejam acompanhados de muita bebida, e sejam frequentados por prostitutas brancas e Negras. O *cake-walk* é um passeio rítmico ou dança lenta, e quando bem feito é bonito e bastante inocente. As excursões são frequentes no verão, e muitas vezes acompanhadas de muita briga e bebida.

A massa dos Negros trabalhadores se diverte em conexão com as igrejas. Há ceias, feiras, shows, confraternizações e afins. A dança é proibida pela maioria das igrejas, e muitos dos mais rígidos não pensariam em ir a bailes ou teatros. A turma mais jovem, no entanto,

---

* Dança de salão que se desenvolveu entre Negros estadunidenses ao final do século XIX. (N.T.)

dança, embora os pais raramente os acompanhem e os horários sejam sempre mais tarde, muitas vezes às escondidas. As sociedades secretas e os clubes sociais somam-se a essas diversões com bailes e ceias, e há muitas festas em casas particulares. Esta classe também patrocina excursões frequentes dadas por igrejas e escolas dominicais e sociedades secretas, que geralmente são bem conduzidas, mas custam muito mais do que o necessário. O dinheiro desperdiçado em excursões, acima do que seria necessário para um dia de passeio e muita recreação, renderia muitos milhares de dólares em uma temporada.

Somente na classe alta é que o lar começou a ser o centro de recreação e diversão. Sempre é possível encontrar festas e pequenas recepções, bem como encontros a convite de clubes musicais ou sociais. É, geralmente, oferecido um grande baile a cada ano, o qual é estritamente privado. Convidados de fora da cidade recebem muita atenção social.

Entre quase todas as classes de Negros, há uma grande demanda insatisfeita por diversão. Um grande número de moças em serviços domésticos e jovens rapazes chegaram à cidade, não têm casa e querem lugares para frequentar. As igrejas suprem essa necessidade parcialmente, mas a instituição que suprir esse desejo da melhor forma e que acrescentar instrução à diversão salvará muitas moças da ruína e rapazes do crime. Pouco é feito atualmente em lugares de diversão pública para proteger moças de cor de homens mal-intencionados. Muitos dos ociosos e malandros dos *slums* brincam com as afeições de tolas criadas domésticas e as desgraçam ou as levam ao crime, ou mais comumente vivem com parte de seus salários. Há muitos casos deste último sistema a serem encontrados na Sétima Região.

É difícil medir as diversões de qualquer maneira esclarecedora. Uma contagem dos divertimentos reportada pelo *Tribune*, o principal jornal de cor, que atende a uma parte seleta da classe trabalhadora e a classe alta, forneceu os seguintes resultados por nove semanas[19]:

Festas em casa em homenagem a visitantes	16
Festas em casa	11
Festas em casa com dança	10
Bailes em salões	10
Concertos em igrejas	7

Jantares de igreja etc. 7
Casamentos 7
Festas de aniversário 7
Palestras e entretenimentos literários nas igrejas 6
Festas de jogos de cartas 4
Feiras em igrejas 3
Festas ao ar livre e piqueniques 3
                                                                                   91

Essas, é claro, são as festas maiores em toda a cidade, e não incluem as numerosas confraternizações e eventos sociais das pequenas igrejas. As proporções aqui são, em larga medida, acidentais, mas a lista é instrutiva.

CAPÍTULO XVI
O contato das raças

47. Preconceito de cor. Incidentalmente, ao longo deste estudo o preconceito contra o Negro tem sido repetidamente mencionado. Agora é hora de reduzir esse termo um tanto indefinido a algo tangível. Todo mundo fala do assunto, todo mundo sabe que ele existe, mas poucos concordam acerca da forma como ele se apresenta ou da extensão de sua influência. Na mente do Negro, o preconceito de cor na Filadélfia é aquele sentimento generalizado de antipatia por seu sangue, que impede a ele e a seus filhos de terem um emprego decente, de possuírem conveniências e diversões públicas, de alugarem casas em muitas seções e, em geral, de serem reconhecidos como homens. Os Negros consideram esse preconceito como a principal causa de sua atual condição infeliz. Por outro lado, a maioria das pessoas brancas está praticamente inconsciente de tal sentimento poderoso e vingativo; eles consideram o preconceito de cor como o sentimento facilmente explicável de que o relacionamento social íntimo com uma raça inferior não é apenas indesejável, mas impraticável se nossos atuais padrões de cultura deverem ser mantidos. E, embora saibam que algumas pessoas sentem a aversão com mais intensidade do que outras, não conseguem ver como tal sentimento pode ter tanta influência sobre a situação real ou alterar a condição social da massa de Negros.

Na verdade, o preconceito de cor nesta cidade é algo entre essas duas visões extremas: não é, atualmente, responsável por todos, ou talvez pela maior parte dos problemas dos Negros ou das deficiências sob as quais a raça trabalha. Por outro lado, é uma força social muito mais poderosa do que a maioria dos habitantes da Filadélfia imagina. Os resultados práticos da atitude da maioria dos habitantes da Filadélfia em relação a pessoas de ascendência Negra são os seguintes:

1. *Na obtenção de empregos*

Não importa o quanto um Negro seja bem treinado, ou quanta aptidão ele tenha para qualquer tipo de trabalho: ele não pode, no curso normal da competição, esperar ser muito mais do que um serviçal subalterno.

Ele não consegue um emprego administrativo ou de supervisão, salvo em casos excepcionais.

Ele não consegue ensinar, a não ser em algumas das escolas Negras remanescentes.

Ele não consegue se tornar um mecânico, exceto com pequenos trabalhos temporários, e não pode se filiar a um sindicato.

Uma mulher Negra tem apenas três carreiras abertas a ela nesta cidade: serviço doméstico, costura ou vida de casada.

2. *Na manutenção de empregos*

O Negro sofre mais severamente com a competição do que os homens brancos.

A mudança na moda está fazendo com que ele seja substituído por brancos nas posições mais bem pagas do serviço doméstico.

O capricho e o acidente farão com que ele perca um posto pelo qual trabalhou arduamente de maneira mais rápida do que as mesmas coisas afetariam um homem branco.

Sendo numericamente poucos em comparação com os brancos, o crime ou o descuido de alguns de sua raça é facilmente imputado a todos, e a reputação dos bons, diligentes e confiáveis sofre com isso.

Porque os trabalhadores Negros muitas vezes não trabalham lado a lado com trabalhadores brancos, o trabalhador Negro individual é avaliado não por sua própria eficiência, mas pela eficiência de todo um grupo de trabalhadores Negros, que muitas vezes pode ser baixa.

Por causa dessas dificuldades que, na prática, aumentam a concorrência no seu caso, ele é forçado a receber salários mais baixos pelo mesmo trabalho que os trabalhadores brancos.

3. *Na entrada em novos ramos de trabalho*

Os homens estão acostumados a ver Negros em posições inferiores. Quando, portanto, por qualquer motivo um Negro consegue uma posição melhor, a maioria dos homens imediatamente conclui que ele não está apto para isso, mesmo antes de ele ter a chance de mostrar sua aptidão.

Se, portanto, ele montar uma loja, os homens não serão seus fregueses.

Se ele for colocado em uma posição pública, os homens reclamarão.

Se ele conseguir uma posição no mundo comercial, os homens silenciosamente assegurarão sua demissão ou farão com que um homem branco o substitua.

4. *Em suas despesas*

A relativa pequenez da clientela do Negro, bem como a aversão de outros fregueses, torna comum aumentar os encargos ou dificuldades em certas direções em que um Negro deve gastar dinheiro.

Ele deve pagar aluguéis mais altos por casas piores do que a maioria dos brancos paga.

Ele, às vezes, está sujeito a insultos ou serviços relutantes em alguns restaurantes, hotéis e lojas, em locais públicos, teatros e lugares de recreação, e em quase todas as barbearias.

5. *Com seus filhos*

O Negro acha extremamente difícil criar filhos em tal atmosfera sem que eles se tornem subservientes ou insolentes: se ele lhes impõe paciência com sua sorte, é possível que eles cresçam satisfeitos com sua condição; se ele lhes inspira à ambição de ascensão, eles podem chegar a desprezar seu próprio povo, odiar os brancos e tornar-se amargurados com o mundo.

Seus filhos são, muitas vezes, discriminados em escolas públicas.

Eles são aconselhados, quando procuram emprego, a se tornarem garçons e empregadas domésticas.

Eles estão sujeitos a espécies de insultos e tentações peculiares desafiadoras para crianças.

6. *No convívio social*

Em todas as esferas da vida, o Negro está sujeito a alguma objeção à sua presença ou a algum tratamento descortês; e os laços de amizade ou memória raramente são fortes o suficiente para atravessar a linha de cor.

Se for feito um convite ao público para qualquer ocasião, o Negro nunca saberá se será bem-vindo ou não. Se ele for, corre o risco de ter seus sentimentos feridos e entrar em alguma desavença desagradável; se ele ficar longe, é culpabilizado por indiferença.

Se ele encontra um amigo branco de longa data na rua, ele está em um dilema: se ele não cumprimentar o amigo, é considerado grosseiro e indelicado; se ele cumprimentar o amigo, corre o risco de ser descaradamente esnobado.

Se por acaso for apresentado a uma mulher ou um homem branco, ele espera ser ignorado na próxima reunião, e geralmente é.

Amigos brancos podem visitá-lo, mas dificilmente se espera que ele os procure, exceto para assuntos estritamente comerciais.

Se ele ganhar a afeição de uma mulher branca e se casar com ela, pode invariavelmente esperar que insultos sejam lançados sobre a reputação dela e a dele, e que tanto a sua raça quanto a dela evitarão sua companhia.[1]

Quando morre, não pode ser enterrado ao lado de cadáveres brancos.

7. O resultado

Qualquer uma dessas coisas que acontecesse de vez em quando não seria notável e não exigiria comentários especiais, mas, quando um grupo de pessoas sofre continuamente todas essas pequenas diferenças de tratamento, discriminações e insultos, o resultado é de desânimo, ou amargura, ou excesso de sensibilidade, ou imprudência. E as pessoas que se sentem assim não podem fazer o seu melhor.

Presumivelmente, o primeiro impulso do cidadão comum da Filadélfia seria enfaticamente negar qualquer discriminação tão marcada e devastadora como a acima descrita contra um grupo de cidadãos nesta metrópole. Todos sabem que no passado o preconceito de cor era profundo e passional; homens vivos conseguem se lembrar de quando um Negro não podia sentar-se em um bonde ou andar pelas ruas em paz. Essa época se passou, no entanto, e muitos imaginam que a discriminação ativa contra o Negro passou com ela.

Uma investigação cuidadosa convencerá qualquer um de seu erro. É certo que um homem de cor hoje pode andar pelas ruas da Filadélfia sem insulto pessoal; ele pode ir a teatros, parques e alguns lugares de diversão sem encontrar mais do que olhares e descortesia. Ele pode ser acomodado na maioria dos hotéis e restaurantes, embora seu tratamento em alguns não seja agradável. Tudo isso é um grande avanço, e augura muito para o futuro. E, no entanto, tudo o que foi dito sobre a discriminação que permanece é demasiadamente verdade.

Durante a investigação de 1896, foram recolhidos vários casos reais, que podem ilustrar a discriminação da qual se fala. Tanto quanto possível, estes foram peneirados, e apenas aqueles que parecem indubitavelmente verdadeiros foram selecionados.[2]

1. *Na obtenção de trabalho*

Não é necessário insistir na situação do Negro em relação ao trabalho nas atividades mais altas da vida: o menino branco pode começar no escritório de advocacia e trabalhar até obter uma prática lucrativa. Ele pode servir um médico como *office boy* ou entrar em um hospital em uma posição menor, e ter como seu somente seu talento, a afluência e a fama. Se é brilhante na escola, poderá fazer-se notar na universidade, tornar-se um tutor com algum tempo e muita inspiração para o estudo, e um dia ocupar a cátedra de professor. Todas essas carreiras estão, desde o início, fechadas ao Negro devido a sua cor; que advogado daria um caso, ainda que menor, a um assistente Negro? Ou que universidade nomearia um jovem Negro promissor como tutor? Assim, o jovem branco inicia-se na vida sabendo que, dentro de alguns limites e salvo eventuais acidentes, talento e dedicação contarão. O jovem Negro começa sabendo que de todos os lados o seu avanço é duplamente dificultado, se não completamente impedido pela sua cor. Aproximemo-nos, porém, de atividades comuns que envolvem mais de perto a massa dos Negros. A Filadélfia é um grande centro comercial e de negócios, com milhares de capatazes, gerentes e balconistas – os tenentes da indústria que dirigem seu progresso. Eles são pagos para pensar e pela habilidade de dirigir, e naturalmente tais cargos são cobiçados porque são bem pagos, bem considerados e detêm alguma autoridade. A tais posições, meninos e meninas Negros não podem aspirar, não importa quais sejam suas qualificações. Mesmo como professores, escriturários e estenógrafos comuns, quase não encontram vagas. Vejamos, a seguir, algumas ocorrências reais:

Uma jovem que se formou com crédito na Escola Normal para Meninas em 1892, ensinou no jardim de infância, atuou como substituta e esperou em vão por uma vaga permanente. Uma vez, ela foi autorizada a substituir em uma escola com professores brancos; a diretora elogiou seu trabalho, mas quando a nomeação definitiva foi feita, uma mulher branca conseguiu o emprego.

Uma garota que se formou no ensino médio da Pensilvânia e em uma faculdade de Administração procurou trabalho na cidade como estenógrafa e datilógrafa. Um proeminente advogado tentou arranjar-lhe um emprego; ele dirigiu-se a amigos e disse: "Aqui está uma menina que faz um excelente trabalho e tem bom caráter; você pode lhe dar um emprego?". Uma porção respondeu que sim imediatamente. "Mas", disse o advogado, "eu serei perfeitamente franco com você e direi que ela é de cor", e na cidade inteira ele não encontrou um homem sequer disposto a empregá-la. Aconteceu, no entanto, que a menina tinha uma compleição tão clara que poucos suspeitariam de sua ascendência sem saber. O advogado então lhe deu trabalho temporário em seu próprio escritório até que ela encontrasse trabalho fora da cidade. "Mas", disse ele, "até hoje não ousei dizer aos meus escrivães que eles trabalharam ao lado de uma Negra." Outra mulher formou-se na escola e na Palmer College de Shortland, mas por toda a cidade não encontrou mais que recusas de emprego.

Vários graduados em farmácia procuraram realizar os três anos de residência obrigatória na cidade, mas somente um caso obteve sucesso, ainda que ele tenha se oferecido para trabalhar por nada. Um jovem farmacêutico veio de Massachusetts e durante semanas procurou, em vão, trabalhar aqui a qualquer preço. "Eu não teria um escurinho para limpar minha loja, muito menos para ficar atrás do balcão", respondeu um boticário. Um homem de cor respondeu a um anúncio para balconista no subúrbio. "O que você acha que iríamos querer com um *nigger*?"[*] foi a resposta simples. Um rapaz, bem recomendado, formado em engenharia mecânica pela Universidade da Pensilvânia, conseguiu, por meio de um anúncio e por causa de seu excelente histórico, trabalho na cidade. Ele trabalhou algumas horas e depois foi dispensado porque descobriram que era Negro. Ele agora é garçom no University Club, onde jantam seus colegas de formatura.[3] Outro jovem frequentou o Spring Garden Institute e estudou desenho para litografia. Ele tinha boas referências do instituto e de outros lugares, mas a candidatura aos cinco maiores estabelecimentos

---

[*] Termo abertamente ofensivo, hoje praticamente proscrito da fala de brancos e considerado sinal de racismo extremo. Optou-se por manter no original tal qual citado pelo autor. (N.T.)

da cidade não lhe garantiu trabalho. Um operador de telégrafo procurou em vão por uma vaga, e dois graduados da Escola Secundária Central caíram em trabalho subalterno. "Qual a utilidade de uma educação?", perguntou um. O Senhor A. já trabalhou em outros lugares como caixeiro viajante. Ele se candidatou a uma posição aqui por carta, e lhe disseram que a teria. Quando o viram, não havia trabalho para ele.

Tais casos poderiam ser indefinidamente multiplicados. Mas isso não é necessário; só é preciso tomar nota de que, seja qual for a habilidade reconhecida de muitos homens de cor, o Negro está visivelmente ausente de todos os lugares de honra, confiança ou lucro, bem como dos de nível respeitável no comércio e na indústria.

Mesmo no mundo do trabalho qualificado, o Negro é largamente excluído. Muitos explicariam a ausência de Negros de vocações superiores dizendo que, enquanto alguns podem ser considerados competentes de vez em quando, a grande massa não está preparada para esse tipo de trabalho e está destinada por algum tempo a formar uma classe operária. Na questão dos ofícios, porém, não pode ser levantada nenhuma questão séria de habilidade: durante anos, os Negros preencheram satisfatoriamente os ofícios da cidade, e hoje em muitas partes do Sul eles ainda são proeminentes. Ainda assim, na Filadélfia, um preconceito determinado e incentivado pela opinião pública quase conseguiu expulsá-los do campo:

A. que trabalha em um estabelecimento de encadernação na rua Front, aprendeu a encadernar livros, e muitas vezes o faz para seus amigos. No entanto, ele não está autorizado a trabalhar no ofício na loja, mas deve ficar trabalhando como porteiro, com salário de porteiro.

B. é fabricante de escovas. Ele se candidatou em vários estabelecimentos, mas eles nem sequer examinaram suas referências. Simplesmente lhe disseram: "Não empregamos pessoas de cor".

C. é sapateiro. Ele tentou arranjar trabalho em algumas das grandes lojas de departamentos. Eles "não tinham lugar" para ele.

D. era pedreiro, mas teve tantos problemas para conseguir trabalho que agora é mensageiro.

E. é pintor, mas foi impossível ele conseguir emprego porque é de cor

F. é telegrafista, e anteriormente trabalhou em Richmond, na Virgínia. Quando se candidatou aqui, foi-lhe dito que Negros não eram contratados.

G. é um *iron puddler*[*] que pertencia a um sindicato em Pittsburgh. Aqui ele não foi reconhecido como um homem sindicalizado, e não conseguiu emprego a não ser como estivador.

H. era um tanoeiro, mas não conseguiu trabalho após repetidas tentativas, e agora é um trabalhador comum.

I. é confeiteiro, mas nunca conseguiu emprego na cidade. Sempre lhe dizem que os empregados brancos não trabalharão com ele.

J. é carpinteiro. Ele só consegue serviços esporádicos ou trabalho onde apenas Negros são empregados.

K. era um estofador, mas não conseguiu trabalho salvo nas poucas lojas de cor que tinham operários. Ele agora é garçom em um vagão-restaurante.

L. era um padeiro de primeira classe. Ele se candidatou a um emprego há algum tempo perto da rua Green, e logo lhe disseram: "Nós não trabalhamos com *niggers*[**] aqui".

M. é um bom tipógrafo. Ele não foi autorizado a entrar no sindicato e teve emprego negado em oito lugares diferentes na cidade.

N. é estampador por ofício, mas só encontra trabalho como porteiro.

O. é pintor de placas, mas consegue poucos trabalhos.

P. é pintor e consegue bastante trabalho, mas nunca com operários brancos.

Q. é um bom engenheiro estacionário, mas não consegue emprego. Atualmente é garçom de uma família particular.

R. nasceu na Jamaica. Ele foi para a Inglaterra e trabalhou por quinze anos na Sir Edward Green Economizing Works em Wakefield, Yorkshire. Em tempos de monotonia, ele emigrou para a América, trazendo excelentes referências. Candidatou-se a um posto como mecânico em quase todos os grandes estabelecimentos siderúrgicos da cidade. Uma oficina locomotiva assegurou-lhe que suas cartas eram boas, mas que seus homens não trabalhariam com Negros. Em uma fábrica de comutadores de trem, disseram-lhe que não tinham vagas e que ele poderia ligar novamente depois. Ele ligou, e finalmente lhe

---

[*] Trabalhador da indústria siderúrgica especializado em converter ferro-gusa em ferro forjado. (N.T.)

[**] Termo novamente citado literalmente por Du Bois. (N.T.)

disseram francamente que não podiam empregar Negros. R. candidatou-se duas vezes a uma empresa de fundição; disseram-lhe: "Só temos utilidade para um Negro – um porteiro", e recusando-se a continuar a conversa ou mesmo a olhar suas cartas, mostraram-lhe a saída. Ele então se candidatou a trabalhar em um prédio novo; o homem disse-lhe que poderia deixar uma inscrição, mas acrescentou em seguida: "Para dizer a verdade, não adianta, pois não empregamos Negros". Assim, o homem procura emprego há dois anos e ainda não encontrou uma posição permanente. Ele só consegue sustentar sua família com biscates como um trabalhador comum.

S. é um cortador de pedras. Recusaram-lhe trabalho repetidamente por causa de sua cor. Por fim, ele conseguiu um emprego durante uma greve, e foi considerado um trabalhador tão bom que seu empregador se recusou a demiti-lo.

T. era um menino que, junto com um menino branco, veio à cidade à procura de trabalho. O menino de cor tinha uma compleição muito clara, e consequentemente ambos foram tomados como aprendizes em uma grande oficina locomotiva. Trabalharam lá alguns meses, mas finalmente descobriu-se que o menino era de cor. Ele foi demitido, e o menino branco permaneceu.

Todos estes parecem casos típicos e fidedignos. Existem, é claro, algumas exceções à regra geral, mas mesmo estas parecem confirmar o fato de que a exclusão é uma questão de preconceito e de descuido que por vezes cede à determinação e ao bom senso. O caso mais notável é o da Siderúrgica Midvale, onde muitos operários Negros são regularmente empregados como mecânicos e trabalham ao lado de brancos.[4] Se outro capataz assumisse ali, seria fácil que tudo isso sofresse um retrocesso, pois o sucesso definitivo em tais assuntos exige muitos experimentos e uma solidariedade pública generalizada.

Existem vários casos em que a forte influência pessoal garantiu vagas a meninos de cor. Em uma fábrica armários, um porteiro que trabalhava na firma há trinta anos pediu que seu filho aprendesse o ofício e trabalhasse na oficina. Os trabalhadores se opuseram vigorosamente no início, mas o patrão foi firme, e o jovem trabalha lá há sete anos. A S. S. White Dental Company tem um químico de cor que trabalhou até conseguir seu posto e tem uma atuação satisfatória. Um joalheiro permitiu que seu colega, um soldado de cor, no final da guerra aprendesse o ofício dos batedores de ouro e trabalhasse em sua loja. A seguir, alguns outros casos.

A. conhecia intimamente um comerciante e garantiu ao filho uma posição como datilógrafo no escritório dele.

B. é um engenheiro estacionário que veio com seu empregador de Washington, e ainda trabalha com ele.

C. é um gesseiro que aprendeu o seu ofício com uma firma na Virgínia que o recomendou especialmente para a firma onde ele trabalha agora.

D. é um menino cuja amiga de sua mãe lhe deu um emprego como cortador em uma fábrica de sacos e cordas. A mão de obra se opôs, mas a influência dessa amiga foi forte o suficiente para mantê-lo lá.

Todas estas exceções comprovam a regra – a saber, que sem grande esforço e influência especial é quase impossível para um Negro na Filadélfia conseguir um emprego regular na maioria dos ofícios, exceto se trabalhar como autônomo e aceitar pequenos serviços temporários.

A principal agência que provoca esse estado de coisas é a opinião pública: se não estivessem entrincheirados –, e fortemente entrincheirados – por trás de um preconceito ativo ou pelo menos de uma aquiescência passiva nesse esforço para privar os Negros de uma vida decente, tanto os sindicatos quanto os patrões arbitrários seriam impotentes para fazer o mal que agora fazem. Onde, no entanto, uma grande parcela do público mais ou menos aplaude o vigor que se recusa a trabalhar com um *"Nigger"*, os resultados são inevitáveis. O objetivo do sindicato é puramente comercial: visa restringir o mercado de trabalho, assim como o fabricante visa aumentar o preço de suas mercadorias. Aqui está uma chance para manter fora do mercado um grande número de trabalhadores, e os sindicatos aproveitam a chance, salvo nos casos em que não ousam fazê-lo, como no caso dos fabricantes de charutos e mineiros de carvão. Se eles pudessem excluir os trabalhadores estrangeiros, da mesma forma o fariam; mas aqui a opinião pública dentro e fora de suas fileiras proíbe essa ação hostil. É claro que a maioria dos sindicatos não declara categoricamente suas discriminações; alguns colocam claramente a palavra "branco" em suas constituições; a maioria não o faz, e dirá que considera cada caso em seus méritos. Então eles silenciosamente vetam o candidato Negro. Outros atrasam e ganham tempo e adiam a ação até que o Negro desista. Outros, ainda, discriminam o Negro em taxas de matrícula e permanência, fazendo um Negro pagar $ 100, enquanto os brancos pagam $ 25. Por outro lado, em tempos de greves ou outros distúrbios, convites cordiais para participar são muitas vezes enviados para trabalhadores Negros.[5]

Numa época em que as mulheres estão empenhadas em ganhar o pão na maior medida já vista, o campo aberto às mulheres Negras é excepcionalmente estreito. Isso se deve, é claro, em grande parte aos preconceitos mais intensos de mulheres em todos os assuntos e especialmente ao fato de que mulheres que trabalham não gostam de ser confundidas com subalternas e veem mulheres Negras como subalternas por excelência.

A. é uma costureira de vestidos e consertos de habilidade comprovada. Ela procurou trabalho em grandes lojas de departamentos. Todas recomendavam seu trabalho, mas não podiam empregá-la por conta de sua cor.

B. é datilógrafa, mas se candidatou, em vão, em lojas e escritórios para trabalhar. "Sinto muito", dizem todos, mas não podem lhe oferecer emprego. Ela já respondeu a muitos anúncios, sem resultado.

C. frequentou escola secundária para meninas por dois anos, mas não encontrou emprego. No momento, está lavando e costurando para viver.

D. é costureira de vestidos e modista, e faz bordados de miçangas. "Seu trabalho é muito bom", lhe dizem, "mas se a contratarmos, todas as nossas senhoras iriam embora."

E. é uma costureira, uma vez recebeu serviço de uma loja para fazer em casa. Foi elogiada como satisfatória, mas não lhe deram mais nada.

F. tem duas filhas que tentaram conseguir emprego como estenógrafas, mas só conseguiram um emprego menor.

G. formou-se na escola secundária para meninas, com um histórico excelente. Tanto as professoras quanto amigos influentes têm procurado trabalho para ela, mas não encontraram nenhum.

H. é uma garota que se ofereceu em nove lojas para trabalhar em algo não subalterno; não tinham nada.

I. começou em Schuylkill, na rua Market, e se ofereceu para trabalhar em quase todas as lojas até quase chegar ao Delaware. Só lhe ofereceram faxina.[6]

2. Chega de falar da dificuldade para se conseguir trabalho. Além disso, o Negro está encontrando dificuldades para manter o trabalho

que tem, ou pelo menos os empregos melhores. Fora toda a insatisfação com o trabalho Negro, existem caprichos e modas que afetam sua posição social. Atualmente, as viagens generalizadas para a Europa fizeram com que serviçais ingleses se tornassem populares, e consequentemente serviçais brancos de barba bem feita, ingleses ou não, encontram facilidade para substituir mordomos e cocheiros Negros, por salários melhores. Mais uma vez, embora um homem normalmente não demita todos os seus operários brancos porque alguns se saem mal, ainda assim acontece repetidamente que os homens dispensem todos os seus empregados de cor e condenem sua raça porque um ou dois deles se mostraram não confiáveis. Finalmente, as antipatias das classes mais baixas são tão grandes que muitas vezes é impraticável misturar raças entre os serviçais. Uma jovem de cor foi trabalhar temporariamente em Germantown. "Eu gostaria tanto de mantê-la permanentemente", disse a patroa, "mas todos os meus outros criados são brancos." Ela foi dispensada. Normalmente, agora os anúncios de emprego doméstico indicam se querem criados brancos ou Negros, e o Negro que se candidatar no lugar errado não deve se surpreender se lhe baterem a porta na cara.

As dificuldades encontradas pelo Negro por causa das conclusões generalizadas feitas sobre ele são múltiplas. Um grande prédio, por exemplo, tem vários zeladores Negros mal pagos, sem instalações para seu trabalho ou orientação para sua realização. Finalmente o edifício foi completamente reformado ou reconstruído, elevadores e eletricidade instalados, e um conjunto bem pago de zeladores uniformizados brancos colocados para trabalhar sob a responsabilidade de um chefe assalariado. De imediato, o público conclui que a melhoria no atendimento se deve à mudança de cor. Em alguns casos, é claro, a mudança se deve a uma ampliação do campo de escolha na seleção de servidores, pois certamente não se pode esperar que 0,04% da população possa fornecer tantos trabalhadores bons ou tão uniformemente bons quanto as outras vinte e quatro partes. Um caso real ilustra essa tendência de excluir o Negro sem consideração adequada, mesmo quando se trata de trabalho subalterno:

Uma grande igreja que tem vários membros entre as famílias Negras mais respeitáveis da cidade ergueu recentemente um grande edifício novo para seus escritórios etc. na cidade. Quando a construção se aproximava de sua conclusão, um clérigo de cor daquela seita ficou surpreso ao saber que nenhum Negro seria empregado no edifício. Ele achou que essa era uma posição peculiar para uma igreja cristã tomar e, portanto, procurou o gerente do prédio. O gerente assegurou-lhe brandamente que o boato era verdadeiro, e que não havia a menor chance de um Negro conseguir emprego sob sua chefia, exceto uma mulher para lavar o banheiro. O motivo para isso, disse ele, era que os zeladores e ajudantes deveriam estar uniformizados, e os brancos não usariam uniformes com Negros. O clérigo foi, então, a um membro proeminente da igreja que servia na comissão de construção; ele negou que o comitê tivesse tomado tal decisão, mas o enviou a outro membro do comitê. Esse membro disse a mesma coisa e se referiu a um terceiro, um homem de negócios direto. O homem de negócios disse: "Aquele prédio se chama a Sede da Igreja X, mas é mais do que isto é um empreendimento de negócios, a ser gerido com princípios empresariais. Contratamos um homem para administrá-lo, a fim de conseguir o máximo de proveito. Encontramos tal homem no atual gerente, e colocamos todo o poder em suas mãos". Ele reconheceu então que, embora o comitê não tivesse decisão alguma, a questão da contratação de Negros havia surgido e foi deixada exclusivamente para a decisão do gerente. O gerente achava que a maioria dos Negros era desonesta e pouco confiável etc. E assim a igreja cristã dá as mãos aos sindicatos e a uma ampla opinião pública para forçar os Negros à ociosidade e ao crime.

Às vezes os Negros, por influência especial, como observado anteriormente, garantem boas posições. Há, ainda, outros casos em que homens de cor conseguiram posições por puro mérito e coragem. Em todos esses casos, no entanto, eles estão sujeitos a perder seus lugares sem justa causa e principalmente por causa de seu sangue Negro. Pode acontecer que inicialmente sua descendência Negra não seja conhecida, ou que outras causas possam agir. Em todos os casos, o mandato do Negro é inseguro:

A. trabalhou em uma grande alfaiataria na rua Três por três semanas. Seu trabalho era aceitável. Então se soube que ele era de cor, e foi dispensado porque os outros alfaiates se recusaram a trabalhar com ele.

B. um impressor, estava empregado na rua Doze, mas uma semana depois foi dispensado quando souberam que ele era Negro. Ele, então, trabalhou como porteiro por cinco anos, e finalmente conseguiu outro emprego em uma loja judaica como impressor.

C. foi, por nove anos, pintor na fábrica de móveis Stewart até ela falir, há quatro anos. Procurou empregos repetidamente, mas não conseguiu trabalhar por causa de sua cor. Ele agora trabalha como vigia noturno nas ruas da cidade.

D. era engenheiro estacionário. Seu patrão morreu e ele nunca conseguiu encontrar outro.

E. tinha a pele clara e conseguiu um emprego como motorista. Ele "usava o boné",* mas quando descobriram que ele era de cor, o dispensaram.

F. era um dos muitos trabalhadores de cor em uma fábrica de tintas. Os chefes da firma morreram, e agora sempre que um Negro sai, um branco é colocado em seu lugar.

G. trabalhou por muito tempo como tipógrafo no *Taggart's Times*. Quando o jornal mudou de mãos, ele foi dispensado e nunca mais conseguiu outro emprego. Ele agora é zelador.

H. era pedreiro, mas seus empregadores finalmente recusaram-se a deixá-lo continuar colocando tijolos, já que colegas de trabalho eram todos brancos. Agora, ele é garçom.

I. aprendeu o ofício de ajuste de escalas de seu empregador. O empregador, então, recusou-lhe o trabalho, e I. abriu seu próprio negócio. Já ensinou quatro aprendizes.

M. é uma mulher cujo marido fora zelador por uns bons vinte anos. Quando eles se mudaram para o novo Edifício Betz, dispensaram-no, já que todos os zeladores ali eram brancos. Após sua morte, não conseguiram encontrar trabalho para seu filho.

N. era porteiro em uma livraria, e passou a ser chefe dos correios de uma subestação na Filadélfia que lida com $ 250.000, diz-se, por ano. Também esteve à frente de um balcão de informações muito eficiente em uma grande loja de departamentos. Recentemente, foram feitas tentativas de deslocá-lo, sem que houvesse nenhuma falha sua especificada, mas porque "desejamos o lugar dele para outro homem [branco]".

O. é um caso bem conhecido; um observador em 1898 escreveu: "Se cada cidadão da Filadélfia que estiver ansioso para estudar o assunto

---

* Referência ao boné que compunha o uniforme de motoristas à época. Aqui, trata-se de mostrar que o cabelo, que o boné escondia, poderia expor a raça do motorista. (N.T.)

com seus próprios olhos caminhar pela rua Onze Sul, descendo a partir da Chestnut, notará pelo caminho a mais refinada loja de jornais e papelaria, e entrará na mesma. Ao entrar ele irá, a depender de seu modo de pensar, ficar satisfeito ou entristecido ao ver que ela é conduzida por Negros. Se o proprietário por acaso estiver na loja, ele pode saber que esse jovem agradável de fina aparência já foi gerente assistente de negócios de uma grande empresa branca. Uma mudança de gestão levou à sua demissão. Nenhuma falha foi encontrada, seu trabalho foi louvado, mas um homem branco foi colocado em seu lugar, e desculpas dadas em profusão.

"A balconista atrás do balcão é sua irmã; uma senhora elegante como uma dama, educada e treinada em estenografia e datilografia. Ela não conseguiu encontrar na cidade da Filadélfia alguém que tivesse o menor uso para tal mulher de cor.

"O resultado desta situação é esta lojinha, que é notavelmente bem-sucedida. O proprietário é dono do estoque, da loja e do prédio. Este é um conto de seu tipo com um final agradável. Outros contos são bem menos agradáveis."

Muito desânimo resulta da recusa persistente de promover empregados de cor. O funcionário branco mais humilde sabe que quanto melhor ele fizer seu trabalho, mais chances terá de subir na empresa. O empregado Negro sabe que quanto melhor fizer seu trabalho, por mais tempo poderá fazê-lo. Muitas vezes, ele não pode esperar uma promoção. Isso faz com que grande parte das críticas dirigidas aos Negros por alguns deles quererem recusar serviços subalternos não fazem tanto sentido. Se a melhor classe de meninos Negros pudesse ver esse trabalho como um trampolim para algo mais elevado, seria diferente; se eles precisam vê-lo como uma atividade para toda a vida, não podemos nos admirar de sua hesitação:

A. é porteiro de uma grande oficina locomotiva há dez anos. Ele é carpinteiro de profissão, e adquiriu um conhecimento considerável com máquinas. Foi anteriormente autorizado a trabalhar um pouco como maquinista; agora isso parou, e ele nunca foi promovido e provavelmente nunca será.

B. trabalhou em uma loja por oito anos, e nunca foi promovido do cargo de porteiro, embora seja um homem capaz.

C. é porteiro. Está em uma loja de ferragens há seis anos; é esperto e lhe prometeram repetidamente avanço, mas ele nunca o conseguiu.

D. esteve por sete anos em uma equipe de porteiros em uma loja de departamentos, e parte do tempo atuou como capataz. Ele tinha um garoto branco sob seu comando que não gostava dele; eventualmente, o menino foi promovido, mas ele continuou sendo porteiro. Finalmente, o menino se tornou seu chefe e o dispensou.

E. é uma mulher que trabalhou muito tempo em uma família de advogados. Um rapaz branco entrou em seu escritório como *office boy* e veio a ser um membro da firma. Ela tinha um filho inteligente e ambicioso e pedia para ele qualquer tipo de trabalho de escritório – qualquer coisa em que ele pudesse ter esperança de uma promoção. "Por que você não faz dele garçom?", perguntaram-lhe.

F. é motorista de uma madeireira há vinte e um anos. Fala alemão e lhes é muito útil, mas jamais o promoveram.

G. era porteiro. Ele implorou por uma chance de trabalhar para subir, oferecendo fazer serviços de escritório por nada, mas foi recusado. Companheiros brancos foram repetidamente promovidos por cima de sua cabeça. Ele é porteiro há dezessete anos.

H. era um serviçal na família de um dos membros de uma grande firma de produtos secos. Ele era tão capaz que o empregador o mandou para a loja em uma vaga que o gerente muito relutantemente lhe deu. Ascendeu até o cargo de atendente de caixa no departamento de entregas, onde trabalhou por quatorze anos, e seu trabalho foi elogiado. Recentemente, sem aviso prévio ou reclamação, ele foi transferido para operar um elevador com o mesmo salário. Ele acha que a pressão de outros membros da firma o fez perder o emprego.

De vez em quando, há exceções a essa regra. A Estrada de Ferro da Pensilvânia promoveu um brilhante e persistente porteiro a um cargo de escritório, que ele ocupa há anos. Ele, no entanto, passara a vida em busca de chances de promoção, e lhe disseram: "Você tem capacidade suficiente, George, se não fosse de cor ____".

Há muita discriminação contra Negros nos salários.[7]

Os Negros têm menos oportunidades de trabalho, estão acostumados a salários baixos, e, consequentemente, o primeiro pensamento que ocorre ao empregador médio é dar a um Negro menos do que ele ofereceria a um homem branco pelo mesmo trabalho. Isto não é universal, mas é generalizado. No serviço doméstico do tipo comum não há diferença, porque o salário é uma questão de costume. Quando se trata de garçons, mordomos e cocheiros, porém, há uma diferença considerável: enquanto os cocheiros brancos recebem de US $ 50 a US $ 75, os Negros geralmente não recebem mais de US $ 30 a US $ 60. Os garçons Negros de hotel recebem de US $ 18 a US $ 20, enquanto os brancos recebem de US $ 20 a US $ 30. Naturalmente, quando um gerente de hotel substitui homens que ganham US $ 20 por homens de US $ 30, ele pode esperar, fora de qualquer questão de cor, um serviço melhor.

No trabalho comum, a competição força os salários para baixo para além de meras razões raciais, embora o Negro seja disso maior sofredor. Este é especialmente o caso no trabalho de lavanderia. "Eu já contei até sete dúzias de peças naquele serviço de lavagem", disse uma Negra exausta, "e ela só me paga $ 1,25 por semana por isso." Pessoas que jogam fora $ 5 por semana em bugigangas, muitas vezes regateiam por causa de vinte e cinco centavos com uma lavadeira. Existem, no entanto, notáveis exceções a esses casos, em que são pagos bons salários a pessoas que trabalham durante muito tempo para a mesma família.

Com muita frequência, se um Negro tem a chance de trabalhar em uma atividade qualificada, seus salários são reduzidos devido a tal privilégio. Isto dá intensidade adicional ao preconceito do trabalhador:

A. conseguiu um emprego anteriormente ocupado por um porteiro branco. O salário foi reduzido de $ 12 para $ 8.

B. trabalhava para uma empresa como empacotador de porcelana, e disseram-lhe que ele era o melhor empacotador que tinham. Ele, no entanto, recebia apenas US $ 6 por semana, enquanto os empacotadores brancos recebiam US $ 12.

C. foi porteiro e assistente de balconista em uma loja da rua Arch por cinco anos. Ele recebe US $ 6 por semana, e os brancos recebem US $ 8 pelo mesmo trabalho.

D. é engenheiro estacionário. Ele aprendeu seu ofício com essa firma e está com eles há dez anos. Anteriormente, recebia $ 9 por semana, agora, $ 10,50. Os brancos recebem $ 12 pelo mesmo trabalho.

E. é engenheiro estacionário e está nesse posto há três anos. Ele recebe apenas US $ 9 por semana.

F. trabalha com vários outros Negros em uma firma de engenheiros eletricistas. Os trabalhadores brancos recebem $ 2 por dia: "Temos que ficar felizes em receber $ 1,75".

G. era carpinteiro, mas não conseguiu nem a quantidade suficiente de trabalho nem salários satisfatórios. Por um trabalho em que recebia US $ 15 por semana, seu sucessor branco recebeu US $ 18.

H. um cimentador, recebe US $ 1,75 por dia. Operários brancos ganham de US $ 2 a US $ 3. Prometeram-lhe mais no próximo outono.

I. um gesseiro, trabalha para um patrão há vinte e sete anos. Os gesseiros regulares recebem US $ 4 ou mais por dia. Ele faz o mesmo trabalho, mas não pode se filiar ao sindicato e é pago como operário comum– US $ 2,50 por dia.

J. trabalha como porteiro em uma loja de departamentos. É casado e recebe $ 8 por semana. "Eles pagam o mesmo para garotas de loja brancas solteiras, que têm a chance de serem promovidas."

3. Se um Negro entra em algum ramo de trabalho no qual as pessoas não estão acostumadas a vê-lo, ele sofre com a suposição de que não está apto para o trabalho. Relata-se que uma firma da rua Chestnut contratou, uma vez, uma vendedora Negra, mas os protestos de seus clientes foram tantos que eles tiveram que demiti-la. Muitos comerciantes hesitam em promover os Negros para que não percam o costume. Os comerciantes Negros que tentaram iniciar negócios na cidade encontram, no início, muita dificuldade com esse preconceito:

A. tem uma padaria. Brancos às vezes entram e, encontrando Negros no comando, partem abruptamente.

B. é um padeiro e teve uma loja há alguns anos na rua Vine, mas o preconceito contra ele o impedia de conquistar muita clientela.

C. é um despachante bem-sucedido com um grande negócio. De vez em quando ouve das pessoas que elas preferem contratar despachantes brancos.

D. é uma mulher que mantém uma loja de cabelo na rua South. Clientes às vezes entram, olham para ela, e vão embora.

E. é professor de música na rua Lombard. Diversas pessoas brancas já entraram e, vendo-o, disseram "Oh! Eu pensei que você fosse branco – desculpe-me!", ou "Volto mais tarde".

Mesmo entre as próprias pessoas de cor, alguns preconceitos deste tipo são encontrados. Antigamente, um médico Negro não conseguia a freguesia dos Negros porque eles não estavam acostumados com a inovação. Agora, eles têm uma grande parte de sua clientela Negra. O comerciante Negro, no entanto, ainda carece da plena confiança de seu próprio povo, embora ela esteja crescendo. É um dos paradoxos desta questão ver um povo tão discriminado às vezes aumentar seus infortúnios discriminando-se a si mesmo. Eles próprios, no entanto, estão começando a reconhecer isso.

4. A principal discriminação contra os Negros nas despesas é a questão dos aluguéis. Não pode haver dúvida razoável de que os Negros pagam aluguéis excessivos:

A. pagava US $ 13 por mês, enquanto a família branca anterior pagava US $ 10.

B. pagava $ 16; "ouviu dizer que família branca anterior pagava $ 12".

C. pagava $ 25; "ouviu dizer que família branca anterior pagava $ 20".

D. pagava $ 12; vizinhos dizem que a família branca anterior parava $ 9.

E. pagava $ 25, em vez de $ 18.

F. pagava $ 12, em vez de $ 10.

G. moradores Negros da rua inteira, pagam de $ 12 a $ 14, e os brancos, entre $ 9 e $ 10. As casas são todas iguais.

H. os brancos nesta rua, pagam entre $ 15 a $ 18; Negros pagam entre $ 18 e $ 21.

Não bastasse essa discriminação bem generalizada nos aluguéis, agentes e proprietários normalmente não pagam reparos nas casas dos pretos voluntariamente e não fazem melhorias. Ambas estas formas de preconceito são facilmente defendidas de uma perspectiva estritamente comercial; a opinião pública na cidade é tal que a presença mesmo de uma família de cor respeitável em um quarteirão afetará seu valor de aluguel ou de venda. O aluguel inflacionado para os Negros é, portanto, uma espécie de seguro, e a recusa em alugar funciona como instrumento para ganhar dinheiro. A crueldade indefensável está com aquelas classes que se recusam a reconhecer o direito de cidadãos Negros respeitáveis a moradias respeitáveis. Agentes imobiliários também aumentam o preconceito ao se recusarem a discriminar entre as diferentes classes de Negros. Uma pacata família Negra se muda para uma rua. O agente não encontra grande objeção e permite que a próxima casa vazia vá para qualquer Negro que se candidatar. Esta família pode desgraçar e escandalizar a vizinhança e tornar mais difícil que famílias decentes encontrem moradias.[8]

Nos últimos quinze anos, porém, a opinião pública mudou tanto a respeito deste assunto que podemos ter muita esperança no futuro. Hoje em dia, a população Negra está mais espalhada pela cidade do que nunca. Ao mesmo tempo, continua sendo verdade que, via de regra, devem ocupar as piores casas dos bairros onde vivem. O avanço realizado tem sido uma batalha para a melhor classe de Negros. Um ex-ministro do Haiti mudou-se para a parte Noroeste da cidade, e seus vizinhos brancos o insultaram, barricaram seus degraus contra ele e tentaram de todas as maneiras fazê-lo se mudar. Hoje, ele é honrado e respeitado em toda a vizinhança. Muitos desses casos ocorreram; em outros, o resultado foi diferente. Um estimado jovem Negro, recém-casado, mudou-se com a noiva para uma ruela. O bairro levantou-se em armas e sitiou o inquilino e o senhorio de forma tão implacável que o senhorio alugou a casa e obrigou o jovem casal a mudar-se dentro de um mês. Um dos bispos da Igreja Americana Metodista Episcopal (A. M. E.) mudou-se recentemente para a recém-adquirida residência episcopal na avenida Belmont, e seus vizinhos bloquearam suas varandas contra sua visão.

5. A principal discriminação contra as crianças Negras é em matéria de instalações educacionais. O preconceito aqui funciona para obrigar as crianças de cor a frequentarem certas escolas as quais a maioria das crianças Negras frequenta, ou para mantê-las fora das escolas particulares e superiores.

A. tentou colocar sua filhinha no jardim de infância mais próximo a ela, na Quinze com a Locust. As professoras queriam que ela a fizesse atravessar a Broad até o jardim de infância frequentado principalmente por crianças de cor, e muito mais longe de sua casa. Essa viagem era perigosa para a criança, mas as professoras se recusaram a recebê-la durante seis meses, até que as autoridades fossem acionadas.

Nas transferências de escolas, os Negros têm dificuldade em obter vagas convenientes. Apenas a partir dos poucos anos relativamente recentes é que os Negros foram autorizados a completar o curso nas escolas secundárias e normais sem dificuldades. Antes disso, a Universidade da Pensilvânia se recusava a deixar os Negros sentarem no auditório e ouvirem palestras, quanto mais serem estudantes. Durante dois ou três anos, um estudante Negro teve que abrir caminho com os punhos por dentro de uma escola de Odontologia da cidade, e foi tratado com toda indignidade. Várias vezes os Negros foram convidados a deixar as escolas de Estenografia etc. por causa de seus colegas. Em 1893, uma mulher de cor se candidatou a admissão ao Temple College, uma instituição da igreja, e foi recusada e aconselhada a ir para outro lugar. A faculdade então ofereceu bolsas de estudo para igrejas, mas não admitia candidatos de igrejas de cor. Dois anos depois, a mesma mulher se candidatou novamente. O corpo docente declarou que não tinha objeções, mas que os estudantes se oporiam; ela persistiu, e foi finalmente admitida com evidente relutância.

É desnecessário dizer que a maioria das escolas particulares, escolas de música etc. não admitem Negros e, em alguns casos, insultaram os candidatos.

Essa é a forma tangível de preconceito ao Negro na Filadélfia. Possivelmente, comprovar-se-á que alguns dos casos particulares citados tiveram circunstâncias atenuantes desconhecidas ao investigador. Ao mesmo tempo, muitos não citados poderiam ser igualmente relevantes. De qualquer forma, ninguém que tenha com qualquer diligência estudado a situação do Negro na cidade pode duvidar muito de que que suas oportunidades sejam limitadas, e sua ambição, cerceada, como foi demonstrado. Existem, é claro, inúmeras exceções, mas a massa dos Negros tem sido tantas vezes preterida de oportunidades e desencorajada nos esforços para melhorar sua condição que muitos deles dizem, como o disse um: "Eu nunca me candidato – sei que é inútil". Além dessas formas tangíveis e mensuráveis, há resultados mais profundos e menos facilmente descritos da atitude da população branca em relação aos Negros. Uma certa manifestação de uma aversão real ou suposta, um espírito de zombaria ou paternalismo, um ódio vingativo em alguns, uma absoluta indiferença em outros: tudo isso obviamente não faz muita diferença para a massa da raça, mas fere profundamente as melhores classes, as próprias classes que estão alcançando aquilo que desejamos que a massa alcance. A despeito de tudo isso, a maioria dos Negros esperaria pacientemente o efeito do tempo e do bom senso sobre tal preconceito, caso o mesmo não os tocasse hoje em questões de vida e morte: ameaça suas casas, sua comida, seus filhos, suas esperanças. E o resultado disso acaba sendo o aumento da criminalidade, da ineficiência e da amargura.

Naturalmente, seria inútil afirmar que a maior parte da criminalidade Negra foi causada por preconceito. As violentas transformações econômicas e sociais que os últimos cinquenta anos trouxeram ao Negro americano, a triste história social que precedeu essas mudanças, tudo isso contribuiu para desestabilizar a moralidade e perverter os talentos. Não obstante, é certo que o preconceito aos Negros em cidades como a Filadélfia tem sido um grande fator para ajudar e favorecer todas as outras causas que impelem uma raça semidesenvolvida à imprudência e ao excesso. É certo que uma grande quantidade de crimes pode ser atribuída, sem dúvida, à discriminação contra meninos e meninas Negros em matéria de empregos. Ou, em outras palavras, o preconceito contra o Negro custa algo à cidade.

A conexão entre criminalidade e preconceito, por outro lado, não é simples nem direta. O garoto a quem é recusada a promoção no emprego de porteiro não sai para roubar a carteira de alguém. Inversamente, os vagabundos nas ruas Doze e Kater e os bandidos na prisão do condado geralmente são não egressos de escolas secundárias a quem foi negado trabalho. As conexões são muito mais sutis e perigosas; há uma atmosfera de rebelião e descontentamento que o mérito não recompensado e a ambição razoável, mas insatisfeita, criam. O ambiente social de desculpa, desespero apático, indulgência descuidada e falta de inspiração para o trabalho é a força crescente que transforma meninos e meninas Negros em jogadores, prostitutas e malandros. E esse ambiente social foi construído lentamente a partir das decepções de homens merecedores e da preguiça dos não despertos. Por quanto tempo a cidade pode dizer para parte de seus cidadãos que "É inútil trabalhar, é infrutífero merecer o bem dos homens; a educação não lhe trará nada além de decepção e humilhação"? Por quanto tempo uma cidade pode ensinar a seus filhos Negros que o caminho para o sucesso é ter um rosto branco? Por quanto tempo uma cidade pode fazer isso e escapar da inevitável penalidade?

Há trinta anos ou mais, a Filadélfia vem dizendo a seus filhos Negros: "Honestidade, eficiência e talento têm pouco a ver com o seu sucesso; se você trabalhar duro, gastar pouco e for bondoso, você poderá ganhar o pão e a manteiga com aquele tipo de trabalho que nós confessamos francamente desprezar; se você for desonesto e preguiçoso, o Estado proverá seu pão gratuitamente". Assim, a classe de Negros a qual os preconceitos da cidade encorajaram de maneira categórica é aquela dos criminosos, preguiçosos e indolentes. Para eles, a cidade está apinhada de instituições e caridades; para eles, há socorro e solidariedade; para eles, os cidadãos da Filadélfia estão pensando e planejando; mas para o jovem de cor escolarizado e laborioso que quer empregos e não chavões, salários e não esmolas, recompensas justas e não sermões – para tais homens de cor, a Filadélfia aparentemente não tem destinação.

O que fazem, então, tais homens? O que é feito dos que se formam nas muitas escolas da cidade? A resposta é simples: a maioria daqueles que têm alguma serventia abandona a cidade, os outros se conformam com o que conseguem para sobreviver. Olhemos por um momento as estatísticas de três escolas de cor[9]:

1. A Escola Primária O. V. Catto
2. A Robert Vaux Grammar School
3. O Instituto para a Juventude de Cor

Frequentaram a Escola Catto, de 1867 a 1897, 5.915 alunos. Destes, 653 foram promovidos após o curso completo. Sabe-se que 129 destes últimos estão em posições de grau mais avançado. Ou, tirando 93 que continuam na escola, restam 36 assim: 18 professores, 10 atendentes, 2 médicos, 2 gravadores, 2 impressores, 1 advogado e 1 mecânico.

Os outros 524 estão, na maioria dos casos, em serviços domésticos, operários e como donas de casa. Dos 36 mais bem-sucedidos, metade está trabalhando fora da cidade.

Da Escola Vaux havia, em 1877-1889, 76 egressos formados. Destes, não se sabe o paradeiro de 16, e os demais são:

Professores	27	Barbeiros	4
Músicos	5	Atendentes	3
Comerciantes	3	Médico	1
Mecânico	1	Falecido	8
Clérigos	3	Donas de casa	5
			47

CAPÍTULO XVI: O CONTATO DAS RAÇAS

Entre metade e dois terços destes foram compelidos a deixar a cidade para encontrar trabalho. Um, o artista Tanner,[*] que a França condecorou recentemente, não conseguiu em sua terra natal e muito menos em sua cidade natal encontrar espaço apara seus talentos. Ele lecionou em uma escola na Geórgia para juntar dinheiro a fim de ir para o exterior.

O Instituto para a Juventude de Cor formou 340 alunos em 1856-1897; 57 destes estão mortos. Dos 283 restantes, não se sabe o destino de 91. Os demais são:

Professores	117	Engenheiro elétrico	1
Advogados	4	Professor universitário	1
Médicos	4	Funcionários públicos	5
Músico	4	Comerciantes	7
Dentistas	2	Mecânicos	5
Clérigos	2	Atendentes	23
Enfermeiras	2	Professor de culinária	1
Editor	1	Costureiras	4
Engenheiro Civil	1	Estudantes	7
			192

Aqui, novamente, quase três quartos dos formados que conseguiram alguma coisa tiveram que sair da cidade para trabalhar. O engenheiro civil, por exemplo, tentou em vão conseguir emprego aqui, e finalmente precisou ir lecionar em Nova Jersey.

A Central High School teve 9, talvez 11 formados de cor. Eles estão empregados da seguinte forma:

Verdureiro	1	Porteiro	1
Funcionário da cidade	2	Mordomo	1
Banqueteiro	1	Sem informações	3 ou 5

---

[*] Henry Ossawa Tanner, renomado artista plástico. (N. T.)

Já é tempo para a melhor consciência da Filadélfia despertar-se para o seu dever; seus cidadãos Negros estão aqui para ficar. Eles podem se tornar bons cidadãos ou estorvos para a comunidade; se queremos que sejam fontes de riqueza e poder ao invés de pobreza e fraqueza, então eles precisam de empregos condizentes com suas habilidades e incentivo para treinar essas habilidades e aumentar seus talentos com a esperança de uma recompensa razoável. Educar meninos e meninas e depois recusar-lhes trabalho é treinar malandros e bandidos.[10]

De outro ponto de vista, pode-se argumentar com bastante convicção que a causa do estresse econômico e, consequentemente, da criminalidade foi a recente e imprudente corrida de Negros para as cidades. E que os resultados desagradáveis dessa migração, embora deploráveis, servirão para conter o movimento dos Negros para as cidades e mantê-los no campo onde sua chance de desenvolvimento econômico é maior. Este argumento perde muito de seu sentido pelo fato de que é a melhor classe de cidadãos nascidos e educados na Filadélfia que tem mais dificuldade em obter emprego. O novo imigrante do Sul é muito mais apto a conseguir um trabalho adequado para ele do que o menino Negro nascido aqui e treinado em eficiência. No entanto, é indubitavelmente verdade que a recente migração aumentou direta e indiretamente a criminalidade e a concorrência. Como contrariar esse movimento? Muito pode ser feito corrigindo deturpações sobre as oportunidades da vida na cidade criadas por agências de emprego e pessoas descuidadas. Uma vigilância mais rigorosa dos criminosos pode impedir o afluxo de elementos indesejáveis. Tais esforços, no entanto, não atingiriam a corrente principal da imigração. Atrás dessa corrente está o desejo universal de ascender no mundo, de escapar da asfixiante estreiteza da plantação e da repressão sem lei do vilarejo no Sul. É uma busca por melhores oportunidades de vida e, como tal, deve ser desencorajada e reprimida com muito cuidado e delicadeza, se for o caso. O movimento real de reforma é a elevação dos padrões econômicos e o aumento das oportunidades econômicas no Sul. Simples terra e clima sem lei e ordem, sem capital e habilidade, não desenvolverão um país. Quando os Negros no Sul tiverem maiores oportunidades para trabalhar, acumular patrimônio, tiverem proteção de suas vidas e membros e incentivo ao orgulho e à autoestima em seus filhos, haverá diminuição do fluxo de imigrantes para as cidades do Norte. Estas não devem, é claro, procurar encorajar e convidar uma mão de obra de baixa qualidade, com baixos padrões de vida e moralidade. Os padrões dos salários e a respeitabilidade devem manter-se elevados; mas, quando um homem alcança tais padrões em habilidade, eficiência e decência, nenhuma questão de cor deveria, em uma comunidade civilizada, desbancá-lo de uma chance de ganhar a vida igual à dos seus pares.

48. Beneficência.[11] Na atitude da Filadélfia em relação ao Negro, podem ser traçadas as mesmas contradições tantas vezes aparentes nos fenômenos sociais: preconceito e aparente antipatia combinados com ampla e profunda solidariedade. Não pode, por exemplo, haver dúvida da sinceridade dos esforços feitos pelos cidadãos da Filadélfia para assistir os Negros. Grande parte é assistemática e mal direcionada e, no entanto, tem por trás uma ampla caridade e um desejo de aliviar o sofrimento e a angústia. O mesmo cidadão da Filadélfia que não deixaria um Negro trabalhar em sua loja ou fábrica contribuirá robustamente para aliviar os Negros em situação de pobreza e angústia. Existem na cidade as seguintes instituições de caridade destinadas exclusivamente aos Negros:

- Lar para Pessoas de Cor Idosas e Enfermas, nas avenidas Belmont e Girard.[12]
- Lar para Crianças Pobres de Cor, rua Berks e estrada Old Lancaster.
- Creche St. Mary Day, 1.627, rua Lombard.
- A Associação para o Cuidado de Órfãos de Cor, ruas 44 e Wallace.
- Hospital e Escola de Treinamento Frederick Douglass Memorial, na rua Lombard, 1512.[13]
- Convento Magdalen Casa do Bom Pastor (católico romano), ruas Penn e Chew, Germantown.
- Missão de Santa Maria para Pessoas de Cor, rua Lombard 1623-1629.
- Escola da Rua Raspberry, rua Raspberry, 229.
- The Star Kitchen e empresas aliadas, ruas Sete e Lombard.

- Escola Industrial de Cor, rua Vinte, abaixo da Walnut.
- Irmãs do Santíssimo Sacramento, para índios e mestiços. Estação de Cornwell, Pa.
- Casa da Guilda dos Homens, rua Lombard, 1.628.
- Casa de São Miguel e Todos os Anjos, Quarenta e Três Norte, 613.
- Dormitório e Escola de Treinamento de Intercâmbio Industrial, rua Doze Sul, 756.

Cinquenta e nove das instituições de caridade mencionadas no Catálogo do Clube Cívico discriminam contra pessoas de cor. Cinquenta e uma sociedades professam não fazer discriminação; no caso das sociedades maiores e mais conhecidas isso é verdade, como no caso da Sociedade Missionária Doméstica, da Associação Beneficente *Union*, da Missão Episcopal Protestante da Cidade, da Sociedade de Organização de Caridade, da Sociedade de Auxílio à Criança, da Sociedade de Prevenção da Crueldade contra Crianças etc. Outras, no entanto, exercem uma política silenciosa contra os Negros. A Associação *Country Week*, por exemplo, prefere que os Negros não se inscrevam, embora dispense alguns a cada verão. Candidatos de cor não são muito bem-vindos nas obras de construção da Associação Cristã de Moças. Assim acontece com muitas outras sociedades e instituições. Essa discriminação velada é muito injusta, pois faz parecer que o Negro teve mais auxílio do que de fato teve. Por outro lado, entre doadores, pessoas preconceituosas, amigos do Negro e os beneficiários, os gerentes de muitas dessas empresas, de longe, acham esse o método mais fácil de traçar silenciosamente a linha de cor.

Cinquenta e sete outras instituições de caridade não fazem nenhuma declaração explícita sobre se discriminam ou não. Resumindo, então:

Agências beneficentes exclusivamente para Negros 14
Agências beneficentes exclusivamente para brancos 59
Agências beneficentes que professam não discriminar,
mas às vezes o fazem..51
Agências beneficentes que não fazem declarações,
mas geralmente discriminam 57

181

No geral, é justo dizer que cerca de metade das instituições de caridade da Filadélfia, em termos meramente numéricos, estão abertas aos Negros. Nos diferentes tipos de caridade, porém, nota-se alguma desproporção. Em esmola direta, a espécie mais questionável e menos organizada de caridade, os Negros recebem provavelmente muito mais do que sua justa proporção, como mostra claramente um estudo do trabalho das grandes sociedades distribuidoras. Por outro lado, o trabalho de proteção, resgate e reforma não é aplicado em nenhuma grande medida entre eles. Consequentemente, enquanto a pobreza e a angústia reais entre os Negros são rapidamente aliviadas, existem apenas algumas agências para impedir que as classes melhores afundem ou para reerguer os caídos ou para proteger os indefesos e as crianças. Mesmo as agências desse tipo abertas aos Negros não são sempre aproveitadas, em parte por ignorância e descuido, em parte porque temem discriminação ou porque tendem a ser tratados da mesma forma, sejam da rua Addison ou do Beco do Meio.

Grande parte da beneficência dos brancos foi colocada em xeque porque as classes sobre as quais foi derramada não a apreciaram e porque não houve nenhuma tentativa cuidadosa de discriminar entre diferentes tipos de Negros. Afinal, a necessidade do Negro, como de tantas classes desafortunadas, não é de "uma esmola, mas de um amigo".

Existem alguns lares, asilos, creches, hospitais e similares para trabalhos com os Negros, que estão fazendo um excelente trabalho e merecem ser louvados. Espera-se que este tipo de trabalho receba o incentivo necessário.

49. O casamento entre as raças. Durante anos, muito se falou sobre o destino do Negro no que diz respeito ao casamento com brancos. Para muitos, esta parece ser a dificuldade que diferencia a questão do Negro de todas as outras questões sociais que enfrentamos, e a faz parecer insolúvel. As questões de ignorância, crime e imoralidade, argumentam estes, podem ser deixadas com segurança à influência do tempo e da educação; mas o tempo e o treinamento mudarão o fato óbvio de que os brancos do país não desejam se misturar socialmente com os Negros ou unir seu sangue a eles em casamento legal? Este problema é reconhecidamente difícil. Sua dificuldade surge, porém, mais da ignorância dos fatos circundantes do que do argumento teórico. A teoria, em tal caso, é de pouco valor; os brancos como membros das raças agora dominantes no mundo naturalmente se gabam de seu sangue e realizações, e se esquivam de uma aliança com um povo que hoje é representado por uma multidão de ex-escravos inexperientes e toscos. Por outro lado, qualquer que seja sua prática, o Negro como cidadão americano livre deve sustentar com a mesma firmeza que o casamento é um contrato privado, e que, havendo duas pessoas de idade e capacidade econômica adequadas que concordem em celebrar essa relação, não interessa a ninguém, a não ser a eles mesmos, se um deles é branco, preto ou vermelho. É assim que o argumento teórico chega a um impasse desagradável e que a insistência nele não resolve nada e, aliás, desestabiliza muito ao trazer os pensamentos dos homens a uma questão que é, atualmente, de pouca importância prática. Pois na prática a questão se resolve sozinha: a pessoa branca média não se casa com um Negro; e o Negro médio, apesar de sua teoria, se casa com alguém de sua raça e olha com censura para seus companheiros se eles não fizerem o mesmo. Naqueles mesmos círculos de Negros que têm uma grande infusão de sangue branco, onde a liberdade de casamento é mais vigorosamente defendida, as esposas brancas sempre foram tratadas com um desdém que beira o insulto, e os maridos brancos nunca receberam reconhecimento social em quaisquer termos.

Apesar da teoria e da prática de brancos e Negros em geral, é visível, no entanto, que as raças branca e Negra misturaram seu sangue profusamente neste país. Tais fatos intrigam o estrangeiro e estão destinados a intrigar o futuro historiador. Um sério estudioso do assunto declara gravemente em um capítulo que as raças são separadas e distintas e estão se tornando cada vez mais assim, e em outro que por causa da mistura de sangue branco o "tipo original do africano já desapareceu quase completamente".[14] Aqui, temos refletida a confusão predominante na mente popular. A miscigenação racial[*] é um fato, não uma teoria; ocorreu, no entanto, em grande parte sob a instituição da escravidão, e na maioria dos casos, embora não totalmente, fora dos laços do casamento legal. Com a abolição da escravatura agora, e com o estabelecimento de um lar Negro autoprotetor, a questão é: quais têm sido as tendências e os fatos reais no que diz respeito ao casamento entre raças? Esta é a única questão com a qual os estudantes têm que lidar, e esta, singularmente, tem sido a que

---

[*] No original, *race amalgamation*.

eles, com curiosa unanimidade, têm negligenciado. Não conhecemos os fatos relacionados à mistura de sangues branco e Negro no passado a não ser da forma mais geral e insatisfatória; não conhecemos os fatos de hoje de forma alguma. Não obstante, é claro, sem esse conhecimento toda a filosofia da situação é vã: somente uma observação longitudinal do processo do intercasamento pode nos fornecer aquele amplo conhecimento dos fatos que pode servir de base a teorias raciais e conclusões finais.[15]

O primeiro obstáculo legal ao casamento misto de brancos e pretos na Pensilvânia foi a Lei de 1726, que proibia tais uniões em termos que parecem indicar que poucos desses casamentos haviam ocorrido. Os mulatos apareceram cedo no estado, e principalmente na Filadélfia, sendo alguns do Sul e outros do Norte do estado. Marinheiros deste porto, em alguns casos, trouxeram de volta esposas inglesas, escocesas e irlandesas, e famílias mistas imigraram para cá na época da revolta haitiana. Entre 1820 e 1860, muitos filhos naturais foram enviados do Sul, e em alguns casos seus pais vieram em seguida e se casaram legalmente aqui. Descendentes de tais filhos, em muitos casos, abandonaram a raça da mãe; um tornou-se diretor de uma escola da cidade, outra, uma irmã proeminente em uma igreja católica, outro, um bispo, e um ou dois, oficiais do exército confederado.[16] Alguns casamentos com quakers aconteceram; um em especial, de 1825, quando uma quaker se casou com um Negro, causou muito comentário. Descendentes desse casal ainda sobrevivem. Desde a guerra, o número de casamentos locais aumentou consideravelmente.

Neste trabalho, não havia originalmente a intenção de tratar o assunto de casamentos mistos, pois pensava-se que os dados seriam insignificantes demais para serem esclarecedores. Quando, no entanto, em uma região da cidade foram encontrados trinta e três casos, e sabia-se existirem outros naquela região e provavelmente uma proporção semelhante em outras regiões, pensou-se que um estudo dessas trinta e três famílias poderia ser de interesse e ser uma pequena contribuição fatual para um assunto sobre o qual os fatos não são de fácil acesso.

O tamanho das famílias varia, é claro, com a questão do que é considerado uma família. Se tomarmos a "família censitária", ou todos aqueles vivendo juntos sob circunstâncias de uma vida familiar em um lar, o tamanho médio das 33 famílias Sétima Região nas quais havia brancos em casamentos mistos era 3,5. Se tomarmos simplesmente o pai, mãe e filhos, o tamanho médio era 2,9. Havia 97 pais e filhos nessas famílias, e 20 outros parentes vivendo com eles, totalizando 117 indivíduos nas famílias. Tabuladas, são assim:

Número de pessoas na família real	Número de pessoas na família censitária						Total de famílias reais	Total de indivíduos na família real
	2	3	4	5	6	13		
Duas	11	4	1	1	..	..	17	34
Três	..	5	..	..	..	..	6	18
Quatro	..	..	6	..	1	1	6	24
Cinco	..	..	..	2	1	..	3	15
Seis	..	..	..	..	..	..	1	6
Total de famílias censitárias	11	9	7	3	2	1	33	97
Total de indivíduos na família censitária	22	27	28	15	12	13	117 Indivíduos nas famílias censitárias	

Dos brancos em casamentos mistos, há quatro esposos e vinte e cinco esposas. Consideremos primeiro as famílias que têm os quatro maridos brancos:

Quatro esposos brancos

	N.º 1	N.º 2	N.º 3	N.º 4
Idade	48	52	31	32
Local de nascimento	Filadélfia	Geórgia	Cuba (?)	?
Anos de residência na Filadélfia	48	7	?	12
Lê e escreve?	Lê	Sim	Sim	Sim
Ocupação	Condutor de bonde, operário	Motorista de carros elétricos	Tabaqueiro	Pintor
Filhos por este casamento	4	0	0	0
Grau social	Terceiro	Segundo	Quarto	?

Suas quatro esposas negras

	N.º 1	N.º 2	N.º 3	N.º 4
Idade	38	29	30	28
Local de nascimento	Maryland	Geórgia	?	Virgínia
Anos de residência na Filadélfia	25	7	?	11
Lê e escreve?	Não	Lê	Sim	Sim
Ocupação	Dona de casa e diarista	Dona de casa	Dona de casa	Cozinheira
Filhos por este casamento	4	0	0	0
Grau social	Terceiro	Segundo	Quarto	?

A terceira família pode ser simplesmente um caso de coabitação, e não se sabe o suficiente da quarta para julgar. A segunda família vive em um lar confortável e parece contente. A primeira família é pobre, e o homem, preguiçoso e de boa índole.

As vinte e nove esposas eram das seguintes idades:

15 a 19 1	40 a 49 3
20 a 24 7	50 e mais 1
25 a 29 8	Desconhecida 1
30 a 39 8	29

Elas nasceram assim:

Filadélfia 6	Hungria 1
Irlanda 6	Virgínia 1
Inglaterra 3	Maryland 1
Escócia 2	Delaware 1
Nova Iorque 2	Sem informação ..3
Alemanha 2	29
Canadá 1	

Reorganizando estes dados, temos os seguintes casos conhecidos:

Nascidas na Filadélfia... 6
Nascidas nos Estados Unidos 11
Nascidas no Norte... 8
Nascidas no Sul... 3
Nascidas em terras estrangeiras.. 15

Aquelas não nascidas na Filadélfia vivem ali como se segue:

Menos de 1 ano... 1
Um a três anos 1
Cinco a dez anos 3
Mais de dez anos 8
Sem informação 10
23
Nascidas na Filadélfia... 6
29

Essas esposas exercem as seguintes atividades:

Donas de casa 18
Donas de casas e diaristas 3
Garçonetes 2
Atividade inexistente ou desconhecida 3
Cozinheira 1
Comerciante 1
Serviço (doméstico) 1
29

Somente uma dessas mulheres foi elencada como analfabeta, e no caso de três não houve informação em relação a letramento.

Quatorze dessas esposas não tinham filhos desse casamento; 6 tinham 1 filho, 6 tinham 2 filhos, 3 tinham 3 filhos, totalizando 27 filhos. Das 14 sem filhos, 5 mulheres com idade abaixo de 25 eram recém-casadas; 2 eram mulheres acima de 40 e provavelmente além da idade fértil. Diversas das 7 restantes eram, muito provavelmente, estéreis.

CAPÍTULO XVI: O CONTATO DAS RAÇAS

Dos maridos de cor dessas esposas, temos as seguintes estatísticas:

Idade		
20 a 24	2	50 ou mais 1
25 a 29	5	Sem informações 2
30 a 39	12	29
40 a 49	7	

Local de nascimento		
Filadélfia 5	Texas 1
Maryland 5	Carolina do Norte 1
Distrito de Columbia ... 3	Massachusetts 1
Virgínia 5	Alabama 1
Delaware 2	Nova Iorque 1
Kentucky 1	Sem informação 2
Nova Jérsei 1	29

Analfabetismo	
Nascidos na Filadélfia 5
Nascidos no Norte 8
Nascidos no Sul 19
Consegue ler e escrever 23
Analfabeto 4
Desconhecido 2
29

Atividades		
Garçom 9	Porteiro e comerciante 1
Porteiro 3	Engenheiro Estacionário .. 1
Barbeiro 2	Operário 1
Mordomo 2	Estivador 1
Cozinheiro 2	Banqueteiro 1
Dono de restaurante 2	Mensageiro 1
Ajudante e engenheiro 1	Engraxate 1
	Sem informações 1
	29

Estima-se que o grau social de trinta e duas dessas famílias seja o seguinte:

Primeiro grau, quatro famílias. Estas vivem todas bem e confortavelmente; a esposa fica em casa, e os filhos estão na escola. Tudo indica conforto e contentamento.

Segundo grau, quinze famílias. Estas são famílias comuns de classe operária. A esposa em alguns casos auxilia o arrimo de família; nenhum deles está na pobreza, muitos são jovens casais no início da vida de casados. Todos são decentes e respeitáveis.

Terceiro grau, seis famílias. Estas são famílias pobres de nível baixo, mas não são imorais. Alguns são preguiçosos, outros, sem sorte.

Quarto grau, sete famílias. Muitas destas são casos de coabitação permanente, e na maior parte as mulheres são prostitutas. Vivem majoritariamente em *slums*, e em alguns casos já vivem juntos há muitos anos. Nenhuma tem crianças, ou ao menos não que esteja vivendo com elas no momento.

Olhemos agora por um instante para os 31 filhos desses casamentos mistos – 27 nascidos de mães brancas pelos maridos Negros, e 4 de mães Negras por maridos brancos:

Idade	Homens	Mulheres	Total
Abaixo de 1 ano	0	3	3
1-2	2	3	5
3-5	4	3	7
6-10	3	5	8
11-15	3	1	4
16-19	2	..	2
20-29	2	..	2
Total	16	15	31

Em idade escolar, 5-20 14
Frequentando escolas 12
Analfabetos acima de 10 anos 0
Trabalhando, 1, como porteiro.

As moradias ocupadas por essas famílias e os aluguéis eram:

Número de cômodos	$ 5 ou menos	$ 6-10	$ 11-15	$ 16-20	Acima de $ 20	Total de famílias
1(locatário)	2	2	..	..	..	4
1(sublocatário)	3	..	..	..	..	3
2	..	..	..	..	..	..
3	..	5	4	..	..	9
4	..	..	4	..	..	4
5	..	..	2	..	..	2
6	..	..	3	1	2	6
7	..	..	..	..	2	2
8 ou mais	..	..	..	..	3	3
Total	5	7	13	1	7	33

Uma família é proprietária de imóveis (lotes de construção)
Uma família pertence a uma associação de construções e empréstimos.

Os dados aqui apresentados constituem uma base demasiadamente estreita para muitas conclusões gerais, mesmo para uma única cidade. Das 2.441 famílias da região, essas famílias representam 1,35%. Há dois ou mais casos não catalogados na Sétima Região. Se essa porcentagem se mantiver nas partes restantes da cidade, haveria cerca de 150 casamentos assim na cidade. Não há dados sobre este ponto.

Costuma-se dizer que apenas os piores Negros e os mais baixos brancos se casam entre si. Isso certamente não é verdade na Filadélfia; certamente existe entre as classes mais baixas um grande número de uniões temporárias e muita coabitação. No caso da Sétima Região, vários desses casos sequer foram percebidos no registro acima, pois têm mais sabor de prostituição do que de casamento. Por outro lado, é certamente um erro nesta região considerar que casamentos desse tipo estejam restritos principalmente às classes mais baixas. Pelo contrário, eles ocorrem com maior frequência nas classes trabalhadoras, e especialmente entre empregados domésticos, onde há um contato maior entre as raças. Entre a melhor classe de Negros e brancos, tais casamentos raramente ocorrem, embora um caso notável, no qual não poderia haver dúvida sobre a boa posição social das partes, tenha ocorrido em 1897 na Filadélfia.

Quanto às tendências do presente e o resultado geral de tais casamentos, não há dados confiáveis. É muito provável que ocorram mais separações nesses casamentos do que em outros. É certamente uma pressão sobre os afetos ter que suportar não apenas o ostracismo social dos brancos, mas também dos Negros. Sem dúvida, este último atua como um impedimento mais prático do que o primeiro. Pois, porquanto um Negro espere ser condenado ao ostracismo pelos brancos, e sua esposa branca concorde com isso por seu voto de casamento, nenhum dos dois está bem preparado para a fria recepção que ambos invariavelmente encontram entre os Negros. Esta é a consideração que torna o sacrifício em tais casamentos enorme e torna perfeitamente apropriado dar o conselho de casamento aforístico de Punch[*] para aqueles que contemplam tais alianças. No entanto, deve-se reconhecer francamente que existem pessoas respeitáveis assim casadas e que estão aparentemente tão contentes e felizes quanto a média da humanidade. É difícil ver de quem deveria ser a preocupação com sua escolha a não ser deles próprios, ou por que o mundo deveria achar cabível insultá-los ou caluniá-los.

---

[*] Reproduzo, aqui, a nota de Martin-Breteau para a edição francesa desta obra: "Puch é um personagem humorístico da cultura popular anglo-americana, com célebres aforismos, dos quais um declara: 'Conselho às pessoas prestes a se casarem: fujam!'" (Advice to persons about to marry – Don't) (Les Noirs de Philadelphie, La Découverte, 2019, p. 421)". (N.T.)

CAPÍTULO XVII
Sufrágio Negro

50. O significado do experimento. A concessão indiscriminada do sufrágio universal aos libertos e estrangeiros foi um dos experimentos mais ousados de uma nação muito aventureira. No caso do Negro, a única justificativa foi que a cédula poderia servir como uma arma de defesa para ex-escravos desamparados, e de uma só vez emanciparia aqueles Negros cuja educação e posição os habilitassem a ter voz no governo. Não há dúvida de que a provisão mais sábia teria sido uma qualificação educacional e de propriedade imparcialmente aplicada contra ex-escravos e imigrantes. Na ausência de tal provisão, era certamente mais justo admitir os não treinados e ignorantes do que excluir todos os Negros apesar de suas qualificações – mais justo, mas também mais perigoso.

Aqueles que de tempos em tempos discutiram os resultados deste experimento geralmente procuraram seus fatos no lugar errado, ou seja, no Sul. Sob as condições peculiares ainda prevalecentes no Sul, nenhum julgamento imparcial do eleitor Negro poderia ter sido feito. Os governos de aventureiros (*carpet-baggers*) vindos do Norte do tempo da Reconstrução[*] não eram, em nenhum verdadeiro sentido, criações dos eleitores Negros, nem existe hoje um estado do Sul onde exista sufrágio Negro livre e irrestrito. É, pois, às comunidades do Norte que se deve

---

[*] Reconstrução é o termo usado para designar o período imediatamente posterior à Guerra Civil dos Estados Unidos, entre 1865 e 1877. O autor usa o termo *carpetbagger*, derivado de *carpet bag* – literalmente, bolsa de tapete. O termo era usado para se referir a brancos do Norte que chegavam aos estados do Sul com suas bolsas feitas de tapetes e enganavam as populações locais com esquemas mirabolantes. (N.T.)

dirigir para estudar o Negro como eleitor, e o resultado do experimento na Pensilvânia, embora não decisivo, é certamente instrutivo.

51. A história do sufrágio Negro na Pensilvânia.

As leis da Pensilvânia acordadas na Inglaterra em 1682 declaravam como eleitores qualificados "todo habitante da referida província que seja ou venha a ser comprador de cem acres de terra ou mais [...] E cada pessoa que que tenha sido servo ou cativo, e que esteja livre pelo seu serviço, que tenha conseguido seus cinquenta acres de terra e cultivado vinte desses", e também alguns outros pagadores de impostos.[1]

Essas disposições estavam em consonância com o desígnio de libertar parcialmente os Negros após quatorze anos de serviço e contemplavam, sem dúvida, eleitores Negros, pelo menos em teoria. É de se duvidar que muitos Negros tenham votado sob esta disposição, embora isso seja possível. Na chamada para a Convenção de 1776, nenhuma restrição quanto à cor era mencionada,[2] e a Constituição daquele ano dava direito de sufrágio a "todo homem livre com idade de 21 anos completos residente neste estado pelo espaço de um ano".[3] É provável que alguns eleitores Negros na Pensilvânia tenham ajudado a escolher os formuladores da Constituição.

Na Convenção de 1790, nenhuma restrição quanto à cor foi adotada, e o artigo do sufrágio, como finalmente decidido, tinha a seguinte redação:

"Artigo III, Seção I. Nas eleições pelos cidadãos, todo homem livre de 21 anos de idade que tenha residido no estado dois anos antes da eleição, e dentro desse prazo tenha pago algum imposto estadual ou municipal, o que deve ser averiguado pelo menos seis meses antes da eleição, gozará dos direitos de eleitor."[4]

Nada nas atas impressas da convenção indica qualquer tentativa na convenção de proibir o sufrágio Negro, mas o Sr. Albert Gallatin declarou em 1837: "Tenho uma viva lembrança de que em alguns estágios da discussão a proposição pendente antes da convenção limitava o direito ao sufrágio a 'cidadãos brancos livres' etc., e que a palavra branco foi retirada da minha moção".[5]

Alegou-se posteriormente que em 1795 a questão chegara ao Supremo Tribunal de Erros e Apelações, e que aquela decisão negava o direito aos Negros. Nenhuma decisão escrita desse tipo foi encontrada, no entanto, e é certo que, por quase meio século, Negros livres votaram em partes da Pensilvânia.⁶

À medida que a população Negra aumentava, no entanto, e elementos ignorantes e perigosos entravam, e à medida que a controvérsia sobre a escravidão se acirrava, o sentimento contra os Negros aumentou, e com ele a oposição ao seu direito de voto. Em julho de 1837, a Suprema Corte situada em Sunbury assumiu o célebre caso de Hobbs *et al.* contra Fogg. Fogg era um Negro livre e pagador de impostos, e lhe tinha sido negado o direito de voto por Hobbs e outros, os juízes e inspetores eleitorais no Condado de Luzern. Ele moveu uma ação e teve ganho de causa no Tribunal de Apelações Comuns, mas a Suprema Corte, sob o juiz Gibson, reverteu esse julgamento. A decisão proferida foi um evidente esgarçamento da lei e do bom senso. O juiz procurou referir-se à decisão de 1795, mas não podia citá-la sem haver registro escrito. Ele explicou a impressionante exclusão da palavra "branco" na convenção constitucional, alegando ter sido feita para evitar insultos a "homens brancos de cor escura", e sustentou que um Negro, embora livre, nunca poderia ser um homem livre.⁷

Todas as dúvidas foram finalmente removidas pela convenção de reforma constitucional de 1837-1838. O artigo sobre o sufrágio, tal qual relatado à convenção de 17 de maio de 1837, ficou praticamente igual ao da Constituição de 1790.⁸ Esse artigo foi retomado em 19 de junho de 1837. Houve uma tentativa de emendar o relatório e de restringir o sufrágio a cidadãos "brancos, livres, do sexo masculino". A tentativa foi argumentada como estando em consonância com os regulamentos de outros estados e com os fatos reais na Pensilvânia, uma vez que "No condado da Filadélfia, o homem de cor não poderia comparecer às urnas com segurança".⁹ A emenda, no entanto, encontrou oposição e foi retirada. O assunto surgiu novamente alguns dias depois, mas foi rejeitado por uma votação de 61 a 49.¹⁰

Os amigos da exclusão começaram, então, esforços sistemáticos para agitar a opinião pública. Nada menos que quarenta e cinco petições contra o sufrágio Negro foram entregues, especialmente do condado de Bucks, onde um Negro quase conseguiu ser eleito para o Legislativo. Muitas petições também a favor da manutenção das antigas disposições chegaram, mas alegou-se que a convenção não imprimiria petições a favor do sufrágio Negro, e alguns membros não desejavam sequer receber petições de Negros.[11]

A discussão do Artigo Terceiro voltou a ocorrer em 17 de janeiro de 1838, e uma longa discussão se seguiu. Finalmente a palavra "branco" foi inserida na qualificação dos eleitores por uma votação de 77 a 45. Uma luta prolongada procurou suavizar essa regulamentação de várias maneiras, mas todos os esforços falharam e a versão final, que acabou sendo adotada por voto popular, tinha as seguintes disposições[12]:

"Artigo III, Seção I. Nas eleições pelos cidadãos, todo homem livre branco, de 21 anos de idade, com um ano de residência neste estado, e no distrito eleitoral onde ele se oferece para votar dez dias imediatamente anteriores a tal eleição, e que nos dois últimos anos pagou algum imposto estadual ou municipal, o qual será avaliado pelo menos dez dias antes da eleição, gozará dos direitos de eleitor."[13] Essa cassação de direitos durou trinta e dois anos, até a aprovação da Décima Quinta Emenda. A Constituição de 1874 adotou formalmente essa alteração.[14] Desde 1870, o experimento do sufrágio Negro desimpedido vem sendo feito em todo o estado.

52. Política citadina. Cerca de 5.500 Negros estavam aptos a votar na cidade da Filadélfia em 1870. Surge primeiramente a questão: em que tipo de ambiente político eles foram introduzidos, e qual treinamento receberam para suas novas responsabilidades?

Poucas grandes cidades têm um histórico tão desonroso de desgoverno quanto a Filadélfia. No período anterior à guerra, a cidade era governada pelo Partido Democrata, que mantinha seu poder pela manipulação de uma massa de eleitores estrangeiros ignorantes e turbulentos, principalmente irlandeses. Revoltas, desordem e crime eram a regra na cidade propriamente dita, e especialmente nos bairros vizinhos. Próximo à época da eclosão da guerra, a cidade se consolidava e se tornava coincidente ao município. A agitação social após a Guerra Civil deu o poder político aos republicanos, e uma nova era de desgoverno começou. A desordem e a criminalidade explícitas foram reprimidas, mas em seu lugar veio a regência do patrão, com sua manipulação silenciosa e desfalques astutos de fundos públicos. Atualmente, os governos da cidade e do estado não têm paralelo na história do governo republicano pela desonestidade desavergonhada e o despeito descarado com a opinião pública. Os partidários deste governo têm sido, em sua grande maioria, homens brancos e americanos natos; o voto Negro nunca ultrapassou 4% do total de registros.

Manifestamente, tal atmosfera política foi a pior possível para o novo eleitor sem instrução. Começando sem ideais políticos próprios, foi colocado sob a tutela de homens inescrupulosos e desonestos cujo ideal de governo era prostituí-lo para suas próprias finalidades privadas. Enquanto o irlandês tinha sido o instrumento dos democratas, o Negro tornou-se o instrumento dos republicanos. Era natural que o liberto votasse no partido que o emancipou, e talvez, também, fosse natural que um partido com um séquito tão garantido devesse usá-lo sem escrúpulos. O resultado a se esperar de tal situação era que o Negro aprendesse de seu entorno um ideal baixo de moralidade política e nenhuma concepção do verdadeiro objetivo da lealdade partidária. Ao mesmo tempo, devemos esperar exceções individuais a esse nível geral, e alguns indícios de crescimento.

53. Alguns resultados negativos do sufrágio Negro. O experimento do sufrágio Negro na Filadélfia resultou em três classes de eleitores Negros: uma maioria de eleitores que vota cegamente segundo os ditames do partido e, embora não esteja sujeita a suborno direto, aceita incentivos indiretos de cargo ou influência em troca de lealdade partidária; um grupo considerável, centrado nos distritos *slums*, que vota de maneira corrupta, comprável pelo maior pelo lance; por fim, um grupo muito pequeno de eleitores independentes que busca usar seu voto para melhorar as condições atuais da vida municipal.

A moralidade política do primeiro grupo de eleitores, a saber, da grande massa de eleitores Negros, corresponde aproximadamente à da massa de eleitores brancos, mas com a seguinte diferença: a ignorância do Negro em matéria de governo é maior, e sua devoção ao partido, mais cega e impensada. Acrescente-se a isso a massa de imigrantes recentes do Sul, com a formação política da reconstrução e dos dias pós-guerra, e pode-se ver facilmente o quanto esse corpo de eleitores é mal formado.

Sob tais circunstâncias, é natural que a moralidade política deva se espalhar entre os Negros de maneira ainda mais lenta do que a riqueza e a inteligência geral. Consequentemente, encontra-se entre os de considerável inteligência e de vidas retas uma curiosa incompreensão dos deveres políticos, como é ilustrado pela declaração da Liga Afro-Americana ao prefeito da cidade, em 8 de fevereiro de 1897:

"SR. PREFEITO: Desejamos, antes de tudo, apresentar-lhe nossos profundos agradecimentos pela honra desta cordial recepção. Consideramos isso, senhor, uma prova do reconhecimento de sua parte desse justo e admirável costume do governo de nosso país, que permite aos súditos, por mais humildes que seja sua condição de vida, ver seu governante, bem como sentir o funcionamento de seu poder.

"Estamos aqui para declarar a Vossa Excelência que os cidadãos de cor da Filadélfia estão tomados por sentimentos de pesar inexprimível pela maneira como até agora vêm sendo negligenciados e ignorados pelo Partido Republicano nesta cidade, na oferta de trabalho e distribuição, de outra forma, dos enormes dotes atuais do partido. Estamos, portanto, aqui, senhor, para lhe implorar sinceramente, como um fiel republicano e nosso valoroso chefe executivo, que use sua poderosa influência, bem como os bons ofícios de seu governo municipal, se não for inconsistente com o bem público, para conseguir para pessoas de cor desta cidade uma parcela, ao menos, da obra pública e do reconhecimento que agora pedem e sentem ser justamente devidos a eles, não apenas como cidadãos e contribuintes, mas com base na força de seus votos de algo mais de 14.000 no Partido Republicano aqui na Filadélfia.

"Como o órgão escolhido deste corpo de homens, sou acionado por um devido senso de sua seriedade de propósito neste assunto, e lamento ser inadequado à tarefa de convencê-lo, senhor prefeito, do profundo interesse que está sendo universalmente expresso pelo elemento de cor na Filadélfia nesta questão deveras importante. As pessoas de cor não pedem nem esperam extremos; apenas clamamos que nossa fidelidade leal ao Partido Republicano conte, em algum momento, para alguns benefícios a pelo menos um número razoável da raça de cor quando nossos amigos forem instalados no lugar e no poder. E apreciando como o fazemos, senhor, a mais implícita confiança em sua justiça como o chefe do Executivo desta grande cidade, acreditamos firmemente que este tratamento tão injusto de que nosso povo agora se queixa o senhor não falharia, quando assim trazido à sua atenção, em movê-lo em nosso humilde nome. Nós, portanto, temos aqui a apresentar para sua sincera consideração um papel contendo os nomes de alguns homens dignos e confiáveis de nossa raça, e eles são respeitosamente instados a serem nomeados conforme indicado na face desse papel, e por desejo, Sr. Prefeito, de facilitar seus esforços caso tome medidas favoráveis sobre este assunto, esses homens, como afirmaremos, foram selecionados o mais próximos possível de cada seção da cidade, também com provas de suas adequações às posições elencadas."

A organização que aqui fala não é grande nem tão representativa quanto afirma ser. É, simplesmente, uma pequena facção de "forasteiros" que estão se esforçando para "adentrar". O dado significativo sobre a declaração é o fato de que um número considerável de pessoas bastante respeitáveis e normalmente cidadãos inteligentes devam pensar que esta é uma exigência perfeitamente legítima e louvável. Isso representa a moralidade política da grande massa de eleitores Negros comuns. E o que mais argumenta que eles aprenderam bem a lição e a recitaram cruamente, mas honestamente? O que mais diz a maioria dos políticos e eleitores americanos por meio de ações, se não em palavras, do que "Aqui está meu voto, agora onde está meu pagamento em cargo ou favor ou influência?". O que milhares estão praticando, esta delegação teve a simplicidade encantadora de dizer claramente e, em seguida, imprimir.

Além disso, uma circunstância torna esta atitude da mente mais perigosa entre os Negros do que entre os brancos. Os Negros como classe são pobres e como trabalhadores estão restritos a poucas e mal remuneradas atividades; consequentemente, o suborno do cargo é, para eles, uma tentação muito maior e sedutora do que para a massa de brancos. Em outras palavras, aqui está um povo mais ignorante que seus semelhantes, com tendências mais fortes à desonestidade e ao crime, a quem é oferecido suborno maior do que a homens comuns para entrar na política com fins pessoais. O resultado é óbvio: "É claro que estou na política", disse um vigia urbano Negro, "é a única maneira de um homem de cor conseguir uma posição em que possa ganhar uma vida decente". Ele era bombeiro de profissão, mas os engenheiros da Filadélfia têm objeções em trabalharem com "*Niggers*".

Se este é o resultado no caso de um homem honesto, qual não seria o tamanho da tentação para os viciosos e preguiçosos. Isso nos leva à segunda classe de eleitores: a classe corrupta, que vende seus votos mais ou menos abertamente.

Os malandros e criminosos bem-vestidos e cheios de saúde que infestam as calçadas de partes da Quinta, Sétima e outras regiões são sustentados parcialmente pelo crime e pelo jogo, parcialmente pela prostituição de suas amantes, mas principalmente pelo vasto fundo de corrupção recolhido de ocupantes de cargos eletivos e outros e distribuído segundo a vontade do patrão partidário. O *Public Ledger* disse em 1896:

"Estima-se que o Comitê Municipal Republicano tenha empregado, se não a totalidade, quase todos os $ 100.000 dos 1,5% cobrados dos ocupantes de cargos municipais para essa campanha. Desta quantia, $ 40.000 foram pagos para os $ 80.000 arrecadados em impostos para certificar votantes republicanos. Isso deixa $ 60.000 à disposição de David Martin, o líder da junta."[15]

Como é usado esse fundo de corrupção? Não há dúvida que grande parte é gasta na compra de votos. É obviamente difícil estimar os votos diretamente compráveis entre os brancos ou entre os Negros. De vez em quando, quando "ladrões caem", pode-se ter alguma ideia dos subornos. Por exemplo, em uma audiência relativa a uma eleição na terceira Região:

William Reed, da rua Catherine, abaixo da Treze, foi o primeiro a depor. Ele foi fiscal na Décima Quinta Seção durante o dia da eleição:

"Você forjou algum documento eleitoral para eleitores?", perguntou o Sr. Ingham.

"Eu preenchi umas setenta ou oitenta cédulas; eu ganhei $ 20 do irmão do Roberts e usei, ao todo, $ 100, pagando o resto do meu próprio bolso."

"Como você usou o resto do dinheiro?"

"Veja bem, havia alguns sujeitos questionáveis ali para causar confusão. Nós lhes dávamos alguns dólares para saírem dali e cuidar das suas próprias coisas." Então ele se dirigiu ao Sr. Ingham diretamente: "O senhor sabe como funciona".

"Eu lhes dava um dólar para comprar um charuto. E se eles não quisessem pagar $ 1 por um charuto, ora, eles podiam colocá-lo na caixinha de contribuições na igreja."

"Essa eleição aconteceu da maneira usual?", inquiriu o Sr. Sterr.

"Ah, sim, da maneira que acontece na Terceira Região: com compra de votos e todo o restante."

"O outro lado não tinha dinheiro para gastar?"

"Saunders tinha $ 16 para a seção."

"Quanto tinha o seu lado?"

"Ah, nós tínhamos cerca de $ 60; havia dinheiro para queimar. Mas o nosso dinheiro foi para três pessoas. Os outros camaradas guardaram o deles. Eu gastei o meu – como um otário."

James Brown, um trabalhador da McKinley-Citizen, começou seu testemunho indignado.

"Eleição? Ora, Reed e Morrow, os juízes da eleição, comandam toda a partida de tiro" declarou ele. "Era uma farsa. Eu trazia os eleitores, e Reed os tirava de mim. Quando questionávamos alguém, Reed e os outros tinham os vales prontos."

"Eles usaram dinheiro?"

"Havia uma boa quantidade de dinheiro por toda a seção. Não estávamos sequer autorizados a marcar cédulas para nosso próprio povo que pediu ajuda. O juiz perguntava se sabiam ler e escrever. Quando diziam que sim, ele lhes dizia que podiam preencher sua própria cédula. Havia até mesmo algumas pessoas que queriam preencher suas próprias cédulas. Reed simplesmente lhes tomava as cédulas e as preenchia, gostassem ou não."

Lavinia Brown, de cor, dos fundos da rua Kater, 1.306, disse que o Sr. Bradford foi juiz no dia da eleição da Décima Sexta Seção, e que na manhã da eleição ela lhe preparou o café da manhã. Ela disse que I. Newton Roberts foi até a casa e, na presença dela, deu a Bradford um maço de notas, ao mesmo tempo em que jogou a ela dois dólares, mas ela não sabia com que propósito ele o deu.

George W. Green, de cor, da rua Catharine, 1.224, disse que foi observador nas eleições da Décima Sexta Seção. Ele contou sobre a fraude e sobre como os eleitores foram tratados.

"Ofereceram-lhe algum dinheiro?"

"Sim senhor. Lincoln Roberts veio até mim e me empurrou $ 50, mas eu os recusei e não aceitei, porque eu não pertencia àquela turma." Continuando, ele disse: "Sete ou oito homens foram questionados, mas não deu em nada, porque Lincoln Roberts dizia à polícia para retirá-los dali. Ele também votou por homens que não moravam no bairro. Essa situação das coisas continuou durante todo o dia".

Várias outras testemunhas se seguiram, cujos depoimentos foram semelhantes ao de Green e declararam que o dinheiro foi distribuído livremente pela facção de Roberts para comprar eleitores. Eles disseram que os questionamentos foram desconsiderados, e que a eleição foi uma farsa. Os eleitores eram mantidos de fora, e quando se sabia que algum dos adeptos de Saunders estava vindo, faziam movimentos, impossibilitando que aquele lado entrasse na cabine.

Philip Brown, um observador de McKinley-Citizen, disse que a eleição foi uma fraude. Ele viu o Sr. Roberts com uma pilha de dinheiro, andando por aí gritando "Isso é o que ganha!". Quando perguntado sobre o que o juiz estava fazendo todo esse tempo, ele disse:

"Ora, o juiz pertencia ao Sr. Roberts, que tinha o controle completo do local de votação o dia todo."

William Hare, da rua Kater, 1.346, provou ser uma testemunha interessante. A história dele é a seguinte:

"O Sr. Lincoln Roberts trouxe meu extrato de impostos e me disse para dar uma chegada no clube. Fui e recebi um monte de extratos, com nomes de outros homens, e me disseram para entregá-los. Como o dia seguinte era o dia das eleições, fiz questão de ficar de olho, e vi que cada homem a quem entreguei o extrato veio às urnas e votou no Sr. Roberts. Eu mesmo vi o Sr. Newton Roberts preencher as cédulas mais de seis vezes."

Muitos dos homens mencionados aqui são brancos, e isso aconteceu em uma região onde há mais eleitores brancos do que Negros, mas o mesmo suborno aberto acontece em todas as eleições nos distritos degradados (*slums*) da Quarta, Quinta, Sétima e Oitava regiões, onde há um grande contingente de votos Negros. Em uma reunião de Negros realizada em 1896, um político calmamente anunciou que "por meio do dinheiro de meus amigos brancos eu controlo o voto de cor na minha zona". Outro homem levantou-se e denunciou o orador muito claramente como um trapaceiro, embora sua alegação não tenha sido negada. Isso provocou uma discussão geral na qual houve declarações questionadas de que em certas seções os votos foram comprados por "cinquenta centavos e uma dose de uísque", e homens "conduzidos como rebanhos às urnas". Houve algum exagero aqui, mas, no entanto, sem dúvida muitos Negros vendem seus votos diretamente por uma consideração em dinheiro. Esse tipo de coisa se restringe às classes mais baixas, mas ali é generalizado. Tais propinas, no entanto, são do tipo menos prejudicial porque são tão diretas e sem vergonha que apenas homens sem caráter as aceitariam.

Ao lado dessa compra direta de votos, uma das principais e mais perniciosas formas de suborno entre as classes mais baixas é através do estabelecimento de clubes políticos, que abundam na Quarta, Quinta, Sétima e Oitava regiões e não são incomuns em outros lugares. Um clube político é um bando de oito ou doze homens que alugam um clube com dinheiro fornecido pelo patrão e se sustentam parcialmente da mesma forma. O clube tem muitas vezes o nome de algum político – um dos mais notórios infernos de jogo da Sétima Região tem o nome de um senador dos Estados Unidos –, e o negócio do clube é garantir que sua zona seja carregada para o candidato adequado, conseguir "empregos" para alguns de seus "meninos", evitar que outros sejam presos e garantir fiança e soltura para os que forem detidos. Tais clubes se tornam o centro do jogo, da embriaguez, da prostituição e do crime. Todas as noites há nada menos que quinze desses clubes na Sétima Região, onde o jogo aberto acontece, ao qual quase qualquer um pode ser admitido se devidamente apresentado. Quase todos os dias algum flagrante criminoso encontra aqui refúgio da lei. As prostitutas têm fácil acesso a esses lugares, e às vezes entram neles. Bebidas alcoólicas são servidas aos "membros" em todos os momentos, e as restrições à adesão são pequenas. O líder de cada clube é o chefe de seu distrito; ele conhece as pessoas, conhece o chefe da região, conhece a polícia. Conquanto os malandros e jogadores sob seu comando não perturbem muito o público, ele garante que eles não sejam incomodados. Se forem presos, isso não significa muito, exceto em casos graves. Os homens se gabam abertamente nas ruas de que podem conseguir a fiança independentemente do valor. E eles certamente parecem ter amigos poderosos nos Edifícios Públicos. É claro que há uma diferença entre os vários clubes: alguns são de classe mais alta do que outros e recebem suborno em forma de cargos; outros se dedicam abertamente ao jogo e recebem a proteção como suborno. Uma das casas de jogos mais notórias da Sétima Região sofreu recentemente uma batida, e, embora todo menino de escola conheça o caráter do proprietário, ele foi solto por "falta de provas". Outros clubes são simplesmente alojamentos de inverno para ladrões, vagabundos e criminosos bastante conhecidos da polícia. É claro que existem um ou dois clubes, principalmente sociais e apenas parcialmente políticos, aos quais as declarações anteriores não se aplicam – como o Clube dos Cidadãos na rua Broad, que tem os melhores Negros da cidade entre seus membros, não permite jogos e paga suas próprias despesas. Este clube, no entanto, está quase sozinho, e os outros doze ou quinze clubes políticos da Sétima Região representam uma forma de corrupção política que é um vexame para uma cidade civilizada. Na Quarta, Quinta e Oitava regiões, há mais dez ou doze clubes, e é provável que na cidade inteira os Negros tenham quarenta lugares assim, com um número de membros em torno de quinhentos ou seiscentos. A influência desses clubes sobre jovens imigrantes, sobre meninos em fase de crescimento, sobre os trabalhadores circundantes é a mais deplorável. Durante as eleições, eles levam o dia com comportamentos arrogantes e muitas vezes tumultuosos, votando em "repetidores" e "colonizadores", muitas vezes com impunidade.

Entre a grande massa de eleitores Negros, cujos votos não podem ser diretamente comprados, um suborno menos direto, mas, a longo prazo, mais desmoralizante, é comum. É o mesmo tipo de suborno que está corrompendo hoje os eleitores brancos da terra, a saber:

(a) Contribuições para vários objetos de interesse dos eleitores

(b) Nomeação para cargo público ou qualquer tipo de trabalho para a cidade.

Os homens aceitam, de organizações políticas, contribuições para caridade e outros objetos que eles não pensariam em aceitar para si mesmos. Outros, sem escrúpulos, recebem contribuições ou favores para empresas em que estão diretamente interessados. Feiras, sociedades, clubes e até igrejas já lucraram com esse tipo de corrupção política, e o costume não se limita aos Negros.

Um método mais conhecido de suborno político entre a massa de Negros é através do parcelamento do trabalho público ou da nomeação para cargos públicos. O trabalho aberto a Negros em toda a cidade é muito restrito, como já foi apontado. Uma classe de cargos bem pagos, o serviço público municipal, já lhes foi fechada, e apenas um caminho ficou aberto a eles para garantir esses cargos, e este era o da obediência inquestionável à "máquina". Os ganhos do cargo são uma tentação para a maioria dos homens, mas quão maiores eles são para os Negros só pode ser percebido na reflexão: Aqui está um jovem bem-educado, que apesar de todos os esforços não consegue trabalho superior ao de porteiro a $ 6 ou $ 8 por semana. Se ele entra na "política", vota cegamente no candidato do chefe político e convence a maioria dos eleitores de cor em sua zona a fazerem o mesmo por meio de um trabalho constante e astuto, ele tem uma chance de ser recompensado com um trabalho de escritório na cidade, o prestígio social de conseguir uma posição acima do trabalho subalterno e uma renda de $ 60 ou $ 70 por mês. Tal é o caráter do apelo que a "máquina" tem até mesmo sobre eleitores Negros inteligentes.

Até que ponto chega esse tipo de suborno é ilustrado pelo fato de que 170 funcionários da cidade são do Quinto Distrito, e provavelmente 40 deles são Negros. Os três membros Negros da máquina nessa região são todos titulares de cargos. Cerca de um quarto dos 52 membros da máquina da Sétima Região são Negros, e metade deles são ocupantes de cargos. O histórico do Negro como buscador de cargos, é desnecessário dizer, é superado em muito pelo do seu irmão branco, e foi apenas nas últimas duas décadas que os Negros apareceram como membros de conselhos e funcionários de escritórios.[16]

Apesar dos métodos empregados para garantir esses cargos, ainda não se pode afirmar com justiça que muitos dos titulares de cargos Negros sejam inaptos para seu dever. Sempre há a possibilidade, porém, de que funcionários Negros incompetentes aumentem em número; e não pode haver dúvida de que políticos brancos corruptos e desonestos sejam mantidos no poder pela influência assim obtida para influenciar o voto Negro do Sétimo, do Oitavo e de outros distritos. O problema do eleitor Negro, então, é um dos muitos problemas que frustram todos os esforços de reforma política na Filadélfia: o pequeno voto corrupto dos *slums* que desonra o governo republicano; o grande voto das massas cujos ideais políticos equivocados, a cega lealdade partidária e a pressão econômica agora as mantêm presas e acorrentadas a serviço de líderes políticos desonestos.

54. Alguns bons resultados do Sufrágio Negro. É errado supor que todos os resultados deste perigoso experimento de ampliação do direito ao voto tenham sido ruins. Em primeiro lugar, o voto foi, sem dúvida, um meio de proteção nas mãos de um povo particularmente sujeito à opressão. Sua primeira outorga fez com que os Negros fossem admitidos nos bondes após uma luta de um quarto de século; e frequentemente desde então a opressão privada e pública é aliviada pelo conhecimento do poder do voto Negro. Este fato aumentou muito o patriotismo cívico do Negro, fez com que ele se esforçasse mais para se adaptar ao espírito da vida da cidade e o impediu de se tornar uma classe socialmente perigosa.

Ao mesmo tempo, o Negro nunca procurou usar sua cédula para ameaçar a civilização ou mesmo os princípios estabelecidos deste governo. Este fato tem sido notado por muitos estudiosos, mas merece destaque. Em vez de serem seguidores levianos radicais de toda nova panaceia política, os libertos da Filadélfia e da nação sempre formaram o elemento mais conservador de nossa vida política e se opuseram firmemente aos esquemas dos inflacionistas, socialistas e sonhadores. Parte desse conservadorismo pode certamente ser a inércia da ignorância, mas mesmo essa inércia deve ancorar-se em algumas noções bem definidas sobre o que seja a situação atual. E nenhum elemento de nossa vida política parece melhor compreender as principais linhas de nossa organização social do que o Negro. Na Filadélfia, ele geralmente se aliou aos melhores elementos, embora muitas vezes esse "melhor" estivesse longe de ser o melhor possível. E nunca o Negro foi de forma alguma o aliado dos piores elementos.

Apesar do fato de que funcionários indignos possam ter chegado facilmente ao cargo pelos métodos políticos seguidos pelos Negros, a média dos que obtiveram tais cargos tem sido boa. Dos três vereadores de cor, um recebeu o aval da Liga Municipal, enquanto os outros parecem ser equiparáveis à média dos vereadores. Um Negro é funcionário do fisco há vinte anos ou mais e tem um histórico invejável. Os policiais de cor, como classe, são descritos por seus superiores como capazes, organizados e eficientes. Existem alguns casos de ineficiência de um funcionário que costumava ficar bêbado a maior parte do tempo, outro que dedica seu tempo ao trabalho fora de seu escritório e muitos casos de vigias e trabalhadores ineficientes. A média de eficiência entre os funcionários de cor, no entanto, é boa e muito mais alta do que se poderia normalmente esperar.

Finalmente, a formação em cidadania que o exercício do direito de sufrágio acarreta não se perdeu no Negro da Filadélfia. Qualquer causa digna de reforma municipal pode contar com uma respeitável votação Negra na cidade, mostrando que existe o germe de um voto independente inteligente, que se eleva acima até mesmo das lisonjas de um emprego decentemente remunerado. Essa classe é pequena, mas parece estar crescendo.

55. O paradoxo da reforma. O crescimento de uma maior moralidade política entre os Negros é hoje dificultado por sua posição paradoxal. Suponha que o movimento da Liga Municipal ou do Conselho Escolar da Mulher, ou alguma outra reforma seja apresentada hoje à melhor classe de Negros; quase todos concordarão que a política da cidade é notoriamente corrupta, que mulheres honestas deveriam substituir os cabos eleitorais locais nos conselhos escolares e coisas do gênero. Mas eles podem votar por tais movimentos? A maioria dirá que não, pois isso levaria ao desemprego muitos Negros dignos: esses mesmos reformadores que querem votos para reformas específicas não trabalharão ao lado de Negros, nem os contratarão em suas lojas ou escritórios, nem lhes prestarão ajuda amigável em momentos de dificuldade. Além disso, os Negros se orgulham de seus vereadores e policiais. E daí se algumas dessas posições de honra e respeitabilidade foram conquistadas por "políticas" obscuras – eles devem ser mais gentis nessas questões do que a massa dos brancos? Eles devem abdicar dessas evidências tangíveis da ascensão de sua raça para impulsionar as demandas de bom coração, mas dificilmente imperativas, de um grupo de mulheres? Especialmente, também, de mulheres que aparentemente não sabiam que havia Negros na terra até desejarem seus votos? Essa lógica pode ser falha, mas é convincente para a massa de eleitores Negros. E causa após causa pode ganhar sua atenção respeitosa e até mesmo seus aplausos, mas quando chega o dia das eleições, a "máquina" recebe seus votos.

Assim, o crescimento de um sentimento político mais amplo é impedido e será até que ocorra alguma mudança. Quando a exclusão industrial for rompida de forma que nenhuma classe seja indevidamente tentada pelo suborno do cargo; quando os apóstolos da reforma civil competirem com o chefe da região em amizade e consideração bondosa pelos desafortunados; quando a ligação do jogo e do crime com as autoridades da cidade for menos estreita, poderemos esperar um desenvolvimento mais rápido da virtude cívica no Negro e, na verdade, em toda a cidade. Como é hoje, o experimento do sufrágio Negro, com todas as suas deficiências flagrantes, não pode ser justamente chamado de fracasso, mas, em vista de todas as circunstâncias, um sucesso parcial. O que quer que esteja faltando pode ser justamente imputado àqueles da Filadélfia que durante trinta anos cederam seu direito de liderança política a ladrões e trapaceiros, e permitiram que tais professores instruíssem essa raça desassistida em cuja mão estava um instrumento desconhecido de civilização.

CAPÍTULO XVIII
Uma palavra final

56. O significado de tudo isto. Dois tipos de respostas geralmente retornam ao americano atordoado que pergunta seriamente: qual é o problema Negro?* Uma delas é direta e clara: é simplesmente isso, ou simplesmente aquilo, e um remédio simples aplicado por tempo suficiente irá fazê-lo desaparecer um dia. A outra resposta pode ser desesperadamente envolta e complexa – sem indicar nenhuma simples panaceia, terminando de forma um tanto sem esperança. Aí está: fazer o quê? Ambos os tipos de resposta contêm algo de verdadeiro: o problema Negro visto de uma maneira não vai além das antigas questões de ignorância, pobreza, crime e antipatia com estranhos. Por outro lado, é um erro pensar que atacar cada um desses problemas individualmente sem referência aos outros irá resolver o assunto: uma combinação de problemas sociais é bem mais do que uma questão de mera somatória – a combinação em si é um problema. Não obstante, os problemas do Negro não são mais irremediavelmente complexos do que muitos outros já foram. Apesar da complexidade atordoante, pode-se manter seus elementos claramente a vista: eles são nada mais do que as mesmas dificuldades sobre as quais o mundo já ficou de cabeça branca. A questão de como a inteligência pode se tornar confiável e ser treinada, sobre a possibilidade de a massa dos homens alcançar a integridade na Terra, e então a estas é acrescentada aquela questão sobre

---

* No original: *What is the Negro problem? Negro problem* pode ser traduzido como problema Negro ou problema do Negro. Ver as considerações acerca desta questão na introdução a esta versão brasileira. (N.T.)

as outras questões: afinal de contas, quem são os homens? Será que cada bípede sem penas deve ser considerado um homem e um irmão? Todas as raças e tipos devem ser herdeiros conjuntos da nova terra que os homens lutaram para erguer em mais de trinta séculos? Será que não inundaremos a civilização de barbárie e afogaremos a genialidade com a complacência se procurarmos uma Humanidade mítica que abrigará todos os homens sobre sua sombra? A resposta dos séculos antigos a esse quebra-cabeças era clara: aqueles de qualquer nação que podem ser chamados de Homens e dotados de direitos são poucos: são as classes privilegiadas – os bem-nascidos e os acidentes de nascimento baixo resgatados pelo rei. O restante, a massa da nação, o *pöbel*, a turba foi feita para seguir, obedecer, cavar e mergulhar, mas não para pensar ou governar ou fazer papel de cavalheiro. Nós que nascemos em meio a outra filosofia dificilmente nos damos conta de quão arraigada e plausível essa visão acerca dos poderes e capacidades já foi; o quanto esta República teria sido completamente incompreensível para Carlos Magno ou Carlos V ou Carlos I. Nos apressamos em esquecer que houve uma época quando os cortesãos de reis ingleses olhavam para os ancestrais da maioria dos americanos com maior desdém do que aquele com o qual esses mesmos americanos veem os Negros – e talvez, de fato, tivessem mais motivos. Nos esquecemos de que os camponeses franceses já foram os "*niggers*" da França, e de que infantes alemães já discutiram duvidosamente sobre o cérebro e a humanidade dos *bauer*.

Muito disso – ou ao menos alguma parte – já passou, e o mundo se deslocou pelo sangue e pelo ferro para uma humanidade mais ampla, um respeito mais amplo pela humanidade simples, sem os adornos de ancestrais e privilégios. Não é que tenhamos descoberto, como alguns esperavam e outros temiam, que os homens foram criados livres e iguais, mas sim que as diferenças nos homens não são tão vastas quanto supúnhamos. Ainda damos aos bem-nascidos as vantagens do nascimento, ainda vemos que cada nação tem seu rebanho perigoso de tolos e patifes; mas também achamos que a maioria dos homens tem cérebros a serem cultivados e almas a serem salvas.

Ainda assim, essa ampliação da ideia de Humanidade comum é de crescimento lento, e atualmente realizada de maneira não mais que turva. Outorgamos cidadania plena na comunidade mundial ao "anglo-saxão" (seja lá o que isso signifique), ao teutão e ao latino. Então, com uma sobra de relutância, a estendemos ao celta e ao eslavo. A negamos parcialmente às raças amarelas da Ásia, admitimos os indianos marrons à antessala somente pela força de seu inegável passado; mas com os Negros de África chegamos a uma parada completa, e em seu coração o mundo civilizado nega em uníssono que eles entrem no âmbito da Humanidade do século XIX. Esse sentimento, difundido e profundamente arraigado, é, na América, o mais vasto dos problemas dos Negros. Temos, com certeza, um ameaçador problema de ignorância, mas os ancestrais da maioria dos americanos eram muito mais ignorantes do que os filhos dos libertos. Esses ex-escravos são pobres, mas não tão pobres quanto os camponeses irlandeses; o crime é desenfreado, mas não mais e talvez nem tanto quanto na Itália; mas a diferença é que os ancestrais dos ingleses, irlandeses e italianos eram considerados dignos de educação, ajuda e orientação porque eram homens e irmãos, enquanto na América um censo que faz uma leve indicação do total desaparecimento do Negro americano da terra é recebido com um prazer mal disfarçado.

Outros séculos, olhando retrospectivamente à cultura do século XIX, teriam o direito de supor que, se, em uma terra de homens livres oito milhões de seres humanos morressem de doenças, a nação clamaria a uma só voz: "Cure-os!". Se eles estivessem cambaleando por causa da ignorância, ela gritaria: "Treine-os!". Se estivessem prejudicando a si mesmos e aos outros pelo crime, gritaria: "Guie-os!". Tais clamores são ouvidos e têm sido ouvidos na terra; mas não a uma só voz, e seu volume já foi quebrado com contragritos e ecos de "Deixe-os morrer!", "Treine-os como escravos!", "Deixe-os cambalear para baixo!".

Este é o espírito que entra e complica todos os problemas sociais Negros, e este é um problema que somente a civilização e a humanidade podem resolver com sucesso. Por enquanto, temos os outros problemas diante de nós – temos os problemas decorrentes da junção de tantos problemas sociais em torno de um centro. Em tal situação, temos somente que evitar subestimar as dificuldades por um lado, e superestimá-las por outro. Os problemas são difíceis, extremamente difíceis, mas são tais que o mundo já os superou e pode superá-los novamente. Além disso, a batalha envolve mais do que um mero interesse altruísta por um povo estrangeiro: é uma batalha pela humanidade e pela cultura humana. No apogeu da maior das civilizações mundiais, será possível que um povo impiedosamente roube outro povo, arraste-o, indefeso, atravessando a água, escravize-o, desmoralize-o e então o assassine lentamente com a exclusão econômica e social até que ele desapareça da face da terra? Se a consumação de tal crime for possível no século XX, então nossa civilização é vã, e a República um escárnio e uma farsa.

Mas isso não acontecerá; primeiro, mesmo com as circunstâncias terrivelmente adversas sob as quais vivem os Negros, não há a mínima probabilidade de que todos eles morram. Uma nação que suportou o tráfico de escravos, a escravidão, a reconstrução e o atual preconceito por trezentos anos, e que, mesmo sujeita a isso, aumentou em números e eficiência, não está em nenhum perigo imediato de extinção. O pensamento de emigração voluntária ou involuntária também não passa de um sonho de homens que esquecem que a quantidade de Negros nos Estados Unidos é metade da de espanhóis na Espanha. Sendo assim, então, algumas proposições simples podem ser elencadas como axiomáticas:

1. O Negro está aqui para ficar.

2. É vantajoso para todos, tanto pretos quanto brancos, que cada Negro faça o melhor consigo mesmo.

3. É dever do Negro elevar-se com todos os esforços aos padrões da civilização moderna, e não rebaixar esses padrões em nenhuma medida.

4. É dever dos brancos resguardar sua civilização contra a desmoralização por eles mesmos e por outros; mas para fazê-lo não é necessário impedir e retardar os esforços de elevação de um povo diligente simplesmente porque lhes falta fé na habilidade de tal povo.

5. Com esses deveres em mente e com um espírito de autoajuda, auxílio mútuo e cooperação, as duas raças devem empenhar-se lado a lado para realizar os ideais da república e fazer desta terra verdadeiramente uma terra de oportunidades para todos os homens.

57. O dever dos Negros. Que a raça Negra tenha um espantoso trabalho de reforma social diante de si nem precisa ser dito. Simplesmente pelo motivo de que os ancestrais dos atuais habitantes da América saíram do seu caminho para destratar barbaramente e escravizar os ancestrais dos atuais habitantes pretos não dá a esses pretos o direito de pedir que a civilização e a moralidade da terra sejam seriamente ameaçadas em benefício deles. Homens têm o direito de exigir que os membros de uma comunidade civilizada sejam civilizados; que o tecido da cultura humana, tão trabalhosamente confeccionado, não seja destruído de forma desenfreada ou ignorante. Consequentemente, uma nação pode exigir corretamente, mesmo de um povo que foi previamente e erroneamente injustiçado, não exatamente a civilização completa dentro de trinta ou cem anos, mas ao menos todos os esforços e sacrifícios possíveis de sua parte para se tornarem membros aptos da comunidade dentro de um prazo razoável; e que assim possam logo se tornar fonte de força e auxílio ao invés de um fardo nacional. A sociedade moderna tem problemas o suficiente por si só, muita ansiedade apropriada quanto à própria capacidade de sobreviver sob sua atual organização para que compartilhe sem seriedade todos os fardos de um povo menos avançado, e ela pode com razão exigir que, na medida do possível e o mais rapidamente possível, o Negro dedique sua energia para a resolução de seus próprios problemas sociais – contribuindo com os seus pobres, pagando sua parcela de impostos e apoiando as escolas e a administração pública. Para a realização disto, o Negro tem o direito de exigir liberdade para o autodesenvolvimento, e auxílio externo na medida do que contribua de fato para a expansão de tal desenvolvimento. Tal auxílio deve necessariamente ser considerável: deve prover escolas e reformatórios, e agências de socorro e prevenção; mas o grosso do trabalho de elevar o Negro deve ser feito pelo próprio Negro, e o maior auxilio para ele será não impedir ou limitar ou desencorajar seus esforços. Contra o preconceito, a injustiça e o erro, o Negro deve protestar energicamente e continuamente, mas jamais deve se esquecer de que ele protesta porque tais coisas impedem seus próprios esforços, e que tais esforços são a chave para o seu futuro.

E tais esforços precisam ser enormes e inclusivos, persistentes, bem direcionados e incansáveis. Não devem ser saciados com sucessos parciais, ninados para dormir por vitórias incolores, e, acima de tudo, não devem ser guiados por ideais egoístas. Ao mesmo tempo, devem ser temperados com bom senso e expectativas racionais. Na Filadélfia, esses esforços devem primeiro ser direcionados à diminuição da criminalidade dos Negros; não há dúvida de que a quantidade de crimes imputados à raça é exagerada, não há dúvida de que características do ambiente do Negro, sobre as quais ele não tem controle, lhe eximem de culpa por muito do que é cometido. Mas, além de tudo isso, a quantidade de crime que pode sem dúvida ser atribuída ao Negro da Filadélfia é grande e é uma ameaça para um povo civilizado. Esforços para acabar com essa criminalidade devem começar nos lares dos Negros; estes devem deixar de ser, como muitas vezes o são, criadores de ociosidade, extravagância e reclamações. Trabalho contínuo e intensivo; trabalho, embora subalterno e mal recompensado; trabalho, embora feito na labuta da alma e no suor do rosto, deve ser incutido nas crianças Negras como o caminho para a salvação, de tal forma que uma criança sentiria uma desgraça maior por ser ociosa do que ao fazer o trabalho mais humilde. As virtudes caseiras da honestidade, da verdade e da castidade devem ser incutidas no berço e, embora seja difícil ensinar respeito próprio a um povo cujos milhões de concidadãos praticamente o desprezam, ainda assim este deve ser ensinado como o caminho mais seguro para ganhar o respeito dos outros.

É certo e apropriado que meninos e meninas Negros desejem ascender tão alto no mundo quanto sua capacidade e o justo mérito lhe deem o direito. Eles devem ser sempre encorajados e instados a fazê-lo, apesar de deverem ser ensinados também que o ócio e o crime estão abaixo e não acima do trabalho mais baixo. Deveria ser o objetivo contínuo dos Negros abrir melhores oportunidades industriais para seus filhos e filhas. Seu sucesso aqui deve, é claro, depender em grande parte dos brancos, mas não inteiramente. A cooperação adequada entre quarenta ou cinquenta mil pessoas de cor deve abrir muitas oportunidades de emprego para seus filhos e filhas em comércios, lojas e oficinas, associações e empresas industriais.

Além disso, alguns meios racionais de diversão devem ser oferecidos aos jovens. Encontros de oração e eventos sociais de igreja têm seu lugar, mas não conseguem competir em atratividade com os salões de dança e casas de jogo da cidade. Há uma demanda legítima por diversão da parte dos jovens, que pode vir a ser um meio de educação, aprimoramento e recreação. Uma diversão inofensiva e bela como a dança pode, com o devido esforço, ser resgatada de suas associações baixas e insalubres e transformada em um meio de saúde e recreação. A mesa de bilhar não estaria mais ligada ao salão do que à igreja se as pessoas boas não a colocassem lá. Se os lares e igrejas dos Negros não puderem divertir seus jovens, e se nenhum outro esforço for feito para satisfazer essa necessidade, então não poderemos reclamar se os salões, clubes e casas obscenas enviarem essas crianças ao crime, à doença e à morte.

Há uma grande quantidade de serviços de prevenção e resgate que os próprios Negros podem realizar: mantendo as meninas pequenas fora da rua à noite, impedindo a escolta de moças não ciceroneadas à igreja e a outros lugares, mostrando os perigos do sistema de hospedagem, clamando pela compra de residências e pela remoção de bairros lotados e contaminados, oferecendo palestras e folhetos sobre saúde e hábitos, expondo os perigos do jogo e da política, e inculcando o respeito pelas mulheres. Creches e escolas de costura, encontros de mães, parques e lugares ao ar livre são todos pouco conhecidos ou valorizados pelas massas de Negros, e sua atenção deve se voltar aos mesmos.

O dispêndio de dinheiro é uma questão à qual os Negros devem dar atenção especial. O dinheiro é desperdiçado atualmente em vestimentas, móveis, entretenimentos elaborados, edifícios caros de igrejas e esquemas de "seguros", enquanto deveria ser empregado na compra de moradias, na educação infantil, no fornecimento de diversões simples e saudáveis aos jovens, e no acúmulo de algo em um banco de poupança para um "dia chuvoso". Deve-se iniciar imediatamente uma cruzada pelo banco de poupança em vez da sociedade de "seguros" na Sétima Região.

Ainda que diretamente após a guerra tenha havido um grande e notável entusiasmo pela educação, não há dúvida de que esse entusiasmo perdeu a força, e hoje em dia há uma grande negligência das crianças entre os Negros e uma falha em enviá-los regularmente à escola. Isso deve ser tratado pelos próprios Negros, e devem ser feitos todos os esforços para induzir a frequência integral e regular.

Acima de tudo, as melhores classes dos Negros devem reconhecer seu dever perante as massas. Eles não devem se esquecer de que o espírito do século XX deve ser aquele em que os que estão em cima se voltem para os que estão em baixo, quando a Humanidade deverá se curvar a tudo o que é humano, em um reconhecimento de que nas áreas degradadas (*slums*) da sociedade moderna estão as respostas à maioria dos nossos problemas desconcertantes de organização e vida, e que somente ao solucionar esses problemas nossa cultura estará assegurada, e o nosso progresso, garantido. Isso o Negro está longe de reconhecer por si; sua evolução em cidades como a Filadélfia se aproxima do estágio medieval quando forças centrífugas de repulsão entre as classes sociais se tornam mais poderosas do que as de atração. A ascensão da melhor classe dos Negros tem sido tão difícil que eles temem cair agora se se rebaixarem para oferecer a mão aos seus semelhantes. Esse sentimento se intensifica com a cegueira daqueles forasteiros que persistem ainda hoje em confundir os bons e os maus, os erguidos e os caídos em uma massa. Entretanto, o Negro deve aprender a lição que outras nações aprenderam tão laboriosamente e imperfeitamente: a de que suas melhores classes têm como principal razão de ser o trabalho que podem realizar para erguer a multidão. Isso é especialmente verdadeiro em uma cidade como a Filadélfia, que tem uma aristocracia Negra tão distinta e respeitável. É verdade que eles já fazem alguma coisa para lidar com esses problemas sociais de sua raça, mas ainda não estão sequer próximos de fazer o que precisam, tampouco reconhecem claramente sua responsabilidade.

Finalmente, os Negros devem cultivar um espírito de persistência calma e pacífica em sua atitude perante outros cidadãos, e não de queixa ruidosa e destemperada. Um homem pode estar errado e saber que está errado, mas ainda assim alguma polidez deve ser utilizada para dizer-lhe isso. As pessoas brancas na Filadélfia estão perfeitamente cientes de que seus cidadãos Negros não são tratados com justiça em todos os aspectos, mas as coisas não ficarão melhores com acusações diretas e imputações de motivações indignas a todos os homens. Reformas sociais devem se mover lentamente, porém quando o certo é reforçado pelo progresso calmo, mas persistente, de alguma forma todos sentimos que no final ele triunfará.

58. O dever dos brancos. Há uma tendência de parte das pessoas brancas em aproximar-se da questão do Negro pelo ângulo que neste momento é o de importância menos urgente, a saber, o da mistura social das raças. A velha indagação "Você gostaria que sua irmã se casasse com um Negro?" ainda persiste como uma sentinela sombria para barrar qualquer discussão racional. Mesmo assim, algumas mulheres brancas foram incomodadas com declarações de pretendentes Negros, e aquelas que o foram se livraram deles com facilidade. A discussão é em sua totalidade um pouco menos do que tola; talvez alguns séculos à frente nos encontremos para discutir seriamente tais questões de política social, mas é certo que, enquanto um grupo julgar que o casamento com outro seja uma aliança ruim, por tal tempo poucos casamentos irão ocorrer, e não serão necessárias leis ou argumentos para guiar as escolhas em tais assuntos. Certamente as massas dos brancos dificilmente achariam que uma propaganda de repressão fosse necessária para desencorajar intercasamentos. Pode-se confiar no orgulho natural da raça, forte de um lado e crescente do outro, para afastar tais enlaces que poderiam se mostrar desastrosos para ambas as raças neste estágio de desenvolvimento. Tudo isso, portanto, é uma questão para o futuro distante.

Atualmente, porém, devemos encarar o fato de que uma repugnância natural à interação próxima com infelizes ex-escravos desceu até tal ponto de discriminação que muito seriamente os impede de se tornarem qualquer coisa melhor. É correto e apropriado ter objeções em relação à ignorância e, consequentemente, em relação a homens ignorantes. Porém, se formos responsáveis pela sua ignorância por causa de nossas ações e persistimos ativamente engajados em mantê-los na ignorância, então o argumento perde sua força moral. Assim é com os Negros: os homens têm o direito de se incomodarem com uma raça tão pobre e ignorante e ineficiente quanto a massa de Negros; mas, se suas políticas passadas são a causa de grande parte dessa situação e se, atualmente, ao excluir meninos e meninas pretas da maioria das avenidas de um emprego decente, estão a aumentar a pobreza e o vício, então eles devem se considerar amplamente responsáveis pelos deploráveis resultados.

Não há dúvida de que na Filadélfia o centro e semente do problema Negro, no que tange às pessoas brancas, está nas estreitas oportunidades proporcionadas aos Negros para ganhar a vida de forma decente. Tal discriminação é moralmente equivocada, politicamente perigosa, industrialmente perdulária e socialmente tola. É o dever dos brancos detê-la, e principalmente para o seu próprio bem. Já se comprovou, após uma longa experiência, que a liberdade de oportunidades na indústria é melhor para todos. Além disso, o custo do crime e da pobreza, o crescimento dos *slums* e as influências perniciosas do ócio e da promiscuidade custam ao público bem mais do que a mágoa aos sentimentos de um carpinteiro por trabalhar ao lado de um homem preto ou da jovem vendedora de uma loja por ficar ao lado de uma colega mais escura. Isso não contempla a substituição maciça de trabalhadores brancos por Negros por compaixão ou filantropia, mas significa, sim, que o talento deve ser recompensado, e a aptidão, aproveitada no comércio e na indústria, sendo o seu portador Negro ou branco. Que o mesmo incentivo ao trabalho eficiente, honesto e bom seja colocado diante de um *office boy* preto tanto quanto é para um *office boy* branco, diante de um porteiro preto como diante de um branco; e que, a menos que isso seja feito, a cidade não tenha o direito de reclamar no caso de garotos Negros perderem o interesse no trabalho e descambarem para o ócio e o crime. É provável que uma mudança na opinião pública nesse ponto amanhã não faça muita diferença nas posições ocupadas pelos Negros na cidade: alguns poucos seriam promovidos, alguns conseguiriam novas posições. A massa continuaria como está, mas faria uma grande diferença: inspiraria os jovens a tentarem mais, estimularia os ociosos e desanimados e retiraria dessa raça a desculpa onipresente pelo fracasso – o preconceito. Tal transformação moral provocaria uma revolução nos índices de criminalidade nos próximos dez anos. Até mesmo o engraxate Negro engraxaria sapatos melhor se soubesse que era um subalterno não por ser um Negro, mas por ser o que mais se adequava àquela atividade.

Precisamos, então, de uma mudança radical na opinião pública sobre esse assunto. Ela não virá e nem deve vir de uma só vez, mas em vez da aquiescência impensada em relação à exclusão persistente e crescente dos Negros de empregos da cidade, os líderes da indústria de opinião deveriam estar tentando aqui e ali abrir oportunidades e oferecer novas chances a garotos de cor brilhantes. Atualmente, a política da cidade simplesmente afasta a melhor classe de jovens, aos quais suas escolas instruíram e as oportunidades sociais treinaram, e preenche suas vagas com imigrantes viciosos e ociosos. O paradoxo da época é que rapazes e moças das melhores famílias da cidade – famílias nascidas e criadas aqui e escolarizadas nas melhores tradições deste município – precisaram ir para o Sul para conseguir trabalho, se quisessem ser algo além de camareiras e engraxates. Não é que tais trabalhos não possam ser honráveis e úteis, mas é tão errado transformar engenheiros em lavadores de pratos quanto lavadores de pratos em engenheiros. Tal situação é um vexame para a cidade – uma desonra a seu caráter cristão, a seu espírito de justiça, ao seu bom senso. Qual pode ser o resultado de tal política senão a criminalidade aumentada e o aumento das desculpas

CAPÍTULO XVIII: UMA PALAVRA FINAL

para a criminalidade? Pobreza aumentada e mais motivos para ser pobre? Maior servidão política da massa de eleitores pretos para com os chefões e patifes que dividem o butim? Eis aqui, certamente, o primeiro dever de uma cidade civilizada.

Em segundo lugar, em seus esforços pela elevação do Negro, o povo da Filadélfia deve reconhecer a existência de uma melhor classe de Negros e deve angariar o seu auxílio ativo e sua cooperação por meio de uma conduta generosa e educada. Deve haver simpatia social entre o que há de melhor nas duas raças; não deve mais haver o sentimento de que o Negro que faz o melhor de si mesmo é menos importante para a cidade da Filadélfia, enquanto do vagabundo deve-se ter pena e auxiliá-lo. Essa melhor classe de Negros não quer ajuda ou pena, mas sim o reconhecimento generoso de suas dificuldades e uma ampla empatia em relação ao problema de como a vida se apresenta a eles. Ela é composta de homens e mulheres educados e, em muitos casos, cultos. Com a cooperação apropriada, eles poderiam ser um vasto poder na cidade, e o único poder capaz de lidar com as muitas fases dos problemas do Negro. Mas seu auxílio ativo não pode ser ganho por motivos puramente egoístas, ou mantido com grosserias e indelicadezas; e, acima de tudo, eles se opõem a tratamentos paternalistas.

Mais uma vez, os brancos da cidade devem se lembrar de que grande parte do sofrimento e do amargor que cerca a vida do Negro americano vem do preconceito inconsciente e de ações semiconscientes de homens e mulheres que não têm a intenção de magoar ou irritar. Não é preciso discutir o problema do Negro com cada Negro que se encontra ou contar a ele a respeito de um pai que esteve ligado à ferrovia subterrânea;* não há necessidade de ficar olhando fixamente para um rosto preto solitário na plateia como se este não fosse humano; não é necessário esnobar ou ser cruel ou rude se os Negros no recinto ou na rua não tiverem todos o melhor comportamento ou não tiverem todos os melhores modos; não é necessário riscar de uma lista dos tempos de infância todos os colegas ou amigos dos tempos de escola que por acaso tenham sangue Negro,

---

* *Underground Railroad*: nome dado à rota de fuga de escravizados desde os estados do Sul dos Estados Unidos até os estados nortistas e, inclusive, até o Canadá, em uma época anterior à abolição da escravatura em todo o território dos Estados Unidos. (N.T.)

simplesmente por falta de coragem de cumprimentá-los na rua atualmente. As pequenas decências da interação cotidiana podem continuar, as cortesias da vida podem ser trocadas mesmo atravessando a linha de cor sem qualquer perigo à supremacia do anglo-saxão ou à ambição social do Negro. Sem dúvida, as diferenças sociais são fatos e não caprichos, e não podem ser suavemente varridas para o lado, mas elas não precisam ser vistas como desculpas para patentes maldade e incivilidade.

Uma atitude educada e solidária em relação a esses milhares de batalhadores, uma evitação delicada daquilo que os magoa e amargura, uma oferta generosa de oportunidades para eles, um reconhecimento de seus esforços e um desejo de recompensar o sucesso honesto – tudo isso, somado à luta apropriada da parte deles, irá longe, mesmo em nossos dias, no sentido de fazer com que todos os homens, brancos e pretos, realizem aquilo que o fundador da cidade quiz dizer quando a batizou de Cidade do Amor Fraternal.

Notas

Capítulo I – O escopo deste estudo

[1] Usarei ao longo deste estudo o termo "Negro" para designar todas as pessoas de ascendência Negra, embora a denominação seja, até certo ponto, ilógica. Além disso, colocarei a palavra em maiúscula, porque acredito que oito milhões de americanos têm direito a uma letra maiúscula.

[2] Disponível em: https://bit.ly/3Nxxwwt.

[3] O estudo apenso acerca do serviço doméstico foi feito pela Srta. Isabel Eaton, pertencente à Associação de Assentamentos Universitários (College Settlement Association). Fora isso, o trabalho foi feito por este único investigador.

Capítulo III – O Negro na Filadélfia (1638-1820)

[1] Cf. Scharf-Westcott, *History of Philadelphia*, capítulo I, p. 65 e 76. Du Bois, *Slave Trade*, p. 24.

[2] Hazard, *Annals*, p. 553. Thomas, *Attitude of Friends Toward Slavery*, p. 266.

[3] Há controvérsias sobre se esses alemães teriam sido realmente amigos ou não; o peso do testemunho parece dizer que eles eram. Ver, no entanto, Thomas, *Attitude of Friends Toward Slavery*, p. 267, e Apêndice. *Pensilvânia Magazine*, v. IV, p. 28-31, e *The Critic*, 27 ago. 1897. Du Bois, *Slave Trade*, p. 20 e 203. Para cópia do protesto, ver *fac-símile* publicado e o Apêndice de Thomas. Para mais procedimentos de Quakers, ver Thomas e Du Bois, *passim*.

[4] *Colonial Records*, vol. I, p. 380-381.

[5] Thomas, *Attitude of Friends Toward Slavery*, p. 276; Whittier, "Intro" to Woolman, p. 16.

[6] Ver Apêndice B.

[7] *Statutes-at-Large*, capítulo 143, p. 881. Ver Apêndice B.

[8] *Statutes-at-Large*, vol. III, p. 250, 254; vol. VI, p. 59. Ver Apêndice B.

[9] Du Bois, *Slave Trade*, p. 23, nota. Censo dos Estados Unidos.
[10] Ver Apêndice B. Cf. Du Bois, *Slave Trade*, *passim*.
[11] *Slave Trade*, de Du Bois, p. 206.
[12] Scharf-Wescott, *History of Philadelphia*, vol. I, p. 200.
[13] Watson, *Anais*, vol. I, p. 98, 1850.
[14] Ver Apêndice B.
[15] Cf. Capítulo XIII.
[16] *Colonial Records*, vol. VIII, p. 576; Du Bois, *Slave Trade*, p. 23.
[17] Cf. Panfleto, *Esboço das Escolas para Pretos*, também capítulo VIII.
[18] Cf. *Attitude of Friends Toward Slavery*, de Thomas, p. 272.
[19] Dallas, *Laws*, v. I, p. 838, capítulo 881. Du Bois, *Slave Trade*, p. 225.
[20] Cf. Watson, *Anais*, vol. I, p. 557; 101-103; 601; 602; 515, 1850.
[21] *The American Museum*, 1789, p. 61-62.
[22] Sobre a vida de Allen, ver sua *Autobiografia* e a *History of the A. M. E. Church*, de Payne.
[23] Sobre a vida de Jones, ver Douglass, *Episcopal Church of St. Thomas*.
[24] O testemunho foi datado de 23 de janeiro de 1794, e era como se segue: "Havendo, durante a prevalência do antigo e maligno distúrbio, tido oportunidades quase diárias de ver a conduta de Absalom Jones e Richard Allen, bem como das pessoas empregadas por eles para enterrarem os mortos, Eu, com alegria, presto este testemunho de minha aprovação de seus procedimentos à medida do que veio à minha atenção. Sua diligência, atenção e decência de comportamento, prestaram-me à época muita satisfação. WILLIAM CLARKSON, Prefeito."

Cf. Douglass, *St. Thomas' Church*.
[25] Ver Thomas, *Attitude of Friends Toward Slavery*, p. 266.
[26] Ver *Autobiografia*, de Allen, e Douglass, *St. Thomas'*.
[27] Douglass, *St. Thomas'*.
[28] Há, por parte da Igreja A. M. E., uma tendência a ignorar a retirada de Allen da Sociedade Americana Livre, e datar a A. M. E. a partir da fundação daquela sociedade, tornando-a mais antiga do que St. Thomas. Isso, no entanto, contraria a afirmação do próprio Allen em sua *Autobiografia*. O ponto, porém, é de pouca consequência real.
[29] Carey e Bioren, capítulo 394. Du Bois, *Slave Trade*, p. 231.
[30] A constituição, como reportada, continha a palavra "branco", mas essa foi retirada por iniciativa de Gallatin. Cf. Capítulo XVII.
[31] Cf. Du Bois, *Slave Trade*, capítulo VII.
[32] *Anais do Congresso*, 6 Cong., I Sess, p. 229-245. Du Bois, *Slave Trade*, p. 81-83.
[33] Citado por W. C. Bolivar, *Philadelphia Tribune*.

[34] Delany, *Colored People*, p. 74.

[35] Dunlap, *American Daily Advertiser*, 4 de julho de 1791. William White tinha uma grande concessionária na área portuária nessa época. A Sociedade de Seguros de 1796 recebe uma dose considerável de elogios pela sua boa gestão. Cf. *History of the Insurance Companies of North America*. Em 1817, a primeira convenção de Negros livres foi realizada aqui, por meio dos esforços de Jones e Forten.

Capítulo IV – O Negro na Filadélfia (1820-1896)

[1] Essas leis eram especialmente direcionadas contra sequestros e foram elaboradas para proteger os Negros livres. Ver Apêndice B. A Lei de 1826 foi declarada inconstitucional em 1842 pela Suprema Corte dos Estados Unidos. Ver 16 Peters, 500 ff.

[2] Uma assembleia de Negros, ocorrida em 1822 na Igreja A. M. E., denunciou crimes e criminosos Negros.

[3] Scharf-Wescott, *History of Philadelphia*, vol. I, p. 824. Havia nessa época muita ilegalidade na cidade sem conexão alguma com a presença de Negros, o que causava levantes e desordens em geral. Cf. Price, *History of Consolidation*.

[4] Southampton foi o cenário do celebrado levante de Negros de Nat Turner.

[5] Carta a Nathan Mendenlhall da Carolina do Norte.

[6] Hazard, *Register*, vol. XIV, p. 126-128; 1.200-203.

[7] *Ibidem*, vol. XVI, p. 35-38.

[8] Scharf-Wescott, *History of Philadelphia*, vol. I, p. 654-55.

[9] Price, History of Consolidation etc. Capítulo VII. O condado findou por pagar $ 22.658,27, com custas e juros, pela destruição do edifício.

[10] Scharf-Wescott, *History of Philadelphia*, vol. I, 660-661.

[11] Caso de Fogg vs. Hobbs, 6 Watts, p. 553-560. Ver Capítulo XII.

[12] Ver Capítulo XII e Apêndice B.

[13] "Recurso de 40.000 cidadãos etc., Filadélfia, 1838." Escrito principalmente por Robert Purvis, genro de James Forten.

[14] Ver Atas de Congressos; a escola deveria se localizar em New Haven, mas as autoridades de New Haven, em um encontro municipal, protestaram tão veementemente que o projeto precisou ser abandonado. Cf. também Hazard, vol. V, p. 143.

[15] Hazard, *Register*, vol. IX, p. 361-362.

[16] A "Ode a Bogle" de Biddle é uma sátira famosa; o próprio Bogle, diz-se, possuía uma astúcia considerável. Um clérigo proeminente disse certa vez, em um salão pouco iluminado: "Vocês são o povo que caminha na escuridão". "Porém", retrucou Bogle, curvando-se ao distinto cavaleiro, "vejo agora uma grande luz."

[17] Ver no *Philadelphia Times*, 17 de outubro de 1896, as seguintes notas de "Megargee": Dorsey foi um dos do triunvirato de banqueteiros de cor – os outros dois sendo Henry Jones e Henry Minton – de quem há alguns anos atrás dizia-se que dominava o mundo social de Filadélfia pelo estômago. Houve um tempo em que salada de

lagosta, croquetes de frango, caranguejos e tartarugas de água doce compunham a exposição comestível em cada grande evento na Filadélfia, e nenhum desses pratos era considerado perfeitamente preparado, a menos que viesse das mãos de um dos três homens nomeados. Sem fazer comparações invejosas entre aqueles que possuíam tanta maestria na arte gastronômica, pode-se dizer que, fora de sua cozinha, Thomas J. Dorsey superava os demais. Embora sem escolaridade, possuía um instinto naturalmente refinado que o levou a cercar-se tanto de homens quanto de coisas de caráter elevado. Gabava-se orgulhosamente de que à sua mesa, em sua residência na rua Locust, sentaram-se Charles Sumner, William Lloyd Garrison, John W. Forney, William D. Kelley e Fred Douglass... No entanto, Thomas Dorsey era escravizado; fora mantido em cativeiro por um fazendeiro de Maryland. Nem escapou de seus grilhões até que alcançou a propriedade de um homem. Ele fugiu para esta cidade, mas foi preso e voltou para seu mestre. Durante sua breve estada na Filadélfia, no entanto, ele fez amigos, e estes levantaram um fundo de proporção suficiente para comprar sua liberdade. Como personalidade, ele rapidamente alcançou fama e fortuna. Sua experiência dos horrores da escravidão incutiu nele uma reverência eterna por aqueles campeões de sua raça oprimida, os abolicionistas dos velhos tempos. Ele assumiu um papel proeminente em todos os esforços para elevar seu povo, e, dessa forma, estabeleceu contato próximo com Sumner, Garrison, Forney e outros.

[18] Henry Jones trabalhou no ramo de banquetes por trinta anos, e morreu em 24 de setembro de 1875, deixando um patrimônio considerável.

[19] Henry Minton veio do Condado de Nansemond, na Virgínia, aos 19 anos, chegando à Pensilvânia em 1830. Inicialmente foi aprendiz de sapateiro, depois entrou em um hotel como garçom. Finalmente, abriu salões de jantar na Quatro com a Chestnut. Morreu em 30 de março de 1883.

[20] Essa banda era muito requisitada em ocasiões sociais, pois seu líder recebeu um trompete da rainha Vitória.

[21] Ver Spiers, *Street Railway System in Philadelphia*, p. 23-27; também, um manuscrito não publicado do Sr. Bernheimer, em arquivo entre as teses veteranas na Escola de Finanças e Economia Wharton (Wharton School) da Universidade da Pensilvânia.

[22] Panfleto sobre o "Alistamento de tropas Negras", biblioteca da Filadélfia.

[23] Cf. Scharf-Wescott, *History of Philadelphia*, vol. I, p. 837.

[24] O seguinte relato de uma testemunha ocular, Sr. W. C. Bolívar, é do *Philadelphia Tribune*, um jornal Negro: "Nas eleições de primavera que antecederam o assassinato de Otávio V. Catto, houve uma grande quantidade de levantes populares. Foi nesta eleição que os fuzileiros navais dos Estados Unidos foram instados a agir sob o comando do coronel James Forney. Sua própria presença tinha o efeito salutar de preservar a ordem. A caligrafia do desastre político para o Partido Democrata foi claramente notada. Isso encolerizou os 'destemidos', e grande parte do rancor se devia ao fato de que o voto Negro garantiria sem dúvida a supremacia republicana. Mesmo naquela ocasião, Catho escapou por pouco de um tiro de bala que atingiu Michael Maher, um ardente republicano, cujo local de negócios era na rua Oito com Lombard. Este ataque foi instigado pelo Dr. Gilbert, cujos mercenários pagos ou coagidos cumpriram suas ordens. O prefeito, D. M. Fox, era um democrata

brando e descontraído, que parecia uma marionete nas mãos de homens astutos e sem consciência. Na noite anterior ao dia em questão, 10 de outubro de 1871, um homem de cor chamado Gordon foi morto a tiros, a sangue-frio, na rua Oito. O espírito do domínio da turba enchia o ar, e o objeto de sua fúria parecia ter sido os homens de cor. A loja de charutos mantida por Morris Brown Jr. era o reduto dos membros Pythian e Bauneker, e foi nesse lugar na noite anterior ao assassinato que Catto apareceu entre seus velhos amigos pela última vez. Chegada a hora de ir para casa, Catto foi pelo caminho próximo e perigoso até sua residência, na rua South, 814, e disse ao partir: 'Eu não iria arruinar minha hombridade contornando o caminho para ir a minha própria casa'. Ao chegar em sua residência, descobriu que um de seus moradores tivera o chapéu roubado em um ponto depois da esquina. Ele saiu e entrou em um dos piores lugares da Quarta Região e o retomou.

"Intimidação e agressão começaram com a abertura das urnas. A primeira vítima foi Levi Bolden, um companheiro de brincadeiras, quando menino, do cronista destas notas. Sempre que eles podiam pegar um homem de cor convenientemente, eles avançavam para atacá-lo. Mais tarde no dia, uma turba entrou arrombando na rua Emeline e esmagou o cérebro de Isaac Chase, entrando em sua casa, lançando sua ira sobre esse homem indefeso, na presença de sua família. A força policial era Democrata, e não só ficou por ali à toa, mas deu suporte prático. Eles se esforçaram para evitar que aquela parte da cidade que fica fora do território dos revoltosos soubesse do que se passava. Catto votou e foi para a escola, mas dispensou-a depois de perceber o perigo de mantê-la aberta durante o horário habitual. Por volta das 3 horas, quando ele se aproximava de sua casa, dois ou três homens foram vistos se aproximando dele por trás, e um deles, supostamente Frank Kelly ou Reddy Dever, sacou uma pistola e apontou para Catto. A pontaria do homem era certeira, e Catto mal chegou a conseguir contornar um bonde que estava na rua antes de cair. Isso ocorreu diretamente em frente a uma delegacia de polícia, para a qual ele foi levado carregado. A notícia se espalhou em todas as direções. A mais selvagem agitação prevaleceu, e não apenas os homens de cor, mas aqueles com espírito de jogo limpo, perceberam a gravidade da situação, com um sentimento dividido sobre se deveriam atacar a Quarta Região ou tomar medidas para preservar a paz. Esta última alternativa prevaleceu, e as cenas de carnificina, de poucas horas antes, quando a turbulência era suprema, se assentaram em um estado oposto de calma quase dolorosa. O tumulto durante aquele dia foi em parte da Quinta, Sétima e Quarta regiões, cujos limites se encontravam. Não se deve supor que as pessoas de cor fossem passivas quando atacadas, pois os registros mostram 'olho por olho e dente por dente' a cada instância. Nenhuma caneta é gráfica o suficiente para detalhar os horrores daquele dia. Cada lar estava mergulhado em tristeza, e homens fortes choraram como crianças, quando perceberam o quanto se perdera com a morte prematura do talentoso Catto.

"Homens que se sentavam em silêncio, sem se importar com coisas que não lhes diziam respeito diretamente, foram despertados para a gravidade da situação, forjada pelo espírito de uma turba, saíram de sua reclusão e se posicionaram em defesa da lei e da ordem. Foi um sentimento público justo que domou a força bruta. Os periódicos não só aqui, mas em todo o país, condenaram a uma só voz os atos sem lei de 10 de outubro de 1871. Reuniões públicas solidárias foram realizadas em muitas cidades, com a tônica da condenação como a única verdadeira. Aqui na

Filadélfia foi realizado um encontro de cidadãos, do qual cresceu a maior de todas as reuniões, realizada no National Hall, na rua do Mercado, abaixo da rua Treze. A importância dessa reunião é demonstrada por uma lista de seus promotores. Samuel Perkins, Esq., chamou a reunião, e o eminente Exmo. Henry C. Carey a presidiu. Entre alguns da lista de vice-presidentes estavam o Exmo. William M. Meredith, Gustavus S. Benson, Alex. Biddle, Joseph Harrison, George H. Stuart, J. Effingham Fell, George H. Boker, Morton McMichael, James L. Claghorn, F. C. e Benjamin H. Brewster, Thomas H. Powers, Hamilton Disston, William B. Mann, John W. Forney, John Price Wetherill, R. I. Ashhurst, William H. Kemble, William S. Stokley, o juiz Mitchell, generais Collis e Sickel, os congressistas Kelley, Harmer, Myers, Creely, O'Neill, Samuel H. Bell e centenas mais. Esses nomes representavam a riqueza, o cérebro e a excelência moral desta comunidade. John Goforth, o eminente advogado, leu as resoluções, que foram referendadas em discursos proferidos pelo honorável William B. Mann, Robert Purvis, Isaiah C. Weirs, reverendo J. Walker Jackson, general C. H. T. Collis e Exmo. Alex. K. McClure. Todos eles respiravam o mesmo espírito: a condenação da lei da turba e uma exigência de justiça igual e exata para todos. O discurso do coronel McClure destaca-se com ousadia entre os maiores esforços forenses de conhecimento desta cidade. Seu pensamento central era "a lei não escrita" que me causou uma impressão para além do meu poder de transmitir. Enquanto isso, reuniões menores foram realizadas em todas as partes da cidade para registrar seu protesto sincero contra a força bruta do dia anterior. Esse foi o fim da desordem em grande escala aqui. No dia 16 de outubro, ocorreu o funeral. O corpo foi velado no arsenal do Primeiro Regimento, ruas Broad e Race, e foi escoltado pelos militares. Desde o cortejo fúnebre do presidente Lincoln não havia um tão grande ou tão imponente na Filadélfia. Além da Terceira Brigada, N.G.P., comandos destacados da Primeira Divisão e militares de Nova Jersey, havia centenas de organizações cívicas da Filadélfia, para não falar de vários órgãos de Washington, Baltimore, Wilmington, Nova Iorque e lugares adjacentes. Todos os escritórios da cidade foram fechados, além de muitas escolas. As Câmaras Municipais compareceram em bloco, a Assembleia Legislativa do estado esteve presente, todos os funcionários da cidade marcharam na fila e amigos pessoais vieram de longe e de perto para testemunhar sua solidariedade na prática. Os militares estavam sob o comando do general Louis Wagner, e os corpos cívicos eram comandados por Robert M. Adger. Os carregadores eram o tenente coronel Ira D. Cliff, os majores John W. Simpson e James H. Grocker, os capitães J. F. Needhatn e R. J. Burr, os tenentes J. W. Diton, W. W. Morris e Dr. B. C. Howard, major e cirurgião do Décimo Segundo Regimento. Este é apenas um mero olhar retrospectivo aos dias difíceis de outubro de 1871, e foi escrito para refrescar as mentes dos homens e mulheres daquele dia, bem como para registrar um pouco da triste história para que esta geração possa ser informada. E assim encerrou-se a carreira de um homem de equipamentos esplêndidos, rara força de caráter, cuja vida estava tão entrelaçada com tudo o que havia de bom em nós, a ponto de sobressair em alto relevo, como padrão para aqueles que seguiram depois."

[25] Cf. Apêndice B.

[26] Ver Apêndice C. O inquérito de 1838 foi feito pela Sociedade para a Promoção da Abolição da Escravidão da Filadélfia, e o relatório tinha duas partes, uma com um registro de comércio e uma com um relatório geral de quarenta páginas. A Sociedade

dos Amigos, ou Sociedade Abolicionista, empreendeu o inquérito de 1849 e publicou um panfleto de quarenta e quatro páginas. Houve também, no mesmo ano, um relatório sobre a saúde de presidiários de cor. Também foi publicado em 1849 um panfleto de Edward Needles, comparando os Negros em 1837 e 1848. Benjamin C. Bacon, por encomenda da Sociedade Abolicionista, realizou o inquérito em 1856, publicado naquele ano. Em 1859, uma segunda edição foi publicada com estatísticas criminais. Todos esses panfletos podem ser consultados na Library Company da Filadélfia, ou na sucursal de Ridgway.

Capítulo V – Tamanho, idade e sexo da população Negra

[1] A unidade de estudo ao longo deste ensaio é o condado da Filadélfia, e não a cidade, a não ser quando a cidade é especialmente mencionada. Desde 1854, a cidade e o condado têm os mesmos limites. Mesmo antes disso a população dos "distritos" era, para nossos propósitos, uma população urbana, e parte da vida coletiva da Filadélfia.

[2] Foi a Professora Kelly Miller, da Universidade Howard, quem chamou minha atenção para este fato pela primeira vez. Cf. *Publicações da American Negro Academy*, n. 1. Provavelmente há, ao fazer censos, uma porcentagem maior de omissões em relação aos homens do que para as mulheres; tais omissões, no entanto, não seriam suficientes para explicar esse excesso de mulheres.

[3] Em muitas das tabelas do Décimo Primeiro Censo, "chineses, japoneses e índios civilizados" foram muito imprudentemente incluídos no total dos de cor, cometendo-se um erro a ser levado em conta quando se estuda o Negro. Na maioria das vezes, a discrepância pode ser ignorada. Neste caso, esse fator serve para nada mais que diminuir o excesso de mulheres, haja visto que esses outros grupos têm excesso de homens. A cidade de Filadélfia tem 1.003 chineses, japoneses e índios. Dados para os Estados Unidos como um todo mostram que esse excedente de mulheres está provavelmente limitado às cidades:

Negros de acordo com o sexo

Região	Homens	Mulheres
Estados Unidos	3.725.561	3.744.479
Atlântico Norte	133.277	136.629
Atlântico Sul	1.613.769	1.648.921
Centro-Norte	222.384	208.728
Centro-Sul	1.739.565	1.739.686
Oeste	16.566	10.515

[4] Não foram encontrados dados para outros anos.

[5] Nas reuniões sociais, nas igrejas etc., os homens são sempre escassos, e isso muitas vezes leva a baixar o padrão de admissão em certos círculos, e outras vezes dá a impressão de que o nível social das mulheres é superior ao nível dos homens.

6. Os agrupamentos etários nessas tabelas são necessariamente insatisfatórios devido às limitações do censo.
7. "Somente na Quinta Região há 171 pequenas ruas e largos; na quarta região, 88. Entre as ruas Cinco e Seis, e Sul e Lombard, 15 vias e becos." *First Annual Report College Settlement Kitchen*. p. 6.
8. Em uma residência por onze meses no centro dos *slums* do bairro, em nenhuma ocasião fui abordado ou agredido. Já vi, no entanto, alguns estranhos serem tratados de maneira agressiva.
9. Com frequência se pergunta por que tantos Negros continuam vivendo nos *slums*. A resposta é que eles não o fazem: o *slum* está continuamente enviando emigrantes para outras seções e recebendo acréscimos de fora. Portanto, os esforços pela melhora social frequentemente têm seus melhores resultados em outras partes, já que os beneficiários se mudam, e outros preenchem suas vagas. Há, é claro, um núcleo permanente de habitantes e esses, em alguns casos, são pessoas realmente respeitáveis e decentes. As forças que mantêm tal classe nos *slums* são discutidas mais adiante.
10. A rua Gulielma, por exemplo, é notória por seus maus elementos, com somente uma ou duas famílias respeitáveis.
11. O testemunho quase universal e espontâneo dos Negros de melhor classe foi que a tentativa de limpeza dos *slums* da Quinta Região teve efeitos desastrosos sobre eles; as prostitutas e os jogadores emigraram para respeitáveis distritos residenciais Negros, e os corretores de imóveis, na teoria de que todos os Negros pertencem à mesma classe geral, alugaram casas para eles. Ruas como Rodman e Juniper foram quase arruinadas, e as propriedades que os Negros parcimoniosos haviam comprado ali foram muito desvalorizadas. Não é bom limpar uma fossa até que se saiba onde os rejeitos podem ser despejados sem que haja danos generalizados.
12. A maioria desses foi de bordéis. Alguns poucos, no entanto, eram lares de pessoas respeitáveis que se ressentiram da investigação como indevida e desnecessária.
13. Vinte e nove mulheres e quatro homens. A questão dos casamentos interraciais é discutida no Capítulo XIV.
14. É possível que tenha havido alguma duplicação na contagem de moças em emprego doméstico que não vivem onde trabalham. Foi feito um esforço especial para computá-las somente onde se hospedam, mas pode ter havido alguns erros. Novamente, a Sétima Região teme grande número de inquilinos; alguns desses formam uma espécie de população flutuante, e houve omissões; alguns foram esquecidos pelas donas de hospedarias, e outros, propositalmente omitidos.
15. Há uma ampla margem de erro na questão das idades dos Negros, especialmente daqueles acima dos 50; mesmo daqueles de 35 a 50, a idade muitas vezes não é registrada, e é uma questão de memória, e memória fraca. Muito esforço foi feito durante a pesquisa para corrigir erros e descartar respostas obviamente incorretas. O erro nas idades abaixo dos 40 provavelmente não é grande o suficiente para invalidar as conclusões gerais; aqueles com menos de 30 anos são tão corretos quanto é geral em tais estatísticas, embora as idades de crianças menores de 10 anos estejam sujeitas a equívocos de um ano ou mais da realidade. Muitas mulheres provavelmente subestimaram suas idades e aumentaram um pouco o período de 30 anos em comparação com o de 40. As idades acima dos 50 têm um grande elemento de erro.

Capítulo VI - Condição conjugal

1. Há muitas fontes de erro nesses dados: constatou-se que as viúvas respondiam inicialmente à pergunta "A Sra é casada?" de forma negativa, e a verdade precisava ser verificada com uma segunda pergunta; mulheres de pouca sorte e personagens questionáveis geralmente se identificavam como casados; pessoas divorciadas ou separadas se intitulavam viúvas. Tais erros por falta de compreensão eram frequentemente corrigidos com perguntas adicionais; no caso de falsidade proposital, a resposta era geralmente descartada caso a falsidade fosse detectada, o que obviamente aconteceu em alguns casos, O resultado líquido desses erros é difícil de avaliar: eles certamente elevaram o número aparente dos verdadeiramente enviuvados em detrimento dos solteiros e casados.

2. O número de pessoas efetivamente divorciadas entre os Negros é naturalmente insignificante; por outro lado, as separações permanentes são numerosas e foi feita a tentativa de quantifica-las. Elas não correspondem exatamente à coluna de divórcios das estatísticas usuais e portanto tomam algo da coluna de casados. O número de viúvos é provavelmente superestimado, mas mesmo levando em conta os erros, o montante verdadeiro é alto. O índice de mortalidade marcadamente mais elevado para os homens tem muito a ver com isso. Cf. Capítulo X.

3. Infelizmente, a Filadélfia não tem registros confiáveis de nascimentos, e o índice de nascimentos ilegítimos entre os Negros não pode ser verificado. Este é provavelmente alto, a julgar por outros fatores.

4. E, para falar a verdade, com algumas fases bem repugnantes desse ideal.

5. Não pode haver dúvida de que o desregramento sexual é hoje o pecado predominante da massa da população Negra, e que sua prevalência pode ser, na maioria dos casos, atribuída à má vida doméstica. Crianças são deixadas na rua noite e dia sem vigilância; a conversa frouxa é muitas vezes tolerada; o pecado é raramente ou nunca denunciado nas igrejas. A mesma liberdade permitida à menina de cor mal treinada como à menina branca que passou por um lar rigoroso, e o resultado é que a menina de cor cai com mais frequência. Nada além de uma vida doméstica estrita pode ser útil em tais casos. Claro que há muito a ser dito em paliação: a Negra não é respeitada pelos homens como são as meninas brancas e, consequentemente, não tem essa proteção social geral; como serviçal, empregada etc., ela tem tentações peculiares; especialmente toda a tendência da situação do Negro é matar seu autorrespeito, que é a maior salvaguarda da castidade feminina.

Capítulo VII - Proveniência da população Negra

1. A principal fonte de erro nas declarações quanto ao local de nascimento são as respostas daqueles que não desejam relatar seu local de nascimento como sendo no Sul. Naturalmente, há uma distinção social considerável entre os sulistas recém-chegados e os cidadãos antigos da Filadélfia; consequentemente, há a tendência a dar um local de nascimento setentrional. Por esta razão, é provável que um número ainda menor do que os poucos relatados realmente tenha nascido na cidade.

² Comparar "The Negroes of Farmville: a Social Study", no *Bulletin of U. S. Labor Bureau*, jan. 1898.
³ No caso de sublocatários ausentes de casa e, por vezes, de membros da família, não foi possível obter resposta a esta questão. Houve um total de 862 pessoas nascidas fora da cidade das quais não foram obtidas respostas.
⁴ Absalom Jones, Dorsey, Minton, Henry Jones e Augustin não eram nativos da Filadélfia.
⁵ Chineses, japoneses e índios estão incluídos nessas tabelas. As figuras exatas são:

População Negra da Pensilvânia	107.626
Desses, nascidos na Pensilvânia	58.681
Virginia	19.873
Maryland	12.202
Delaware	4.851
Nova Jersey	1.786
Nova Iorque	891
Carolina do Norte	1.362
Distrito de Columbia	1.131
Desconhecido	1.804

Capítulo VIII – Educação e analfabetismo

¹ Essa narrativa vem principalmente de um panfleto: "Um breve esboço das escolas para pessoas Negras etc". Filadélfia, 1867.
² Dentro de poucos anos, um Negro precisou batalhar para cursar uma faculdade de Odontologia proeminente na cidade.
³ *Philadelphia Ledger*, 13 ago. 1897.
⁴ O principal erro nos dados escolares advém da irregularidade no comparecimento. Aqueles registrados como estando na escola estiveram lá em algum momento durante o ano, e possivelmente de forma intermitente ao longo do ano, mas muitos não frequentavam de forma constante.
⁵ Das 647 crianças matriculadas, 62 estiveram na escola por menos que nove meses – algumas menos que três. É provável que muito mais que isso não tenha frequentado o período letivo inteiro.
⁶ Como mencionado anteriormente, os Negros são menos propensos a enganar deliberadamente do que outros povos. A habilidade de leitura, no entanto, é um ponto de orgulho para eles, e foi feito um esforço especial na entrevista para evitar erro. Com frequência, foram feitas duas ou mais perguntas sobre o mesmo assunto. Não obstante, tudo dependia principalmente de respostas voluntárias.
⁷ Isso parece pequeno, porém é provavelmente próximo da realidade. Minha impressão geral ao falar com alguns milhares de Negros na Sétima Região é a de que o percentual de analfabetismo total é pequeno entre eles.
⁸ O Sétimo Relatório Anual do Comissariado de Trabalho dos Estados Unidos nos permite fazer algumas comparações acerca do analfabetismo da população estrangeira e Negra da cidade:

Nacionalidades.	Pessoas capazes de ler e escrever		Analfabetos		Comparação do analfabetismo
Italianos, 1894	1396	36,37 p. c.	2442	63,63 p. c.	
Russos, 1894	1128	58,08 p. c.	814	41,92 p. c.	
Poloneses, 1894	838	59,73 p. c.	565	40,27 p. c.	
Húngaros, 1894	314	69,16 p. c.	140	30,84 p. c.	
Irlandeses, 1894	541	74,21 p. c.	188	25,79 p. c.	
Negros da 7ª R., 1896	6893	81,44 p. c.	1571	18,56 p. c.	
Alemães, 1894	451	85,26 p. c.	78	14,74 p. c.	

Os estrangeiros aqui relacionados incluem todos aqueles vivendo em certas partes da Terceira e da Quinta regiões da Filadélfia. São, em sua maior parte, imigrantes recentes. Os russos e poloneses são principalmente judeus – Isabel Eaton.

[9] Dados fornecidos por dois diretores de escolas de cor. Atualmente (1887), há 58 estudantes Negros nas seguintes escolas: Central High, Girls' Normal, Girls' High, Central Manual Training e North East Manual Training; ou em torno de 1% do total de matrículas escolares.

[10] É provável que o percentual de crianças promovidas dos anos primários para o ginasial seja excepcionalmente baixo neste caso.

[11] O seguinte relato de um membro do Comitê de Escolas dos Conselhos Municipais é retirado do *Philadelphia Ledger*, 2 dez. 1896. Sobre a questão das necessidades da população de cor em relação a escolas, o Sr. Meeham disse: "Moças da raça de cor estão se qualificando para atuar como professoras de escolas públicas ao frequentarem o curso regular da Escola Normal. Por mais qualificadas que sejam para ensinar, os diretores não as elegem para cargos nas escolas. É dado como certo que apenas professoras brancas devem ser colocadas como responsáveis por crianças brancas. As graduandas de cor da Escola Normal poderiam ter uma chance por meio de contratações no centro de alguma população de cor, para que as pessoas de cor possam sustentar seus próprios professores se assim o desejarem, assim como apoiam seus próprios ministros em suas igrejas de cor separadas. Um bom exemplo do bom resultado desse arranjo é o da experiência na Vigésima Segunda Seção, onde há duas escolas com sete professoras de cor, avaliadas como as mais populares na seção".

[12] Negros da cidade angariaram $ 2.000 para isso.

Capítulo IX – As atividades dos Negros

[1] Os dados obtidos em relação às atividades laborais são, em geral, confiáveis. Houve, em primeiro lugar, pouco espaço para enganos, já que as atividades dos Negros são tão limitadas que uma resposta falsa ou indefinida era facilmente revelada por um pouco de sondagem judiciosa. Além disso, havia pouca disposição para enganar, pois os Negros estão muito ansiosos para que suas limitadas oportunidades de emprego sejam conhecidas. Assim, os motivos do orgulho e da queixa equilibravam-se

razoavelmente bem. Alguns erros, é claro, permanecem: o número de serviçais e diaristas é ligeiramente subestimado; o número de garçons e de homens com ofícios é um tanto exagerado pelas respostas de homens com duas atividades – por exemplo, um garçom com um pequeno negócio paralelo de bufê se registra como bufê; um carpinteiro que recebe pouco trabalho e ganha a vida em grande parte como operário às vezes é registrado como carpinteiro etc. Em geral, os erros são pequenos e de pouca ou nenhuma consequência.

[2] Uma lista mais detalhada das atividades de Negros do sexo masculino, com 21 anos ou mais, residentes na Sétima Região em 1896 é a seguinte:

Empreendedores

Banqueteiros	65	Agentes de empregos	3
Vendedores ambulantes	37	Gerentes de hospedarias	3
Proprietários de hotéis e Restaurantes	22	Proprietários de salas de bilhar	3
Comerciantes, armarinho e combustível	22	Agentes imobiliários	3
Proprietários de barbearias	15	Impressores	3
Entregadores autônomos	14	Construtor e mestre de obras	1
Comerciantes, lojas de charutos	7	Sublocador	1
Comerciantes, mercearias	4	Leiteiro	1
Proprietários de funerárias	2	Editor (publisher)	1
			207

Em profissões escolarizadas

Clérigos	22	Advogados	5
Estudantes	17	Dentistas	3
Professores	7	Editores	1
Médicos	6		61

Em ofícios com habilidades específicas

Barbeiros	64	Aprendiz	1
Charuteiros	39	Caldeireiro	1
Sapateiros	18	Ferreiro	1
Engenheiros estacionários	13	Reparador de cerâmica	1
Pedreiros	11	Tanoeiro	1
Impressores	10	Marceneiro	1
Pintores	10	Tintureiro	1
Estofadores	7	Lustrador de móveis	1
Carpinteiros	6	Ourives	1

Padeiros	4	Pintor (de cal)	1
Alfaiates	4	Chaveiro	1
Agentes Funerários	4	Lavadeiro (vapor	1
Oleiros	3	Pregador de cartazes	1
Moldureiros	3	Telhador	1
Gesseiros	3	Paneleiro	1
Borracheiros	3	Trabalhador de Vime	1
Cortadores de pedra	3	treinador de cavalos	1
Encadernadores	2	Farmacêutico	1
Baleiros	2	Florista	1
Pedicuros	2	Piloto	1
Escultor de gelo	2		236
Fotógrafos	2		

Atendentes, semiprofissionais e trabalhadores responsáveis

Mensageiros	33	Policiais	5
Mordomos	31	Sacristãos	4
Músicos	20	Balconistas de expedição	3
Recepcionistas	18	Mestres de dança	3
Agentes	15	inspetor de fábrica	1
Atendente em serviço público	8	Caixa	1
Gerentes	6		159
Atores	6		
Baristas	5		

Serviçais

Domésticos	582	Enfermeiros	2
Ajudantes de hotel	457		1079
Garçons públicos	38		

Trabalhadores (classe seleta)

Estivadores	164	Marinheiros	21
Cocheiros	134	Empacotadores de louça	14
Faxineiros	94	Vigias	14
Serventes de pedreiro	79	Motoristas	12
Cavalariços	44	Abridores de ostras	4
Ascensoristas	22		602

Trabalhadores (comuns)

Mão de obra comum	49	Engraxates	22
Porteiros	274	Trabalhadores esporádicos	12
Trabalhadores municipais	47	Trabalhadores aleatórios	4
			852

Miscelânea

Catadores de trapos	6	Lutador	1
"Políticos"	2		11
Raizeiros	2		

[3] Uma lista mais detalhada das ocupações de mulheres Negras, com 21 anos ou mais, vivendo na Sétima Região em 1896, é a seguinte:

Empreendedoras

Banqueteiras	18	Agentes funerárias	3
Donas de restaurantes	17	Donas de creches	3
Comerciantes	17		63
Agentes de empregos	5		

Profissões qualificadas

Professoras	22	Estudantes	7
Enfermeiras treinadas	8		37

Ofícios especializados

Costureiras	204	Manicure	1
Cabeleireiras	6	Barbeira	1
Moeiras	3	Tipógrafa	1
Auxiliares de mortalha	4		221
Aprendiz	1		

Atendentes, semiprofissionais e trabalhadoras responsáveis

Músicas	12	Enfermeiras	2
Atendentes	10	Atriz	1
Camareiras	4	Missionária	1
Governantas	4		40
Agentes	3		
Estenógrafas	3		

Trabalhadoras manuais etc.

Donas de casa e diaristas............ 937	Faxineiras.. 22
Diaristas.. 128	Empregada fabril...............................1
Cozinheiras públicas..................... 72	Copeira em escritórios................. 12
Costureiras..................................... 48	1234
Garçonetes em restaurantes etc.... 14	

Serviçais

Serviçais domésticas 1262

[4] Uma melhor comparação seria possível se tivéssemos o percentual da população acima dos dez anos de idade; infelizmente não há estatísticas para isso.

[5] Esse tem sido o caso somente em tempos relativamente recentes.

[6] Negros também compram imensas quantidades de remédios manipulados etc.

[7] Em Norfolk, na Virgínia, eu vi uma vez um anúncio em uma placa de rua chamando "atendentes, vendedoras e estenógrafas" de cor, para cidades do norte.

[8] Esse total inclui uma grande quantidade de homens e mulheres que cozinham para fora de maneira privada, mas que na maior parte das vezes trabalha para outros banqueteiros. De fato, uma boa parte deles é de garçons mais do que de banqueteiros.

[9] O Sr. Stevens faleceu em 1898. Ele era um homem de negócios honesto e confiável, de expressão agradável e universalmente respeitável. Foi facilmente o sucessor de Dorsey, Jones e Milton no ramo de bufês.

[10] Quando o banqueteiro Henry Jones morreu, seu cortejo fúnebre foi na verdade afastado do cemitério pela recusa das autoridades do cemitério de Mt. Moriah em permitir que ele fosse enterrado lá. Ele havia comprado e pago antes de sua morte um lote no cemitério, e a Suprema Corte acabou confirmando seu título. Hoje esse preconceito absurdo não é tão forte, e os Negros possuem lotes no Cemitério Episcopal de São Tiago Menor e talvez em outro.

[11] O seguinte recorte do *Philadelphia Ledger*, nov. 1896, ilustra uma vida típica: "Robert Adger, um abolicionista de cor, morreu no sábado, em sua casa, 835, na rua South. Ele nasceu escravo, em Charleston, SC, em 1813. Sua mãe, que nasceu em Nova Iorque, foi para a Carolina do Sul por volta de 1810, com alguns de seus parentes, e enquanto lá, esteve detida como escrava.

"Quando seu senhor morreu, o Sr. Adger, juntamente com sua mãe e outros membros da família, foram vendidos em leilão, mas, com o auxílio de amigos, os procedimentos legais foram instaurados, e sua libertação, finalmente garantida. O Sr. Adger veio, então, para esta cidade por volta de 1845, e garantiu uma posição como garçom no antigo Hotel Merchants. Mais tarde, foi contratado como enfermeiro e, enquanto trabalhava nessa função, economizou dinheiro suficiente para começar no negócio de móveis na rua South, acima da Oito, que continuou a conduzir com sucesso até sua morte. Mr. Adger sempre teve um interesse ativo no bem-estar das pessoas de sua raça."

[12] Um capitalista empreendedor aluga e subloca oito casas diferentes com apartamentos mobiliados, pagando $ 1.944 anualmente em aluguel. Ele tem uma loja de bicicletas

que arrecada $ 1.000 por ano para um dispêndio de cerca de $ 330. Ele também possui uma barbearia que arrecada cerca de $ 1.000 por ano; metade da receita bruta ele paga a um capataz, que paga a seus barbeiros contratados por diária; o dono paga o aluguel e materiais. "Se eu tivesse uma educação escolar", e ele disse, "eu poderia me sair melhor."

13 Diversos lojistas tiveram pessoas brancas entrando em sua loja, olhando os proprietários e dizendo "Oh! Eu, é... me enganei", e saindo.

14 Aqui houve um caso em que algumas pessoas buscaram fazer com que um Negro talentoso e empreendedor fosse à falência simplesmente por ser de cor. Um proprietário de imóveis da rua Chestnut fez um esforço especial para que ele desse o impulso inicial, e atualmente conduz um negócio do qual nenhum comerciante se envergonharia.

15 Essa grande empresa siderúrgica, conhecida como Midvale Steel Works está localizada em Nicetown, próximo a Germantown, no condado da Filadélfia. Esse estabelecimento foi visitado pelo escritor, e o gerente do estabelecimento foi entrevistado a respeito do sucesso do experimento de empregar Negros como trabalhadores ao lado de brancos.

Cerca de 1.200 homens estão empregados no total, e um total de 200 deles são Negros. Cerca de 40% do número total de empregados são nascidos nos Estados Unidos, mas geralmente de ascendência irlandesa, inglesa ou alemã. Os 43% restantes são estrangeiros de nascimento, principalmente ingleses, irlandeses e alemães, com alguns suecos.

"Nosso objetivo em colocar Negros na força", disse o gerente, "era duplo. Primeiro, acreditávamos que eram bons trabalhadores; em seguida, pensamos que poderiam ser usados para superar uma dificuldade que havíamos experimentado em Midvale, a saber, o espírito de clã dos trabalhadores e a tendência a formar panelinhas. Na fabricação de aço, grande parte do trabalho é feito com grandes ferramentas operadas por equipes de homens; o trabalho foi prejudicado pelos diferentes capatazes tentando sempre ter os homens todos em sua equipe, de sua própria nacionalidade. O capataz inglês de uma equipe de prensa, por exemplo, desejaria apenas ingleses, e os católicos irlandeses, apenas irlandeses. Isso não era bom para o serviço, nem promovia a camaradagem entre os trabalhadores. Então começamos a trazer Negros e a colocá-los em diferentes equipes, e ao mesmo tempo distribuímos as outras nacionalidades. Agora nossas equipes têm, digamos, um Negro, um ou dois americanos, um inglês etc. O resultado tem sido favorável tanto para os homens quanto para as atividades. As coisas correm suavemente, e a produção é visivelmente maior."

O gerente foi especialmente questionado sobre o nível do trabalho feito por Negros e sua eficiência como trabalhadores especializados. Ele disse: "Eles fazem todos os níveis de trabalho feito pelos trabalhadores brancos. Parte desse trabalho é de tal natureza que se supunha que apenas poderíamos confiar em trabalhadores ingleses e americanos muito inteligentes para fazê-lo. Temos 100 homens de cor fazendo esse trabalho qualificado agora, e eles o fazem tão bem quanto qualquer um dos outros".

Quanto aos salários, o gerente disse que não havia discriminação entre Negros e brancos. Começam como trabalhadores a US $ 1,20 por dia e "tentamos tratá-los como indivíduos, não como rebanho; eles sabem que o trabalho bem feito lhes dá chance de conseguir trabalho melhor e pagamento melhor. Assim, sua ambição é despertada; ontem, por exemplo, quatro Negros salvaram uma fornalha que vale US $ 30.000. A fornalha estava cheia de aço fundido, que havia entupido, de modo que não poderia ser escoado da maneira usual. Vários homens poderosos foram necessários para abrir a lateral da fornalha. Quatro homens de cor se ofereceram e salvaram o aço".

No que diz respeito às relações entre trabalhadores brancos e Negros, o gerente disse: "Não tivemos nenhum problema. Os sindicatos geralmente mantêm greves potenciais sobre a cabeça de seus empregadores para manter o Negro fora de um emprego. No entanto, não há greve neste estabelecimento há dezessete anos, e os Negros têm sido empregados nos últimos sete anos".

Por fim, o gerente declarou que, segundo sua crença, o trabalhador Negro não tem metade da chance de mostrar sua habilidade. "Ele faz um bom trabalho e melhora sua condição quando tem qualquer indução para fazê-lo" – Isabel Eaton.

Capítulo X – A saúde dos Negros

[1] Os números mais antigos são dos relatórios do Dr. Emerson sobre a "Condição etc. do Negro", de 1838, e do panfleto "Saúde de Presos". Todas as tabelas, de 1884 a 1890, são do relatório do Dr. Billings no décimo primeiro Censo. Relatórios posteriores são compilações dos Relatórios de Saúde da Cidade, de 1890 a 1896.

[2] Este número é conjectural, uma vez que a população Negra real é desconhecida. Estimada de acordo com a taxa de aumento entre 1880 e 1890, a população média anual seria de 42.229. Penso que este número seja muito alto, pois a taxa de crescimento tem sido menor nesta década.

[3] Esta e outras comparações são feitas a partir de Mayo-Smith, *Statistics and Sociology*.

[4] Para a taxa de mortalidade entre 1884 e 1890, ver adiante (p. 182).

[5] Os dados oficiais da Secretaria de Saúde (*Board of Health*) não dão estimativa da taxa de mortalidade dos Negros de forma isolada. Eles fornecem a seguinte taxa de mortalidade para a cidade incluindo tanto brancos quanto Negros, e excluindo natimortos:

Ano	Número total de óbitos	Taxa de mortalidade por 1000 da população
1891	23.367	21,85
1892	24.305	22,25
1893	23.655	21,20

Ano	Número total de óbitos	Taxa de mortalidade por 1000 da população
1894	22.680	19,90
1895	23.796	20,44
1896	23.982	20,17

Taxa de mortalidade para os seis anos: 20,97. Segundo meus cálculos, a taxa da população como um todo seria de 21,63.

[6] Cf. Atwater & Woods: "Dietary Studies with reference to the Food of the Negro in Alabama", *Bulletin*, n. 38, Departamento de Agricultura dos Estados Unidos, p. 21 e *passim*.

[7] Dr. Dudley Pemberton perante a Sociedade Homeopática Estadual – *Philadelphia Ledger*, 1 out. 1896.

Capítulo XI – A família Negra

[1] Famílias hospedadas em pensões – e eram muitas – foram contadas como famílias, não inquilinos (*lodgers*). Eram principalmente casais jovens com um ou nenhum filho. Os inquilinos sublocatários não foram contados com as famílias por causa de seu grande número e da mudança de muitos deles de mês para mês.

[2] Este valor é obtido dividindo-se a população total da Região pelo número de casas alugadas diretamente, ou seja, 1.675. Há, aqui, um erro decorrente do fato de que algumas famílias sublocatárias são realmente agregadas e devem ser contadas com a família censitária, enquanto outras são famílias parcialmente separadas, e algumas totalmente separadas. Este erro não pode ser eliminado.

[3] A mortalidade infantil excessiva também influencia o tamanho médio das famílias. Cf. Capítulo X. Se o infanticídio ou o feticídio é predominante, em qual medida, não há meios de saber. De vez em quando, um caso como esse chega aos tribunais.

[4] Durante os últimos dez anos, fui convidado a uma dúzia ou mais de casamentos entre a melhor classe de Negros. Não houve caso em que o noivo tivesse menos que 30 anos ou a noiva menos que 20. Na maioria dos casos, o homem tinha em torno de 35, e a mulher, 25 ou mais.

[5] Os números relativos a outros grupos de Negros citadinos tais como levantados pela conferência na Universidade de Atlanta são os seguintes:

Famílias de	Atlanta, GA.	Nashville, Tenn.	Cambridge, Mass.	Outras cidades	Todos os grupos
1	6,79	2,04	5,10	4,69	4,75
2	20,06	17,89	25,51	17,91	19,17
2-6	79,63	82,10	83,68	78,04	79,85
7-10	13,58	15,45	11,22	17,06	15,22
11 ou mais	0	0,41	0	0,21	0,18

Estes números se aplicam somente a 1.137 famílias nas cidades acima mencionadas e em outras cidades. Cf. *U. S. Bulletin of Labor*, maio de 1897.

[6] A taxa de natalidade para a cidade é dada em relatórios oficiais como se segue:

1894 – total da cidade. Homens: 16.185; mulheres: 14.552. Negros: homens, 536; mulheres, 476.

1895 – total da cidade. Homens: 15.618; mulheres: 14.220. Negros: homens, 568; mulheres, 524.

1896 – total da cidade. Homens: 15.534; mulheres: 14.219. Negros: homens, 572; mulheres, 514.

Média anual para brancos: 29.013.

Média anual para Negros: 1.063.

Taxa de natalidade branca: 27,2 por mil.

Taxa de natalidade Negra: 25,1 por mil.

Supondo população branca de 1.066.985.

Supondo população Negra de 41.500.

O Departamento de Saúde declara que esses dados estejam consideravelmente abaixo da realidade, e que omissões entre os Negros sejam evidentemente grandes. Não obstante, a taxa de natalidade Negra na Filadélfia provavelmente não é alta.

[7] Sem dúvida, houve muitas famílias que estiveram tentadas a exagerar suas rendas para parecer melhor de vida do que de fato estavam. Outras, pelo contrário, subestimaram seus recursos. Na maioria dos casos, no entanto, o testemunho pareceu ser sincero e honesto.

[8] Cf. Booth, *Life and Labor of the People*, vol. II, p. 21. Nesse caso, eu combinei as duas classes inferiores de Booth: a "mais baixa" e a "muito pobre". Discutirei as classes criminosas e inferiores nos capítulos XIII e XIV. A separação dos "pobres" e "muito pobres" na Sétima Região é relativamente arbitrária. Eu chamei todos recebendo $ 150 e menos por ano de "muito pobres".

[9] Apenas alguns orçamentos confiáveis estão ajuntados, e eles são típicos. Um grande número poderia ter sido reunido, mas dificilmente teria acrescentado muito a estes.

[10] Essas estimativas são de moradores da Filadélfia de longa data, que tiveram a incomum oportunidade de conhecer os homens de quem falam. Um diz: "Eu preparei uma estimativa que aqui incluo. Eu procurei ser o mais conservador possível. Há, sem dúvida, diversos casos que foram omitidos por que não são conhecidos ou, se conhecidos, não foram lembrados agora, mas creio que a estimativa esteja aproximadamente correta".

[11] Os números para 1821 são de relatórios de avaliadores citados na investigação de 1838. Os números de 1832 são de um memorial para a Assembleia Legislativa, em que os Negros dizem que, por referência aos recibos de impostos que foram "realmente produzidos", eles pagaram pelo menos $ 2.500 em impostos, e também tinham $ 100.000 em propriedades de igrejas. A partir disso, a pesquisa de 1838 estima que eles possuíam $ 357.000, além de imóveis de igrejas. O mesmo estudo estima que o patrimônio dos Negros em 1838 era como se segue:

Lugar	Imóveis (valor real)	Patrimônio pessoal
City	$ 241.962	$ 505.322
Northern Libeirties	26.700	35.539
Kensington	2.255	3.825
Spring Garden	5.935	21.570
Southwark	15.355	26.848
Moyamensing	30.325	74.755
Total	$ 322.532	$ 667.859
Ônus	12.906	..
Total	$ 309.626	..

O relatório diz: "Este montante deve, é claro, ser recebido como somente uma aproximação da verdade". Quinze edifícios de igrejas, um cemitério e um auditório não estão incluídos nos dados acima. "Condição etc. do Negro", 1838. p. 7-8.

A investigação em 1847-1848 forneceu os seguintes resultados:

	Valor do Imóvel	Ônus
City	$368.842	$78.421
Spring Garden	27.150	11.050
Northern Liberties	40.675	13.440
Southwark	31.544	5.915
Moyamensing	51.973	20.216
West Filadélfia	11.625	1.400
Total	$531.809	$130.442

Esse patrimônio estava distribuído como se segue:

	Número inteiro de cabeças de famílias	Proprietários de imóveis	Percentual
City	2.562	141	5,5
Spring Garden	272	44	16,1
Northern Liberties	202	23	11,3
Southwark	287	30	10,4
Moyamensing	866	52	6,0
West Filadélfia	73	25	34,4
Total	4.262	315	7,4

As ocupações dos 315 proprietários foi a seguinte:

78 trabalhadores

49 comerciantes

41 mecânicos

35 cocheiros e taxistas

28 garçons

20 barbeiros

11 profissionais

53 mulheres

Total: 315

O patrimônio pessoal foi o seguinte:

Remuneração	City	Spring Garden	Northern Liberties	Southwark	Moyamensing	West Philadel-phia	Total
Abaixo de $ 25	570	66	62	..	259	5	..
$25 - $ 50	772	79	102	..	160	16	..
$ 50 - $ 100	404	38	63	..	134	9	..
$ 100 - $ 500	650	19	83	102	291	42	..
$ 500 - $ 20.000	156	..	5	2	5	1	..
Sem imóvel	6	..	..	..	15	..	..
Total de patrimônios	$ 455.620	$ 9.562	$ 34.044	$ 30.402	$ 90.553	$ 12.065	$ 632.246
Média	$ 178,63	$ 47,33	$ 108,07	$ 105,30	$ 106,63	$ 151,57	$ 147,52

Uma comparação entre 1838 e 1848 foi feita por "Progress" de Needles, p. 8, 9:

	1837	1847	Aumento
Imóveis, menos ônus	$ 309.626	$ 401.362	$ 91.736
Aluguéis de casa e água	161.482	200.697	39.225
Impostos	3.253	6.308	3.056

O Inquérito de 1856, p. 15, 16, declara que, no ano anterior, os Negros possuíam:

Imóveis, menos ônus .... $ 2.685.693,00
Aluguéis de casa e água 9.766,42
Impostos 396.782,27

Uma estimativa detalhada para 1897 apresenta o seguinte:

Valor do imóvel	Número de imóveis	Total
$ 250.000 - $ 500.000	1	$ 350.000
100.000	1	100.000
80.000	1	80.000
75.000	1	75.000

Valor do imóvel	Número de imóveis	Total
60.000	1	60.000
40.000	4	160.000
35.000	3	105.000
30.000	4	120.000
20.000	10	200.000
15.000	11	165.000
10.000	16	160.000
	52	$ 1.575.000

O total de $1.575.000 é a riqueza estimada dos abastados. Esta estimativa é a mais confiável possível, e provavelmente não está longe dos fatos. "Statistical Survey etc.", p. 15.

[12] Há mais propriedades do que isto, mas apenas as respostas que pareciam confiáveis e definitivas foram registradas. A maior parte de tais imóveis está nos distritos rurais do Sul.

[13] Muitos esforços foram feitos para obter dados oficiais sobre a questão da propriedade, mas as autoridades não tinham como distinguir as raças, mesmo de maneira aproximada.

[14] Para um relato de investigação parcial deste assunto e algumas tentativas de reforma, ver *Report of Citizens Permanent Relief Committee* etc., 1893-1894, p. 31. Cf. também o trabalho da Star Kitchen nas ruas Sete e Lombard, na Filadélfia.

[15] De vez em quando, os negócios de uma dessas companhias são revelados ao público, como, a seguinte notação no *Public Ledger*, de 20 de outubro de 1896. A companhia faliu, e suas atividades envolvidas sem esperança.

"Este era o esquema, segundo o ex-agente e alguns dos titulares de certificados. Após o pagamento de dez centavos por semana durante sete anos, o assinante recebia a promessa de $ 100, a serem pagos no final do sétimo ano. Em um ano, a um centavo por semana, o total de pagamentos seria de US $ 5,20; em sete anos, de US $ 36,40. A Companhia de Investimentos Keystone prometeu dar $ 100,00 por $ 36,40.

"Mais tarde, a contribuição foi elevada para quinze centavos por semana. Isso equivaleria em sete anos a US $ 54,60, para os quais foram prometidos $ 100 em troca. Alguns poucos detentores de certificados, diz-se, pagavam vinte centavos por semana. Isso, em sete anos, seria um valor total de $ 72,80, pelo qual, de acordo com o acordo, o detentor do certificado deveria receber US $ 100.

"Exatamente quantos assinantes a empresa tinha é impossível descobrir com os oficiais. Um cavalheiro, que tem uma loja ao lado do escritório da empresa, disse ontem que muitas pessoas iam lá todas as semanas para pagar suas contribuições. Eles pareciam ser pessoas pobres, disse ele. Havia muitos Negros entre elas, e alguns delas, disse ele, vinham de Nova Jersey.

"A empresa começou a operar em 1891, e sempre ocupou suas atuais instalações, que são muito despretensiosas, aliás, para uma empresa financeira de qualquer porte. Uma senhora que vive na avenida Girard, a leste da rua Hanover, relatou ontem sua experiência com a empresa da seguinte forma:

"Investi em certificados para minha mãe e minha filhinha, pagando quinze centavos por semana cada. O acordo era que cada uma receberia US $ 100 ao final de sete anos. Estou pagando para minha menininha há quase três anos, e para minha mãe há quase dois anos. Serão dois anos completos no próximo Natal. Os pagamentos foram feitos regularmente. Em ambos os certificados já paguei cerca de $ 35."

[16] Como apontado anteriormente, estou ciente de que algumas dessas sociedades não merecem totalmente esta condenação arrebatadora, e que todas elas são defendidas por alguns míopes como sendo incentivos à poupança. Minha observação me convence, no entanto, da verdade substancial de minhas conclusões. Obviamente, tudo isso não tem nada a ver com o negócio legítimo de seguro de vida.

Capítulo XII – A vida organizada dos Negros

[1] Cf. Capítulo III.

[2] *Bethel and Zoar*, de St. Thomas. A história de Zoar é interessante. Ela "se estende por um período de cem anos, sendo a mesma uma descendência da Igreja de São Jorge, nas ruas Quatro e Vine, a primeira igreja Episcopal Metodista a ser estabelecida neste país, e em cujo edifício a primeira Conferência Americana dessa denominação aconteceu. A Igreja Zoar teve sua origem em 1794, quando membros da Igreja de São Jorge estabeleceram uma missão no que então era conhecido como Campingtown (cidade de acampamento), hoje conhecido como rua Quatro com a Brown, local onde foi construída sua primeira capela. Ali permaneceu até 1883, quando a causas econômicas e sociológicas tornaram necessária a busca por um novo local. A cidade crescera, indústrias de um caráter em que os Negros não estavam interessados haviam se desenvolvido no bairro, e, como os Negros estavam se mudando rapidamente para uma parte diferente da cidade, decidiu-se que a igreja deveria seguir e o antigo prédio foi vendido. Através do desapego do Coronel Joseph M. Bennett, um prédio de tijolos foi erguido na rua Melon, acima da Doze.

"Desde então a congregação tem aumentado constantemente em número, até que em agosto deste ano foi necessário ampliar o edifício. A pedra fundamental da nova frente foi lançada há dois meses. A membresia atual da igreja é de cerca de 550." *Public Ledger*, 15 nov. 1897.

[3] Ver Douglass, *Anais de St. Thomas*.

[4] Foi então transformada em escola privada, em grande parte sustentada por um fundo educacional inglês.

[5] St. Thomas sofreu muitas vezes entre os Negros do opróbrio de ser "aristocrática", e hoje não é de forma alguma uma igreja popular entre as massas. Talvez haja alguma justiça nessa acusação, mas a igreja, no entanto, sempre se destacou por seu bom trabalho e tem muitos Negros de espírito público em suas fileiras.

[6] Cf. Censo dos Estados Unidos, Estatísticas de Igrejas, 1890.

[7] Em 1809, as principais igrejas Negras formaram a "Sociedade pela Supressão do Vício e Imoralidade", que recebeu o endosso do juiz Tilghman da Suprema Corte, de Benjamin Franklin, Jacob Rush e outros.

[8] Cf. Robert Jones, *Fifty years in Central Church*. John Gloucester começou a pregar em 1807 na Sete com a Bainbridge.

[9] Em 1847, havia 19 igrejas; 12 destas tinham 3.974 membros; 11 dos edifícios custaram $ 67.000. *Levantamento Estatístico*, 1848, p. 29-30.

Em 1854, havia 19 igrejas declaradas, e 1.677 estudantes de escolas dominicais. Bacon, 1867.

[10] Ver levantamento de 1867.

[11] Cf. *Publications of Atlanta University*, n. 3. "Efforts of American Negroes for Social Betterment".

[12] O relato do estado atual da Igreja A. M. E. de sua própria boca é interessante, apesar de sua retórica um tanto túrgida. O seguinte é extraído da ata da Conferência de Filadélfia, 1897:

RELATÓRIO SOBRE O ESTADO DA IGREJA

"Ao Bispo e Conferência: Nós, a vossa Comissão do Estado da Igreja, pedimos licença para apresentar o seguinte:

"Todo metodista africano devotado interessa-se intensamente pela condição da igreja que nos foi transmitida como uma preciosa herança das mãos de uma ancestralidade abnegada e temente a Deus; a igreja que Allen plantou na Filadélfia, há pouco mais de um século, desfrutou de um desenvolvimento maravilhoso. Sua grande marcha através da procissão de cem anos tem sido caracterizada por uma série de brilhantes sucessos, refutando completamente as falsas calúnias lançadas contra ela e superando cada obstáculo que empreendeu impedir sua marcha adiante, dando o mais forte testemunho de que Deus estava em seu meio; ela não seria movida.

"Desde os humildes primórdios na pequena oficina de ferreiro às ruas Seis e Lombard, Filadélfia, a Conexão cresceu ao ponto de termos agora 55 conferências anuais, além dos campos missionários, com mais de 4.000 igrejas, o mesmo número de pregadores itinerantes, cerca de 600.000 comungantes, 1.500.000 de adeptos, com seis departamentos regularmente organizados e bem equipados, cada um fazendo um magnífico trabalho em linhas especiais, a totalidade sob a imediata supervisão de onze bispos, cada um com uma individualidade marcada e todos trabalhando juntos para o maior desenvolvimento e perpetuidade da igreja. Nesta Conferência Mãe da Conexão, temos todos os motivos para sermos gratos a Deus Todo Poderoso pelas bênçãos que Ele tão graciosamente derramou sobre nós. As bênçãos espirituais foram muitas. Em resposta ao esforço sincero e às orações fiéis de pastores e congregações, quase duas mil pessoas professaram fé em Cristo, durante este ano de conferência. Cinco mil dólares foram dados pelos membros e amigos dos interesses conexionais para levar adiante a máquina da igreja, além de contribuições livres para a causa de missões, educação, União da Escola Dominical e Departamentos de Extensão da Igreja. E, além de tudo isso, o ancião presidente e pastores foram levados a sentir que as pessoas estão perfeitamente dispostas a fazer o que podem para manter a pregação da palavra, que tende a elevar a humanidade e glorificar a Deus.

"Os interesses locais não foram negligenciados: novas igrejas foram construídas, presbitérios erguidos, hipotecas da igreja foram reduzidas, sociedades auxiliares para dar a todos na igreja a chance de trabalhar para Deus e pela humanidade têm sido mais amplamente organizados do que nunca.

"O sinal de perigo que vemos surgindo aqui e ali, que é calculado para trazer descrédito à Igreja de Cristo, é a ambição profana por posto e poder. Os meios muitas vezes utilizados para trazer os resultados desejados, fazem com que o rubor da vergonha manche a testa da hombridade cristã. Deus sempre selecionou e sempre selecionará queles que Ele planeja usar como líderes de sua Igreja.

"Métodos políticos aos quais se recorre em muitos casos são contrários ao ensino e ao espírito do Evangelho de Cristo. Aptidão e sobriedade sempre serão encontradas na liderança.

"Através de uma compaixão equivocada, descobrimos que vários homens incompetentes chegaram às fileiras ministeriais; homens que não podem administrar os interesses financeiros ou espirituais de qualquer igreja ou trazer sucesso em qualquer linha, que estão continuamente indo da asa de uma associação para a outra. Chegou o momento em que o mais rigoroso escrutínio deve ser exercido sobre o propósito e a aptidão dos candidatos, e, se admitidos e considerados fracassos contínuos, a caridade cristã exige que lhes seja dada a oportunidade de buscar uma vocação em que possam fazer mais sucesso do que no ministério. Esses sinais de perigo que se acendem de vez em quando devem ser observados, e tudo que for contrário aos ensinos da palavra de Deus e ao espírito da disciplina deve ser expurgado. A igreja tem uma dívida de gratidão com os pais que sempre se mantiveram leais e verdadeiros; que trabalharam persistentemente e bem pela sustentação da conexão, que é impagável. "Deve-se tomar cuidado especial para que a nenhum honorável ministro idoso de nossa grande Igreja seja permitido sofrer pelas necessidades da vida. Recomendamos especialmente à consideração de cada ministro a Associação de Auxiliares de Ministros, que agora está quase pronta para ser organizada, cujo objetivo é ajudar a aliviar a dor e enxugar as lágrimas daqueles que ficaram viúvos e órfãos.

"Nosso Departamento de Publicações está fazendo um esforço heroico para a maior circulação de quatro jornais denominacionais e literatura em geral. Esses esforços devem ser e devem ser apoiados de coração pela Igreja. Lord Bacon diz: 'Falar torna um homem pronto, escrever um homem exato, mas ler torna um homem completo'. Queremos visitar pessoas em grande escala cheias de informações relativas ao crescimento da igreja, o progresso da raça, a edificação da humanidade e a glória de Deus.

Nossa obra missionária não deve ser retrógrada. A bandeira que Allen ergueu não deve ser deixada para trás, mas deve seguir em frente até que os filhos morenos de Ham em todos os lugares olhem com um olhar ansioso e amoroso para o brasão que o brasonou, como seu lema: 'A Paternidade de Deus e a Fraternidade do Homem', e a gloriosa verdade brilhando sobre o mundo inteiro de que Jesus Cristo morreu para redimir a família universal da humanidade. Desastres e infortúnios podem vir até nós, mas os homens fortes nunca vacilam diante das adversidades. As nuvens de hoje podem ser sucedidas pelo sol de amanhã."

[13] Cf., por exemplo, o relato da fundação de novas missões na Ata da Conferência da Filadélfia, 1896.

[14] Os próprios batistas reconhecem isso. Um dos oradores em recente reunião da associação, conforme noticiado pela imprensa, "depreciou o espírito mostrado por algumas igrejas em espalhar suas diferenças em seu detrimento como membros da igreja, e aos olhos de seus irmãos brancos; e recomendou que irmãos indignos de outros estados, que buscaram um asilo de estadia aqui, não sejam admitidos aos púlpitos locais, exceto nos casos

em que os ministros solicitantes sejam pessoalmente conhecidos ou confirmados por um pastor residente. O costume de reconhecer como pregadores homens incapazes de fazer um bom trabalho no púlpito, que foram ordenados no Sul depois de terem falhado no Norte, também foi condenado, e o presidente declarou que os tempos exigem um ministério que saiba pregar. A prática de licenciar irmãos incapazes para o ministério, simplesmente para agradá-los, também foi vista com desfavor, e foi recomendado que os candidatos à ordenação fossem obrigados a mostrar pelo menos capacidade de ler com inteligência a Palavra de Deus ou um hino".

[15] Um movimento é digno de nota: a Sociedade Auxiliar de Mulheres. Esta consiste de cinco círculos, representando um número semelhante de igrejas batistas de cor nesta cidade – a saber, a da rua Cherry, a Holly Trinity, a Union, a Nicetown e a Germantown –, e faz trabalho geral missionário.

[16] Ver Jones, *Fifty Years In Central Street Church* etc. O sistema e ordem desta igreja são admiráveis: a cada ano é feito um cuidadoso relatório impresso de receitas e despesas. A seguir está um resumo do relatório para 1891:

Receitas

Comitê financeiro	$ 977,39
Aluguel de bancos	$ 709,75
Legado	$ 760,77
Outras receitas	$ 329,54
	$ 2.777,45

Despesas

Salário do pastor	$ 1.000,00
Outros salários	$ 476,00
Pagamento de empréstimo	$ 409,00
Juros sobre hipoteca	$ 60,96
Doações à Igreja Geral	$ 31,57
Despesas Gerais etc.	$ 759,23
	$ 2.736,76
Saldo	$ 40,69

[17] Para a história e um relato detalhado desse trabalho, ver Anderson, *Presbyterianism and the Negro*.

[18] Reverendo Charles Daniel, no *Nazarene*. O escritor sequer faz jus à estranha bruxaria daqueles hinos cantados de maneira tão rude.

[19] Cf. Relatório de levantamentos nos anos acima.

[20] Dados extraídos do "Report of Fourth Annual Meeting of the District Grand Lodge of Pennsylvania", G. U., of O. F., 1896.

[21] Essa associação publicou e distribuiu um pequeno panfleto valoroso, intitulado "Dicas úteis para o lar". Ele explica o objeto e métodos das sociedades de construção e empréstimos.

[22] Ver, acima, p. 151-153.

[23] O College Settlement interessou-se por essa organização, mas o movimento foi evidentemente prematuro.

[24] Ver, acima, p. 150 e 152.

[25] Um anúncio interessante deste empreendimento é anexado; é uma curiosa mistura de negócios, exortação e simplicidade. O estado atual da empresa não é conhecido:
"AVISO A TODOS
"CHAMAMOS SUA ATENÇÃO
"PARA ESTE TRABALHO.
"Companhia Sindicato de manufatura de enlatados
"Está agora em atividade, credenciado sob as leis dos estados de Nova Jersey e Pensilvânia.

O objetivo da referida Empresa é fabricar tudo no ramo de enlatados que a lei permite, e vender ações em todo os Estados Unidos da América. Colocar membros suficientes em cada cidade para abrir uma Union Tin-Ware Store, e se o interessado descobrir que não há suficientes em uma cidade para abrir uma loja de enlatados, então ele deve abri-la com dinheiro da fábrica. AÇÕES custam US $ 10,00, podendo ser parceladas; e você não tem nenhuma mensalidade a pagar, mas no dia 20 de cada mês de dezembro ou quando os acionistas designarem o momento, o dividendo será declarado.

"Faremos desta uma das maiores organizações já testemunhadas pela Raça, se você prestar sua ajuda. Esta loja conterá mantimentos, artigos secos e artigos enlatados, e você poderá negociar em sua própria loja. Esta fábrica lhe dará trabalho e lhe ensinará um ofício."

[26] Desde a abertura do hospital, enfermeiras de cor tiveram menos problemas em instituições brancas, e um médico de cor foi nomeado residente em um grande hospital. O Dr. N. F. Mossell foi principalmente instrumental na fundação do Hospital Douglass.

[27] Vinculado a esse trabalho, a igreja Bethel sedia com frequência pequenas recepções para moças empregadas domésticas em seus dias de folga, quando há refrescos servidos e passa-se o tempo de forma agradável. A seguir, uma nota de uma iniciativa semelhante em outra igreja: "Os membros da Berean Union abriram um salão 'Y' conde moças de cor empregadas como domésticas podem passar a quinta feira a tarde com prazer e benefício. O salão está aberto das quatro da tarde até as 10 da noite, todas as quintas-feiras, e membros da Union estão presentes para recepcioná-las. Um leve jantar é servido por 10 centavos. Passa-se a noite com exercícios literários e conversa social. O salão é na Igreja Berean, na avenida South College, próximo à rua Vinte".

Capítulo XIII – O criminoso Negro

[1] Ao longo deste capítulo, a base da indução é o número de presos recebidos em diferentes instituições, e *não* a população carcerária em momentos específicos. Isso evita os erros e distorções daquele método. (Cf. Falkner, *Crime e o Censo*, publicações da Academia Americana de Ciências Políticas e Sociais, n. 190.) Muitos escritores sobre crime entre Negros, como F. L. Hoffman, e todos os que usam o Décimo Primeiro Censo acriticamente, caíram em inúmeros erros e exageros por descuido neste ponto.

2   Cf. *Pennsylvania Colonial Records*, vol. I, p. 380-381.
3   Ver Capítulo II e Apêndice B.
4   Cf. *Pennsylvania Statutes at Large*, capítulo 56.
5   *Anais*, de Watson, vol. I, p. 62.
6   *Idem*.
7   *Idem*, p. 62-63.
8   *Pennsylvania Colonial Records*, vol. II, p. 275; vol. IX, p. 6. *Anais*, de Watson, vol. I, p. 309.
9   Cf. Capítulo IV.
10 Relatórios da Penitenciária do Leste.
11 Duração média das sentenças para brancos na Penitenciária do Leste durante dezenove anos: 2 anos, 8 meses e 2 dias. Para Negros: 3 anos, 3 meses e 14 dias. Cf. *Health of Convicts*, panfleto, p. 7-8.
12 Idem, *Condition of Negroes*, 1838, p. 15-18. *Conditions* etc, 1848, p. 26-27.
13 *Condition of Negroes*, 1849, p. 28-29. *Conditions* etc., 1838, p. 15-18.
14 "A grande proporção de homens de cor que, em abril, estivera diante da corte criminal, levou o juiz Gordon a fazer uma sugestão quando ontem dispensou os jurados pelo período. 'Certamente pareceria', disse a Corte, 'que as pessoas filantrópicas da comunidade, dos quais há uma grande quantidade de cidadãos excelentes e inteligentes sinceramente interessados no bem-estar de sua raça, deveriam ver o que está radicalmente errado a ponto de produzir este estado de coisas e corrigi-lo, se possível. Não há nada na história que indique que a raça de cor tenha propensão para atos de criminalidade violenta; ao contrário, suas tendências são as mais dóceis, e eles se submetem graciosamente à subordinação.'" *Philadelphia Record*, 29 abr. 1893; Cf. *Record*, 10 e 12 maio; *Ledger*, 10 maio; e *Times*, 22 maio 1893.
15 Exceto quando indicado de outra forma, as estatísticas desta seção vêm dos relatórios oficiais do Departamento de Polícia.
16 Cf. capítulos IV e VII.
17 O principal elemento de incerteza está na política inconstante dos tribunais, como, a proporção de prisioneiros enviados a diferentes locais de detenção, a severidade da sentença etc. Somente insistimos nas conclusões gerais aqui.
18 Pelo levantamento do material aqui compilado, sou grato ao Sr. David N. Fell Jr., aluno da classe sênior da Wharton School, Universidade da Pensilvânia, no ano 1896-1897. Como observado anteriormente, os números desta Seção referem-se ao número de presos recebidos na Penitenciária do Leste, e não ao total da população prisional em qualquer momento específico.
19 Testemunha disso é o caso de Marion Stuyvesant, acusado do assassinato do bibliotecário Wilson em 1897.
20 Os seguintes Negros foram medidos pelo sistema Bertillon na Filadélfia durante os últimos três anos:
    1893 .... 64 (brancos 101)
    1894 .... 66 (brancos 248)

1895 .... 56 (brancos 267)
1896 .... 75 (brancos 347)

As prisões feitas por detetives durante cinco anos são dadas na página seguinte.

Crimes de negros detidos por detetives (1878-1892)

Crimes	1887	1888	1889	1890	1891	1892
Fugitivos da justiça	..	10	2	4	4	9
Pequenos furtos	10	19	17	19	18	29
Batedores de carteiras	7	4	1	..	..	13
Roubos	1	..	2	..	2	4
Ladrão profissional	1	4	2	1	2	3
Sodomia	..	..	..	..	..	1
Pequeno delito	..	1	..	1	..	1
Fuga	..	..	..	..	..	1
Agressão para matar	5	6	1	1	4	4
Facada	..	..	..	..	..	1
Falsidade	..	2	..	1	..	1
Falsificação	..	..	..	..	..	1
Receptação de bens roubados	1	4	8	..	3	..
Assassinato	3	2	1	3	2	..
Aborto	..	..	..	1	1	..
Perturbação da paz	..	..	..	2	..	..
Abandono	..	..	1	1	..	..
Casa de jogos	..	4	..	5	..	..
Adultério e fornicação	..	..	1	..	..	..
Infanticídio	..	1	..	..	..	..
Roubo a residência	..	1	..	..	..	..
Loteria	..	8	..	..	..	..
trapaça	..	1	..	..	..	..
Falso testemunho	..	1	..	..	..	..
Sedução	1	..	..	..	..	..
Bordel	1	..	..	..	..	..

[21] Embora os tenentes da polícia tenham relatado ao Superintendente que existem poucas bancas de jogo, o *Ledger* tem informações que o levam a afirmar que tal não

é o fato. Muitas queixas contra o mal foram recebidas nesse escritório. Um repórter achou fácil localizar e ganhar entrada em várias casas onde as apostas são anotadas. Um escrivão de apostas que está completamente informado sobre o funcionamento interno do sistema é autoridade para a afirmação de que em nenhum momento nos últimos anos o jogo de números foi tão prevalente, ou o negócio foi conduzido tão abertamente quanto agora.

Embora as localizações das bancas de jogos sejam bem conhecidas, e os escrivães, familiares a muitas pessoas, os dirigentes, que, afinal, são a parte substancial do sistema, são difíceis de alcançar, pois exercem uma astúcia incomum na direção do negócio. Existem vários dirigentes na Filadélfia de maiores ou menores pretensões, mas um jovem que reside no centro da cidade e atua principalmente no território ao Norte da avenida Girard é considerado o maior empresário do jogo nesta cidade. Ele possui sessenta ou setenta "livros", e a renda de suas receitas combinadas é suficiente para sustentar a si e a diversos parentes em grande estilo.

Um repórter do *Ledger* passou um dia na semana passada pesquisando as bancas de jogos em uma das seções onde esse dirigente opera. Ele encontrou, além de vários lugares onde as apostas são anotadas, o ponto de encontro dos escrivães e a sede do próprio rei do jogo.

Os escrivães que detêm "livros" do dirigente em questão se reúnem duas vezes por dia, exceto aos domingos, em uma casinha suja e desprezível com vista para os trilhos de Reading, logo abaixo da avenida Montgomery. Eles entram pelos fundos por um beco estreito que sai da rua Delhi, vários metros abaixo da avenida Montgomery. Ao meio-dia e às 6 horas da tarde, os escrivães correm para este encontro.

O número incomum de homens reunidos neste ponto em intervalos regulares e a maneira profissional com que eles passam pelo beco e portão dos fundos são suficientes para atrair a atenção do policial do Décimo Segundo Distrito para esse ritmo e despertar suas suspeitas. Ele reparando ou não, esses processos estão em andamento há meses.

Cada escrivão, ao chegar a esse ponto central, entrega seu "livro" e recibos. São dois sorteios diários, daí os dois encontros. Dois parentes do dirigente recebem os "livros" e o dinheiro. Um exemplar do "livro" de cada escrivão e todo o dinheiro são levados por um desses homens para a casa de um ex-policial especial, a poucos quarteirões de distância, e lá entregue ao dirigente, que já recebeu um telegrama de Cincinnati informando os números que saíram naquele sorteio.

Os "livros" são cuidadosamente repassados, para ver se há acertos. Se houver, serão computados, e o dirigente envia a cada escrivão o valor necessário para cobrir suas perdas. Os números que aparecem em cada sorteio são impressos em tinta vermelha com carimbos de borracha, em pedaços de papel branco e entregues aos escrivães para distribuir entre os jogadores.

Esses sorteios são geralmente levados ao ponto de encontro pelo ex-policial. O gerente embolsa os ganhos do meio-dia, sobe em sua bicicleta e vai embora.

Para estabelecer, sem sombra de dúvida, o caráter do prédio em que os escrivães se encontram, o repórter adentrou o mesmo na tarde em questão. É uma banca de apostas bem conhecida, conduzida por um homem de cor, que escreve apostas há anos. Ele é presidente de um clube político de cor, com sede próxima. Na ocasião da visita, o portão dos fundos estava entreaberto. Empurrando-o para abrir, o repórter entrou sem desafio – *Public Ledger*, 3 dez. 1897.

Capítulo XIV – Pobreza e alcoolismo

1. Ver Apêndice B para essas várias leis.
2. *Condition* etc., 1838.
3. *Condition* etc., 1848.
4. Cf. *Civic Club Digest* para informações gerais.
5. De relatórios do Departamento de Polícia. Muitos outros relatórios oficiais poderiam ser acrescentados neste caso, mas são de fácil acesso.
6. Dos registros da Sociedade, com a cortesia dos funcionários.
7. Dos arquivos da Sociedade Organização de Caridade, Sétima Região, cortesia da Srta. Burke.
8. Essa coincidência em números não foi notada de forma alguma, até que ambos tivessem sido calculados por diferentes métodos.
9. Devo ao Dr. S. M. Lindsay e aos seus alunos da Wharton School a realização desse plano.
10. Não é possível comparar o número de Negros e brancos na região, porque muitos dos salões omitidos são frequentados principalmente por brancos.

Capítulo XV – O ambiente do Negro

1. *Condition* etc., 1848, p. 16.
2. Sem levar em consideração o subaluguel pago pelos sublocatários; subtraindo isso, a soma seria, talvez, $ 1.000.000 – ver gráfico p. 306-7. O que é pago por inquilinos individuais, no entanto, não deveria ser subtraído, uma vez que não entrou na soma.
3. As declarações em relação aos aluguéis pagos são as mais confiáveis das estatísticas levantadas. O valor do aluguel é sempre bem conhecido, e há poucos motivos para dissimulação. Ademais, na Filadélfia há a tendência de construir fileiras e ruas de casas com o mesmo desenho geral. Essas são alugadas pelo mesmo valor, e, portanto, casos específicos de relatos falsos são facilmente detectados. Uma característica dos dados deve ser notada, a saber, o grande número de casos em que aluguéis altos são pagos por apartamentos com um ou dois cômodos. Em quase todos esses casos, esses aluguéis são pagos por grandes cômodos na parte da frente, em boas localidades, e frequentemente inclui mobiliário. Às vezes, também é incluída a utilização parcial da cozinha da família. Em tais casos, é errôneo chamar essas unidades de apartamentos de um quarto. Nenhum outro arranjo, no entanto, pareceu prático nessas tabelas.
4. Aqui, mais uma vez, a porção paga por inquilinos solteiros não deve ser subtraída por não haver sido acrescentada anteriormente.
5. O sentimento diminuiu muito em intensidade nas duas últimas décadas, mas ainda é forte. Ver seção 47.
6. Ao mesmo tempo, devido aos costumes de longa data e à competição, os pagamentos por esses trabalhos não são altos.
7. Um cômodo sob tais circunstâncias não denota de forma alguma pobreza excessiva ou indecência. O quarto é geralmente alugado em uma boa localidade e é bem mobiliado (cf. nota 3).

[8] Durante a epidemia (de febre amarela – N.T.) daquele ano, foi feito um recenseamento da população restante na cidade. Seis quintos dos Negros permaneceram, então o censo fornece uma boa ideia da distribuição da população Negra. Os resultados estão publicados no relatório impresso posteriormente por ordem dos Conselhos.

[9] Os números para 1838 e 1848 são extraídos dos levantamentos feitos naquelas datas. Cf. Censo de 1840.

[10] *Condition of Negroes*, 1848, p. 34-41.

[11] "Mysteries and Miseries of Philadelphia." (Panfleto).

[12] Dr. Frances Van Gasken em um folheto publicado pelo Civic Club.

[13] *Idem*.

[14] Note-se que esta classificação difere materialmente da divisão econômica do Capítulo XI. Naquele caso, o grau quatro e parte do três aparecem como "pobre"; o grau dois e o resto do grau três, como "razoáveis a confortáveis", e alguns do grau dois e grau um como abastados. A base da divisão ali foi quase sempre de acordo com a renda; esta divisão traz considerações morais e questões de consumo e, consequentemente, reflete mais amplamente o julgamento pessoal do investigador.

[15] O pesquisador residiu no College Settlement, na Sete com a Lombard, por alguns meses, e, portanto, teve a oportunidade de observar este *slum* de perto.

[16] Tais números foram levantados durante a enquete feita pelo pesquisador em visita às casas.

[17] Isso não inclui simplesmente a classe criminosa de fato, mas seus auxiliares e cúmplices, assim como a classe usualmente associada aos mesmos. Incluiria, por exemplo, muito mais do que a classe A de Charles Booth em Londres.

[18] Uma comparação do tamanho das famílias nas classes mais altas e mais baixas pode ser de interesse:

Número de pessoas na família / Primeiro Grau / Quarto Grau

Números de pessoas na família	Primeiro Grau	Quarto Grau
Uma	22 – 8%	17 – 12%
Duas	66 – 24%	58 – 42%
Três	54 – 19%	27 – 20%
Quatro	48 ⎫	21 ⎫
Cinco	25 ⎬ – 33%	6 ⎬ – 24%
Seis	18 ⎭	6 ⎭
Sete	20 ⎫	2 ⎫
Oito	7 ⎬ – 12%	0 ⎬ – 2%
Nove	5 ⎭	1 ⎭
Dez	7 ⎫	0 ⎫
Onze	0 ⎬ – 4%%	0 ⎬ – 0%
Doze ou mais	5 ⎭	0 ⎭
Total	277	138

Tamanho médio da família, primeiro grau: 4,07%; quarto grau: 2,08%.

Isso certamente parece ser um caso de sobrevivência dos mais aptos, e não um argumento para a extinção do Negro civilizado.

[19] Essas semanas não foram consecutivas, mas escolhidas aleatoriamente.

Capítulo XVI – O contato das raças

[1] Cf. Seção 49.

[2] Uma das perguntas do formulário era: "Você já teve alguma dificuldade em conseguir trabalho?"; e a outra: "Você teve alguma dificuldade em alugar casas?". A maioria das respostas foram vagas ou gerais. As definitivas e aparentemente confiáveis foram, na medida do possível, investigadas mais longe, comparadas com outros testemunhos e então usadas como material para elaborar uma lista de discriminações. Casos únicos e isolados sem corroboração nunca foram tomados. Acredito que os aqui apresentados são confiáveis, embora, naturalmente, eu possa ter sido enganado em algumas histórias. Da verdade geral do depoimento estou completamente convencido.

[3] E é apontado por alguns como a tipificação do Negro educado que venceu na vida.

[4] Ver Seção 23.

[5] Dois recortes de jornal ilustrarão a atitude dos trabalhadores. O primeiro diz respeito aos aprendizes chineses admitidos pela oficina locomotiva Baldwin:

O anúncio de que os Baldwin haviam admitido cinco aprendizes chineses causou uma grande comoção entre os líderes trabalhistas. Alguns se agitaram até chegar a uma febre de indignação. Charles P. Patrick, grande organizador do sindicato de fabricantes de Boiler, foi bastante explícito sobre o assunto.

Ele disse: "Todo esse plano de colocar chineses para aprender ofícios soa agradável e caridoso para a Liga Cristã, mas como soa aos ouvidos dos mecânicos americanos que estão andando pelas ruas em busca de emprego? Eu viajei por todo este país e pelo México, e nunca antes vi chineses serem colocados em vagas acima das cabeças dos americanos. No Oeste e no México, a mão de obra chinesa é abundante, mas os chineses ocupam apenas cargos subalternos. Eles são serventes, ajudantes nas minas e operários. Eu nunca tinha ouvido falar de um chinês recebendo um lugar como aprendiz em uma oficina.

"Nosso governo exclui a mão de obra chinesa deste país, mas aqui está a Liga Cristã tentando colocar os imigrantes proibidos em uma posição em que eles, com seu estilo de vida peculiarmente barato e até mendicante, possam competir com a mão de obra americana. Estou nesta cidade há poucos dias, mas arrisco dizer que vi mais mendigos e homens desempregados nas ruas Oito e Market do que em toda a Cidade do México."

O missionário Frederic Poole eliminou esse argumento com poucas palavras. Ele disse: "Não é minha ideia, nem a ideia do Sr. Converse, que esses homens devam competir a qualquer momento com os trabalhadores americanos. Não é o desejo deles mesmos. O Sr. Converse não teria dado emprego a eles se tivesse havido tal intenção.

"Atualmente, a China está construindo uma vasta ferrovia para Pequim que abrirá toda a região rica e fértil da China Central. A empresa está sob a direção do governo.

Ela estará em operação em cerca de quatro anos. Homens de inteligência serão necessários como engenheiros, e ali meus cinco protegidos encontrarão seu meio de vida. Não é improvável que o governo chinês mande buscá-los antes que seu período de aprendizado tenha terminado."

John H. Converse ficou bastante interessado quando soube das objeções a seus aprendizes chineses. "Poderíamos ter esperado tais objeções vindas de agitadores profissionais", ele disse, "mas não acho que vocês encontrem qualquer um desses entre nossos empregados".

Continuando, ele disse: "A Oficina Locomotiva Baldwin está construindo agora oito locomotivas para o governo chinês, que será o primeiro a percorrer a grande nova ferrovia que está sendo construída de Pequim a Tien-Tsin. Na verdade, os trabalhadores americanos seriam muito limitados se não pudessem ver que é para sua própria vantagem imediata que os mecânicos chineses aptos a cuidar das locomotivas americanas sejam treinados imediatamente, pois está chegando o tempo em que milhares de trabalhadores americanos poderão se ocupar com a extensão da construção de ferrovias na China.

"Esses cinco meninos são da Filadélfia. Eles não foram trazidos para cá, e todo mecânico de mente aberta acreditará que seu aprendizado em nossas oficinas, se eles, como é provável, retornarem à China, deve significar algo para a locomotiva americana. Eles são os primeiros a serem admitidos em uma fábrica locomotiva neste país, e as notícias provavelmente criarão um sentimento mais amigável no departamento ferroviário do governo chinês para produtos americanos."

O Sr. Converse disse que sua empresa não pensava em estender o privilégio além do número atual de aprendizes chineses. *Philadelphia Public Ledger*, 5 jan. 1897.

Nenhum aprendiz Negro jamais foi admitido.

O outro recorte é um relato da discussão na reunião anual da Federação do Trabalho:

A questão dos Negros ocupou a maior parte da sessão, e uma discussão acalorada foi trazida por uma resolução de Henry Lloyd, reafirmando as declarações da Federação de que todo o trabalho, independentemente da cor, é bem-vindo às suas fileiras denunciando como falso de fato. As declarações atribuídas a Booker T. Washington de que os sindicatos estavam colocando obstáculos no caminho do avanço material do Negro e apelando para os registros das Convenções da Federação foram como respostas completas para tais afirmações falsas. Essa resolução gerou uma discussão muito animada. O delegado Jones, de Augusta, Geórgia, falou, alegando que o trabalhador branco não poderia competir com o trabalhador Negro, embora a organização melhorasse as condições materialmente. O presidente Gompers entrou na discussão, explicando que o movimento não era contra o trabalhador Negro, mas contra o trabalhador barato, e que os trabalhadores têxteis do Leste foram obrigados a contribuir com a maior parte de seus meios para ensinar aos trabalhadores no Sul os benefícios da organização. Ele também afirmou que o capitalista lucraria com o fracasso dos trabalhadores Negros em se organizarem, tornando, assim, o Negro um impedimento para os movimentos trabalhistas.

C. P. Frahey, um delegado de Nashville, insistiu que o Negro não era o igual ao homem branco social ou industrialmente. Ele falou sobre as observações do presidente Gompers sobre o Negro no movimento trabalhista, e afirmou que o presidente não revogou a comissão de um organizador nacional que havia patrocinado uma barbearia branca não sindicalizada em preferência a uma barbearia Negra sindical.

O organizador simplesmente foi autorizado a renunciar, e nenhuma publicidade foi dada ao assunto. Em resposta a uma pergunta desejando o nome da parte, Frahey afirmou que era Jesse Johnson, presidente dos impressores. James O. Connell e P. J. McGuire falaram pela resolução. Este último insistiu que Booker T. Washington estava tentando colocar o Negro diante do público como vítima de uma grande injustiça, e a ele mesmo como o Moisés da raça. M. D. Rathford insistiu que traçar a linha de cor seria um golpe para a organização dos mineiros.

W. D. Mahon acusou Jones de não ser um representante do sindicalismo sulista, tendo acabado de se juntar às fileiras. Jones então, em sua própria defesa, declarou que não se opunha ao Negro, mas afirmou que o trabalhador Negro era inferior ao branco, citando um caso de Atlanta em que brancos e pretos foram empregados conjuntamente, e os brancos entraram em greve.

Ele queria saber se havia algum esforço feito no Leste para organizar os chineses que entraram em conflito com o sindicato. O presidente Gompers então decidiu que a discussão deveria cessar.

A resolução que causou o debate acalorado foi adotada, e os delegados entraram em sessão executiva. *Public Ledger*, 17 dez. 1897.

[6] Dos fatos tabulados, parece que um vigésimo dos empregados domésticos da Filadélfia tem ofícios, enquanto, além desse um décimo, tiveram algum treinamento escolar superior e são presumivelmente aptos a serem algo mais do que domésticos comuns. Por que então eles não entram nesses campos em vez de derivar ou escolher deliberadamente o serviço doméstico como meio de subsistência? A resposta é simples. Na maioria dos casos, a razão pela qual eles não entram em outros campos é porque eles são de cor, e não porque são incompetentes. Muitos exemplos poderiam ser citados como prova disso, se a prova fosse necessária. Os casos a seguir são apenas alguns daqueles que foram encontrados pessoalmente pela investigadora em uma ala de uma cidade.

Uma jovem muito clara, aparentemente uma garota branca, foi empregada como balconista em uma das grandes lojas de departamento por mais de dois anos, de modo que não havia dúvida de sua competência como balconista. No final dessa temporada, descobriu-se que ela tinha sangue de cor, e ela foi demitida imediatamente. Uma jovem que foi professora e é agora zeladora da escola, ensinando ocasionalmente quando é necessária ajuda extra, afirma que recebeu uma nomeação como datilógrafa em um certo escritório de Filadélfia por força de sua carta de solicitação, e quando apareceu e foi vista como uma garota de cor, a posição lhe foi recusada. Ela disse que seu irmão – a quem as pessoas costumam considerar um homem branco –, depois de servir na barbearia de um certo hotel por mais de dez anos, foi sumariamente dispensado quando se soube que ele era de origem negra. Uma mulher, que era costureira e fazia vestidos, afirmou que em várias ocasiões conseguiu trabalho em certa igreja quando usava um véu pesado ao fazer seu pedido no escritório, mas que na primeira vez em que não usou véu seu pedido foi recusado, e sempre o foi desde então. É claro que muitos dos homens no serviço doméstico tiveram experiências semelhantes. Dez homens de cento e cinquenta e seis tinham ofícios, mas nenhum deles era membro dos sindicatos.

O Sr. McGuire, vice-presidente da Federação do Trabalho, afirmou à presente investigadora que a Federação alega que homens de cor podem ser membros de qualquer sindicato representado na Federação. Mas o que esse testemunho significa pode ser julgado pela declaração adicional de McGwire, citada literalmente: "A maioria está disposta a admiti-los, mas uma forte minoria se oporá. Nenhuma palavra contrária será dita na discussão a votação, mas eles vão descartá-los silenciosamente nas urnas".

Como esse testemunho de admissão, que equivale à exclusão prática, apresenta-se do ponto de vista do operário, é mostrado na experiência de um carpinteiro e pedreiro de cor de primeira classe na Sétima Região que foi induzido a se candidatar à admissão no Sindicato dos Carpinteiros. Ele pediu a um oficial da Associação Amalgamada de Carpinteiros e Serralheiros, uma das sociedades aliadas da Federação Americana do Trabalho, se seria de alguma utilidade para ele solicitar a adesão ao sindicato.

"Se você conhece seu ofício e é um carpinteiro em situação regular, não vejo razão para não se tornar um membro", disse o oficial. "Ele me enviou então ao atual secretário da associação, e quando coloquei a questão a ele, ele disse: 'Bom, ele não sabia se eu podia me filiar ou não, porque eles nunca *tiveram* um homem de cor no sindicato. Mas ele avisaria a associação aqui [Filadélfia] e escreveria para a sede em Nova Iorque para ver se seria admissível a entrada de um homem de cor'. Ele colocou isso com base na minha cor, você veja." Este pedido foi feito em dezembro de 1896. O requerente foi informado de que o assunto seria tratado no sindicato em uma certa noite em janeiro de 1897, e todas as tentativas foram feitas para enviar um homem para relatar aquela reunião em particular, mas sem sucesso. O que aconteceu não é difícil de adivinhar, no entanto, uma vez que o carpinteiro de cor cujo caso foi então considerado não recebeu nenhuma palavra do sindicato desde aquele dia até hoje. Ele esteve três ou quatro vezes na secretaria, e deixou recado de que gostaria de saber o que fora feito em relação ao seu pedido de admissão no sindicato, mas em 1º de dezembro de 1897 ele não recebera resposta ao seu pedido feito em dezembro de 1896.

O efeito disso é bem ilustrado pelo caso de um jovem "garçom" de cor na rua Pine, cujo caso pode ser considerado típico. Ele estudara três anos em Hampton, onde aprendera naquela época o ofício de cortador de pedras. Ele poderia praticar isso na Geórgia, disse ele, mas no Sul os cortadores de pedra ganham apenas US $ 2,00 por dia, em comparação com US $ 3,50, às vezes US $ 4,00 por dia, no Norte. Então ele veio para o Norte com a promessa de um trabalho de corte de pedras para um novo bloco de prédios a ser erguido por um filadelfiense que ele tinha conhecido na Geórgia. Aqui, recebia US $ 3,50 por dia, mas quando o bloco ficou pronto, ele não conseguiu outro emprego como cortador de pedras, e então foi para o serviço doméstico, onde está recebendo US $ 6,25 por semana em vez dos US $ 21,00 por semana que deveria receber como cortador de pedras.

O efeito sobre o serviço doméstico é de inchar suas fileiras já superlotadas com rapazes e moças descontentes, dos quais naturalmente esperaríamos estarem prestando um serviço desanimado porque consideram seu trabalho doméstico apenas um emprego temporário improvisado. Certa vez, ouvimos dizer que "Nosso garçom se formou em tal e tal escola, mas notamos que ele não é nem um garçom muito bom". Tais comentários dão origem à especulação sobre o sucesso na escavação de valas que provavelmente atenderia aos trabalhos dos professores universitários, ou, na verdade, quantos dos jovens brancos que se formaram na faculdade e em escolas de Direito se revelariam excelentes garçons, especialmente se eles desempenhassem o trabalho simplesmente como um expediente. Um "casamento" entre Yale e Hampton, onde as atividades mentais devem ser confinadas às paredes da despensa do mordomo, e onde não deveria haver "manuseios desastrados" com pratos de sopa, pode revelar pontos interessantes e sugestivos – Isabel Eaton.

[7] "No caso das pessoas de cor, o número de mães assalariadas é mais que o dobro do número de viúvas. Isso se deve ao pequeno salário médio do marido de cor – o menor entre as vinte e sete nacionalidades. A lavadeira é o suplemento econômico do porteiro... Não é porque o marido de cor deste distrito negligencia sua responsabilidade como um assalariado que tantas mulheres de cor são forçadas à labuta suplementar, pois 98,7% dos maridos de cor são assalariados, e apenas 92,2% dos americanos, 90,3% dos irlandeses, 96% dos alemães, 93,7% dos italianos e 93,1% dos franceses. Dinamarqueses, 80%; canadenses, 81,8%; russos, 85,7 %; e húngaros, 88,8%, têm as menores porcentagens. Das nacionalidades mais amplamente representadas, os franceses se aproximam mais das pessoas de cor na porcentagem de suas esposas que são assalariadas; mas, enquanto a porcentagem francesa é de 21,6 %, a porcentagem de pessoas de cor é de 53,6 %." Dr. W. Laidlaw, no *Report of a Sociological Canvass of the Nineteenth Assembly District*, uma área dilapidada da cidade de Nova Iorque, em 1897.

[8] É inegável que certas classes de Negros atraem críticas muito merecidas sobre si mesmos pelo pagamento irregular ou por inadimplência do aluguel, e pelo mau cuidado com a propriedade. Eles não devem, porém, ser confundidos com as melhores classes que constituem bons clientes; este é, novamente, um lugar para discriminação cuidadosa.

[9] Estatísticas gentilmente fornecidas pelos diretores dessas escolas.

[10] Ver sobre isto no interessante artigo de John Stevens Durham no *Atlantic Monthly*, 1898.

[11] Nenhuma tentativa foi feita aqui para realizar qualquer estudo intensivo dos esforços para auxiliar os Negros, que são amplos e louváveis. Eles precisam, no entanto, de um estudo que ampliaria demasiadamente o escopo deste estudo.

[12] Fundada e sustentada parcialmente por Negros. Ver Capítulo XII.

[13] Idem.

[14] Hoffman, *Race Traits and Tendencies* etc., p. 1; 177.

[15] Hoffman tem os resultados de alguns intercasamentos registrados, mas são principalmente reportagens sobre criminosos em jornais e, portanto, evidentemente injustos para generalização.

[16] De uma carta pessoal de um cidadão nato da Filadélfia, cujo nome não tenho a liberdade de citar.

Capítulo XVII – Sufrágio Negro

[1] *Minutes of the Conventions of 1776 and 1790*, ed. 1825, p. 32-33; ver p. 26.

[2] *Idem*, p. 38-39.

[3] *Idem*, p. 57.

[4] *Idem*, p. 300. Ver *Purdon's Digest*, 6. ed.

[5] *Proceedings and Debates of the Convention of 1837*, capítulo X, p. 45. Ver Purvis em *Appeal of 40.000 Citizens*. As atas impressas dão somente os principais resultados principais com poucos detalhes.

[6] 6 Watts, p. 553-560, *Pennsylvania Reports, Proceedings* etc., *Convention 1837-1838*, vol. II, p. 476.
[7] 6 Watts, p. 553-560, *Pennsylvania Reports*.
[8] *Proceedings and Debates*, vol. I, p. 233.
[9] Idem, vol. II, p. 487.
[10] *Idem*, vol. III, p. 82-92.
[11] *Idem*, vols. IV-IX.
[12] *Idem*, vol. IX, p. 320-397; vol. X, p. 1-134.
[13] *Purdon*, 6. ed.
[14] A Constituição de 1874 deu o direito ao sufrágio a "Todos os cidadãos de sexo masculino dos Estados Unidos com idade de 21 anos [...]". *Debates* etc., Vol. I, p. 503 etc. Ver índice de *Constitution of Pennsylvania*, Artigo III, e também o Ato de 6 de abril de 1870.
[15] 5 de outubro de 1896.
[16] Ver *A Woman's Municipal Campaign*, publicação da Academia Americana de Ciência Política.

Este livro foi composto com tipografia Adobe Garamond Pro
e impresso em papel Pólen Soft 70g/m² na Formato Artes Gráficas.